U0049774

大衛·史塔薩瓦吉
DAVID STASAVAGE

民主的擂台

THE
DECLINE
AND **RISE** OF
DEMOCRACY
A GLOBAL HISTORY FROM ANTIQUITY TO TODAY

**人類政體的千年發展，
如何決定我們的當下與未來**

聞翊均、劉家安、劉維人 ——譯

目次

導讀

民主化的除魅與理性選擇

王宏恩①

　　自從人類這個種族出現，就是群居動物。一旦成為群居動物，就需要以集體為單位做出決定，這就是政治。但今日全世界二百個國家或政治實體裡，即使大家在生物學上都是可以繁衍的同一個種族，卻有著完全不同的政治制度，而這些制度又大致可以區分為民主與獨裁兩個陣營。在一九九〇年代冷戰結束時，福山正面的認為這是人類歷史的終結，民主勝出後未來不會再有新的政治制度，而杭亭頓則認為第三波民主化之後會繼續出現文化之間的衝突。但在最近二十年，我們則可以在各種指標上看到全球性民主程度逐漸衰退，許多曾民主化的國家重回威權、自由指數下降、或者被軍政府接管。為何地球上的人們會選擇不一樣的政治制度來做出集體決策？又為何住在同樣地方的人們可能隨著時間推移而又選擇不一樣的制度？

　　過去的政治學研究中，常會強調經濟發展或者是文化（宗教）的重要性，前者認為只要國家經濟變好、民眾變有錢，民眾就會開

----

① 內華達大學拉斯維加斯分校政治學系助理教授。

始想要保護自己的財產，進而追求各種政治權力導致民主化。而後者認為新教倫理或者啟蒙運動，導致人們覺得天賦人權，因此追求保障人權的民主制度。但是這兩個大理論難以解釋許多人類歷史上的特例，例如許多地方千年之前的早期民主制度、或者是當代的印度（貧窮卻民主）與中國（逐漸富裕但更不民主）的變化，更別說解釋為何早期民主衰亡、或當代民主在近年來衰退的現象。當然，文化決定論也無法解釋如台灣、日本、韓國等受到儒家文化影響卻能維持民主運作、或者非洲有三分之一的民主國家的現象。

　　因此，這本書《民主的擂台》系統性的整理了第三個解釋人民選擇民主或獨裁制度的大理論：政治經濟學裡的「理性選擇」（rational choice）。所謂的政治經濟學，是把人們對於經濟學中追求最大利益的偏好，透過政治制度、或者透過選擇政治制度來反映出來。而所謂的理性選擇，並不是說要大家「好聲好氣好理性」的溝通，而是假設（1）社會上有許多獨立的個人；（2）每一個人基於接收到的資訊，都有幾個選項可以選；以及（3）每一個人都會選擇對自己在經濟上可以利益極大化的選項。

　　本書雖然貫串古今中外千年的數個文明、橫跨數大洲與各國歷史，讀者可能看到太多文明、人名、機構而眼花撩亂，但只要可以掌握這個理性選擇理論，就可以快速釐清作者提到每一個文明與歷史的脈絡。舉例來說，本書一開始提到早期民主的形成，就是統治者與民眾之間的角力，居民可以選擇留下來打獵耕田、或者看政策決定要不要搬走，而統治者可以選擇釋放權力給居民、或者收回權力施行獨裁。雙方能夠選擇的選項多寡，取決於環境限制以及資訊多寡。假如地理上居民容易搬走，那統治者就需要攏絡居民而釋出權力，尤其是統治者需要相關資源來維繫權力時。而假如統治者先有了有效的官僚系統可以準確地收到稅，那就不需要倚賴地方仕紳的協助。

　　這個理性選擇理論的解釋，可以帶來幾個好處。第一，這對於一些民主化理論有「除魅」的效果，說明民主化並不是只適用於特定的文化、或者只要一些人被啟蒙了就會導致對民主的信仰風行草偃；相對的，民主化的過程是人民與執政者持續的角力才逐漸形成的，但也可以是跨文化、跨時空的存在，因此大家都有追求民主的可能。筆者也可以補充一個書中沒有提到的例子：中國共產黨的「豆選」。在抗戰期間，中國共產黨占據農村時，因為需要農民的支持，因此也同樣推行過一人一票的民主選舉制度，又當時因為物資不足，因此改成用豆子或者石頭投給背後放碗的候選人，這個制度成功讓中國共產黨獲得農民的支持，但該制度也在建國之後消失。

　　第二，理性選擇理論也可以進一步解釋，為何世界上的民主國家數量不是單純隨著時間線性增加，或者單純隨著文化範圍而穩定不變，而是隨著時間演變。當統治者有辦法透過官僚制度改良、透過資訊科技的革新（報紙、網路）、或者因為國土、人口密度改變而改變人們的資訊交流成本之後，民眾與統治者之間的選項，以及每個選項帶來的好壞處也會隨之改變。因此民眾跟統治者就可能隨著時間而選擇不同的選項，進而導致政治制度的變化。本書的精采之處，就在於透過比較政治學的研究法，提出許多兩兩一組的個案比較（英國與美國、英國與荷蘭、中國與印度等），以及大規模的跨百國實證資料，來一一驗證理性選擇理論為何可以解釋許多另外兩個理論無法解釋的特例，讓本書的論述獲得實證支持。

　　當然，用理性來解釋民主化的研究途徑，有時候也會被認為一切都只向「錢」看，而缺乏感性。從心理學的角度來說，即使每個人都想要極大化自己的利益、不想繳太多稅，但人們在心理上在何時才覺得自己能跟執政者、或跟社會上其他階層的人具有平等的權利？又人們為何會為了建國、為了愛國而提槍上戰場、甚至被派到別國去捍衛別國的民主？就算官僚制度在作者的理論中非常重要，但為何有些人願意去擔任官僚、或為何覺得擔任一個盡心聽話的官僚是比耕田或經商更好的事業選擇？本書作者在一些歷史資料不夠全面的地方，也都有很直接地說明其研究限制，讓讀者知道未來還有更多可以發展研究之處，顯示了作者的治學嚴謹與謙遜。而本書中有引用到的資料，作者也充分地附在本書的附錄，讓讀者可以按圖索驥的繼續深入研究各個論點或證據。

總結來說，這一本書完整與全面的總結了使用理性選擇來解釋跨越時空的民主變化，成為文化或經濟發展理論之外的另一個途徑，也簡化了非常多各領域期刊論文艱澀的統計與賽局理論模型，是一本優良且即時的科普讀物。而從本書翻譯的用字以及語法來看，也看得出本書幾位譯者在翻譯此書成繁體中文版本時是十分用心的。

至於民主接下來會怎麼走呢？假如從本書的理性選擇理論來看，隨著資訊與監控科技的進一步發展、人口進一步增加、國家能力逐漸強大與政治信任逐漸降低的當下，大概不會太樂觀。但畢竟政治制度是人們與統治者之間角力的產物，因此最後人類會繼續選擇什麼制度，也取決於本書每一位讀者在看完本書後決定要選擇什麼選項。

導讀

從歐洲人手中拯救民主

陳嘉銘①

　　我們處在一個民主焦慮的時代。許多事情不斷衝擊我們對民主的信仰：反覆出現的經濟危機、不斷加深的不平等、縮水的社會福利、民粹主義盛行、社會兩極化帶來憎恨政治，中國模式舉世矚目、網路上大量的假消息。許多國家出現了「民主倒退」的現象：行政權獨大、公平選舉受到侵蝕、反對黨領袖被剝奪資格、自由權被侵犯、法治被弱化等不一而足。

　　然而我們擔心民主滅亡和我們熟悉的民主故事有關。民主的學生熟知的故事是這樣的：在西元前六世紀左右，古希臘人發明了民主，但是隨著古希臘文明滅亡，民主也消失了。直到近代歐洲的英國大憲章、清教徒革命、美國獨立革命和法國大革命，民主才重新「回歸」（return）到歐洲社會，然後才散布到全世界。根據這個歐洲人敘說的故事，民主就像全世界所有美好的東西都起源於歐洲，然後才傳播到全世界（First Europe and then the world）。民主除了歐洲之外，在全世界都沒有根，我們擔心民主只是曇花一現，容易

---

① 中研院人社中心副研究員。

照顧不好，就枯萎殆盡。

　　《民主的擂台》是一部有趣、刺激又充滿原創性的理論探險。作者是紐約大學朱利烏斯·西爾弗講座教授大衛·史塔薩瓦吉（David Stasavage）。他講了一個新的民主的全球史故事，顛覆了我們熟悉的民主故事。或許這個新故事將重新燃起你對民主深植人性的信心，同時也讓你更了解「現代民主」的缺點。

　　史塔薩瓦吉重說的故事是這樣：「早期民主」（early democracy）廣泛分布在人類早期社會，它的特點是官僚系統弱，稅收少，人口規模小。和它競爭的體制是專制體制（autocracy），它的官僚系統強大，稅收多，技術文明也比較先進。例如很早走上專制軌道的中國，十世紀的宋朝就有幾千個稅務所，超過一萬名京朝官；英國到了十五世紀，中央才有四十名帶薪官員。宋朝的技術文明可以徵到百分之十國內生產總額的稅，國家促進了新技術流通，歐洲要到十九世紀才有這個能力。但弔詭的是正因為文明發展緩慢，歐洲的「早期民主」存活了好幾世紀。西歐社會的突破在於英國的「早期民主」在外敵壓力下，同時生長出了「現代民主」的雛型以及強的官僚系統。民主才突破了人口、規模和稅收少的限制。但是直到北美十三州迫切需要移民，大幅擴張選舉權，才初步落實了「現代民主」。歐洲帝國的殖民統治摧毀了各地方的「早期民主」，到了二十世紀，「現代民主」才從西歐傳播出去。或者我們應該說，帝國主義退出後，民主才「回歸」了這些原本就具備「早期民主」的非歐洲社會。

　　史塔薩瓦吉在書中提出的「早期民主」概念，無疑是晚近二十年最有原創性和最具發展潛力的民主政體論述。雖然十七、十八世紀的歐洲哲學家已經在辯論人類政治社會的起源是父權社會、還是統治需要人民同意的約定社會。但是這些辯論都不像史塔薩瓦吉既大膽、又有經驗證據的主張：早期社會有兩個政體軌道，一是「早期民主」，一是專制。人民治理的「早期民主」，不是起源於古希臘，而是廣泛分布在早期人類社會，它是自然而然出現的體制，數千年歷久不衰。

　　他不僅舉出美索不達米亞、北美洲、古印度、中美洲和中部非洲的「早期民主」例子。他也採用了人類學家喬治·穆道克（George Peter Murdock）的團隊的樣本資料庫。他們編碼了一百八十六個具有代表性的早期社會的政治制度。這些社會樣本最早來自西班牙人在十六世紀對印加和阿茲特克的描述，最晚是一九六五年對亞馬遜亞諾瑪米族人的紀錄。這個資料庫顯示「早期民主」在人類社會分布極廣。

　　什麼是「早期民主」？「早期民主」的特徵是統治者必須倚賴議會或者集會治理人民。組成這些議會或集會的人是獨立於統治者的地方人士。他們的政治參與相當頻繁，不僅參與實質統治，例如在地方收稅，更重要的是提供了統治需要的資訊，包括課稅的資訊和人民的不滿。因此「早期民主」不需要強大國家，議會和官僚系統有替代關係。在「早期民主」中，有權參與政治的人，在有些社會多，有些則少。然而人民在推出代表後，常以「指定委任」（mandate）的方式控制他們，代表不能按照自己的意思表示政治意見。「早期民主」也常倚賴共識決，每個地區可以選擇否決中央決策或者退出政治社群。

　　「早期民主」的定義不拘泥參與政治的人數和人口比例，史塔薩瓦吉不像亞里斯多德，只把超過一半人擁有政權的體制稱為民主，少於一半稱為寡頭。對史塔薩瓦吉來說，民主、寡頭或者混和制都可稱為「早期民主」，因為寡頭的統治者也需要透過議會統治。史塔薩瓦吉的革命性定義，翻轉了我們對民主的理解。

　　「早期民主」的對立面是專制體制。專制統治者主要透過官僚系統統治，而且可以選擇雇用哪些受他們控制的下屬。專制統治者不需要議會，因為官僚系統徵稅時有足夠的技術文明記錄和測量田野的生產量。總結而言，治理需要資訊，資訊蒐集模式的差異（議會模式或官僚模式），決定了早期社會是「早期民主」或者是專制體制。

　　「現代民主」的特徵則是設立正式的選舉制度，讓廣泛的人們擁有選舉權，幅員廣大的領土都能選出代議士。但是和「早期民主」相比，他們參政的頻率很零星，只能每幾年投一次票。革命性的改變包括了新的代議理論，人們不再以「指定委任」控制代表，允許代議士自由做出決策，這大幅減少了統治者獲得人民同意的成本。代價是選民只能等幾年後換掉不滿意的代議士。而且「現代民主」接受簡單多數決可以代表全民同意，地方不再能否決中央的決策或者威脅離開。

　　「現代民主」帶來了國家的效率和立法能力大增。英國國會在清教徒革命前每年平均通過十三條法案，但在革命後，每年通過一百二十一條法案。「現代民主」被認為既允許強大和有效率的官僚系統，也保有控制官僚的能力。因此允許國家強大的立法能力、大幅提高稅收，凌駕地方、促進國內市場的整合和發展，大幅拓展領土和人口規模。但是史塔薩瓦吉強調，「現代民主」在人類歷史很短暫，它還只是一個政治實驗，成敗還在未定之天。

　　藉由重寫民主和專制的定義和條件，史塔薩瓦吉在書中提出了嶄新的問題，也對老問題提出了新的答案。他問：為何英國可以從「早期民主」開出「現代民主」？為何印度和非洲的貧窮國家可以發展出民主？為何中國這麼難發展出民主？他否定了解釋民主出現的現代化理論。現代化理論認為社會和經濟現代化將會帶來民主。

他則提出了順序命題：民主和官僚系統發展的先後順序才具有關鍵重要性。弱國家的社會比較能讓民主站穩腳跟；相反的，先發展了強大國家就不容易發展民主。「現代民主」雖然面臨許多挑戰，樂觀的是那些先有民主，再發展國家的社會，民主會很強健。

　　不管我們是否贊成史塔薩瓦吉的順序命題，他的「早期民主」概念已經打開了一個新的視野，不僅讓我們更了解「現代民主」的特徵和侷限，也幫助我們從歐洲人手中拯救民主，讓我們對過去社會的政治體制更謙卑。也許我們可以從各種「早期民主」的制度中找到修補「現代民主」的靈感。

前言

　　民主從哪裡來、如何維持、未來會有何變化？在如今這個充滿民主焦慮的世代，這些問題占據了格外重要的位置。在過去很長一段時間以來，美國一直被視為成功的民主實驗國家，也是他國汲取經驗的對象。人們曾以為只有小型的共和政體才能存活，但美國的實驗證明了事實並非如此。近幾十年來，隨著全球各地紛紛開始以自由選舉選出領導人，民主被套上不可避免的光環，好像民主就是未來的浪潮一樣，至少對那些願意傾聽的人來說是如此。如今有些人開始擔心這種推論太過樂觀，民主或許比他們曾以為的更難持續下去，就算民主能存活下來，也很可能會變成少數人把持民主，多數人必須付出代價的狀況。

　　若想理解我們如今所處的位置，以及我們可能通往的未來，我們就得先拓寬眼界，深入了解民主的歷史，而這正是我們將要在本書中做的事。我已花了二十年調查與書寫此主題，過程中特別專注在歐洲代議制的漫長演化上。近幾年來，我開始聚焦於全球各個區域的比較上。我想知道的是，為什麼歐洲的政治軌跡會與中國和東歐有根本上的差異？雖然有許多學者曾在描述經濟分歧時，提到歐洲是全球第一個工業化的區域，但鮮少有人解釋這種巨大政治分歧的由來。這將會是本書的重要目標之一，在達成此目標的過程中，我們要探究的不只民主，還有與民主相反的體制，也就是專制制度的邏輯。

　　若我們把大範圍的人類社會納入考量的話，有時發生在偏僻地點與遙遠過去的事件，也能使我們對現存的政治體制有意外的了解。民主常會在我們最意想不到的地方蓬勃發展。我們將會在這段過程中了解到，民主的歷史並不只是偉大思想家撰寫的偉大書籍，民主的歷史也是普通人以集體形式，務實地治理自己時所推動的進程。

　　最後，隨著我們在本書中探討現代民主是如何演進，我們也會更了解這些民主體制的潛在優點與弱點。我們如今採用的民主體制，有很大一部分是長期發展盎格魯－美式體制（Anglo-American）帶來的結果，後者既是環境的產物，也是自然而然演化出來的。現今的民主制度只是我們組織政權的其中一種方式罷了，我認為只要我們能理解這件事，我們就能更清楚地了解民主體制未來可能會如何演變。

第一部

早期民主

Early Democracy

第一章

民主治理的起源

我們從各種知識來源學到發明了民主制度的是歐洲人。我們學到是希臘人發明了這種制度,「民主」這個字就是源於他們,我們也聽說過,希臘民主制在衰亡之前的存活時間大約和美國共和制目前的存活時間相當。接著,民主經過了漫長的演化才逐漸於歐洲再次興起,這段演化的源頭包括了《大憲章》(*Magna Carta*)和義大利城市共和(city republic)的崛起。民主制度在建立了以競爭式選舉①與普遍選舉(universal suffrage,簡稱普選)為基礎的政治系統時達到了高峰。最後民主終於擴散到了其他大陸上。

這個故事的問題在於,在歐洲人開始征服其他大陸上的人之後,他們有時會發現當地人的政治體制遠比家鄉的體制還要更民主。法國耶穌會傳教士在北美洲遇到了他們稱作休倫族(Huron)的人,他們在進入休倫族的領地後發現,休倫族以中央與地方集會為基礎,發展出人民廣泛參與的政治系統,其中參與者也包含女人。一六三六年,一位傳教士指出休倫族的地方集會就像他家鄉的

---

① 譯者注:競爭式選舉(competitive election),又稱差額選舉或不等額選舉,指候選人數量多於應選名額的選舉。

三級會議（Estates General）一樣。[1]雖然他的家鄉法國也有三級會議，但他們已經二十年沒有舉辦會議了，一直到一七八九年才再次舉辦。西班牙征服者常在中部美洲的當地人社會中看到階層式的政治系統，不過有時也有例外。一五一九年，西班牙征服者埃爾南·科爾特斯（Hernán Cortés）踏入了特拉斯卡拉王國（Tlaxcala）的領地，他觀察到，就他所能及的判斷，這裡的治理模式「幾乎和威尼斯、熱那亞和比薩一樣，原因在於這裡沒有單一的最高統治者。」[2]他的家鄉西班牙就有這樣的單一最高統治者，也就是國王查理一世（Charles I）。

休倫族和特拉斯卡拉王國的例子並非少數例外。在人類的歷史中，不同大陸上的許多社會獨自發展出了具有共通點的政治系統，他們的統治者都有義務要向被治理者尋求共識。如果我們把尋求共識視為民主制度的基礎要素的話，那麼我們就可以認為，雖然民主遠非不可避免的發展，但民主是一種會自然而然出現的體制。因此，我們的問題就變成了民主體制是在何時、基於何種原因而存活下來與蓬勃發展的，以及為什麼就算在人民沒有讀過亞里斯多德的地方，也會有民主體制。

我們要回答的另一個問題是，如果許多地區都有早期形式的民主存在的話，為什麼現代民主，也就是透過普選達到的代議式選舉，最先興起的地方是歐洲與美國呢？我認為答案和歐洲過去不同於中國與中東的特定發展軌跡有關。諷刺的是，正是因為歐洲的進展緩慢，才能為現代民主的興起打下基礎。

早期民主與現代民主

按照希臘人當初使用「民主」這個詞的原始意義來說，這個詞的意思是「人民治理」，或者也可以照字面解釋為「人民擁有權力」。每一名公民都要參與，由人民作為集體統治。[3]二十世紀中葉，有一位學者指出南部非洲的原住民社會中有一種「特殊型態的民主」。[4]雖然當地人不知道何謂自由選舉，但部落領袖受到議會與集會的約束，必須偕同議會與集會進行集體統治，而參與治理的是人民或人民中的特定群體。我不會把這種系統稱為「特殊」系統，我將之稱作「早期民主」。由於早期民主和我們如今熟悉的現代民主不一樣，所以這個名詞對我們來說很有幫助。

早期民主替代了官僚系統。早期民主制度是由一名統治者偕同議會或集會聯合治理人民，組成這些議會與集會的是獨立於統治者的地方人士，統治者不能隨心所欲地控制他們。這些地方人士在提供資訊的同時，也會協助治理。在部分早期民主體制中，統治者是由議會選出來的，還有些則以世襲為主。有些早期民主的議會包含了廣泛的社群參與，但也有些議會比較偏向菁英集會。在議會上擁有權利的人必須深入了解政治並頻繁參與議會。

早期民主在全球各地都極為常見，常見到我們應該將其視為會在人類社會中自然出現的狀況。我並不是第一個提出這種觀點的人，但我會試著提供更全面的新視角，並介紹早期民主是因為什麼原因在何時開始盛行。[5]雖然雅典與古希臘的其他民主體制能提供人民廣泛參與的早期民主範例，但早期民主在其他地方的許多社會中也同樣盛行。就算是在人民參與程度沒有雅典那麼廣泛的地方，也同樣有早期民主的存在，例如我先前提到的休倫族與特拉斯卡拉王國。我們稍後會在本書中看到來自美索不達米亞古文明、殖民前中部非洲、古印度與其他地區的例子。

現代民主和早期民主之間有幾個重要差異。在現代民主這種政治系統中，人民會在普選制度下以競爭式選舉選出多位代議士。雖然在成人普選的制度下,人民參政程度非常廣泛,不過現代民主體制的人民參政方式比早期民主更加片段。儘管代議士會為了治理而定期見面,但除了選舉時期外,這些參與政治的廣泛人口並不會直接參加決策。片段式參政可能會使公民產生不信任與疏離感,這是現代民主的第一個斷裂點,若我們想要克服這個問題,必定要付出持續不斷的努力。

現代民主的第二個斷裂點,是它與管理日常事務的官僚系統共存,這麼做的風險是人民有可能不再相信自己能參與治理。若民主制度的實踐先於官僚系統的創造,上述現象出現的機率就會下降,統治者與人民將能共同打造出官僚系統。但若官僚比民主更早出現,那麼政府與人民就比較不可能共同打造官僚。也就是說,官僚系統有兩種不同功能,一是替代民主,二是補足民主的不足。這一切都取決於事件發生的順序。

若說早期民主是許多人類社會中獨立興起的一種體制,那麼現代民主就是歐洲人發明的一種特定體制。數千年的光陰已經證明了早期民主這種體制是歷久不衰的。現代民主則是晚近才出現的制度,我們應該將其視為一種進行中的實驗。為了理解這個實驗是何時成功的與為何會成功,我們得先了解早期民主與現代民主是如何興起。

早期民主的起源

早期民主是在統治者無法靠著自己治理人民,因而需要人民的同意與合作時興起的。人民獲得了機會,能在某種形式的集會或議會上表達自己同意或反對。雖然無論是在民主制度還是專制制度中,統治者都至少需要人民以「不叛亂」的方式默許其統治,但早期民主的同意並非消極默許,而是積極同意。[6]在早期民主中,就算代表人民的議會沒有正式特權能否決統治者的決定,但若議會成員擁有統治者沒有的知識的話,他們還是有方法行使否決的權力。[7]

有三大根本因素能推動社群進入早期民主體制。第一,早期民主在小規模的社會環境中比較盛行。無論我們談論的是歐洲、殖民前非洲還是歐洲占領前的北美洲,這些地方的政體都有這種特點。小規模社會使地方人士有機會定期參與議會與集會,這正是早期民主的命脈。部分早期民主利用特定的代議系統幫助他們應對規模的問題,例如他們不再讓所有人參與政治,而是選出一個人作為代表。但這些代議士仍得前往集會場所,選民仍得在代議士出現時監督他們,而且,隨著人民分布到更廣泛的地理位置後,這種制度會變得更加困難。代議制是人民在遇到規模問題時提出的變通之道,但並沒有解決問題。[8]

第二個推動早期民主的因素,是統治者不了解人民的生產狀況。[9]統治者因此有動機把權力分享給比較了解要徵收何種稅金的人。我們應該要為此處的「徵稅」做個更廣泛的定義,也就是只要希望獲得適當經濟來源或重新分配經濟來源的統治者,都會遇上徵稅問題。特殊自然環境有時會產生不確定性,使得統治者更難預測農產品的產量。[10]在其他狀況下,統治者會因為缺乏能測量與評估人民產量的官僚系統,而必須面對不確定性。從古至今,這種不確定性都是統治者在徵稅時會遇上的一大問題。若對徵稅金額做出過度悲觀的判斷,你將會錯失潛在稅收;反之若對徵稅金額做出過度樂觀的判斷,你將有可能刺激人民起義或遷離這個社群。

第三個推動早期民主的因素,涉及到「統治者有多需要人民」與「人民在沒有統治者的狀況下能做到哪些事」之間的平衡。在統治者對稅金有較大的需求時,他們比較有可能會接受協作型的治理制度，在統治者需要人民作戰打仗時更是如此。若強迫人民參戰的成效不彰，統治者就會提供政治權利作為誘因。另一方面，當人民發現沒有統治者對他們來說比較輕鬆時（例如搬到統治區域之外的新地點），統治者就會有動力以人民比較能接受的方式治理他們。事實上，遷離對於階層造成影響的現象太過普遍了，連人類之外的物種也會遇到這種現象。例如在螞蟻、鳥與黃蜂等各個物種中，只要生物學家所謂的「播遷」（dispersal）成本低，社會組織的階層化程度通常也會偏低。[11]

隨著時間流逝，有些社會中的早期民主制度留存了下來，有些則逐漸消逝。早期民主消逝的時間點包括社會規模擴大、統治者使用新方法監控產量、人民難以遷離並前往統治區域之外的新地點。正是因為這些理由，本書的原書名Decline and Rise of Democracy才會把Decline（衰亡）排在Rise（興盛）之前，指的便是早期民主的衰亡，與隨後現代民主的興起。

「早期民主」是適當的用詞嗎？

熟悉古典希臘思想的讀者可能會擔心我對早期民主的定義太過寬鬆。希臘人把統治方式區分為單人統治、少數人統治與多數人統治，民主的詞源demokratia對他們來說只能連結到多數人統治上，通常會以大型集會（assembly）的形式執行。[12]他們將少數人統治稱為寡頭制度（oligarchy），通常會是限制參與者數量的議會（council）。雖然寡頭制度的治理方式具有民主的氣韻，但這並不是希臘人理解的那種民主。在實證上，學者用集會與議會區分民主制度與寡頭制度。[13]

那麼，既然希臘人會認為我採用的早期民主定義同時代表了民主制度與寡頭制度的話，為什麼我要這麼做呢？這是因為許多人類社會雖然在乍看之下是由少數人統治的，其實多數人都參與了政治。在我將要探討的其中幾個早期民主體制中，儘管只有一小部分的人能直接參與治理，但他們之後必須回到居住地面對當地的集會或議會。在休倫族，只有首領能參加中央議會，但除此之外，這些首領還要在回到自己的村落後面對村落的議會。在其他社會中，雖然平常決策的是少數人，但在不同的狀況下也會有更廣泛的討論與商議。[14] 在美索不達米亞的馬里王朝（Mari）中，有許多城鎮就是如此。[15] 希臘人也知道這種現象，他們將之稱為混合政體（mixed constitution）。負責登記希臘各城市政治制度的人找到了許多混合政體的例子，他們也證明了通常我們很難把各個城邦歸類成明確的寡頭體制或明確的民主體制，而幾乎所有的希臘城邦都同時具有這兩種體制的要素。[16] 亞里斯多德也曾談論過混雜了寡頭體制與民主體制的城市。[17] 這樣看下來，我認為寡頭與民主並非涇渭分明。

　　有鑑於上述種種原因，以較廣泛的方式定義早期民主是十分合理的。與此同時，我也會強調早期民主群體之中的多樣性。有些群體的政治參與非常廣泛，有些群體的政治參與則比較受限。

另一條道路：專制制度

　　早期民主之外的另一個選擇是專制制度。由於幾乎在所有社會中，統治者都不可能只靠自己一個人統治人民，所以成功的專制統治者會建立官僚系統來協助治理。專制統治者不會依靠地方人士幫忙提供資訊和收稅，取而代之的，他們會在創造出官僚系統後，自己選擇要雇用哪些受他們控制的下屬。這和民主制度有根本上的區別，民主制度的統治者依賴的是由地方人士組成的議會或集會，統治者不能隨心所欲地控制這些人。專制統治者會派官僚成員去評估人民的生產狀況與應該徵收的稅額,這些官僚成員也要負責收稅。他們可能也要在不提供政治權利給人民的狀況下強化徵兵系統。在背後支撐這些制度的是軍事力量的實際狀況,例如專制統治者要雇用並付錢給精於暴力的專家。接下來我要討論的專制制度中,有些制度的行事效率極高,有些效率較低,但無論如何,專制制度和民主制度都是二選一的選擇題。

統治者能否選擇專制制度也取決於社會對各種技術的熟練程度,這些技術通常都和文明有關。其中最重要的一種技術是文字系統,有了文字,官僚成員才能在溝通時橫跨時間與空間。我將會在第三章中提出文字來自何方的證據,在文字的歷史中既有需求要素,也有供給要素。文字較有可能在社會有需求時出現,例如當人民種出可儲存的穀物而需要記錄的時候。但供給也是很重要的要素,原因在於從零開始創造文字系統並不容易。若某個社群發現其他鄰近社群已經先發明出了文字,他們將會有較高的機率使用文字系統。

統治者能否選擇專制制度不只取決於文字是否存在,也取決於其他文明基礎。了解幾何學能幫助統治者為了徵稅而測量田野;了解土壤則能讓國家官員根據肥沃程度替土地分級,以此為基礎採用不同稅率。這就是文明進步的矛盾之處,這種進步反而能使專制制度執行起來更有效率。

推動官僚系統的另一個文明技術是集約農業(intensive agriculture),官僚將會因此更容易了解地貌。「集約」指的是增加人力與資本,在同樣面積的土地上提高產量的耕作方式。[18]如果我們認為官僚成員通常對於當地人的生產量沒那麼了解的話,那麼任何使得生產量對外來者(outsider,我在此使用詹姆斯・史考特

〔James Scott〕偏好使用的詞彙〕而言更容易識別的技術，都會讓官僚的工作更輕鬆。[19]集約農業達成這點的方式，通常是藉由土地重整把產量變得更系統化，往往也會更加密集。雖然集約農業的可行性在某些地形上高於其他地形，但這並不是一種只能依賴自然環境的技術。集約農業同時也要依賴文明在新科技方面的進展，例如輪作、犁地、灌溉、梯田等。我們再次回到前面提過的矛盾之處：文明的進步會推動專制的發展。

許多專制統治者之所以能使用官僚制度，並不是因為他們創造出了這套制度，而是因為他們從前任統治者那裡繼承了官僚系統。馬克斯・韋伯（Max Weber）曾寫道，官僚系統是「各種社會結構中最難摧毀的一個」。[20]我們可以在中國與中東看到相關案例，那裡的官僚系統就算遭遇了大規模的混亂，也一樣存活了下來。韋伯的說法或許會帶來另一個必然的推論：一旦官僚系統被摧毀了，就很難從零開始重建。這就是歐洲的加洛林王朝（Carolingians）與其他統治者在羅馬滅亡初期遇到的問題，這也解釋了為什麼歐洲會出現一條截然不同的政治發展軌跡。

歐洲為何不同

早期民主的發展並非歐洲獨有的現象。古典希臘的集會、日耳曼部落的聚會以及中世紀城鎮的議會，它們全都和其他地區發展出來的集體治理模式有很高的相似性。但歐洲和其他地區有幾個關鍵的不同之處。歐洲的早期民主存活下來並蓬勃發展，而中國與中東的早期民主則徹底被專制制度與官僚系統取代了。這是我們要考慮的第一個發展上的差異。歐洲人的另一個不同之處在於，他們後來成功地在幅員遼闊的社會中擴大了早期民主的執行規模。最後一個差異是歐洲的早期民主在這之後經歷了許多階段後，演化成了現代民主。我們要提出的問題是，中世紀歐洲人如何發展出政治代議制度，以及這種制度如何轉變成以成人普選的自由選舉模式選出領導人。

有關歐洲早期民主十分諷刺的一點是，這套制度之所以能發展得如此欣欣向榮，其實是因為歐洲的統治者有很長一段時間都非常弱小。[21] 在羅馬帝國衰亡後的一千多年裡，歐洲統治者都沒有能力評估人民在生產什麼，所以無法據此徵收足夠的稅金。[22] 在說明歐洲統治者有多弱小時，最驚人的描繪方式是指出他們的稅收有多低。雖然歐洲人後來發展出了強大的稅收系統，但他們為了這件事耗費非常漫長的時間。若撇除歐洲的小型城邦不談，在中世紀時期與部分的近代早期，中國皇帝與穆斯林哈里發從人民的經濟生產中獲得的稅金，遠比任何一名歐洲統治者都還要多得多。

我們可以在圖1-1中看見歐洲早期十分弱小的證據，該圖顯示的是四個社會的國家稅收占總經濟生產量的推估比例，這四個社會分別是一〇八六年由宋朝統治的中國、八五〇年由阿拔斯王朝（Abbasids）統治的伊拉克，以及一三〇〇年左右的英國和法國。[23] 宋朝皇帝與阿拔斯王朝哈里發的稅收占國內生產總額比率，是歐洲統治者的十倍以上。這些數字指的是中央稅收，我們將會在第五章討論到歐洲地方稅收的問題，尤其是落入教堂口袋的什一稅（tithe），不過這方面的討論並不會改變我的整體結論。

圖1-1能讓我們學到的另一件事是，如果早期民主與專制是政治發展上的二選一道路的話，這兩者帶來的不一定會是同樣的結果。即使在英國君主同意了《大憲章》之後，他們被迫同意的稅率仍然遠低於中國皇帝與穆斯林哈里發的稅率。

歐洲統治者有很常一段時間都因為缺乏官僚系統而處於弱勢。

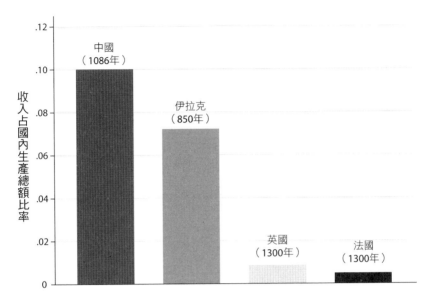

圖1-1 各區域的財政稅收。

他們沒有足夠的技術能使官僚系統順利運作，而羅馬人也沒有把這種制度流傳給他們。因此，想要官僚的統治者只能從零開始打造整套系統。促成這種狀況的另一個因素是歐洲實行的不是集約農業，而是粗放農業，使官僚系統難以落實。歐洲國家後來之所以能發展出強大的政權官僚系統，有很大的原因出自外在威脅，不過到了那個時候，民主制度已經打下穩固的根基，並且能夠在大型政治體中大規模實行了。在這樣的發展順序下，官僚系統便不會取代民主制度，而是會補足民主制度的不足之處，在專制制度中則正好相反。

為了理解中世紀歐洲國家的根本弱勢，讓我們以法國國王腓力四世（Philip the Fair）為例。腓力四世於一二八五至一三一四年執政，雖然他因為創造出中央化的王室管理制度而付出了許多努力，也常因此獲得讚揚，但他的固定中央官僚系統只有數十名成員，且缺乏固定軍事力量。腓力四世的傳記作者約瑟夫‧史特雷耶（Joseph Strayer）認為，腓力四世之所以必須利用武力威脅以外的方法達到目標，是因為「他能依賴的武力很少」。[24] 腓力四世的統治期間幾乎等同於和多個地方團體進行一連串的協商，並且是以一種分散的順序，他需要地方團體同意他增加稅收並提供相關幫助。[25]

歐洲政治發展的最後一個諷刺之處，是科學與文明的緩慢進展反而有利於早期民主的存活。以土壤知識帶來的影響為例。中國與中東的統治者很早就理解不同種類的土壤會對農業產量造成何種影響。他們因為這個知識而擁有較好的能力決定要向臣民課徵多少稅，無須進行協商與妥協。在中國的著名傳說《禹貢》中，夏朝的第一個君王大禹勘測了他治理的九個州，根據土壤的品質訂定了不同的稅率。雖然大禹的故事是杜撰的，但中國人在早期就懂得土壤一事並非虛構，而歐洲並沒有類似大禹的故事。

國家最先出現在中國

中國的政治發展歷程與歐洲相反。若想了解中國政治發展的起源，我們要先回到西元前二〇〇〇年。中國的第一個朝代是商朝，位於中國西北部的黃土高原上，「黃土」這個名字來自這個地區的土壤。商朝之前還有一個有可能只是傳說的夏朝，可能也位於同個區域。

商朝的社會特色是他們從很早期就開始實行專制制度。按照商朝的規定，他們必須經由嚴格的世襲制度選出皇帝，不曾有文獻提到任何議會和集會能在這件事上有選擇權，或能對此產生任何影響。雖然我們無法確知商朝是否擁有原始型態的官僚系統，但我們比較能確定的是，商朝的君主能動員大規模的軍事力量，兵力高達數萬人。此外，商朝還具有一個占統治地位的中央都城，遠比周圍的定居點都還要大得多。

促使中國邁向專制的其中一個因素顯然是自然環境。中國的早期朝代全都位於黃土高原。黃土是一種鬆軟的土壤，只要用簡單的工具就能耕種，這種土壤的滲透性極佳，能確保任何水分都能輸送到成長中的植物裡。只要附近有水源，黃土就是發展早期農業的絕佳基礎。歐洲也同樣有黃土，歐洲西部的第一批農耕者來自線紋陶文化（Linearbandkeramik，簡稱LBK），他們就是在黃土上種植作物的。但是，歐洲西部的黃土範圍較小，分布也很零散，不像黃土高原是一大片平原，因此該地區早期的定居地較為分散。或許正是這樣的特性使歐洲後來的長期趨勢傾向於分散式政權。

另一個推動中國專制體制的是較早發展成熟的國家官僚系統。西方的觀察者通常認為中國第一個建立官僚系統的朝代是秦朝（西元前二二一至二〇六年）。但事實上，中國官僚系統的根源還要追溯到更久遠之前。第一個有關官僚系統的明確證據來自西元前一〇四七至七七二年的西周。西周的官僚系統是由多個平行管理部門組成的，包括太史寮、六師與八師、內廷官員與家臣。[26]這個官僚系統中有許多職位都是世襲制，早期尤其如此，但隨著時間演進，舉賢任能變成了常態。

在隨後的中國朝代演化中，官僚系統的招募方式與規則愈來愈常規化，而中國付出的代價則是，世襲的宗族變得愈來愈少。歐洲西部的統治者則在羅馬衰亡後改變政策方針，將土地授予人民來交換他們進入軍中服役。土地授予通常是單向交易。隨著時間演進，這種交易在社會中創造出了具有實質自主能力的一群地方人士。這群人在中世紀集會的早期發展中扮演非常重要的角色。中國則把體制推往相反的方向。隨著唐朝與宋朝的科舉制度漸趨完善，中國統治者一手掌握了官僚系統的招募制度，這種制度不需要依靠統治者無法掌控的社會網絡。對當時的人來說，成為士人的一員也就等於成為了國家的一部分。

伊斯蘭統治者的世襲國家

中東通往專制的路徑和中國不同，我們可以從中東的歷史了解承襲其他國家的政權會如何損害民主制度。在前伊斯蘭時期，阿拉伯盛行的主要治理方式是早期民主，也就是統治者在治理時要透過議會取得共識。有一派論點認為，這是因為在游牧社會中，不滿意統治者決策的人可以直接搬到別的地方去。另一個重要因素是統治者沒有掌握任何代表國家的事物，例如他們沒有官僚系統，也沒有固定軍事力量。之後我們還會在其他區域看到這種模式，包括北美洲的平原與中部非洲的森林等多種區域。

阿拉伯接下來發生的事情有各種詮釋方法，其中之一是伊斯蘭教的出現對民主的前景造成了致命損害，不過，這種觀點不太符合史實。我們可以從文獻中的線索看出，穆罕默德治理阿拉伯時採用的就是諮詢的模式，他這麼做的理由和其他阿拉伯統治者的理由相同，因為這是唯一行得通的方法。我們可以從通常被稱作《麥地那憲章》（*Constitution of Medina*）的文獻中找到其中一種解讀方式。伊斯蘭教中還有另一個傳統，那就是最一開始的四個「正統」哈里發是集體挑選出來的，而非世襲而來，此外，《古蘭經》曾兩度提到統治者必須透過「舒拉」（*shura*）治理人民，在阿拉伯語中，「舒拉」指的是協商。

導致中東早期民主終結的並不是伊斯蘭教，而是更早之前的國家採用的迅速世襲制度。隨著伊斯蘭征服者從阿拉伯向外擴張，他們很快就來到了人口更加密集的地區，這裡的人使用的是定點的集約農作，環境和阿拉伯有極大的差異。如今的伊拉克在過去曾是薩珊帝國（Sasanian Empire）的領地，大約在伊斯蘭征服者占領薩珊帝國的一個世紀之前，薩珊帝國創造了中央化官僚系統，藉此向產量豐富的農業區收稅，這個農業區後來被稱作「薩瓦德」（Sawad），意思是「黑土之地」。阿拉伯征服者在廢除了薩珊帝國的領導權後決定要借鑑薩珊帝國的官僚系統。儘管出現了許多異議，但最後哈里發終究變成了可以用專制手段治理人民、幾乎不需要協商的統治者。哈里發國（caliphate）的繼任制度也變成了世襲。

　　另一個損害中東民主的因素是版圖迅速擴張。在前伊斯蘭時期，阿拉伯的早期民主和其他人類社會一樣，都是面對面進行的小規模制度。來自各個部族的長老會集結在一起討論，獲得某種形式的結論。這個過程之所以不正式，是因為當時的環境允許這種不正式。在伊斯蘭征服者出現後，阿拉伯統治者要面對的問題不再是如何在面對面的狀況下治理國家，而是如何治理橫越數百英里、甚至數千英里的國土。有些學者認為，這種狀況需要的是歐洲人後來採取的制度，也就是能夠遠距離進行民主治理的政治代議制度。[27] 但歐洲人花了好幾個世紀不斷試錯才找到這個解決方案，伊斯蘭世界的居民則得在數十年內解決這件事。

　　在論及中東民主的消逝時，最後一個需要強調的重要因素是偶然。穆斯林征服者之所以能繼承官僚政權，是因為伊拉克的薩珊統治者在不久前剛建立了官僚系統。若伊斯蘭擴張的時間再早個一百年，也就是發生在六世紀而非七世紀，那麼他們就沒有官僚系統可以繼承了。隨後的中東民主發展進程想必也會截然不同。

現代民主的出現

　　現代民主是從早期民主演變而來，演變的進程始於英國，而後因為美國的自由白人男性而首次發展得更加全面。在現代民主這種統治模式中，政治參與是廣泛但片段的，雖然公民能透過投票選出代表來參與政治，但他們只能在指定時期投票，而且除了投票之外，他們鮮少有方法能控制政治的走向，例如公民不能使用指定委任（mandate）或命令來約束這些代表。[28] 這些特點全都與早期民主相反。在早期民主制度中，雖然有權參與政治的人數往往會更少，但享有此權利的人參政的頻率卻高得多。此外，人民在選出代表後可以用指定委任來約束他們，每個地區都可以否決中央決策或選擇退出。這些制度能從根本上阻擋權力，因而使統治者必須徵詢人民的同意。因此，早期民主較少遇到「多數暴政」，這是所有現代民主制度都必須設法解決的問題。

　　若說現代民主都具有同一種特殊形式的話，盎格魯－美國歷史的特別之處將能帶來大致上的解釋。英國與其後的美國都偏離了常見的歐洲模式，而了解這種偏離的發生原因與方式對我們來說非常重要。這將會幫助我們理解現代民主的潛在斷裂點。

　　在中世紀與近代早期，歐洲各地一直都有議會與集會的治理形式存在。在歐洲大陸上，集會的運作方式與其他地區的早期民主雷同：代理人往往會受到指定委任的嚴格約束，地方選民則有空間能拒絕中央的決策。這些制度和北美洲東北林地（Northeastern Woodlands）的休倫族使用的治理方式並沒有太大的差異。曾有些歐洲大陸的統治者想要偏離這種模式，最後卻只獲得了有限的成功。

　　早在十四世紀，英國的議會治理制度就已經和歐洲有極大的差異了。雖然英國的君主得和國會聯合治理人民，但國會也同意了君主提出的兩個要求，一是選民在派出代理人時不能指定委任，二是多數決應該具有約束力。選民唯一能限制代理人的方法就是下次不要選他。「無需人民指定委任代理人」的英國模式將會在未來成為所有現代民主的常態。從十八世紀晚期開始，就再也沒有代議民主制度允許明確的指定委任了，所有意圖推翻此模式的嘗試都只是非官方的行動，例如共和黨在一九九四年推動的「與美國有約」（Contract with America）運動。缺乏指定委任對民主的運作方式造成了巨大的影響。29

英國發展的諷刺之處在於，正是君權推動了國家體制遠離早期民主，使現代民主包含了專制的元素。正是因此，威廉·布萊克斯頓（William Blackstone）才會在國會於一六八八年成為英國最高法律權威時，寫下國會擁有了「絕對的專制權力」。30

雖然英國是率先發展現代民主的國家，但他們推動現代民主的速度緩慢。儘管英國在一八三二年通過了所謂的《大改革法》（Great Reform Act），但能夠投票的人在總人口數中占比極低。31我們在這裡遇到的謎團是：雖然率先構想出「用男性普選治理社會」這個概念的，是十七世紀的英國基進分子（例如平等派〔Levellers〕），但第一個執行此概念的地區卻是北美洲，而非英國。儘管我們常認為美國民主始於一七七六或一七八七年，但事實上從十七世紀開始，在北美洲的多個英國殖民地中，自由白人男性可以參與的大規模選舉就已經是常態了。

大規模男性選舉出現在北美洲英國殖民地的理由很簡單，不是因為這個概念有多傑出，而是因為在土地廣闊、勞動力稀缺的環境中，遷離對老百姓來說是輕而易舉的選擇。還有其他社會也擁有這種對民主有利的根本因素。由於上位者處於弱勢，所以授予政治權力和共同治理便成為了必然的結果。商隊與其他負責創造殖民地的人一開始曾試著用階層制度治理當地人，但卻無法持久。他們缺乏強制與管理的能力，很快就意識到他們需要和殖民地居民組成的集會進行聯合治理。最先出現此發展的是一六一九年的維吉尼亞殖民地的詹姆士鎮（Jamestown）。

有關勞動力稀缺對北美洲治理方式造成的影響，還有另一個同樣始於一六一九年的災難性面向。這裡的環境條件推動了殖民政府提供政治權利給白人，同時也使政府有動機建立奴役非洲人的系統。一個人能享受政治權利還是會被奴役則取決於經濟學家稱作「外部選擇權」（outside option）的特質。除了在非自願情況下被帶到北美的人之外（我們將會在接下來看到這些案例確實存在），英國移民皆可以在一開始選擇他們要不要前往新大陸。但被帶到新大陸的非洲人沒有這種選擇。抵達新大陸後，對於環境不滿意的英國移民通常可以設法搬到別的地方，但試圖逃跑的非裔奴隸幾乎不可能融入一般的社群中，就我們所知，早在伊莉莎白時期，英國人就開始以負面態度看待與描繪非洲人了。[32] 白人的政治權利與非洲人的奴役制度源自於同一個勞動力稀缺的基本環境條件。從一六一九年算起，又經過了三百五十年，非裔美國人才終於獲得了和其他人相等的投票權。非裔美國人獲得投票權一事，展現了現代民主的另一個特點：正是基於現代民主的廣泛參政概念，被排除在外的那些人才能以格外有力的論點要求投票權。

一七八七年的美國憲法促進了美國體制轉變成現代民主。令人意外的是，憲法促進民主轉變的方法是去除早期民主的多個要素，這些要素一直到一七八〇年代都還存在於美國憲法之中。在殖民地集會與早期的州集會中，代議士受到人民的指定委任與命令所約束是很常見的事，但從一七八七年開始，這種約束便不復存在。選舉的頻率也同樣下降了，在此之前，甚至到一七七六年之後，州議會選舉通常仍是每年舉行一次。各州也被迫要接受稅收與國防方面的中央決策。美國憲法與早期民主不同，憲法允許美國建立強大的中央集權官僚系統，採用廣泛但片段的政治參與模式，治理範圍橫越了廣袤的領地。我們仍在試著釐清這項民主實驗能否成功。

民主的另一種觀點

到目前為止，我已經描述了早期民主的傳播過程與轉變成現代民主的經過。除了我描述的因素外，還有其他觀點認為政治觀念、不平等與經濟發展也具有影響力。

政治觀念

對於民主制度為什麼會出現的最直接解釋，就是有人在需要時發明了這種制度，而希臘人就是第一個發明者。雖然希臘的民主制度最後消亡了，但相關的記憶並沒有消失，西歐人從中世紀時期開始借鑑希臘傳統與後來的羅馬文化。但這種論述有兩個大問題。

第一個問題，休倫族和特拉斯卡拉人都沒有讀過亞里斯多德，但他們還是建立一套在歐洲人眼中極為民主的治理方法。在古羅馬歷史學家塔西佗（Tacitus）描述的日耳曼集會中，集會成員也同樣沒讀過亞里斯多德。

第二個問題，就算是在歐洲，他們對政治觀念的理解也沒有那麼完善。我會在此提出一個例子，並在第五章花更長的篇幅討論此事。在羅馬衰亡後，希臘的治理觀念便在西歐人之間失傳了，直到這些觀念在中世紀透過拉丁文翻譯重新出現為止。政治理論家約翰・波考克（J. G. A. Pocock）認為，再次發現希臘的城邦概念對於義大利北方的獨立城市共和國產生了深遠的影響，但這沒辦法幫助我們理解，這些城市共和國一開始為何會出現。西元一二六〇年左右，亞里斯多德的《政治學》（*Politics*）初次有了拉丁文翻譯版本，但絕大部分的義大利社群獲得自治權的時間點都遠早於一二六〇年。這樣看來，中世紀的居民想必是靠自己重新發明民主制度的，令人訝異的是，這件事率先發生的地點是歐洲，而不是亞里斯多德的作品從未失傳的中東。

民主的概念很重要，我將會在本書中再三強調這一點。不過，歐洲人是因為古典傳統而獲得民主制度這個簡單的概念並不能使人信服。就算是在歐洲人已經遺忘了古典傳統的時期，他們也同樣在推動民主的理想，還有些地區的人在推動民主的理想時，根本沒接觸過古典傳統。

不平等

不平等對民主有害的觀念深植人心，當社會中的人口可以區分成富人和窮人時，和平的民主治理方式就會受到嫉妒的破壞。由於窮人比較容易受到煽動者的影響，所以在遇到嚴重不平等的現象時，民主應該無法長存。

另一個顯而易見的解釋是，民主制度擁有強大的力量能促進平等。由於窮人的數量遠多於富人，所以他們可以投票給那些提議要改善不平等現況的候選人。候選人可能會提議要制訂更好的稅制或者更好的支出政策，例如政府補助教育津貼。

雖然常有人用這種觀點看待平等與民主之間的關係，但支持這種觀點的證據其實遠比一般人以為的還要少。此論述的重要證據是歐洲西部在十九至二十世紀的狀況。在許多國家中，現代民主都是在逐漸加劇的極度不平等環境中出現並維持下去的。此外，民主本身幾乎無法改變不平等的現況，而菁英們也隨著時間流逝逐漸意識到了這一點。若說《聯邦黨人文集》（*Federalist Papers*）的作者執著的是共和政體會對財產帶來何種危險的話，那麼歐洲西部的菁英就是在十九世紀晚期學會了更加無動於衷的態度——如果你不會因為普選而必須繳納大量稅金或被沒收財產的話，何必擔心普選呢？這個結論背後的意涵有好也有壞：民主在遇到嚴重不平等時，也許遠比我們想像的還要更穩定，不過若你擔心的是不平等本身的話，那麼你要知道，單靠民主本身是無法提供解決方案的。

經濟發展

在論及民主時，最頑強的其中一個觀點是民主只能在富裕的國家存活下來。我們不難看出這個觀點是從何而來的，畢竟如今全球最有錢的那些國家幾乎全都是民主國家。這個觀點的主要脈絡是，在窮人較少的國家裡，願意傾聽獨裁煽動者說話的人也比較少。窮人可能會覺得自己在獨裁制度下能失去的事物比較少，他們對於政治進程的認識也比較淺。至少這派理論是這麼宣稱的。[33]

有些人認為經濟發展是民主制度的先決條件，二十世紀的著名政治學家李普塞（Seymour Martin Lipset）更是大幅強化了這個觀點。在一九五九年的文章中，李普塞記錄了他調查多個發展指標獲得的結果，這些指標包括人均所得、人均汽車擁有量、醫師平均負擔人數、收音機數量、電話數量與報紙數量。李普塞的數據顯示，依照這些量表被評判為貧困的國家比較難維持穩定的民主制度。他寫下的結論引起了許多爭論。有些人認為經濟發展確實帶來了民主制度。[34]也有些人認為民主與經濟發展都是由其他根本因素推動的。[35]

經濟發展假說的問題在於，如果我們把歐洲民主的出現視為一段非常漫長的過程，能一路追溯到中世紀時期、甚至更早之前的話，那麼我們就必須記得，在較早期的那幾個世紀，歐洲的經濟發展狀況並沒有比其他地區更好，且事實通常完全相反。以現在的標準來看，就算是在歐洲逐漸進入現代民主的那段時期，也有許多歐洲國家相當貧困。在法蘭西第三共和國於一八七〇年建立時，法國的人均國內生產總額水準和如今的坦尚尼亞相當。

　　若我們把因果關係對調，探討民主會對經濟發展有何影響的話，也會以相似的方式得到結論。如今常見的論點是民主制度下的人民覺得自己的財產比較安全，所以民主對經濟成長更有利。我將會在第八章深入探討這個議題。根據證據所示，在比較早期民主和專制制度時，這兩個系統在經濟發展方面都各有其優點與弱點。正是因為早期民主政權是一種去中心化的權力，所以中央統治者踐踏財產權的風險比較小。然而去中心化的權力也可能會導致市場的新進業者遇到阻礙，因此，早期民主可能會抑制創新。荷蘭共和國（Dutch Republic）就是一例。專制統治的模式則正好相反，中國與中東的專制制度推動他們創造出橫越廣大區域的市場，將不同的思維與革新概念傳遞到他方，不過，專制的弱點是不夠穩定。集中化的權力與官僚化的國家帶來的風險，就是統治者有可能會突然把政策轉往人民不喜歡的方向。

　　樂觀來看，現代民主具有早期民主在發展過程中的所有優點，並除去了早期民主的缺點。領導人會受到有意義的限制，同時還有擁有一個比較容易進入的大型國內市場。我將會在第九章指出英國與荷蘭共和國之間的對比，並提出這個論點是如何建立的。但是，如果我們因為這樣的比較而對現代民主感到樂觀的話，美國的歷史將會提供暫時停止樂觀的好理由。美國是第一個真正的現代民主國家，擁有完整的全國市場系統，但就算如此，壟斷的力量仍一次又一次地提高了進入市場的難度。說到這裡，你可能會想到二十世紀初與二十一世紀初出現的狀況。[36]

民主的未來

早期民主已經在形形色色的人類社會中存在了數千年的時間，這是一種非常穩固的體制。我想要述說這段歷史的主要動機，是因為我想用全新的觀點看待現代民主。相對來說，現代民主只存在了很短的一段時間。我們應該要把現代民主視為進行中的實驗，我們甚至應該震驚現代民主能夠存活下來。綜觀人類歷史，人類治理社會的方式只有兩種，一種是統治者採用官僚系統，以專制制度治理，另一種則是類似早期民主的制度，這種制度缺乏國家組織、擁有去中心化的權力，且整體規模可能較小。北美十三州殖民地這麼廣大的政體與其中央政權能維持民主制度，簡直是一個前所未聞的概念。我們可以從這個歷史教訓中得出三個與民主的未來有關的結論。

新民主

第一個結論和一九八九年開始出現的多個新民主體制有關。如今有許多人都很擔心出現在全球各地的民主縮減現象，這種現象又稱作民主「倒車」，這種擔心是很合理的。同時也有許多新聞在報導一個又一個逐漸傾向專制制度的國家。政治學家甚至為這些不再符合民主資格卻仍能選舉的國家，發明了一個全新的類別：他們把這些國家稱作競爭式威權政體（competitive authoritarianism）。[37]

我們要先退後一步思考，才能更了解這是怎麼回事。我們要做的不是聚焦在過去這幾年來的事件，而是從柏林圍牆倒塌前一年，也就是一九八八年的有利位置觀察現今的狀況。若你有讀過當時最傑出的政治科學研究的話，當有人問你像迦納這樣的國家有沒有可能在三十年內成為活躍的民主國家時，你想必會回答可能性很低。迦納太過貧困、太過種族分歧，很難以民主國家的狀態存活下去。

那麼，為什麼一九八八年的推測會錯得這麼離譜呢？雖然意料之外的柏林圍牆倒塌事件可能是一大原因，但我們不能把近代的民主化浪潮全都歸因於強國對抗賽的消失。這段歷史帶來的更深一層教訓是，在不算少見的特定情況下，人類會自然而然地發展出民主治理制度。許多在一九八九年後轉變成民主制度的社會，都早在尚未接觸過歐洲人時就已經實行過各種形式的早期民主了。選舉與政黨等現代民主技術都是新出現的事物，不過 *demokratia*，也就是人民應該擁有權力的基本原則卻不然。

我們可以從近代民主化的國家中學到更深層的教訓，正如早期民主取代了中央政權的存在一樣，一九八九年之後的民主化通常比較有可能會在中央政權的初始權力偏弱時存活下來。在一九八九年左右政權結構較弱的非洲國家較有可能在如今採用民主制度，而中東在過去數個世紀來的高壓政權結構則阻礙了民主。[38]

在論及現代民主的擴散時，我們需要注意的最後一件事是，在許多案例中，選舉課責制度壓制了先前存在的早期民主制度。正如政治學家凱特・鮑德溫（Kate Baldwin）指出的，我們有理由相信，就算是在這樣的新脈絡中，早期民主體制仍能提供重要的課責模式。[39]

專制的持續性

一九八九年，有些人對民主的第二個推測與中國有關，事實證明了這個推測也同樣是錯的。有些人想知道的是，市場驅動的經濟發展是不是必定會帶來政治自由化，使中國變得更像西方國家。當時一般認為隨著社會愈來愈富有，人民也就愈有立場能要求民主制度。另一個常見的想法是唯有政治自由化才能維持經濟成長。事實證明這兩個推測都不是事實，至少目前為止是如此。

歷史的教訓會幫助我們理解，為什麼中國能維持專制制度。在過去二千多年來的漫長時間中，儘管中國是以專制與官僚的方式治理人民，歐洲統治者則必須透過集會治理，但中國一直都比歐洲富有。常有人認為早期民主的先進發展，應該歸功於西歐在中世紀推動的商業革命，不過等一下我們將會看到，事實上中國同樣有他們自己的中世紀商業革命。雖然中國當時的人均收入水準比西歐更高，但這沒有使中國遠離專制制度，那麼，為什麼我們應該要期待中國在近代的成長會帶來不同的結果呢？

在試著理解中國的狀況時，另一個關鍵事實涉及了先後順序的問題。若官僚系統先發展到一定程度的話，專制制度就會成為非常穩固的政治發展模式。我的意思並不是只要先發展出官僚系統，接下來就絕對不可能進入現代民主，也不是說只要沒有發展出官僚，就必定能發展出現代民主，我的意思只是可能性會大幅增加。[40] 歐洲的路徑則截然不同，他們在早期民主的治理模式存在了好幾個世紀後，才建立了官僚系統。[41] 與其說中國偏離了歐洲人在政治發展方面設下的標準路線，不如說他們只是在治理時選擇了截然不同的另一條穩固路線罷了。

美國民主的未來

歷史的教訓終於要帶領我們了解美國民主的未來了。根據當時的其中一種觀點，美國之所以能成為如此活躍的民主國家，都要感謝開國元勳帶給我們的美國憲法，但如今我們卻突然迷失了方向。我們原以為不可違背的體統常規，全都在突然之間被違背了。與此同時，我們對於體制的信任也接近甚或達到了史上最低點。依據其他民主國家的失敗軌跡來看，這就是逐漸步入專制的時間點。進一步觀察民主的歷史後，我們會發現或許我們還有保持樂觀的理由，但前提是我們得先理解美國民主過去能存活下來的原因，也就是藉由持續投入來保持公民與遙遠政權之間的聯繫。

一七八七年的美國憲法確立了一整片廣大領土上都適用的民主規範，這片領土遠比早期民主常出現的領地還要大得多，此外，在美國民主制度中，人民參政規模雖然廣泛，但也十分片段。不過，美國憲法並沒有神奇地解決領地範圍的問題。在採用美國憲法後的短短三年內，起草憲法的麥迪遜（James Madison）就在〈民意〉（Public Opinion）一文中強調，所有占地廣大的共和國都需要用穩固的投入確保公眾能獲得政府的相關資訊。因此他很支持國會為補貼報紙發行而做出的努力。有些人認為補貼報紙對於穩定共和國早期有益。還有些人則基於同樣的原因提倡國家在早期共和時期補助教育，此觀點催生了公立學校運動（Common School movement）。

麥迪遜的這篇文章帶給我們的更宏觀教訓是，我們不該理所當然地認為大眾能靠自己正確無誤地獲得相關資訊並信任政府。我們也可以從如今的各國情勢中看到，相較於規模較小的民主國家，在規模較大的民主國家中，人民對政府的信任程度往往比較低。另一個例子是在美國與其他國家，公民通常對中央政府的信任程度較低，對地方政府與州政府的信任程度較高，同樣的道理也適用在媒體上，公民通常比較信任地方媒體而非國家媒體。同時我們也會看到，儘管規模愈大，公民就愈難維持信任，但這並不代表大規模的民主必定會衰亡。這種現象代表的是我們在大型現代民主國家中需要格外注意這個問題，我們得透過持續投入公民參與來改善狀況。

除了廣闊的領地外，美國也因為中央政權非常強大而和早期民主體制有所不同。早期民主體制鮮少會遇到極權反轉的問題，這是因為極權反轉需要強制的執政權力，但早期民主中並沒有這種權力存在。像法王腓力四世這種缺乏政權的統治者，往往會在嘗試極權路線的時候，發現自己只能繼續談判與協商。但是，如今的美國又是如何呢？

我們可能會聽到的其中一個答案，是我們如今正因為擁有強大的政權而處於轉變成專制的危險邊緣。歷史則會提出一個更加謹慎的回答。歷史會告訴我們，在這種時候，最重要的是政治發展的順序。一旦專制統治者先建立了強大的官僚系統，國家就很難轉變成民主制度，但若議會與集會的治理模式比官僚更早出現，尤其是在成立了橫越大範圍領土的正式規範後，民主就有比較高的可能會在官僚系統發展出來之後繼續存活並蓬勃發展。[42]在早期民主中，地方人士養成了集體行動的習慣，統治者與人民因此有機會能反抗專制制度，聯合起來建立國家。英國國會靠著長久以來的集體行動傳統，制止了亨利八世（Henry VIII）想靠著新創立的官僚掌控統治權的行動。我們將會在第七章看到，中東之所以沒有成功制止統治者掌權，是因為中東的哈里發國占地廣闊，早期民主制度適用於面對面模式，沒辦法抵禦專制制度對政體的侵蝕。

雖然我們長久以來的集體治理傳統能夠在美國遇到專制制度時提供保護，但說到底，我們仍應該要釐清「大致上存活下來的民主制度」與「存活下來並讓我們滿意的民主制度」之間的差異。如果公民的疏離感與不信任感正逐漸加深，同時又有些人認為民主政治被少數人把持在手中的話，那麼就算這種政府存活下來了，這場勝利或許也沒有我們原以為的那麼值得慶祝。

第二章

早期民主廣泛流傳

今天我們在論及民主時，指的通常會是定期舉辦自由公正的選舉的一套政治系統，成年人要在選舉期間從多位彼此競爭的候選人中選擇投票對象。這套系統有很大一部分都是在二十世紀發展出來的。民主的詞源 *demokratia* 指的是人民應該治理自己或人民應該擁有權力，如果我們回過頭去思考這個原始定義，也就可以想像民主也能以其他形式存在。早期民主與現代民主有一些相同的特點。

在早期民主中，最關鍵的要素是統治者在下決定時，需要取得議會或集會的同意。就算是在最專制的系統中，也從來沒有人能只靠自己單獨統治，專制統治者需要透過下屬統治人民，他們可能會在決策前徵詢下屬的意見。但是這種徵詢下屬的行為從根本上來說就和早期民主截然不同。早期民主的統治者需要取得議會或集會的同意，而議會與集會的成員會是獨立於統治者、甚或是與統治者平等的人。

早期民主的第二個元素是統治者的位置不是直接繼承來的，他們在獲得領導權的過程中必須獲得他人的同意。並非所有早期民主體制都具有這個要素，但許多都是如此。或許你會因為血統而獲得優勢，例如你可能屬於特定宗族，但是你仍需要他人選擇你並承認你，才能成為領導人。在論及血統的重要性時，我們要記得血統在如今的社會中會造成的影響。羅伯特・路威（Robert Lowie）在觀察北美大平原的美洲原住民後，認為他們具有民主系統，並寫道：「摩根（Morgan）和洛克斐勒（Rockefeller）的兒子比流浪兒更有可能成為傑出的商人，同樣的道理，克里族（Cree）酋長的兒子比孤兒更有可能成為受人擁戴的勇士。」[1]

　　到目前為止，我們都還沒談論到早期民主的政治參與廣泛程度。在西元前五世紀末的雅典，參政的比例非常高，所有自由的成年男性都可以參政，而且他們參政的頻率高、態度主動。這是一個十分特別的例子。雖然參政比例那麼高的早期民主社會屈指可數，但還是有許多早期民主體制的政治參與程度仍然算是很廣泛。在談論這點的同時，我們也必須記得，雅典的女人不能參政，雅典的自由公民擁有奴隸。

　　本章的主要目標是描述，而非解釋。我將會從雅典的民主歷史開始說起，接著詳細描述五個早期民主體制，隨後是五個早期專制體制。在本章的結尾，我會提出來自多個社會中的證據：標準跨文化樣本（Standard Cross Cultural Sample，簡稱SCCS）中的一百八十六個社會。我將會在第三章與第四章解釋，為什麼有些早期國家是民主體制，有些則不是。不過，我仍會在本章中提到一些能解釋原因的民主制度特點。早期民主比較可能會在統治者沒有官僚系統提供強制力的小規模社會中蓬勃發展，在這種社會中，統治者較難監控經濟產量與人口移動。

雅典的先例

　　學者通常認為雅典從西元前五〇八年開始擁有民主體制，這都要感謝貴族克里斯提尼（Cleisthenes）引入的改革。[2]*demokratia*這個詞彙一直到西元前五〇八年之後才出現，克里斯提尼將之稱作平等法則（*isonomia*）。[3]儘管雅典的民主制度曾有過中斷，但卻一直維持了下來，直到西元前三二二年馬其頓占領了雅典。

雖然克里斯提尼的改革只發生在某段特定時期，但雅典的民主是長時間革命帶來的結果，我們將會在希臘之外的許多地方看到同樣的社會條件。除了雅典之外，還有許多古希臘民主的例子，不過我將會聚焦在雅典上，原因在於雅典歷史的紀錄最為完善。[4]

雅典民主的第一個社會條件是過去的集中化專制政治秩序徹底崩潰了。青銅時代的希臘國王住在宏偉的王宮裡，透過官僚制度和武裝菁英統治國家，這些王國的制度遠比之前的任何希臘政體還要更加複雜。[5]大約在西元前一二〇〇年，這個文明瓦解了。青銅時代的地中海地區東部出現了大規模的文明衰亡，雖然希臘文明只是其中之一，但希臘受到的衝擊卻特別嚴重。國家瓦解後，經濟也徹底崩潰，就連文字也消失了。[6]我們如今把青銅時代那些具有書寫能力的希臘居民使用的文字系統稱作線形文字B（Linear B）。當時的社會嚴格限制只有少數專家才能使用這種文字，很可能只有官僚能使用。[7]

青銅時代的希臘文明崩潰後，新希臘政體再次出現，新的統治者缺乏官僚系統，因此必須透過協商治理人民。我們可以在《伊利亞德》（*Iliad*）和《奧德賽》（*Odyssey*）中看到可能的相關證據。[8]雖然這兩本著作描述的都是青銅時代的事件，但有些人認為，由於這兩本書大約是在西元前七〇〇年寫成的，所以書中透露出一些當時社會的線索。書中描述了希臘人因為獨眼巨人沒有聚會、議會和集會所（*agora*）而認為他們是野蠻人。在另一個例子裡，長老在聚會中提出判斷，一般人則表達意見。[9]

雅典變成占據了整個阿提卡半島（Attic peninsula）的城邦，該半島占地約二千五百平方公里。相較於平均面積小於一百平方公里的其他希臘城邦，雅典的面積非常廣大，但若要和希臘之外的其他政權相比，雅典控制的領地仍然算小。[10] 較小的領地有利於希臘的早期民主發展，在這之後的其他地區也同樣如此，因為在現代運輸方式出現之前，光是前往集會場所就是非常沉重的負擔。[11]

在早期的雅典城邦中，掌握控制權的是靠血統獲得地位的貴族。此外，還有九名從貴族中選出來、任期一年的執政官（Archon），以及由前任執政官組成的戰神山議事會（*areopagus*）。[12]

到了西元前五九四年，雅典遇上了嚴重的經濟危機與階級對抗。雅典的菁英人士依據傳統指派梭倫（Solon）提出改革。梭倫廢棄了債務約束系統，創造出由四百人組成的眾議會（*boule*，又稱作四百人議事會）來對抗戰神山議事會。眾議會要負責安排更大型的人民議會（*ekklesia*）。雅典執行了梭倫的改革後，所有成年男性公民都可以參加人民議會，不過眾議會仍舊只允許富人參加。

克里斯提尼後來提出的改革代表的不只是政治變化，也是雅典社會的深度重組。克里斯提尼把雅典重新劃分成一百三十九個民區（*deme*），每個民區由一百五十至二百五十人組成。[13] 此外，他們也創造出了十個新「部落」，雅典公民除了從屬於民區之外，同時也屬於其中一個部落，每個部落都要抽籤選出五十人，加入五百人議事會①，由這個議會管理雅典的日常事務。此制度的目的，是讓每

---

① 編按：這裡的五百人議事會的前身就是前述的眾議會（四百人議事會）。四百人議事會由希臘傳統四大部落組成，每個部落會挑出一百人參加會議。克里斯提尼改革後，傳統四大部落被打散成十個新部落，且如文中所述各出五十個人參加會議，如此就成為五百人議事會。

個部落都包含多個來自阿提卡不同地理位置的民區。這樣的制度創造出了政治學家稱作「分歧交錯」（cross-cutting cleavage）的狀態。

奇妙的是，雅典的部落結構十分近似休倫族和易洛魁族（Iroquois）的氏族結構，在這兩個民族中，你可以和住在不同區域的人同屬一個氏族。這種分歧交錯的模式是團結社會的絕佳策略。

在女性參政方面，有些早期民主體制國家和雅典相同，有些則不同。雅典的女人完全絕緣於正式政治活動之外，就連在民區的層級也一樣。[14]本章稍後會再回過頭來以多個延伸觀點探討女性政治參與的議題。

雅典民主的最後一次關鍵革命，出現在克里斯提尼改革的數十年後。西元前四六二年，新的改革制度讓雅典的下層階級能在人民議會中發揮更大的影響力。[15]在這之前，我們如今所謂的第四階級（thetes）雖然可以用消極方式參與集會，但不能任官職。[16]改革之後，他們可以發言和任官，用更直接的方式參與政治。

西元前四六二年的改革發生時，正值雅典菁英人士需要人民的時期。被後人稱作「老寡頭」（Old Oligarch）的雅典觀察家，描述了第四階級能獲得較高政治發言權的邏輯。雖然他並不是民主制度的倡導者，但他基於以下原因認為這場改革是必然的發展。

> 讓那裡（雅典）的窮人與普通人獲得更多權力是正確的事，這是因為正是這些普通人在船隊中划船，為這座城市帶來權力。他們會擔任舵手、水手長、資淺船副、瞭望哨和船匠。正是這些人使得這座城市獲得權力，他們的貢獻遠多過重裝步兵、貴族與上流公民。如此看來，所有人都應能藉由抽籤與選舉擔任公共官職，所有想表達意見的公民都應能在集會上發言。[17]

在和波斯爆發武裝衝突之前，雅典在多數衝突中用到的只有少量重裝步兵（*hoplite*）。打從雅典和波斯爆發衝突開始，包含三列槳座戰船（*trireme*）在內的海軍力量變得愈來愈重要。雅典海軍需要充足的人力，一項預估指出他們需要的人力是一萬五千人。[18]雖然許多划船者都是奴隸，但也有許多是來自阿提卡的自由人口。

雅典或許是個獨特的例子，不過使雅典發展出民主的條件卻並非獨一無二，我們將會在之後不斷看到相似的條件。第一個條件是小規模領土。雅典比其他希臘城邦還要大得多，不過若和希臘附近的其他政權比起來，雅典的規模其實偏小。除此之外，在波斯戰爭爆發後，雅典的菁英開始需要更多人民進入軍中，這樣的需求導致他們開始用政治權利來等價交換參軍。[19]最後一個條件是，雅典的民主是在先前的專制與官僚系統徹底瓦解後才出現的。

希臘世界之外的早期民主

常有人認為部分的早期狩獵採集社會是自然而然地發展出了「原始民主」形式的政治制度。同樣也常有人認為這些制度在農業被發明出來後就消失了，羅伯·道爾（Robert Dahl）在一九九八年的著作《論民主》（*On Democracy*）就曾提到這點，該書是許多政治學家認可的標準文本。[20]但事實上，道爾太急著宣布早期民主的衰亡了，許多人類社會在脫離了狩獵採集的小型游群（band）社會模式許久之後，仍舊維持著早期民主制度。接下來，我會先簡單介紹五個早期民主的例子，接著是五個早期專制的例子，然後我會從更廣泛的社會樣本中提出證據。

美索不達米亞的馬里王朝

　　早期民主最古老的例子之一來自西元前三千至二千年的古美索不達米亞。一九四三年，丹麥的亞述學學者索爾基德・雅各布森（Thorkild Jacobsen）指出，集會治理在美索不達米亞原本十分常見，直到後來集權統治者毀掉了這個模式。雅各布森沒有直接證據能支持這項論述，所以他指出《吉爾伽美什史詩》（Epic of Gilgamesh）裡提到，吉爾伽美什王與長老會議曾做過一次討論。據書中所說，吉爾伽美什希望長老支持他和基什（Kish）的阿伽王（King Agga）來場戰鬥。為了獲得支持，他向烏魯克（Uruk）的長老說明了理由，接著長老則在他們的會議中討論這個問題。書中指出，長老同意提供支持後，吉爾伽美什感到很欣喜，連「他的肝臟也十分喜悅」。[21]

　　雖然他們並沒有以公投決定是否要對抗基什，但這裡描述的體制顯然比吉爾伽美什靠著恐懼與武力統治還要更民主。這裡的最大問題在於，我們無法確知事情真的是這樣發展。甚至連吉爾伽美什都有可能從未存在過。

　　在雅各布森寫下這段論述後，又有支持此論述的新證據出現。[22]馬里是一座由城市發展而成的古王國，位於現今的敘利亞，位置接近伊拉克國界。馬里曾被阿卡德帝國占領過一段時間，一直到帝國覆滅後才再次獨立。馬里以獨立王國的身分屹立許久，直到西元前一七六一年被巴比倫的漢摩拉比（Hammurabi）入侵並毀滅，而在入侵後沒過幾年，漢摩拉比便頒布了使他聲名遠播的法典。

　　雖然馬里王朝的統治者是國王，但這些國王必須和各個獨立的地區協商稅收額度，並由多個市鎮議會共同負責收稅。雖然這些議會的成員很可能只有菁英人士，但在某些狀況下，參與議會的人顯然不只有菁英。[23] 第一種狀況是整個市鎮的人都要聚在一起聽王室宣布公告事項。雖然光是找人民來聽公告算不上早期民主的重點，但接下來的第二種狀況就比較貼近早期民主了。在特定狀況下，議會將會召集大批市鎮居民，要他們說明自己能為中央政府的財務做出多少貢獻，這是王室政權與集體治理的地方傳統彼此配合的一種模式。[24]

還有一些馬里王朝實施早期民主的證據來自其後的政權。美索不達米亞有一個十分普遍的規律，那就是當中央集權官僚掌握的權力變小時，統治者就會愈來愈頻繁地找地方議會幫忙收稅。從西元前四二三至四〇四年，在波斯國王大流士二世（Darius II）的治理下，城市區域出現了所謂的「集會」（assembly），郊區則出現了所謂的「長老集會」（assembly of elders）。[25] 稍後在第七章討論到伊斯蘭征服美索不達米亞時，我們會再次看到專制與早期民主之間的此消彼長。在薩珊王朝的君主推動了一連串集權改革後，穆斯林很快就征服了伊拉克，這些入侵者因此承襲了官僚制度，對往後的發展產生了巨大的影響。

馬里王朝的地理位置與自然環境也同樣有利於早期民主，這樣的發展遵循了所謂的「瑞士」模式，也就是民主會在偏遠的地區存活下來。我們稍後會在本章看到，喜馬拉雅山山麓與墨西哥高地的古老共和國也同樣遵循此模式。在馬里的例子裡，關鍵要素不只是王朝的位置距離美索不達米亞南方的密集人口區很遠，而且馬里所在的區域不太適合農業。這裡的土壤貧瘠、降雨極少又不太可能採用灌溉技術，有些人也指出我們無法確知一開始人們到底為什麼要在這裡建立馬里這座城市。[26]

古印度的共和國

西元前三二六年，亞歷山大大帝（Alexander the Great）開始征服印度，隨著他一路前進，他的隨從也記錄下他們遇到的許多社會與其治理方式。他們發現有非常多社會採用的體制都和希臘過去採用的共和城邦制很相似。但是古印度具有共和國的看法並沒有在歐洲人的腦海中留存太久。後來的學者反駁了這種敘述，他們說那只是外來者把自己家鄉的體制投射在異國社會中而已。他們認為古印度的常態必定是專制政治。[27]

在這之後，人們就鮮少進一步討論古印度共和國，一直到二十世紀才有人再次提起，這一次的論述則染上了殖民脈絡的色彩。如果印度一直以來都是專制統治的話，英國或許就能設法合理化他們的統治了。但若印度過去曾有過共和國的歷史，合理化的就會是印度的獨立。[28]

一九〇二年，英國學者里斯．戴維茲（Thomas Rhys Davids）注意到，最早期的部分佛教文獻的圖畫上呈現的是君主制與共和制並存的社會。這些圖畫描繪的是西元前七世紀與六世紀時的社會，大約比亞歷山大的隨從抵達的時期早了二至三世紀。戴維茲的狀況就和雅各布森在描述美索不達米亞時一樣，他用可能是虛構的文本提出了令人期待的早期民主存在跡象，但卻沒有切實的證據。

戴維茲強調了佛教記載的釋迦族（Shakya）作為例子。釋迦族在處理氏族問題時會舉辦集會，由青年與長者各自推派代表參加，而且稅收一定會包含在集會內容中。[29]釋迦族會選出一名族長，他們將之稱作「拉加」（raja），由他來主導集會並管理整個釋迦族的事務。戴維茲認為拉加的地位必定就像是羅馬的執政官一樣，只是負責指揮的首長，而非真正的領導人。[30]這些文獻也描述到，有些村莊的治理制度包括要召開每一戶居民都能參加的集會。[31] 這聽起來確實很像早期民主。

自從戴維茲寫下這些早期論述後，出現了愈來愈多支持此論點的文本。一九六八年，夏馬（J. P. Sharma）斷定古印度有共和國是一項有事實根據的構想。[32] 古印度共和國最著名的地點是喜馬拉雅山山麓，也就是如今的北方邦（Uttar Pradesh）與比哈爾邦（Bihar）東部。早期民主再次出現在偏遠的地區。

我們應該提出的另一個問題是，古印度的女人是否擁有政治參與權。根據假設，印度的集會「維達薩」（vidátha）可能是男女都能參加的村落集會。有些人認為這種集會是印度－雅利安人之中「最早出現的人民集會」。[33] 但問題在於，此種主張的資料來源只有印度教經典《梨俱吠陀》（rig veda），甚至有學者指出，人們對維達薩提出的詮釋數量比研究此問題的學者還多。[34] 著名的早期印度史學家羅密拉・薩巴（Romila Thapar）認為，維達薩並不是集會，而是一種分配禮物的儀式，所以女性參與維達薩並不代表有意義的女性參政。[35]

北美洲東北林地的休倫族

接下來我們要探究的是不同地區的早期民主，這一次我們能找到更多民族文化上的證據。一六〇九年，法國探險家塞繆爾・尚普蘭（Samuel Champlain）沿著聖勞倫斯河（Saint Lawrence River）前進的旅程中，遇到了後來被法國人稱作休倫族的原住民，在當時法國人的語言中，「休倫」的意思就是暴徒。休倫族則自稱為溫達特人（Wendat）。接下來的數年間，法國耶穌會傳教士來到了休倫族的領地，想要讓這些人皈依基督教。他們在這麼做的過程中也順帶留下了有關休倫族社會的大量紀錄，其中也包括他們的治理方式。[36]

幸好有這些紀錄，我們才能了解休倫族剛開始接觸歐洲人時的社會狀況，相較之下，我們對休倫族南邊較著名的鄰居易洛魁族就沒那麼了解。易洛魁族將自己稱作「哈登諾薩尼」（Haudenosaunee），意思是「長屋的人民」，有關易洛魁族的最詳細民族誌，是在歐洲人把疾病與槍枝傳入易洛魁族之後才記錄下來的。

　　休倫族住在一塊較小的領地中，位於如今的安大略省（Ontario）南邊，東西向長五十六公里，南北向長三十二公里。[37] 休倫族大致上劃分成二十個村莊，法國傳教士製作的早期地圖呈現在圖2-1，我們可以在地圖上看到這些村莊往往分布在河流周圍，每一個村莊和其他村莊的距離都不超過三到四天的路程。[38] 這些村莊的分布位置看起來並沒有按照任何中央規劃，和我們稍後會看到的幾個專制政體聚落型態形成了強烈對比。

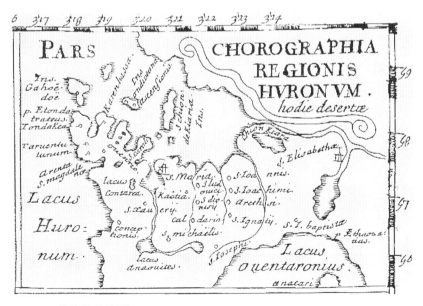

圖2-1　休倫族的地圖。

　　休倫族的主要食物來源是玉米，其餘的熱量則來自狩獵和採集。他們採用的農耕方式使他們必須每隔二十年左右就移動一次村莊位置。休倫族的社會切分成四個不同的部落，每個部落有四個不同的氏族。每個村莊都屬於一個部落，但村莊裡可能會有多個氏族，這樣的結構創造出了我們先前在雅典部落見過的分歧交錯模式。

　　休倫族的政治制度是包含了三個不同層級的集體治理。第一個層級是每個氏族各派出一名族長，每個村落都有多個族長負責公民事務。這些族長經由繼承而來，通常都源自同一個家族譜系，不過氏族的成員有權利決定該家族譜系中的哪個成員能榮獲族長的位置。休倫族是母系制度與從妻居（matrilocality）的社會，女性擁有族長的最終決定權。一般認為只要人們認為族長的表現不當，氏族就可以廢掉族長。根據文獻指出，法國耶穌會傳教士都很驚訝休倫族的社會中沒有階層治理的存在，這和他們的家鄉法國大相逕庭。休倫族的族長和法國的王太子（Dauphin）②不同，休倫族人必須在社群公認適任的狀況下才能擔任族長。[39]

　　每一個休倫族村莊都是由議會治理，在議會中，最重要的角色是族長和耶穌會稱作「長老」（Old Men）的一群人，不過耶穌會也觀察到：「每個有意願出席的人都可以出席，每個人有權利發表自己的意見。」[40]村莊議會的責任是組織公共物品的供給，例如維護用來保護居民的柵欄。此外，議會也得在有需要的時候分配食物，並在不同氏族的成員之間出現法律糾紛時負責仲裁。

　　在村莊階層之上，每個休倫族部落都有一個由部落首領與氏族族長組成的議會。雖然部落首領在名義上擁有決策權，但他們擁有

---

② 編按：Dauphin是法國王位繼承人專有的頭銜。

的強制力很低，也沒有真正的下屬能執行這種強制力，此外，每個氏族族長都能保有極高的自主性。

休倫族的最後一個治理層級是聯盟議會。此議會的中央權力同樣十分薄弱，按照規定得採用共識決策。每一個部落都有權利能決定他們要不要遵守聯盟的決策，我們也會在歐洲的早期民主體制中看到這種全體一致決的原則，例如荷蘭共和國就是如此。這套規範背後的實際狀況是，位處權力中心的人沒有獨立的強制手段可以使用。休倫族的居住地點相對狹小，這或許能解釋他們為什麼不但能在村莊與部落的層級實施早期民主制度，在整個聯盟的層級也能做到。他們只要數天的路程就足以抵達議會的舉辦地點。

許多人都認為女人在休倫族的政治中具有顯著地位，一般研究認為休倫族南方的鄰居易洛魁族在這方面的狀況也很類似。在休倫族與易洛魁族的社會中，氏族母親（clan mother）會指派新的族長，接著再由議會中的男人確認這個決定。[41] 研究休倫族的著名學者布魯斯・特里格（Bruce Trigger）認為，這種任命權並不只是儀式性的權力：女人可以選出與廢掉族長，她們也確實這麼做了。耶穌會傳教士曾描述女人因為認為新族長「未來只會帶來破碎的頭顱」而拒絕了該族長。[42] 特里格指出，休倫族之所以能執行這種制度，是因為他們的生活方式是從妻居，女人從出生到死亡都住在同一個大家庭裡，在男人嫁入妻子的家庭中時，女人處於較有利的位置。[43] 此外，也有一些清楚的跡象顯示易洛魁族的女人可以參與政治。路易斯・摩爾根（Lewis Henry Morgan）在他的經典民族文化著作中也指出，易洛魁族的女人同樣有能力可以任命或廢棄族長，還有其他紀錄也顯示女人曾一起舉辦會議，向族長提出建議。[44]

如果從妻居對於女性參政來說有這麼大的影響力的話，那麼從妻居的模式又源自何處呢？一八八四年，恩格斯（Friedrich Engels）

提出了一項理論，認為所有社會一開始都始於母系制度與從妻居，之後才逐漸演化成女人位居次要地位的父系制度。我們知道恩格斯之所以會得出這個理論，是因為他在馬克思（Karl Marx）死後發現了他的民族文化筆記，而後又讀到了摩爾根的著作。[45]恩格斯提出的從妻居起源理論與其他針對早期社會神祇的理論類似：一開始神祇全都是女性，是到了後來才逐漸被男性取代。[46]

部分現代人類學家認為，從妻居是在女人在生產食物上扮演重要角色時出現的，而在易洛魁族和休倫族中，從妻居則是伴隨著玉米農業產生的。[47]此外還有一個假說認為：從妻居是優勢群體把領地擴張到從屬群體時採取的一種策略。根據此假說的邏輯，休倫族與易洛魁族應該是在一千年前進入此區域時首次執行從妻居。[48]

在休倫族和易洛魁族社會中，正式議會的參與制度和選出族長的制度相反，只有男人可以參與正式議會。無論是在聯盟層級、部落層級還是村莊層級的議會都是如此。法國耶穌會傳教士指出，休倫族的女人要負責在舉辦議會的場地周遭生火，但生完火後她們就必須到門外去，讓男人進入議會。[49]研究易洛魁族的著名專家伊莉莎白・圖克（Elisabeth Tooker）觀察到，一直到一九六一年，女人仍舊不能在議會上發言。[50]不過，據說在更早期的階段，男性出席者會在議會中提出年長女性的意見。[51]

中美洲特拉斯卡拉共和國

專制獨裁的阿茲特克三城同盟（Aztec Triple Alliance）③是十六世紀中美洲最著名的政體，不過，當時不只有這個政體存在。在阿

---

③ 編按：阿茲特克三城同盟由特諾奇提特蘭、特斯科科和特拉科班這三座城市結盟組成。

茲特克的首都特諾奇提特蘭（Tenochtitlan）旁邊，有一個實踐了早期民主原則的社會。一五一九年，在西班牙征服者科爾特斯初次進入特拉斯卡拉的領地時，歐洲人才初次發現了這個政體，科爾特斯描述道：

> 這個居住區的周長九十里格（league，約四百三十四點五公里），就我所能及的判斷，這裡的治理模式幾乎和威尼斯、熱那亞和比薩一樣，原因在於這裡並沒有單一的最高統治者。許多領主都住在這座城市裡，耕種這片土地的人則是他們的附庸，不過他們各自擁有自己的土地，有些人的土地比其他人更大。遇到戰爭時，他們全都會聚集起來，一起決定並計畫戰爭事宜。[52]

雖然科爾特斯看到的社會中，每個個體都有不同的政治地位，但這和專制體制相差甚遠。數十年後，迪耶哥‧卡馬戈（Diego Camargo）在西班牙王室的委託下寫了一份報告，在其中創造出「特拉斯卡拉共和國」這個詞語。

學者從西班牙征服時期的文獻與考古證據中了解了特拉斯卡拉的政治系統。[53]這兩個資料來源都顯示科爾特斯的描述大致上是正確的，當時有五十至一百名貴族組成一個議會，負責治理共和國，議會中有四個主要領導人。[54]特拉斯卡拉的貴族身分並非嚴格的世襲，當時任何社會地位的人都可以在提供了傑出貢獻（尤其是財務上的貢獻）後被封為貴族。雖然特拉斯卡拉人確實有官僚系統，他們的財政安排仍具有一定程度的分權化。每一位議會成員都必須負責處理一個行政區，他們將這種行政區稱作「泰卡利」（teccalli）。

特拉斯卡拉共和國還有另一個特徵使他們和我們提到的其他早

期民主案例有顯著的差異。在許多例子裡，早期民主是在多個在地群體聯合起來形成單一個體時出現的，但正是因為集中化的過程不完全，所以在地政權才能對中央決策有一定的影響。但特拉斯卡拉的例子卻不同，雖然他們徹底重建了傳統結構，但早期民主卻還是留存了下來。[55]這種狀況令人不禁回想起克里斯提尼重新塑造雅典社會的方式。

特拉斯卡拉人採用的農業模式或許能在一定程度上解釋，為何早期民主能在特拉斯卡拉存活下來。墨西哥谷的阿茲特克人採用的是集約形式的農業，再加上灌溉的輔助，因此統治者可以用相對簡單的方式追蹤人民的農業產量。有關特拉斯卡拉農業的文獻則顯示，他們的農耕方式比較原始。[56]此外，特拉斯卡拉的地形崎嶇，降雨量起伏不定，統治者因此較難以確知人民的農業產量。

中部非洲的共和政治

雖然許多殖民前的非洲社會也有早期民主的存在，不過歐洲人通常要花很長的時間才會意識到這一點。一九四○年，人類學家弗提斯（Meyer Fortes）與伊文思－普理察（E. E. Evans-Pritchard）用兩種方式描述殖民前的非洲政治系統：無國家的社會與中央化的國家。[57]在無國家的社會中，鮮少有村莊階層以上的政權。中央化的國家實施的則是專制體制，即由一名至高無上的統治者在無需任何人監督的狀況下，透過官僚系統治理國家。

在弗提斯和伊文思－普理察之前，英國殖民官僚腓特烈·盧吉（Frederick Lugard）描述的非洲專制制度則更加僵化：

> 他們採用的顯然是專制體制，其特徵是殘暴地忽略人類的性命。他們為了安撫神明或專制統治者的一時興起而大量屠殺

受害者。這種王國包括了東方的烏干達（Uganda）和布紐羅（Bunyoro），以及西方的達荷美（Dahmoey）、阿善提（Ashanti）和貝南（Benin）。[58]

但弗提斯、伊文思－普理察和盧吉全都忽略了殖民前的非洲可能會有早期民主體制的存在。我們可以從揚・萬西納（Jan Vansina）以口述傳統為資料來源的先驅研究中，對非洲的狀況獲得截然不同的結論。[59]中部非洲地區（大約是今天剛果民主共和國的中心區域）的在地社群通常都是由單一男性領導，部分領導人會在治理過程中受到村莊議會的協助。通常這些領導人必須透過財富的積累獲得領導的地位，而非透過世襲。人類學家將這些社群稱作「大人物」（big man）社會。[60]

中部非洲的政體在開始發展得比村莊更大時，會分成兩種不同的形式。有些政體往專制的方向前進，由個人選出下屬，並透過這些下屬進行統治。其他政體的在地領導人則成功抵擋住了集權化，發展成早期民主。

例如卡薩依地區（Kasai，在今天剛果民主共和國南邊）的其魯巴語（Tshiluba）使用者建立了一套治理系統，稱作「盧瓦巴」（lwaba）。這些其魯巴語使用者在盧瓦巴這個共和治理的系統下，由貴族選出一位「大人物」擔任二到三年的領袖。作為交換，這名領袖必須支付同儕一筆數量可觀的金額。[61]

盧伊姆比人（Lwimbi）居住的地區是今天的安哥拉，他們也同樣抵擋住了領袖的集權化。村莊層級以上的領導人是由議會指派，領導人的初始任期是兩年，之後可以延長，但不能超過八年。[62]

早在十五世紀，同樣生活在卡薩依地區的松耶人（Songye）就依照「伊塔」（eata）系統建立了一套「貴族共和制度」。松耶人被區分成兩種階層。上層的人可以選出一名任期三到五年的主席。這名主席就跟其魯巴人選出的領袖一樣，得拿出貴重的禮物給同儕。往後主席不能再次重選，他們會搬到被稱作「伊塔」的神聖樹林旁居住。今日有許多伊塔樹林存活了下來，由此得知，這個體制最早出現的年代或許可以回溯到十五或十六世紀。[63]

前述這三段歷史的諷刺之處在於，支持這三段敘述的民族誌證據全都來自同一位殖民官僚，他曾哀嘆比利時政府在剛果各地都實施了世襲領袖制度。奧古斯特・維貝克（Auguste Verbeken）在一九三三年的文章中指出，這種對於在地體制的無知在一定程度上解釋了，為什麼非洲人民對於外界的控制抱持著敵意，他認為比較合理的做法應該是因應在地狀況修正政策。事實上，歐洲殖民者創造出領袖世襲制度的狀況不只發生在剛果，也不只有歐洲殖民者會這麼做。[64]

雖然中部非洲的部分社會發展出由單一氏族或單一家族世襲的體制，但就算是在這些社會裡，早期民主仍舊存活了下來。在庫巴王國（Kuba），中央領導人能享受許多王室待遇，包括持續長達一年的葬禮儀式。不過他們仍得把提案交給貴族議會商量，議會成員會透過把皮帶上下移動來發表他們的意見。[65]雖然庫巴王國的中央議會是由菁英組成的，但村莊的政治參與範圍比中央更廣，每個村莊裡都有他們稱作「庫布爾」（kubol）的一名首領、一名發言人和一個議會。[66]

現在我們已經舉出了五個早期民主的例子，它們分別來自差異甚大的美索不達米亞、古印度、北美東北林地、中美洲和中部非洲。在地點如此多元的狀況下，我們很難繼續抱持「民主是某一群人在特定的時間地點發明出來的」這個論點，我們認為，民主應該是人類自然而然發展出來的體制。不過，儘管民主是自然發展出來的，也不代表民主是不可避免的。在接下來的段落中，我們將會看到專制也同樣出現在許多不同的區域。

早期專制的例子

專制的英文autocracy從字面上的意思來說，指的是「一個人統治」，不過這是個錯誤的名稱，畢竟除了在規模最小的人類群體中，沒有任何領導人能真的只靠自己一個人統治他人。早期專制與早期民主間的不同之處，在於早期專制體制中的統治者不需要把權力分享給議會和集會。在早期專制中，統治者會轉而使用他們能掌控的下屬。

烏爾第三王朝

我在討論早期民主時，以美索不達米亞北部的馬里王朝作為開端。而我在此提出的第一個早期專制範例，將會是美索不達米亞南部的一個王朝，這個王朝的組織方式和馬里王朝截然不同。若說我們在馬里王朝能看到自然環境使得獨裁者難以執行官僚制度的跡象的話，那麼美索不達米亞南部的有利環境帶來的影響則正好相反。

烏爾第三王朝（Third Dynasty of Ur，西元前二一一二至二〇〇四年）就像這個區域的其他王朝一樣，烏爾的統治者先是城市的領導人，而後才逐漸建立規模更大的王朝。曾有學者指出，隨著王朝的規模擴大，烏爾第三王朝變成了該區域有史以來最為中央集權的國家。[67]烏爾的統治者將王朝的領地切分成了數個省分，建立了雙重管理系統，每個省分都有一位來自當地望族的總督，必須對國王負責。雖然單從前面的描述來看，地方總督似乎具有很高的自主性，但在烏爾第三王朝中，每個省分還會再分派一個只對國王效忠的異鄉人。[68]

在烏爾第三王朝領導大規模體制改革的是一位名叫舒爾吉（Shulgi）的統治者。他當政四十八年，列出的改革清單能讓我們大致上了解，想把社會轉變成早期專制時該怎麼做。[69]

一、創造一支常備軍
二、創造統一的行政管理系統
三、為了財富再分配引入稅收制度
四、為官僚建立書寫學校
五、改良書寫系統
六、引入新的記帳常規
七、重組度量衡標準
八、引入新曆
九、將自己塑造成神

這些改革的諷刺之處在於，雖然改革項目帶來的是由上到下的控制，但從許多方面來說，這些改革也帶來了文明的進步。書寫系統的改良、新的記帳方法、官僚的常規訓練與重組度量衡系統聽起來全都像是好事。但是這些創新之舉在把社會變得更清楚易懂的過程中，也促進了專制的控制力。

阿茲特克三城同盟

我們可以把阿茲特克的歷史看做專制取代早期民主的範例。阿茲特克三城同盟是特諾奇提特蘭、特斯科科（Texcoco）和特拉科班（Tlacopan）這三座城市結盟成立的，他們控制了許多曾獨立存在的城邦。[70]

阿茲特克帝國將城邦稱作「奧特佩托」（*altepetl*）。這些城邦原本是由國王統治，他們將國王稱作「特拉托尼」（*tlatoani*），負責選出國王的是由逝世統治者的親族組成的貴族議會。雖然國王能住在一座大王宮裡，享受高貴的地位，但城邦裡還是有一些早期民主的基礎要素。城邦中有一個貴族議會能協助國王，還有部分文獻指出，在城市內的治理程序包括了國王、貴族與多組平民彼此協商。這種議會治理的傳統有可能是從該地區更早期的社會繼承下來的，不過目前沒有歷史紀錄能證實這個有趣的構想。[71]

阿茲特克徵收的主要市政稅是依照房產估算的土地稅，此外，市民也會被徵收勞務所得稅。阿茲特克社群採用的是集約農業與大規模的灌溉系統。這種農業上的進步能支持人口密度，在西班牙征服者來到這裡時，人口密度達到了每平方公里一百至一百五十人左右。[72]在這樣的環境下，遷離變得更加困難，而統治者監控人民的方法也變得相對簡單。阿茲特克三城同盟也會向各個從屬城市收稅。我們可以從文件《曼多撒手抄本》（*Codex Mendoza*，見圖2-2）中看到瓦斯特佩克省（Huaxtepec）繳交的稅金。左側與下方的一列列符號代表的是從屬的城鎮，中間的符號描繪的則是收到的貨物種類與數量。

在阿茲特克三城同盟征服了其他城市時，多數當地人口都失去了他們對於當地事務的控制，阿茲特克的治理模式因此變得更加接近專政。被征服的國王若表現得不夠友好，就會被外部干預者取代，這樣的發展對較順從的當地貴族有利。三城同盟也建立了新的稅收省分系統，獨立於原本的城市治理制度之外，由帝國的收稅官僚系統負責管理。根據部分資料來源，在此官僚系統下，每個省分有兩名稅收員，一人位於主要省級城鎮，另一人位於帝國首都特諾奇提特蘭。還有些資料來源指出，省之下的每個城鎮都有一位帝國

圖2-2 《曼多撒手抄本》。 資料來源：Smith 2015, 77，初次出版於Berdan and Anawalt 1992, 4:54–55。

稅收員。[73] 另根據其他文獻顯示，這套官僚系統之所以有效，是因為在廣泛稅收登記的幫助下，這套系統不但可以每年定期收稅，有時甚至能每半年甚或每季收一次稅。[74]

阿茲特克的三大城市特諾奇提特蘭、特斯科科和特拉科班都各有一位國王，原則上來說，其中兩個城市的領導人有權利能接受和拒絕第三個城市提出的新領導人。[75] 但事實上，特諾奇提特蘭的意見才是最重要的。

學界對阿茲特克帝國的治理方式一直存有一些爭論。阿茲特克研究的較早期傳統強調的是徹底的專制統治形式。近期的學者則認為阿茲特克統治者的權力仍有一定的限度。[76]阿茲特克帝國的最高權威是由內部議會組成，議會成員包括三個主要城市的領袖與四位宰相。外部會議的成員則包括此內部議會以及「帝國內的所有領主」。這種議會型態並不是早期民主的特色，原因在於議會成員主要都是官僚系統中的下屬。

　　為什麼阿茲特克帝國會往更強大的專制體制演化呢？阿茲特克的歷史帶出了我們在接下來的章節中會進一步探討的兩種可能性。第一種可能性：雖然特諾奇提特蘭城的生產者因為擁有的資訊比中央統治者多而獲得了優勢，但中央官僚系統的存在減少了這種優勢。第二種可能性：逐漸增加的人口壓力使得遷離的可行性下降。

　　阿茲特克的歷史也帶出了我們在早期民主中不斷重複看到的另一個特點。在歷史進入近代之前，有些小規模的早期民主會受到外來者征服，因而和其他區域統合成更大的政體，這種發展往往會在官僚系統的幫助之下，使早期民主轉變成專制體制。事實證明了在較大的領地中，實施官僚系統遠比實施早期民主容易。

印加帝國

　　在印加帝國（Inka）國力最鼎盛的時期，其控制的區域甚至比阿茲特克的範圍還大，大約有一千至一千二百萬人居住在一百萬平方公里左右的領地中。[77]從許多方面來說，印加的例子都和我們先前所說的早期民主與早期專制的起源背道而馳。我們假設早期民主通常比較容易在偏遠地區存活下來，但印加卻征服了許多類似的區域。我們假設難以預測的農業收成能促進早期民主發展，但在印加統治的領土中，每個區域的收成都因為海拔高度不同而有很大的差異。印加的專制體制最後之所以能成功，是因為他們靠著官僚系統跨越了這些障礙。

　　若想理解印加是如何從一小群種植玉米的農夫，轉變成美洲最大帝國的統治者的話，我們首先要了解這個帝國的基礎，也就是名為「亞由」（ayllu，意為公社）的地方體制。[78] 在西班牙征服時期，亞由是整個安地斯的基礎社群結構，大約會有一千人聚集在一起，他們共同擁有一塊土地，對彼此有對等的義務。在同一個公社中，有些成員之間會正式建立關係，有些則不會，其關鍵在於無論他們是否有血緣關係，他們全都會表現得像是一家人，互相協作，為彼此防範風險。有些人認為亞由是人類在數千年前為了適應不穩定的自然環境而發展出來的體制，但也有些人認為人類是在前印加時期，為了因應國家的形成而發展出了亞由。[79] 在這兩種論述中，亞由都一樣形成了印加統治的基礎。

　　統治亞由的是印加中央行政機關，把這個行政機關說成「井然有序」都算是太過輕描淡寫。印加帝國切分成四個區塊，由四名「阿普」（apu，意為君主）負責管理，每個區塊之下會有許多省分，由二千個家戶組成，中央會指派印加人擔任首長負責管理各個省分。官僚會協助這些首長，其中有些官僚會接受繩結系統「奇普」（khipu）的訓練，用這套系統記錄事件、交易與其他訊息。[80]

　　我們一般認為印加在經濟方面採用的稅收制度，是由統治者決定一套方法，把原本亞由使用的對等義務套用到整個帝國上。實務上來說，這代表了印加帝國大致上移動的不是貨品，而是移動人民去盡強制勞動的義務。這種制度為後來西班牙征服者使用的米塔制（mita）與監護制（encomienda）強制勞動系統打下了基礎。此外，印加也曾大規模地把人民遷居到新地點，根據一項估計，遷居的人數大約落在三百萬至五百萬之間。[81] 這是個非常驚人的數字，畢竟我們在說的是一個沒有現代交通方法與通訊方法的社會，他們甚至連輪子也沒有。

　　雖然我們知道印加的中央治理方式可能是專制體制，但我們卻不太了解帝國的掌控是如何改變了各個亞由內部的狀況。亞由是不是像阿茲特克的城市一樣，原本採取的是早期民主的治理方式，後來卻失去這種特徵呢？亞由一直以來都是安地斯區域的主要社會制度，直至今日仍是如此，許多文獻都把亞由拿來當作平等主義的例子。我們能知道的是，前印加時期的亞由是圍繞著一名地位最高者組織而成的，這名地位最高者死後會受到眾人膜拜，但我們無法光憑這點了解亞由的治理方式。

密西西比酋邦

　　在美洲的眾多群落中，早期專制體制不只出現在格蘭河（Rio Grande）以南。十六世紀初期，西班牙征服者來到了如今的美國東南部。他們在這裡看到的社群和休倫族與易洛魁族截然不同，他們看到的是大約在西元一千年出現的密西西比社群。密西西比人（Mississippians）是土丘建造者，他們在消失後留下的許多遺跡令後來的歐洲征服者大吃一驚。密西西比社群是實施集約農業的定居群體，他們的主要作物通常是玉米，往往居住在河谷地區，人口密度偏高。目前已知的最大密西西比聚落是卡霍基亞（Cahokia），位於如今的聖路易市（St. Louis）東部，人口約一萬五千人。[82] 按照標準的衡量方式來看，密西西比社群的文明比東北林地的北美原住民（例如休倫族）還要更先進。他們的農作方法更加集約，人口數量更多，也留下了藝術發展更進步的證據。此外，密西西比社群也比東北林地的社群更加專制。

　　為了了解密西西比人的社會組織方式，考古學家挖掘了他們留下來的土丘。可惜密西西比人沒有書寫系統，沒有留下有關治理方式的直接線索。有些人推測建造土丘可能代表專制體制。古埃及的例子無疑增進了這項猜想，畢竟我們大多認為法老的墳墓是由奴工建成的。還有些文獻認為我們不該這麼快就做出這種負面解讀。土丘的出現有可能是因為當時的人民想要參與這項偉大的任務，就像法國大革命期間的巴黎人民自願打造戰神廣場一樣。[83]

這個理論的問題在於，考古證據顯示卡霍基亞領導人的高貴身分是令人感到極為不快的那種。在其中一個名稱平凡無奇的考古遺跡「土丘七十二號」中，我們可以看到數名地位崇高的人被葬在裡面，他們的陪葬品是大量串珠，串珠旁邊則是許多被處決的年輕女性屍體，她們若非被勒死，就是被割喉。[84]

我們也可以從埃爾南多・德索托（Hernando de Soto）的探險敘述中獲得更多有關密西西比社群的直接證據。德索托在一五三九至一五四一年間來到北美洲，他和同行者遇到了一個名叫庫薩（Coosa）的強大部落。學界一般認為庫薩族的居住地點是如今的喬治亞州北部，我們通常把該遺址稱作「小埃及」。[85]庫薩族就像休倫族和易洛魁族一樣是農業社會，他們的主要作物是玉米。不過，除了這個相似之處外，庫薩族的一切都截然不同。

有關德索托那次探險的敘述，主要來自和他同行的其中一位同伴，後代將他稱作「艾瓦斯的紳士」（Gentleman of Elvas）。德索托的探險隊抵達時，庫薩族的首領出來迎接他們，這名首領坐在轎子上，除了抬轎的庫薩族人之外，旁邊還有許多人圍繞在他身邊吹奏笛子與唱歌。[86]雖然這段描述本身並不能證明任何事，但庫薩族的首領能坐在轎子上必定代表他的權力比其他人更高。在東北方的酋邦中，首領坐轎子是很常見的事。

後來出現的考古證據提供了進一步的跡象，顯示庫薩的首領擁有較高貴的地位。考古學家在小埃及遺址中找到了數個頂端平坦的土丘，分別來自不同的時期。學界一般認為這些土丘的目的是強調密西西比酋邦的首領所擁有的權力。首領的住處就在土丘上方，他會在這裡舉行儀式。[87]

雖然庫薩族的首領能直接統治的區域相對較小，但德索托和同行者在二十四天的旅程中遇到的每個村莊中的人，據說都要進貢玉米或其他貨品給首領表示效忠。不幸的是，我們幾乎沒有直接證據能證明庫薩族的治理方式為何，這是因為德索托和休倫族的法國耶穌會傳教士不同，德索托對於學術紀錄沒有興趣。

最後一個密西西比人使用專制體制的例子是納奇茲族（Natchez）。納奇茲族是較晚近才出現的密西西比人，居住地在如今的納奇茲市附近，他們在接觸了歐洲人之後，仍原封不動地保留住他們的文化很長一段時間。法國旅行家安東·西蒙·勒佩奇·德帕拉茲（Antoine Simon le Page du Pratz）在一七二〇年代到納奇茲族住了好幾年的時間，學習他們的語言。他在《路易斯安那的歷史》（*Histoire de la Louisiane*）一書中留下了有關這些旅行的大量民族文化紀錄。德帕拉茲描述了納奇茲族首領史坦格·瑟潘特（Stung Serpent）患病死亡後發生的事。在葬禮上，他的兩名妻子都被勒死，並和他一起埋葬，一同陪葬的還有他的醫師、僕役長、菸斗侍從和數位其他僕人。[88]德帕拉茲在描述納奇茲族時，毫不修飾地指出他們的政治系統就是專制統治。[89]

我們應該要考慮到，德帕拉茲可能會因為法國的利益而對納奇茲族抱有偏見。有些人對於納奇茲族採用專制體制的描述提出質疑，認為這些只是表面而已，因為納奇茲族可能只有「專制的風俗」，而沒有「專制的統治」。[90]雖然德帕拉茲在他的日誌中指出，納奇茲族曾召開過一次戰爭議會，但沒有證據顯示他們會定期召開會議。[91]瑟潘特的葬禮能讓我們看到，納奇茲族的部分專制風俗會使人感到極為不快。

中部非洲的阿贊德

非洲阿贊德人（Azande people）的王國提供了殖民前中部非洲的明確專制範例。[92]就像我們先前在中美洲看到的狀況一樣，殖民前中部非洲的早期民主和專制再次比肩出現。阿贊德的國王可以選擇要讓哪些人來管理他的領地，不受任何原則約束，也不需要獲得他人同意。國王通常會指派較年長的兒子擔任各省的總督，還會擁有一座相當大的中央宮廷，住在裡面的人包括官僚和戰士。[93]這座宮廷靠著人民的進貢獲得食物。雖然阿贊德的國王會召集人民聽他說話，但他這麼做是為了表現王權，而不是為了尋求認可。雖然國王的位置沒有採用嚴格的世襲制，但國王也不是透過共識選出來的。國王死後，其中一省的總督將會憑藉自己的能力成為國王，這種繼承方式通常會引發總督間的暴力鬥爭。

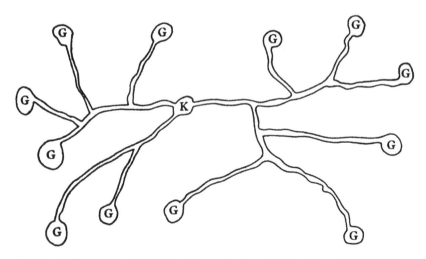

圖2-3　阿贊德王國。資料來源：Evans-Pritchard 1971, 170。已透過PLSclear獲得授權人許可重製。

　　我們可以藉由圖2-3更加了解阿贊德的制度。這張阿贊德王國的地理分布圖是伊文思－普理察繪製的，這張圖更加強化了阿贊德採取專制制度的推論。圖中央的「K」代表的是王室宮廷，其他的「G」則代表了國王任命的區域總督居住的宮廷。不同宮廷之間的連線代表能夠穿越森林的已開闢道路。區域總督要負責維持這些道路暢通，因此他們會用腳踩木棍的方式把長高的草壓平，維護道路順暢無阻。我們可以從圖看出，由於幾乎所有道路都通往國王的宮廷，所以總督若想見到其他總督，就必須要通過國王的宮廷。

有關早期民主與專制的更宏觀見解

　　若想把視線放得比我們目前看到的這些早期民主與專制更遠的話，我們可以利用標準跨文化樣本的民族文化證據。一九六〇年代與七〇年代，喬治・穆道克（George Peter Murdock）帶領一群人類學家發展出兩個大型的世界文化資料庫。他們使用現有的民族文化描述方法記錄下多個不同社會的文化、經濟與政治體制。雖然這群人最重視的並不是政治，但他們確實在政治方面付出了許多心力。他們在穆道克的著作《民族誌圖譜》（*Ethnographic Atlas*）中為一千多個社會編碼出了少量的政治體制，而後又為了一百八十六個社會編碼出更大量的政治體制。這一百八十六個社會被稱作「標準跨文化樣本」（SCCS）。[94]標準跨文化樣本中的每個社會都代表了一個獨特的微區域（microregion），這麼做的目的是要比較這些各自獨立演化出來的社會。就算是對於他們這群研究人員組成的專業團隊來說，要準確辨別這麼多性質不同的社會採用的政治體制也是一項驚人的工作。我們應該要了解的是，雖然標準跨文化樣本中必然會有衡量上的錯誤，但這套樣本仍然非常適合用來顯示廣泛的趨勢方向。

　　人類學家依據他們在每個社會進行主要民族文化考察的時間，為每個社會制訂了特定的時間「標記」。這些標記的時間跨度很大，從西班牙人在十六世紀對印加與阿茲特克的描述，到一九六五年對亞馬遜亞諾瑪米族（Yanomamö）的描述。許多描述來自十九世紀末與二十世紀頭數十年，因此我們不該認為標準跨文化樣本中只有「早期」社會的數據。

　　有鑑於在標準跨文化樣本中，許多社會都是在受到歐洲人的影響後才受到民族文化考察的，所以有些人可能會想知道，會不會有些民主制度是由歐洲人引進或帶入的。不過語言上的證據卻顯示事實正好相反：學會較多外國詞語的社會並不會比較傾向於發展出議會治理。[95] 另一個面對此問題的方法，是把焦點放在標記時間較早的社會上，我將會在下文中提到這一點。

　　這些數據能告訴我們的第一件事，就是在某個時間的某個地點有沒有出現任何形式的治理。在百分之六的標準跨文化樣本社會中，沒有任何家庭以上的治理形式，各個家庭得各自照顧自己。在百分之三十八的社會中，最高的治理層級是地方群落。實際層面來說，這代表的是這些由數百至數千人組成的群體是獨立行動的。最後餘下的這些社會占比稍微大於一半，他們具有某種形式的中央治理制度，能把個別社群連結起來。

　　我們也能從這些數據得知這些社會的治理方式是由個人透過下屬統治，還是由議會統治。在同時擁有個別社群與中央治理制度的社會中，議會可能是地方層級，也可能是中央層級，也可能是地方與中央並存。[96] 我們先前說過，休倫族的早期民主含括了個別社群中的議會與整個聯盟層級的議會。馬里王朝的早期民主則有議會在治理個別城鎮，但沒有中央層級的議會存在。這是早期民主的兩種變體。

　　圖2-4用視覺化的圖示呈現了早期民主與專制在世界各地的位置。打叉記號代表的是這些社會具有社群層級或中央層級的議會治理模式，也就是早期民主體制。其他社會則沒有議會存在，也就是專制體制。我們在這裡的發現加強了本章其他部分的結論。早期民主在人類社會中分布極廣。

　　還有另一個沒有顯示在圖2-4的議會治理模式，是地方層級顯然更常出現議會治理。議會治理在社群層級的占比稍微超過一半，在中央層級的占比則只有三分之一。[97]我們再次看到早期民主比較常出現在小規模群體中。

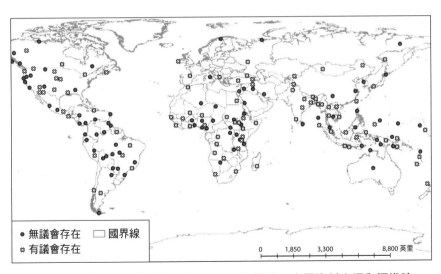

● 無議會存在　　□ 國界線

⊗ 有議會存在

0　　1,850　　3,300　　8,800 英里

圖2-4　各個地區都有議會治理存在。如正文描述，本圖資料來源為標準跨文化樣本。打叉記號代表該處的社會是由地方層級或中央層級的議會治理。打圈記號代表的則是沒有議會治理存在。為方便辨認這些社會的所在地點，圖上標明了現代國家的國界。

　　編輯標準跨文化樣本的學者並沒有花太多時間討論他們在政治組織方面的發現。這或許是因為他們編輯標準跨文化樣本的主要目的，是要確認這些不同的社會都能排列在從簡單到複雜的單一演化路徑上。而早期民主與早期專制的相關敘述則背離了單一演化的路徑，反而顯示了兩種截然不同的政治發展路徑。理查・布萊頓（Richard Blanton）和藍恩・法格（Lane Fargher）等較近代的人類學家皆著重於後者。[98]

政治參與

　　雖然在標準跨文化樣本社會中，鮮少有議會的參與程度像雅典的人民議會那麼廣泛，但這些議會也遠不是菁英集會，地方層級的議會尤其如此，根據其中一項估計，社群參與程度較廣泛的地方議會占了三分之二的比例。[99]這些數據也提供了一些證據，讓我們大致上了解這些社會選擇領導人的方式，不過編碼這些選擇方式卻是一項棘手的任務。[100]我們沒辦法清楚明瞭地把這些社會區分成推選與世襲這兩種繼任制度，許多社會的實際狀況介於這兩者之間，社會成員會基於非正式的共識達成決議。

　　相較於男性參政狀況，我們對於女性參政的了解往往少得多，因此我們理應多花一些時間探討標準跨文化樣本社會中的女性參政議題。寫下早期民族誌的人或許會因為偏見而對於女性參政毫無興趣。此外，女性參政也可能會以外來者難以辨別的方式出現在非正式場合。例如先前在休倫族與易洛魁族中，雖然女性在政治中扮演了重要的間接角色，但卻不會直接參與議會討論。標準跨文化樣本的證據也支持此觀點：若我們用較廣泛的方式定義女性參政，把間接影響也計入的話，將會有更多社會具有女性參政的特性。[101]

　　其中一個存在已久的理論是，當女人在食物生產的過程中扮演重要角色時，更廣泛的社會安排比較不會邊緣化女人。人類學家認為，女性控制食物生產對於從妻居（丈夫搬進去跟妻子的家庭居住）和母系社會（透過女性血脈繼承）的起源來說非常重要。[102] 雖然這個理論符合我們先前讀到的休倫族和易洛魁族，但這個理論其實一開始也有受到這兩個例子的啟發。若想以適當的方式評估這個理論，我們將會需要更廣泛的證據，但支持此理論的證據並不多：在標準跨文化樣本的社會中，在女性參政的狀況下，女性對糧食生產的平均貢獻只比沒有女性參政的社會稍微高了一點。[103]

　　除了糧食生產外，另一種能讓女性增加政治影響力的方法是打仗。在古雅典與十九世紀歐洲等各種社會中，我們都能看到參軍對男性造成的影響，因此女性的狀況應該也相同。以亞馬遜人（Amazons）為例，希臘人認為亞馬遜人是一群住在黑海北方的女戰士，希羅多德（Herodotus）則描述了一群男性斯基泰人（Scythians）前去找亞馬遜人，想和她們結婚，但亞馬遜人做出了下列回應：

> 我們沒辦法和你們一族的女人一起生活，因為我們的習俗和她們不同。我們射箭、擲標槍和騎馬，但我們不知道如何做女人的雜務。[104]

　　雖然希羅多德常因為故事中充滿不現實的元素受到批評，但他這次的描述卻與事實相去不遠。現代考古證據顯示，中亞草原的女人確實會參與戰事。我們可以從墓葬的證據看出這點，有些女人的陪葬品包括了大量武器，還有些女人的骨頭上有打仗受傷的痕跡。這些墓葬中有許多女人是弓型腿，由此可知她們生前長時間騎馬，在其中幾個特定的墓葬遺址中，有三分之一以上的女性都擁有武器。[105]

中亞的傳說也顯示女性戰士在治理中扮演了直接甚至重要的角色。根據納爾特傳說（Nart saga）的敘述，如今被稱作切爾克斯人（Circassians）的民族原本是母系社會，是後來才逐漸轉變成父權社會的。

> 在古老的從前，許多充滿智慧與遠見的成熟女士共同組成了女家長議會。議會討論有關年輕納爾特人的日常問題，並制訂這些年輕人在世俗生活中必須遵守的法律與習俗。這些議會成員必須靠著她們的長期經驗與洞察力來規劃相關法條。[106]

據傳切爾克斯人的母權統治結束的時間點，是亞馬遜女王藉由嫁給切爾克斯王子來平息兩族紛爭的時候。在這之後，她建議其他亞馬遜同胞效法她的做法。

雖然墓葬證據無法告訴我們女家長議會這一類的事物有沒有存在過，不過，如果從來都沒有類似的制度存在過的話，我們仍需要提出問題，釐清納爾特傳說的作者為什麼覺得他需要在故事中創造出這個橋段。我們曾誤以為希臘傳說中的亞馬遜人是徹頭徹尾的神話，但由此可知，我們不該在讀到女家長議會時太快做出同樣的判斷。

我們還可以從標準跨文化樣本中得出另一個關鍵結論：女性參政就像早期民主一樣，在規模較小的社會中比較明顯。隨著治理的規模逐漸擴大，從各個家庭獨立照顧自己，到地方社群治理，再到中央政權的出現，女性參政也變得愈來愈不明顯。[107]就好像政治的發明便意味著排除女性一樣。

不平等

　　我們要提出的最後一個問題是，早期民主的經濟不平等程度是
否低於專制體制。目前為止，研究早期國家的作者大多都聚焦在更
前期的問題上：任何形式的國家體制的有無對於社會不平等程度有
何影響。如今普遍承認的觀點是，建立中央秩序會帶來社會階層
化。有些人認為人類創造出政治秩序後，就不可避免地會導致不平
等與從屬關係，這個論點十分令人沮喪。[108]

　　在思考不平等時，我們可以先參考人類學家用「社會階層」建
構出來的方法。一般認為，中央治理和大規模階層制度相關，標準
跨文化樣本的數據也支持這個論點，而且還帶來了驚人的結果。在
治理規模不超過地方群落的社會中，百分之六十三的社會沒有社會
階層，但在具有中央治理制度的社會中，只有百分之十三的社會沒
有社會階層。兩者之間的差異非常巨大。若我們把社會階層與議會
的有無拿來做比較的話，會得到差距較小的結果。[109] 由此可見，
儘管中央政權和社會階層有關連，但治理方式，也就是民主體制還
是專制體制造成的影響則比較小。

　　想要更了解有關中央治理的結論，我們得進一步探討標準跨文
化樣本測量社會階層的方法是如何建立的。[110] 在標準跨文化樣本
資料庫中，只要社會中出現了「職業地位上的大規模差異」，也就
是只要人民擁有不同的工作，就算是階層化的社會。雖然職業的高
度多樣性能表明社會組成比較複雜，但我們無法由此得知各種職業
的實際地位相差多大。我們也無法得知人們是否能更換職業。正如
我們先前描述過的特拉斯卡拉共和國，雖然特拉斯卡拉是階層化的
社會，但人民的社會流動率也很高。

　　若想要更了解不平等，我們可能得看的比標準跨文化樣本更

遠。近來有一組人類學家和考古學家提出了測量財富平等的精巧新方法。他們不是直接測量財富，而是使用房屋面積平面圖的離散度。[111] 他們用這種離散度的吉尼係數（Gini coefficient）來當作財富不平等的間接測量方法，數值為零代表絕對平等，數值為一代表絕對不平等。[112]

　　根據房屋平面圖的數據顯示，各個古代社會的財富不平等程度相差極大。在中美洲的特奧蒂瓦坎（Teotihuacan），有一個比阿茲特克人早出現一千年左右的社群，他們的房屋面積離散度吉尼係數是極低的零點一二。若房屋面積的吉尼係數能直接反應出實際財富的話，那麼這個數字就代表此社群的不平等程度大幅低於所有現代市場經濟體。古埃及中王國（Middle Kingdom）的狀況也相去不遠，中王國其中一個遺址的房屋面積離散度吉尼係數是零點六八，大約和現今歐洲與美國社會的財富不平等度相當。考慮到古埃及的發展程度，這個數字其實非常驚人，因為在極端窮困的社會中，只要人民支付的稅金沒有達到他們無法維持生計的地步，社會的不平等程度就會自然形成一個上限。[113] 隨著社會漸趨富有，稅金的最高可能金額也會逐漸提升。

　　古埃及與特奧蒂瓦坎的比較也帶出了另一個疑問：政府治理模式對財富不平等的程度是否有影響。古埃及是專制體制，至於特奧蒂瓦坎，雖然考古學家無法確定他們的治理方式，但許多學者認為他們不是專制。[114] 蒐集了房屋平面數據的考古學家也列出了各個社會的治理模式是集體治理還是專制治理。在中美洲的多個社會中，集體治理和較低的財富不平等有顯著關連。[115] 我們可以從這些證據得知，雖然早期民主和較低的不平等程度有關，但這只是從部分證據得出的初步推論而已。

結語

　　我們已經在本章中看到，早期民主在人類社會中分布廣泛。事實上，早期民主和專制制度一樣常見。在過去數千年來，世界各地有許多人類以這兩種方式治理社會，我們可以由此得到一個清楚的結論：**政治發展並不是一條筆直的共同路徑。我們也應該摒棄「民主是某一群人在特定的時間地點發明出來，之後才傳播到世界各地」的論述**。民主是會自然而然出現在人類社會中的制度，不過還非必定會出現。到目前為止，我們已經看到一些跡象顯示，早期民主比較容易存活的社會往往領地規模小、沒有強大官僚制度，並且缺乏我們通常會連結到「文明」的多種科技發展。接下來，我們可以開始深入探討各個社會為什麼會分別走上早期民主與專制的道路。

第三章

弱小的國家承襲民主

　　如果我們同意在政治發展中，早期民主和早期專制是兩條分岔的道路的話，那麼我們接下來要討論的問題就是，各個社會是因為哪些因素而在這兩者中做出選擇。我將會在本章指出，當統治者不確定人民的生產量、當人民能輕而易舉地遷離、當統治者需要人民的程度大於人民需要統治者的程度時，早期民主比較有可能會占據優勢。世界各個區域在許多不同時代的證據都支持這些論點。雖然早期民主是統治者在面對這些挑戰時能選擇的其中一種因應之道，但接著我們還會看到另一條路徑：打造官僚系統來代替議會治理。最後，我們將會看到官僚系統與議會有時也能彼此互補。

何謂弱小的國家

　　著名的經濟史學家道格拉斯・諾斯（Douglass North）將國家定義為「獲取收入後提供保障的實體」。[1]此處的「保障」可以有非常廣泛的定義。保障可以是抵擋外來入侵者，可以是防範饑荒等事件發生的風險，甚至也可以包含我們如今所說的「社會保障」。收入也同樣可以有非常廣泛的定義，包括現金稅收、實物稅收，或者任何能把個人的過剩經濟財富重新分配給其他人的方法。北美洲西北岸的瓜瓦奇圖族（Kwakiutl）雖然沒有正式的稅收系統，但法蘭茲‧鮑雅士（Franz Boas）指出，瓜瓦奇圖族的族長會定期取走漁獵活動的一半收穫。[2]

想要獲取收入的統治者會遇到一個很基本的問題：他們對於人民的生產量愈不了解，就愈難擬定稅收策略。據說路易十四的財務大臣尚－巴蒂斯特‧科爾伯特（Jean-Baptiste Colbert）曾說過，收稅就像是拔鵝毛一樣，你要盡可能在不惹鵝生氣的狀況下，拔下愈多羽毛愈好。對於部分統治者來說，不確定人民的生產量會使他們難以判斷該拔下多少羽毛。他們不確定的程度愈高，選擇的稅收層級就愈有可能會導致人民抗議，或者低於人民願意支付的額度。

第二個問題和第一個息息相關：人民覺得統治者拔掉的毛太多時，或許會有其他選擇。他們可能有方法可以進行暴力抗議、搬到別處，或在統治者的強制能力低落時直接拒絕繳稅。從古至今，只要環境允許人民在不高興時直接打包家當搬走，統治者的地位就會比較不穩定。

事實上，遷離對統治者造成風險的情況實在太過常見，連人類之外的物種也有同樣的狀況。鳥類學家珊德拉‧維倫坎普（Sandra Vehrencamp）在不同棲息地觀察不同鳥類的行為後，發展出了一套理論模型描述這種可能性。[3] 在動物的例子裡，沒有財富、稅收和共識的問題，牠們關注的是誰能繁衍下一代，誰得在其他動物繁衍時提供協助。維倫坎普把大量物種納入考量，指出高成本的「播遷」（dispersal）和較高的社會階層化有關。播遷指的是個體到新的地點繁殖的可能性。

歷史上的各個統治者在遇到遷離與不確定性的雙生問題時，用來解決問題的其中一個方法就是早期民主。採用早期民主這個解決方法時，統治者得承認自己處於弱勢，並和地方人士合作治理。早期民主的基石是議會與集會，它們提供了平台供統治者與被統治者討論實際的稅收內容為何。接下來，議會成員可以幫忙收稅，幫助統治者進行更廣泛的治理。我們無需為了確保議會的討論不會只提供假消息，而假設人性本善。只要統治者和人民擁有共同利益，例如雙方都需要獲得保障，那麼他們就能做到誠實溝通。另一個能推動誠實溝通的因素是雙方都比較希望能和平解決問題，而非製造衝突。[4]

　　議會治理的其中一個顯著特徵是，就算議會成員沒有正式權利能否決統治者的決定，他們仍能對決策產生影響。只要議會成員擁有的人民生產量資訊比統治者更多就行了。真正的權威不只取決於明文寫出來的正式權威，也取決於誰擁有較多資訊。[5]

　　早期民主之外的另一個選擇，是在不諮詢議會的狀況下做決策，準備好承擔可能的負面結果。這個選擇在農業產量容易預測的環境裡比較可行。在人民較難以遷離或抗議的狀況下，統治者也會比較容易實行這個選擇。更加支持上述論點的事實是，如果統治者擁有官僚系統能解決資訊和強制力的問題，那麼沒有議會和集會的統治方式會比較容易。

　　還有另一個解決政權收入不確定性的最終方案，那就是雇用包稅人（tax farmer），也就是同意用收稅來交換一次性酬金的平民。就像早期民主一樣，包稅使統治者不再那麼需要官僚系統來評估他能收取多少收入。這套系統的概念是，如果收稅人比統治者更了解地方情勢，而且他們會為了收稅的權利彼此競爭的話，那麼他們就會揭露一些有用的資訊。[6]就像論及官僚系統時一樣，我們應該把包稅視為早期民主的可能替代方案。

農業合適度與國家的形成

學界一般認為採用中央治理制度的社會會出現在比較適合農耕的地區。根據傳統敘事，農產品會帶來過剩的物資，使中央治理制度得以出現，社會階層也會隨之產生。此論點的另一個變體認為，農業的出現使人口密度得以變得更高，而人口密度則使社會較容易發展出中央治理制度。[7]

接下來，我會利用農業合適度（agricultural suitability）的測量方法來彰顯兩個論點。第一，農業合適度確實能預測是否有個別社群層級以上的中央治理存在。第二，單靠農業合適度無法預測中央治理的形式是專制還是民主。換句話說，人民能從土地中獲得的熱量多寡能決定人民是否受到中央治理，但不能決定治理的類別。要回答這個問題，我們要先把目光放在另一個地方。

若想繪製農業合適度的圖表，我們可以使用聯合國糧食與農業組織（Food and Agriculture Organisation）製作的地方農業合適度資料。這份資料列出了全世界各個區域在種植各種不同作物時，能有多少產量。經濟學家奧德·加洛爾（Oded Galor）和奧馬爾·歐扎克（Ömer Özak）曾使用這些數據回答下列問題：假設我們知道一片土地上能種植哪些作物及其熱量，那麼一個單位土地區塊能產出的最高熱量是多少？[8]他們在計算此數據時，把全球的土地劃分成許多網格，每個網格的大小是經度五分、緯度五分（大約是長寬各十公里）。我把這個測量法稱作熱量潛力（caloric potential）。加洛爾和歐扎克為了盡可能地用熱量潛力反應出沒有經過人類干涉的自然環境狀況，所以在建構測量方法時，是以沒有在土壤裡加肥料也沒有灌溉系統的條件為準。[9]

在衡量治理方式時，我會使用標準跨文化樣本（SCCS）的數據建構出二分法，把社會分成兩類。第一類是治理層級只到社群的社會，或者治理層級雖然超過地方社群但卻非常簡單的社會，例如一名首領把少量社群連結在一起。第二類是擁有較複雜中央治理制度的所有區域。

事實證明了用熱量潛力推論中央治理制度是非常可靠的方法。在熱量潛力超過中位數的標準跨文化樣本社會中，擁有中央治理的社會超過百分之四十。在熱量潛力低於中位數的社會中，擁有中央治理的社會只有四分之一。[10]有些人認為導致這種結果的最重要因素是可儲存的穀類作物的農業合適度，而不是不可儲存的山藥或木薯等作物的農業合適度。這些人秉持的論點是中央治理制度的出現不是來自於過剩的作物，而是過剩的可儲存作物。[11]

農業合適度雖然能預測國家的存在與否，但卻無法幫助我們預測治理方式是專制還是民主。若想了解這一點，我們可以使用標準跨文化樣本來辨別統治者是靠自己治理，還是靠議會治理。在熱量潛力高於中位數時，百分之六十六的社會有議會治理，在熱量潛力低於中位數時，百分之五十五的社會有議會治理。雖然兩者之間有差異，但這種差異卻不算大。[12]

農業變化與早期民主

一個社會選擇的政治發展路徑是民主還是專制，有很大程度上並非取決於人民能從土地中獲得的熱量多寡，而是取決於每個地區的農業變化（agricultural variability）。從古至今的統治者在釐清收稅額度時，遇到的主要問題一直都是農業產量的不確定性。在農業產量比較難以預測的地區，這個問題會比較嚴重，若想解決問題，統治者就必須找到獲取資訊的方法。農業產量的不可預測程度取決於自然環境的各個面向，例如土壤、地形起伏和降雨量的變化。不可預測程度也取決於人類如何改變自然環境，例如引進灌溉系統。接下來，我會聚焦在自然因素上，我們會在第四章討論科技與民主時再回過頭來探討人類干預的部分。

在測量農業不確定性時，我們可以應用加洛爾和歐扎克收集的數據，檢視不同地區的熱量潛力變化程度。[13]我們用這些資訊建構出來的衡量方法稱作熱量變化（caloric variability），指的是在九個網格的局部區域內，熱量潛力的標準差異。[14]接著，我們可以藉此探討熱量變化與早期民主之間的關係，如圖3-1所示。圖是一張盒鬚圖，上面的兩個類別各有兩個盒子，兩個盒子之間的水平線代表

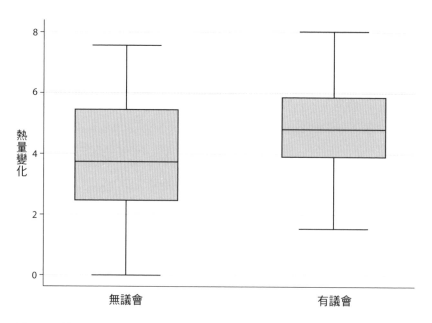

圖3-1　熱量變化與議會治理。圖片顯示了有議會治理與沒有議會治理的社會具有的熱量變化。

的是熱量變化的中間值，水平線上下的兩個盒子分別代表該類別社會數量的四分之一。上下兩條「鬚」代表的則是該類別中的其餘社會，異常值沒有包含在內。我們可以清楚看到，採用早期民主治理的社會傾向於擁有較高的熱量變化。[15]

雖然圖3-1顯示了熱量變化能導致議會治理，但在沒有進一步證據的狀況下，我們可能會擔心這兩者間的關係只是巧合。進一步探討這個問題的其中一個方法，是檢視其他能顯示相同關連性的數據。多虧了美國先驅人類學家約瑟夫・約根森（Joseph Jorgensen）付出了大量努力，記錄下北美洲西部一百七十二個原住民群落的治理方式，幾乎涵蓋了居住在北美大平原上的所有群落，我們才有如此詳盡的資料可以使用。[16]約根森發現，大約一半的社會中都有議會治理存在。我們可以再次使用加洛爾和歐扎克的數據來建立衡量熱量變化的方式，了解這些社會的環境。事實證明了，在這個區域實行農耕的社會中，較高的熱量變化和較高的議會治理傾向有關連。[17]因此這兩者之間的關係看來不僅僅是巧合。

或許議會和熱量變化之間的關係，並非來自統治者對資訊的需求。農業產量的高變化也代表人民有較高的誘因進行貿易，或靠分享食物預防風險，這兩種行為都有可能是由議會主導的。事實上，就算把這些附加因素納入考量，我們仍能在熱量變化與議會治理之間看到明顯的關連性。[18]不過，除了議會之外，專制制度也可以主導貿易和風險分擔。在古代實施專制的蘇美神廟穀倉就是用這種方式處理這些問題。

在論及熱量變化與議會治理時，我們還需要考慮最後一個關鍵。目前為止，我們檢視的只有跨空間的農業產量，沒有跨時間的農業產量。如果統治者利用議會來學習相關的變化量知識的話，他們在學到夠多知識後，難道不會摒棄議會嗎？事實上，就算我把焦點放在衡量暫時變化量的方法上，議會與熱量變化之間的關係仍然不會改變。想要了解這個論點，我們可以應用哥倫布大交換（Columbian Exchange）帶來的改變：在歐洲人「發現」美洲之後，各個地區的植物、動物與疾病出現了互相擴散。[19]我們可以按照各地的變化，為標準跨文化樣本的各個社會算出一個數值，用來反映出在大交換之前與之後，各個社會能從土地中獲得的熱量有多少改變。按照這個方法，我們會看到在標準跨文化樣本中，因為大交換而經歷了較大暫時變化的社會，比較容易採用議會治理。[20]

遷離與早期民主

對早期民主有利的第二個核心要素是遷離的能力，人民將因為這種能力而能以小博大，對抗領導人。我們先前已經在比較歐洲人占領前的多個北美洲社群時，看到這種影響的跡象了。採用民主治理方式的休倫族與易洛魁族都是較容易移動的社會，而專制的密西西比社群則是比較不容易移動的社會。我們也可以在北美大平原的美洲原住民社群，以及蒙古族與殖民前的非洲看到同樣的狀況。[21]

限制與遷離

人類學家和考古學家在描寫遷離時，時常使用「限制」（circumscription）這個詞。一九七〇年，羅伯特‧卡內羅（Robert Carneiro）針對早期國家的形成提出了一套限制理論。這套理論的基本概念是，早期國家形成的區域通常會具有相當高的人口密度，且自然環境的特徵會使人民在遷離時必須付出極高的成本，或者完全無法離開，埃及的尼羅河河谷（Nile Valley）就是這種可能性的一個例證。埃及的居民原本在河谷中的不同區域形成了多個小型聚落，不過隨著人口成長，他們的居住地點也愈來愈一致化。由於尼羅河谷形狀窄長，左右都是沙漠，所以到了最後，這些群落再也沒有地方能遷移，逐漸形成了階層化的國家。[22]卡內羅也指出，社會力量可能會創造出限制。除了令人生畏的沙漠之外，附近的敵方部落也可能會降低遷離的機會。

限制理論帶給我們兩種可能性：這些人若不是在沒有任何治理的狀況下繼續生活，就是擠在一個小區域中，受到一名最高統治者的利用。這兩個選項聽起來都不怎麼有趣。不過，歷史紀錄指出了第三個可能性：當限制帶來的壓力較弱時，雖然中央治理仍會存在，但統治者在治理時將會需要人民的同意，以免人民遷離。

在如今的美國東南部，原住民社會的演化能讓我們更加了解，限制會如何將社會導向更加專制的治理模式。考古學家用「疏林時期」（Woodland period）指稱美國東部在西元一千年之前的那段時期。在這幾年間，當地的社群一開始靠著野外的食物維生，後來發展出了早期的農耕形式。證據顯示，這些社群在疏林時期的最後幾年遇上了極大的人口壓力、地方戰爭與資源壓力。[23]

根據考古學紀錄提供的證據，大約從西元一千年開始，美國東南部出現了巨大的文化改變。當地的社會開始使用集約農業的方式種植玉米。他們的居住地變大了，也建造了類似庫薩族的大型土丘，有愈來愈多證據顯示他們採用了階層制度。就像庫薩族的狀況一樣，我們沒有描述這些社會治理模式的直接文本，不過考古證據能證明政治階層的存在。

美國東北方則沒有在西元一千年之後出現劇烈改變，這裡的疏林時期仍繼續維持下去。請回想一下法國耶穌會傳教士在十七世紀時發現的休倫族社會模式。休倫族是農耕的族群，他們和密西西比人一樣種植玉米，但他們沒有採用集約農業。雖然他們有族長，但這些族長不像東南部的領袖一樣擁有聲望，此外，我們也知道休倫族在村莊層級與更高層級的治理模式都需要尋求人民的共識。

　　限制理論能否解釋東北林地和美國東南部的政治狀況之間的差異呢？若答案是肯定的，那麼為什麼限制會出現在東南部？地理學提供了一個可能的解釋。密西西比社群傾向於住在土地適合農作的河谷，周遭區域的土地則比較不適合他們使用的集約農業。在這種狀況下，就算你和家人或你的整個村落對於統治者感到不滿，也很難搬遷到別的地方。在東北林地，像易洛魁族和休倫族這一類的族群中，村莊通常會每隔十到四十年遷移一次。他們使用的農業方式需要這種定時遷移，因此這些人仍然擁有遷離的選項。

人口密度與議會治理

　　還有另一種方式能評估遷離策略帶來的影響，那就是更直接地檢視人口密度。在人口密度較高的地區，人民遷離的機率可能會比較小，因而使得早期民主的可能性下降。圖3-2顯示的是在約根森的數據中，北美原住民社群的議會治理比例與估計人口密度的關係。在人口密度極低的區域（每五平方英里少於一人），議會治理的比例大約是百分之四十。我們可以合理推測，在這樣的狀況下，組織議會將會是比較困難的事。在人口密度比較高的地區（每平方英里零點二至一人），議會治理的比例則大約超過四分之三。人口密度超過這個數字後，密度愈高，議會的出現機率就愈低。等到密度達到每平方英里五人時，議會的出現機率將會變得不高於人口最稀少的區域。一旦人口密度超過了每平方英里二十五人，議會便完全消失了，這個數據令人大感震驚。

　　我們應該要銘記在心的是，在約根森的數據中，「高」人口密度指的就是每平方英里二十五人以上。以現代社會的標準來說，這

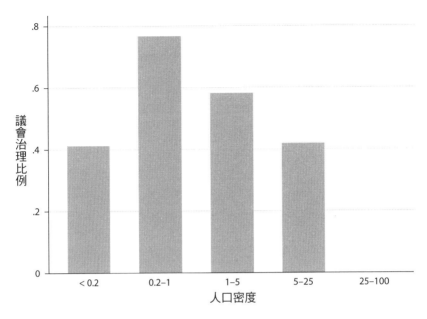

圖3-2　北美原住民的人口密度與議會治理。人口密度代表的是每平方英里的居住人數。資料來源：Jorgensen 1980。

顯然不算高，例如在美國如今人口密度倒數第八的內布拉斯加州，人口密度是每平方英里二十五人。由於北美原住民採用的是粗放型農業，所以人口密度上升會影響到集會模式是很合理的，就算上升程度只有一點點也一樣會造成影響，對於那些採用初期農耕模式的社群來說也是一樣的道理。[24] 在西北美國印第安資料庫（Western North American Indian Data Set）中的平均人口密度數據和殖民前非洲的預估人口密度相近，學者認為殖民前非洲的低人口密度也同樣促進了人民嘗試遷離。[25] 在標準跨文化樣本的社會中，我們可以看到人口密度與議會治理之間也有類似的明確關係。[26]

軍事民主：在統治者需要人民的時候

　　我們在上一個段落看到了，當人民可以收拾行李並搬到別處時，早期民主較有可能出現。這個問題的另一個面向是，統治者在某些狀況下會特別需要人民。在歷史長河中，外在威脅會導致統治者給予人民發聲的權利，換取他們進入軍中服役。在軍事科技需要動員大量人力時，統治者尤其容易這麼做。古典時代的雅典觀察家老寡頭曾描述過這種狀況，如果統治者需要大量人民協助划船的話，人民就應該要獲准參與人民議會、在議會上發言，並擔任給薪政治官員。

　　「軍事民主」（military democracy）是我們曾在第二章提到的早期美國人類學家路易斯・摩爾根發明的概念。他在一八五一年發表了針對易洛魁族的研究，指出他在「所有成年男性參加戰事」與「所有成年男性都有權利參加議會並發言」之間觀察到了顯著的關連。二十五年後，摩爾根在《古代社會》（Ancient Society）一書中進一步詳述了這個概念，他更廣泛地調查了歐洲與美洲的社會，指出軍事民主是所有社會都會經歷的早期政治發展階段。馬克思和恩格斯大加利用了摩爾根的結論，早期英國人類學家赫伯特・史賓塞（Herbert Spencer）也針對北美大平原原住民社群的議會治理起源做出了相似的推斷。[27]

　　在標準跨文化樣本的社會中，戰士享有的聲望與早期民主的存在之間具有非常驚人的關連性。我們可以在圖3-3中看到，相較於戰士沒有獲得任何聲望，戰士獲得極大聲望時出現議會治理的可能性會是兩倍。

　　我們在解讀圖3-3時，不該認為是戰士的聲望導致了早期民主的出現。比較好的解讀應該是，統治者給予戰士聲望和治理的權

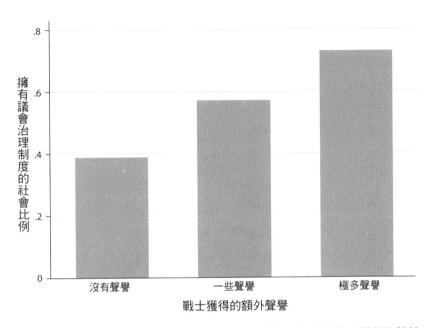

圖 3-3　軍事民主。圖中顯示的是社會中的議會治理比例與戰士獲得的聲望多寡，數據取自標準跨文化樣本。

利，是在用一種互補的方式鞏固統治者與戰士之間的交易。我們將會在第十一章中看到這種現象的例子：十九世紀的歐洲人提出了「一男、一槍、一票」（one man, one gun, one vote）原則。

另一個選擇：官僚制度

和議會共同治理國家的另一個選擇是建立官僚制度。建立官僚制度後，統治者不再需要依靠議會成員提供產量的資訊和收稅，他們可以訓練官僚下屬做這些事。我們在判斷標準跨文化樣本的社會是否擁有官僚時，將官僚定義為由統治者選擇出來，但並非來自統治者家族的下屬。[28]根據記錄者的判斷,有三分之一的社會有官僚的存在,這份資料中還有另一個非常顯著的特徵,那就是官僚幾乎只會出現在統治權威超過地方社群的社會中。這種現象之所以會出現,可能只是因為這些社會的經濟發展程度較高,但這種現象也可能反應出了規模帶來的影響。我們再次看到官僚系統的特質使得官僚系統比早期民主的社會更容易擴大規模。

請回想一下我們在本章開頭看到的那些歷史實證模式:農業潛力的變化量較大的社會比較可能會有議會治理。如果官僚和議會成員在提供資訊與強制力這兩方面可以替代彼此,那麼我們就應該要在數據中看到以下模式:沒有官僚的社會中,熱量變化與議會治理應該有正相關;有官僚的社會中,兩者間應該沒有關連。

圖3-4中的上方兩張盒鬚圖顯示的是,在沒有官僚的狀況下,熱量變化和議會有無之間的關係。我們可以看到在有議會的社會中,熱量變化顯然較高。這和我們在前述圖3-1看到的狀況相符。接著我們再檢視圖3-4中的下方兩張盒鬚圖。我們可以看到在有官僚的社會中,熱量變化與議會也出現同樣的關連。我們在這裡看到的是不同的關連性:無論有沒有議會,這些社會的熱量變化幾乎相同。官僚和議會有時可以是彼此的替代品。[29]

雖然議會和官僚能成為彼此的替代品,但它們也可以成為同時存在的互補制度。如今有許多國家都同時採用民主治理和官僚管理,這是現代民主的其中一個特徵。官僚是否會削弱民主或許取決於出現的先後順序:如果官僚較早出現,統治者就不太需要民主,但如果民主較早出現,官僚就有可能會成為和民主互補的制度。人民將會透過規律參加議會或集會,發展出集體行動的習慣。一旦發展出這種習慣,人民就有能力可以約束統治者,就算之後出現官僚也一樣,此外,人民或許也會有能力管理官僚。在這之後,由於官

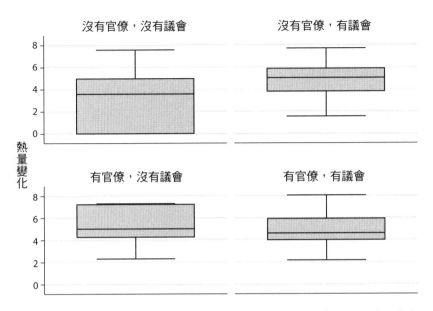

圖3-4　官僚與議會的選擇。圖顯示的是在有議會、沒議會、有官僚、沒官僚的社會中，熱量變化有何差異。（相關定義請見內文）

僚將會變得更擅長處理各種事物，所以議會和官僚將能彼此互補。

官僚制度的起源

　　哪些因素會使得社會比較容易建立官僚系統呢？我們可以檢視的其中一個面向是這個社會採用哪種農業模式。集約農業常會隨著農產品變得更系統化、涉及到重整土地，並使農業產量對統治者來說變得更容易理解。如果官僚對各個地區的了解比地方人士少的話，那麼農產品產量變得容易理解就會使官僚工作起來比較輕鬆。在許多案例中（當然並不是所有案例），官僚也會協助設計集約農作系統。30

　　其中一種衡量農業集約程度的方式,是檢視單位土地面積的作物產量。我們可以在考量這點的同時檢視圖3-5的證據。31古埃及、古蘇美和中國的每公頃產量是中世紀英國的三到四倍左右。若我們把前三個社會和中世紀歐洲的其他地區相比,也會得到同樣的結果,少數的例外是穆斯林統治的西西里島和西班牙。事實證明了,圖3-5中的前三個社會有強大的官僚系統,而中世紀英國則缺乏這種體制。高產量的集約式農作並不一定代表整體生產率會提高。若要評估這一點,我們得先把所有肥料、人力、土地和資本納入考量,了解社會的生產率。32我的觀點是,在這四個社會中,集約農業和政治組織的不同型態有關連。

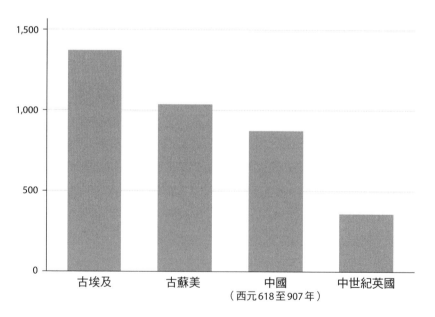

圖3-5　早期社會每英畝的作物產量。資料來源請見本章注釋。

如果我們想要知道集約農業的發展方式、原因與地點，我們可以從埃斯特‧博塞拉普（Ester Boserup）的知名研究著手。一九六五年，博塞拉普指出人口壓力會推動社會逐漸轉為使用比較集約的農業，藉此餵飽同一片土地上愈來愈多的人口。[33] 如果她的理論屬實，那麼馬爾薩斯（Thomas Malthus）的悲觀預測：只有饑荒和疾病能控制人口成長，就有可能並非完全正確。[34]

博塞拉普認為，人口壓力加速農業創新的良性循環有一個相反的面向。她將之稱作「人口稀疏和技術落後的惡性循環」。[35] 在採用粗放農業的社會中，人民必須在較大的區域中分散成較小型的聚落，例如必須頻繁地更換農耕地的社會就是如此。她認為這種社會在經濟、文化與社會發展層面可能都會困在較低的階層。在博塞拉普的惡性循環理論中，最諷刺的一點在於，正是這種環境才能讓早期民主蓬勃發展。

在博塞拉普的模型中，最基礎的重點就是農業的集約化取決於新科技的發展。博塞拉普竭盡全力地強調，人口壓力並不一定會導致科技進步。這也就是說，若我們想理解官僚系統的來源，就得在下一章檢視農業技術與其他科技的創新，並了解這些創新是如何發生的。

結語

我們已經在本章中看到，各種證據都指向一個清楚的結論：**統治者處於比被統治者更弱勢的位置時，早期民主就會蓬勃發展**。自然環境的特質會在一定程度上決定統治者是否處於弱勢。當統治者愈難了解人民的生產量，而且人民遷離到別處的難度愈低時，統治者就愈有可能把權力分給議會。政權組織的特色也扮演了重要角色。若統治者幸運到能擁有一套官僚系統的話,他們在社會中的地位就會變得更強大。接下來我們要問的問題是:社會在早期民主與官僚之間進行二選一時,科技會如何帶來影響?

第四章

當科技損害民主

我們常把民主發展視為人類進步的象徵，科技的發展也是同樣的道理。我們有許多理由能認為新科技能增加產量並改善生活水準，同時還能促進通訊與合作的效率。這是對於科技和民主的樂觀看法。接下來我要探討的則是另一種論點：在許多例證中，產量與通訊的進步都會損害早期民主。文字、繪製地圖、測量與農業產量方面的新科技，都會使得官僚系統運作得更有效率。

此外，我還會在本章中探討另一個主題，指出歐洲的早期科技比中國和中東還要落後。中國與中東社會發明出許多看似乏味的技術（例如繪製土壤地圖）後，又過了大約一千年以上的時間，歐洲才出現這些技術。我們很難準確地找出歐洲這麼慢才發展或採用這些技術的原因。我們能夠清楚知道的是，這些比較原始的科技限制了歐洲統治者，使他們在社會中處於較弱勢的位置。正是因為歐洲的科技落後，民主才有機會能蓬勃發展。

我會先探討有關製作土壤地圖、幾何學、調查能力與農業改良的科技發展。中世紀歐洲在這幾個方面都落後其他社會。接著，我會開始討論比較基礎的科技：文字的發明與使用。由於文字能幫助官僚系統變得更可行，所以文字對我們要探討的主題來說是關鍵要素。不過，歐洲有一類科技發展遠勝過其他社會，也就是火器的完善程度。正如經濟史學家菲利普・霍夫曼（Philip Hoffman）所說，歐洲人之所以能征服其他社會，並不是因為他們整體來說比較進步，而是因為他們有槍。[1]

了解土壤並製作土壤地圖

在中國、阿茲特克與薩珊王朝下的伊拉克，統治者都在早期發展出有關土壤的知識，以及製作地圖的能力。歐洲統治者則一直到十九世紀才獲得這種能力，這方面的落後或許幫助了歐洲社會維持早期民主。

土壤知識對農業產量來說是重要關鍵，因此，土壤知識對於想要對農業徵稅的人來說也同樣是關鍵。如果統治者知道人民能生產多少農作物，那麼他或她就能知道該收取多少稅才能像科爾伯特的比喻一樣，拔鵝毛而不會惹鵝生氣。土壤科學家曾寫道，在許多大陸與各個不同的時代，稅收需求都推動了繪製土壤地圖的革新。[2]繪製土壤地圖對民主的可能威脅在於，在作物產量變得容易計算後，統治者或許不需要早期民主也能進行治理。如果官僚知道如何精確地繪製土壤地圖，並以此為基準評估稅收高低的話，那麼誰還會花時間和議會或集會協商呢？

中國的魚鱗圖

中國初次繪製土壤地圖的故事始於有關大禹的描述，據說大禹在西元前三千年晚期建立了夏朝。雖然我們沒有確切證據能證明大禹是否真的存在過，但由於描寫他的著作《禹貢》被沿用了好幾個世紀，所以他的貢獻仍然很重要。

根據《禹貢》所述，夏朝的第一位君王大禹執行了數個步驟來繪製他的領地，將之分成九州，建立了稅收的基礎。大禹在造訪這九州時記錄下了許多東西，其中就包括了土壤品質，他以此決定每個州的稅收配額。大禹對冀州的結論如下：

> 厥土惟白壤，厥賦惟上上錯。（這裡的土壤又白又肥沃，這裡的稅收是第一等，其中也夾雜著一些稅收第二等的區域。）3

我們不知道《禹貢》的著書時間。《禹貢》是《尚書》的其中一篇，學界一般認為《尚書》是孔子編撰而成的。我們能確知的是，中國從很早期就開始繪製土壤品質的地圖了，他們使用這項技巧來建立稅收。4《禹貢》的地位也加強了後來的中國思想家的想法，他們認為繪製地圖的故事非常重要。就算這個故事只是傳說，當時也必定有人設想出了依照土壤品質建立稅率的概念，而歐洲則沒有任何類似《禹貢》的故事。

在中世紀歐洲的統治者開始舉行正式集會來幫助他們收稅時，中國統治者已經在使用土壤知識來完善他們的官僚技術了。他們用地籍圖記錄了非常小範圍的土壤品質，圖4-1是十四世紀晚期的明朝初期繪製的地圖。由於在這種地圖上，劃分不同種類土壤的區塊線條看起來像是魚鱗，所以被稱作「魚鱗圖」。5中國人用土壤種類繪製魚鱗圖，再用這種地圖與其上的資訊為不同地區建立不同稅率。這並不代表當時的中國人能從科學角度理解土壤的真正運作方式，繪製地圖需要的是覺察與繪製經驗律則（empirical regularity）的能力。等到歐洲人終於在十八世紀與十九世紀開始繪製土壤地圖時，他們是依據對於土壤功能的科學理解繪製出地圖的。6

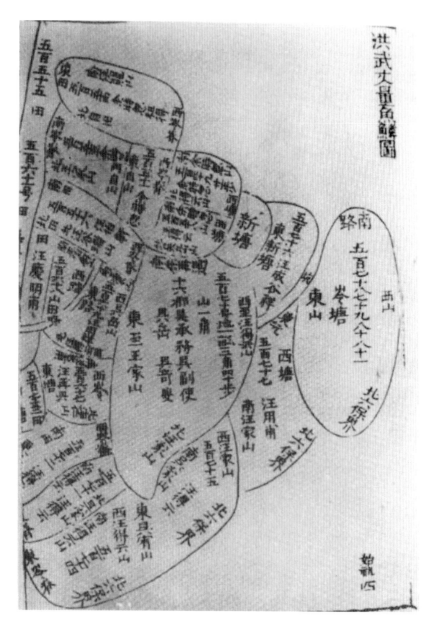

圖4-1　中國的魚鱗圖。資料來源：Yee 1994, 85。

這些魚鱗圖也顯示了另一件事，那就是對土壤的理解會如何增加對於官僚系統的需求。中國的官僚能透過指導文件得知不同的土壤具有何種農業生產量，因此他們可以為統治者提供更完善的資訊，統治者也就比較不需要向地方人士組成的議會尋求意見。

雖然土壤知識可能促進了中國的專制統治，但我們不應因此假設這必定會導致專斷的或變化無常的稅收。中國的觀察家之所以很重視大禹的故事，是因為他們認為事實正好相反：據說繪製土壤地圖的能力使統治者能以付稅能力為基礎，制訂更公平的稅收制度。中國後代的學者都用《禹貢》當例證。以宋朝的歷史學家馬端臨為例，他在一三〇七年撰寫的一篇文章中提到此事，這篇文章在一三二二年於詔書中公開。[7]這顯示了就算是專制體制的社會也會強調稅務的公平性，他們這麼做或許是為了使人民更順從。[8]

阿茲特克的土壤象形文字

中國並不是早期社會中唯一能繪製土壤地圖的國家。阿茲特克人也了解土壤品質，以及如何利用這些資訊設立稅率。正如我們在第二章看到的，阿茲特克人不遺餘力地登記了每個家戶的房產，他們在這麼做的過程中也記錄了房產的土壤種類與品質。與此同時，他們還持續追蹤每塊土地是否使用了灌溉系統。那些負責登記造冊的人使用圖4-2上的象形文字記錄了土壤種類。這些文字來自《聖母升天手抄本》（*Códice de Santa María Asunción*），這是西班牙征服該地數十年後出現的著作。[9]我們可以確認這些象形文字記錄的內容是阿茲特克人建立的，而非西班牙人引進的，原因在於西班牙人並沒有相關知識。[10]

阿茲特克統治者能精準地繪製土壤地圖，還能理解土壤特性，這兩個關鍵能力讓統治者得以減少資訊問題，因而不需要和議會合

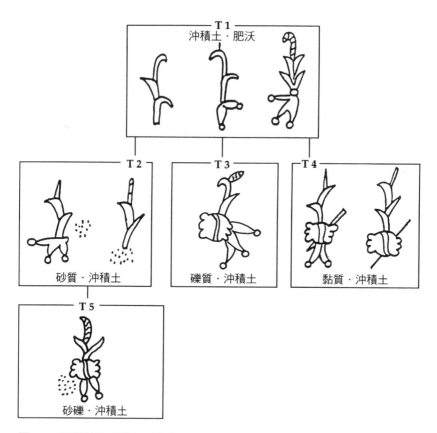

圖 4-2　阿茲特克土壤象形文字。資料來源：Barbara Williams and H. R. Harvey, *Códice de Santa María Asunción* (Salt Lake City: University of Utah Press, 1997)。

作治理社群。另一個為統治者帶來幫助的，是阿茲特克從先前的社會奧爾梅克族（Olmecs）那裡承襲來的文字系統。

歐洲人較晚了解土壤

　　諷刺的是，正是因為歐洲缺乏早期土壤科學，所以推動了民主的發展。若我們從羅馬的傳承開始探討的話，那麼羅馬帝國的稅收系統中最顯著的其中一個特徵，就是收稅標準從來沒有以土壤品質為基準過。這種發展的其中一個原因，可能是古典思想家不像中國人和阿茲特克人那麼了解土壤的特性。在眾希臘哲學家之間，第一個理解特定土壤適合特定植物的人應該是色諾芬（Xenophon）。[11]而羅馬觀察家則擴展了他們的知識，甚至執行了實驗，測試各個地區的土壤是否適合種植特定作物，例如釀酒用的葡萄。執行這些測試的是科魯邁拉（Columella）。[12]但是古典歐洲思想家並沒有為了收稅而建立至關重要的土壤分級體系。

　　日耳曼人的入侵並沒有幫助到歐洲的土壤科學進展。在羅馬衰亡數個世紀之後，中國人已經在繪製土壤地圖並藉此設立稅率了，而歐洲人雖然意識到土壤的重要性，但他們既沒有繪製土壤地圖，也沒有想過要用土壤來協助稅收。我們可以拿英國著名的《末日審判書》（*Domesday Book*）當作例證。《末日審判書》寫於一〇八七年，裡面記錄了英國國內所有可以支付稅金的有錢人，書中幾乎沒有記錄土壤品質，後來愛德華一世（Edward I）在一二七九年編制的土地登記冊也同樣鮮少提及土壤品質。[13]在論及土地直接稅收時，這段時期的英國國王遠比歐洲大陸上的其他政權還要略勝一籌。如果連英國都沒有記錄土壤特質的話，我們可以合理推斷歐洲基督教世界也同樣沒有這一類的紀錄。

　　到了文藝復興時期，歐洲思想家再次於文章中論及土壤與其特性。但這裡的問題在於，就算是其中最進步的言論，也只指出了比較肥沃的土壤能養活較多的人口。馬基維利（Niccolo Machiavelli）在他的第一本著作《論李維羅馬史》（*Discourses on Livy*）的第一章中寫道：「城市應該要位於土壤肥沃的地區，如此一來城市才能壯大。」雖然這句話聽起來似乎難以反駁，但還是有人試著提出了異議。偉大的法國政治哲學家尚・布丹（Jean Bodin）指出，較貧瘠的土壤會鼓勵人民更勤奮，減少「陰柔氣質」。[14] 他的說法呼應了希羅多德在更早之前提出的觀點，希羅多德在書中透過波斯國王居魯士（Cyrus）之口說出了假想的言論：「柔軟的土地往往會培育出柔弱的人。」[15] 這些人對土地的了解絕對稱不上先進。

幾何學與調查能力

　　為了收稅調查土地的能力不只取決於對土壤的理解，也取決於幾何學知識。希羅多德描述的一個故事（我們必須謹慎判斷這個故事的正確性）能讓我們稍微了解，先進的幾何學能如何幫助早期國家用更好的方法向人民收稅。埃及尼羅河每年都會沖刷掉部分土地。收稅人在某些地區徵稅時會因此遇上難題。他們要如何測量損失了多少土地呢？希羅多德用下列文字描述了他們使用的方法：

> 　　只要河流毀掉了某人的部分土地，此人就要把自己的損失上報給國王，國王會派出檢查員測量損失的土地多寡，如此一來，遇到損失的人便可以按照剩下土地的多寡，來繳交符合比例的稅金。我認為幾何學就是在此時此地發明出來的，接著又從埃及流傳到希臘。不過，希臘人是從巴比倫人那裡學會半球狀的日晷與指針，以及如何把一天分成十二等分的。[16]

　　雖然幾何學絕對不是這樣發明出來的，不過在埃及人使用數學技巧測量土地這方面，希羅多德倒是沒有說錯，這也幫助埃及統治者監控他的人民。我們在烏爾第三王朝的蘇美人故事中也看到了相似的狀況。在一個世紀之前，德裔學者十分驚訝地發現蘇美人會使用算數，進行我們如今稱作二次方程式的運算。蘇美人會利用算數來繪製地籍登記冊中的地圖。[17]

接著，我們要把古埃及與蘇美的測量方法拿來和《末日審判書》時期的諾曼英格蘭比較。英國當時使用的測量方法是臨時方案，常會靠著人體來測量長度，不同地區之間幾乎沒有統一的測量法。[18]英國的幾何學知識也比較有限，比不上古埃及和蘇美人。或許這就是為什麼《末日審判書》中評估稅金的方法並不是精確地測量土地，而是比較偏向推測。

農業技術

相較於中國和中東許多地區採用的農業技術，中世紀歐洲人使用的農業技術截然不同。我們已經在第三章看到，中國與哈里發國的每單位土地作物產量比西歐還要高。光是產量較高還不足以讓我們確定歐洲的農業比較沒有效率，若想確認這一點，我們就得在計算作物生產率之前，先把所有產量因素納入考慮，我們要考量的除了土地之外，還有勞動力與資本。但我在這個小節的目標是探討另一個主題。我想要指出，在許多社會都已經在使用集約農業的技術時，歐洲社會在這方面的發展卻比較慢，這是歐洲科技比較不利於官僚的其中一個面向。

落後的歐洲農業科技

一般來說，集約農業有好幾種不同的執行方式。這些方式的核心概念都一樣是在單位土地面積增加投入。博塞拉普在針對集約農業的討論中，聚焦在土地耕種的頻率上。在燒墾農業系統中，農民通常只能耕作一到三年，接著就要轉移到新區域，讓舊土地休耕好幾十年。這種燒墾農業顯然會對想要監控人口的中央政權帶來許多困難。歐洲的燒墾農業一直占據主要位置，直到大約西元前五百年的古典時代為止。在中國與地中海東部的核心地區，燒墾農業消失的時間遠比歐洲還要早數千年。[19]歐洲人改為採用比較穩定的新型農業，用耕作一年、休耕一年的方式使用土地。他們是靠著兩種投入做到這一點：其一是利用一種輕型犁具（ard），其二是讓家畜到休耕的土地上吃草，並在晚上把牠們的糞便倒在耕作的土地上。大約在西元第一個千年初期，歐洲開始普遍採用一套三年一循環的新輪作系統，叫做「三區輪作制」。這套系統一路沿用到中世紀晚期和近代早期。中國早在漢朝（西元前二〇六至西元二二〇年）就發展出更加集約的輪作系統了，他們在兩年間於一塊土地上種植三種作物。[20]中國種植稻米的地區採用的則是更加頻繁的種植方式。

　　犁田技術的發展是社會把休耕期縮短的關鍵，無論在歐洲、中國或別處都是如此。我們可以把犁具視作農業生產的資本，其效能高低取決於結構設計。在歐洲，正是把輕型犁具替換成深耕用重型犁具的舉動，才使得三區輪作制有可能實現。雖然歐洲的部分區域已經知道重型犁具這種工具好幾個世紀了，但一直到西元第一個千年初期，重型犁具才在歐洲普遍。[21]中國普遍使用重型犁具的時間比歐洲還要早一千多年。[22]中國農夫也發展出了播種器，提高作物產量與種子的比率，歐洲則要到近代早期才開始使用播種器。[23]

　　農業集約化的最後一個關鍵因素，是在雨量不夠充沛或不穩定的地區使用灌溉系統。從漢朝開始，大規模灌溉系統就是中國大多數農業的主要特徵。雖然在歐洲南部少雨地區的羅馬人會使用灌溉系統，但歐洲人一直到阿拉伯人入侵後才開始普遍使用這項技術，接下來我們會看到，歐洲人在重新征服阿拉伯人的土地後，並沒有承襲灌溉技術。[24]

為什麼歐洲人的集約農業技術落後

中世紀歐洲農業的其中一個奇妙之處在於，當時的歐洲人都不太從鄰近社會那裡學習集約農業的知識，他們甚至會在明明可以學會的狀況下沒有學起來。其中一個可能的原因或許是歐洲北部與地中海東部的氣候截然不同。在阿拉伯軍隊占領的許多地區，農業水資源是一個從未停止過的問題。歐洲北部的農夫需要擔心的問題則正好相反，他們得確保農田能獲得適當排水。[25]因此，歐洲人沒有學習集約農業知識，或許是因為不同的問題需要不同的解決方法。

中世紀歐洲人沒有使用較集約農作方式的第二個可能理由，是他們不需要這麼做。這個可能性又帶領我們回過頭去檢視博塞拉普的論點：在人口密度低且適合種植的土地很廣闊時，人民何必使用集約農作呢？學界一般相信，在西元一千年左右，中國、伊拉克與埃及的人口密度都比歐洲西部還要高得多。但這個論點的問題在於，中國與地中海東部的人民早在西元一千年的數千年前，就開始使用集約農作方式了。為了適當評估博塞拉普的假設，我們得先了解尼羅河谷與中國北部等地區在採用集約農業之前，一開始的人口密度狀況為何。

雖然中世紀歐洲的氣候與人口密度很可能都對發展集約農業沒有幫助，但還有另一個很重要的理由能說明，歐洲人不使用集約農業的原因不只這兩個因素。我們要考慮的是，歐洲人在有機會能從其他社會學習到集約農業的技術時做出的反應。歐洲人在十二與十三世紀重新征服了穆斯林居住的義大利和伊比利半島，他們在這時遇到了所謂的「阿拉伯農業革命」。[26]這些地區以複雜的方式使用灌溉系統，以嶄新的液體壓力技術為輔助，並且使用更先進的機械化工具種植種類繁多的作物。

　　歐洲人在征服西西里島和西班牙南部時，或許曾想過要保留阿拉伯人在此使用的農業革新技術，但他們卻沒有這麼做，這樣的發展或許深入解釋哪些力量在阻礙歐洲基督教世界的科技進步。[27]阿拉伯人在西西里島和安達盧西亞（Andalusia）發展的農耕技術，顯然不適用於尼德蘭或日耳曼，不過歐洲人至少可以選擇在適合這些技術的歐洲南部繼續使用這些方法。雖然歐洲人從阿拉伯人那裡學到的農作物知識後來終究遍及了歐洲各地，但這是過了好幾個世紀之後才發生的事。

　　我們可以從歐洲人重新征服各個地區的旅程了解這段歷史。阿拉伯人在西西里島使用灌溉技術來生產糖、棉花、柑橘類水果、洋蔥、菠菜和茄子。就算是對於最苛刻的蔬菜愛好者來說，這個地方聽起來也像是天堂。但在歐洲人重新統治西西里島後，農業又恢復了較基礎的狀態，只種植小麥並供家畜放牧，薩丁尼亞島的發展也和西西里島雷同。在阿拉伯的統治下，安達盧西亞的塞維亞（Seville）和哥多華（Cordoba）採取的都是混合式農業，除了小麥和橄欖外，還利用灌溉式園圃種植了許多不同的作物。但在歐洲人征服了這些市鎮後，安達盧西亞變成了牧羊中心。在這股遠離集約農業與精緻農業的潮流中，瓦倫西亞（Valencia）可能是唯一一個逆流而上的地區。這裡的歐洲征服者保留了灌溉系統與各式各樣的作物。[28]

　　我們可以在這趟重新征服的旅程中看到，歐洲人沒有採用先進農業技術的原因不只是雨量豐沛或人口密度低。出於各種理由，歐洲人拒絕了先進的技術，就算這些技術幾乎已經直接交到了他們的手上，他們也沒有接受。

文字的重要性

除了我們目前為止提到的這些科技之外，還有一個更基礎的要素促進了人類對土壤、幾何學與農業發展的理解。文字是文明的催化劑，能推動通訊、藝術發展與科學發展。打從人類發明文字的那一刻開始，文字就成為了一種治理手段。有了文字，統治者就能更輕而易舉地記錄人們的位置與生產的物品。我們常因為歐洲的歷史而認為文字對民主有益，在人民能大規模接觸文字時尤其如此。接下來我們會看到，有時事情並非如此。當只有小部分管理階層菁英能學習文字時，文字尤其可能對民主無益。

我們在探討「文字」時，應該要使用較廣泛的定義。我們如今使用的是字符形式的文字，我們用這些字符做記錄之後，便不再需要把所有事都記在腦袋裡。這些字符也能促進遠距離通訊。在某些例子裡，文字系統能把無法理解彼此方言的社群聯合起來，中國的表意文字系統就是一例。但綜觀歷史，也有些順利將社群聯合起來的社會其實沒有現代人認知中的文字系統。其中一個例子是印加人發展出來的繩結系統。雖然至今仍有學者在爭論這套系統的運作方式，但他們都一致同意，繩結系統的存在使得官僚系統能跨越遠距離傳達與接收複雜的訊息。[29]

文字的起始

在我們開始研究文字帶來的結果之前，我們得先繞一小段路，釐清文字起源的方式、地點與原因。文字的起源分成需求與供給這兩大類，從需求這一面來說，其中一個可能性是人類在有需要時發展出了文字。文字有可能是在社會轉變成農耕、能夠儲存農產品並且開始進行有紀錄的交易時出現的。人們在討論這個可能性時，想

到的例子往往會是蘇美人發明了楔形文字。我們在古蘇美烏爾城的
考古挖掘發現，百分之八十五的文獻都是在記錄經濟交易。因此，
文字的發展是為了配合逐漸成長的經濟與逐漸成長的中央稅務組
織。[30] 與此同時，蘇美人也可以運用文字跨越空間與時間溝通（至
少能從單向跨越時間）。

　　從需求方面討論文字起源或許能幫助我們理解，為什麼有些社
會就算接觸過文字，也沒有學會使用文字系統。著名的人類學家傑
克・古迪（Jack Goody）認為，有一些西非社會沒有學會使用文字
系統，是因為他們的經濟基礎是塊莖作物，而非穀類。[31] 塊莖通常
不好保存，因此不需要把文字拿來當作時光機使用，人民在收成塊
莖後，必須盡快把這些作物吃掉。這段論述很符合阿贊德族與豪薩
族（Hausa）的例子。阿贊德族位於今天的迦納，經濟以山藥為基
礎，他們一直沒有採用文字系統，而豪薩族位於奈及利亞，經濟以
穀類為基礎，他們則採用了文字系統。除此之外還有許多證據都符
合古迪提出的模式。在標準跨文化樣本中，以山藥當作主要農作物
的社會裡，只有百分之十三使用了正式的文字系統或類似的事物。
在穀類是主要作物的社會裡，有百分之四十九使用了文字系統。[32]
這兩者之間的差異十分顯著。

　　但古迪的論述有一個潛在問題，那就是因果關係有可能是顛倒
的：說不定這些社會是因為開始使用文字系統，才促進了穀類農作
的發展。想要探討這個問題，我們在做比較時不該把社會分成實際
上種植塊莖和實際上種植穀類這兩種，我們該用的分類方式是這些
社會所在的土地比較適合種植塊莖還是穀類。我們把社會分成相對
適合塊莖與穀類這兩種類型時，會看到非常高的實證連結：在最適
合塊莖作物的地區，文字出現的比例少得多。[33]

　　思考文字起源時我們可以採用的第二個面向是供給。就算是在

需要文字的狀況下，單一社會想要靠自己發展出文字仍是很困難的一件事。從古至今，多數社會在遇到這個問題時的解決辦法，都是借用鄰近社會的文字系統。[34]

學界一般認為有三個地區獨立發明了文字。蘇美人的文字出現在泥板上，更早期的記錄方式則包括了錢幣和印章。[35]古中國的文字始於甲骨上的記號，而中美洲的文字始於奧爾梅克族發明的碑銘。雖然印度河流域的早期社會可能也曾獨力發展出他們自己的文字系統，但他們也可能是在接觸到蘇美人時受到了影響。在這三個區域周圍的早期社會中，文字型態都受到起源地區的大幅影響。

有些需要文字的社會之所以沒有發展出文字，或許是因為他們距離這三個文字起源地區太遠。以西元一千至一千五百年左右位於北美洲的密西西比酋邦為例，他們的經濟以穀類為基礎（尤其是玉米），會把多餘的作物拿去儲藏起來。我們可以合理推測文字能幫助他們記錄下儲藏的作物，但密西西比人距離中美洲太遠了，沒辦法學到那裡的文字。儘管密西西比酋邦和中美洲文明具有一定程度的文化相似性，但沒有證據顯示兩方曾接觸過。事實上，在標準跨文化樣本中，一個社會距離奧爾梅克、蘇美以及中國的遠近，是這個社會能否擁有文字系統的有力預測因素。其他進一步的檢驗也同樣支持文字系統和距離、穀類作物適合度以及塊莖作物適合度之間的因果關係。[36]

文字對早期民主的影響

如果說文字能使人類更容易追蹤經濟生產量的話，那麼文字應該也會使統治者更容易在缺乏議會協助的狀況下治理人民。因此，我們應該能在數據中看到文字的出現和專制治理有正相關，與議會則是負相關。不過，標準跨文化樣本中的證據似乎不支持這種關連性，至少從直接影響這方面來看是如此。無論有沒有文字系統，標準跨文化樣本社會的議會治理比例都差不多。這樣的結果符合我們稍早做出的結論：官僚可以是議會的替代品，也可以和議會彼此互補。由於文字能賦予官僚更大的權力，所以若想釐清文字能否幫助議會的替代品，我們得檢視文字造成的間接影響。我們已經在先前的章節中看到，統治者擁有官僚系統時，熱量變化和議會治理之間沒有顯著的關連性。如果文字對於官僚的運作來說是必須的，那麼我們應該也會在這裡看到類似的結果。

　　圖4-3中有四張盒鬚圖，上面兩張代表的是沒有文字的社會。[37]這四張盒鬚圖和之前一樣，縱軸代表的是熱量變化。在沒有文字系統的社會中，較高的熱量變化和議會治理有關連。接著我們要檢視

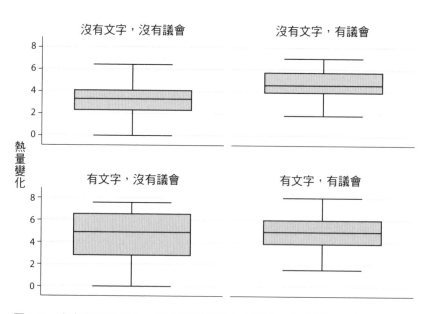

圖4-3　文字與早期民主。圖中顯示的是在有議會、沒有議會、有文字、沒有文字的社會中，熱量變化有何差異。

的是下面兩張盒鬚圖。在有文字系統的社會中，熱量變化和議會沒有關連。我們可以從這四張盒鬚圖中看到，文字系統的存在似乎會使人民在面對統治者時失去資訊優勢。

字母與更複雜的系統

在論及文字時，我們要考慮的最後一個面向，是文字對於想要精通此技能的人來說有多複雜。美索不達米亞的楔形文字系統加強了統治者的社會控制能力，只有極小部分的人能使用楔形文字，其他人則把文字視為近乎魔法的存在。[38]中國的語素文字（logograms）①與印加的繩結系統則是非常複雜的文字系統。而希臘人從腓尼基人那裡承襲下來的希臘字母則相對比較簡單、比較容易學習。希臘的字母文字系統使得使用文字的人比青銅時代還要廣泛得多，青銅時代的國王在王宮中使用的是非字母的文字系統，我們如今將之稱作線形文字A與線形文字B。

印加的繩結系統「奇普」是一個非常引人注目的例子，奇普是一種類似書寫的文字系統，它的使用方式複雜到只有管理階層的菁英才會使用。奇普是由許多條繩子與綁在這些繩子上方的附屬繩子所構成的系統，可以用來記錄十分複雜的資訊。[39]這些繩子的長度、寬度、數量與順序都能傳達有用的資訊，每條繩子的顏色也都是有意義的，這些特徵可以用來表示不同的物品、人或事件。能夠詮釋奇普的人被稱作「奇普卡馬約」（khipucamayoc），意思是「繩結看管者」。所有繩結看管者都是印加帝國的官僚。

和複雜的印加帝國繩結系統形成強烈對比的，是以字母為基礎的文字系統。有些人認為，使用字母形式的文字系統能降低接觸文

---

① 編按：語素文字又稱意音文字，同時兼具表意即表音功能。

字的成本，因而推動社會往民主的方向前進。[40]學習字母文字系統所需的時間投入無疑遠少於學習線形文字B、線形文字A、數千個中文字、埃及象形文字或如何解讀奇普。不過我們應該銘記在心的是，儘管羅馬和其他使用字母的社會一樣，讓大量人民學會文字，但羅馬帝國使用的制度算不上是民主。[41]

我們一般認為文字有多個發源地，不過字母的概念則只源自一個時期的一個地點：人類使用的所有字母都來自古迦南字母與其後繼文字腓尼基字母。[42]希羅多德很可能是第一個描述了這個故事的人：住在愛奧尼亞（Ionia）的希臘人從腓尼基人那裡學會了字母，而後再重新構想出適合希臘口語的文字系統。[43]希羅多德這一次的描述和幾何學的起源故事不同，這個故事很可能是準確的。

如果我們想知道字母形式的文字系統是否對民主社會有幫助的話，了解迦南人與腓尼基人一開始為何發展出文字會帶來很大的幫助。古迦南字母的源頭是一種象形文字，不過我們無法從這個知識得知古人為什麼要把早期的象形文字轉變成字母。學界的其中一種看法是迦南人之所以會發展出字母，是因為烏加里特城邦（Ugarit）的抄書吏想要發展出一套獨立於周遭大型帝國的政治身分。[44]由此可知，字母和民主化的影響沒有關連。

歐洲人領先的領域：火器科技

我們已經列出了多數歐洲人落後其他社會的諸多科技了，接下來我們可能會想知道，為什麼歐洲人可以征服世界的其他社群，而非其他社群征服歐洲人。這或許是因為儘管歐洲人在許多領域都大幅落後，但他們在火器科技方面領先群雄。征服者科爾特斯和軍隊遇到阿茲特克人時，發現這個社會的農耕系統和稅務制度遠比他們的故鄉西班牙還要複雜。但是西班牙人有槍，阿茲特克人沒有。

　　若想了解火器科技的發展，我們可以拜讀經濟史學家菲利普‧霍夫曼的研究。[45]他在一篇近期發表的研究中探討了歐洲火器科技的演化，以及歐洲人在開始航海並遇到其他社會時，火器如何帶來決定性的優勢。我們都知道，史上第一個研究出火藥並運用在戰爭上的並不是歐洲人──這項殊榮屬於中國人。歐洲與中國的差異在於，歐洲人因為各國競爭激烈而持續改良火器科技。

　　我們可以從霍夫曼提供的一個例證了解這點。自一六〇〇至一七五〇年間，法國軍隊使用火槍開槍的頻率增加了十倍。[46]這相當於勞動生產力的年成長率達到了百分之一點五，我們通常只會在遇到經濟增長期的現代先進國家才會看到這種數字。在歐洲經濟體當時的其他領域中，勞動生產力的成長速度可能只有十分之一。所以火器這個領域有其特殊之處。

　　有關歐洲火器發展的最佳解釋可能是國家之間的激烈競爭，這種競爭持續了五百年，直到一八一五年才告一段落。在這種背景之下，火器科技發展能帶來很高的回報。這是霍夫曼提供的解釋。而我要對這套解釋提出的但書是，在此之前有很長一段時間，儘管歐洲各國彼此競爭，但卻沒有發展出這麼驚人的火器汲取能力（extractive capacity），就像一千多年前由宋朝統治的中國和由阿拔斯王朝統治的伊拉克一樣。出於各種理由，歐洲人發展槍砲的能力遠勝過打造官僚制度的能力。

結語

　　本章想傳遞的訊息是：**文明的進步往往會損害到早期民主**。若新科技或改良過的科技會使地方人士在面對統治者時失去部分資訊優勢，那麼文明就可能會損害民主。在農業的進步使得人民以更加偏向定居的方式住得更加靠近，因而使得官僚更容易監控時，文明就更有可能會損害民主。在統治者獲得文字系統鞏固官僚系統時，文明也可能會損害民主。我並不認為科技的進步必定會造成這樣的影響，但歷史上顯然時常出現這種例證。

第二部

走向分歧

The Divergence

第五章

歐洲代議制度發展史

　　許多學者都在問，為什麼歐洲走的經濟路線會與中國和中東如此不同，結果發現，其中一項重大原因就是政治體制。他們強調歐洲本身有民主自由的傳統，歐洲國家向來是由許多不同邦國組成的共同體而非一個統一政體。歐洲有著君王需要得到臣民的合意授權的政治傳統。因此，政治分歧造成經濟分歧。但如果照這個邏輯來看，那又為什麼一開始會有政治上的分歧？在接下來的四章當中，我想提出一個新的答案。

源自森林的民主自由傳統

　　追根究柢，歐洲人一開始怎麼會覺得君主需要取得臣民的共識呢？關於早期民主的起源，十八世紀到十九世紀間的法國學者分為兩派。有一派學說認為這是希臘羅馬時期留下來的傳統。[1]另一派則認為是日耳曼部族推翻羅馬帝國征服歐洲的同時，帶來了屬於他們的傳統。這個傳統出自於塔西佗對早期日耳曼人的紀錄。孟德斯鳩（Montesquieu）就屬於這一派，他認為「這套美好的系統出自森林」。[2]十九世紀的著名法國史家法蘭索瓦·基佐（François

Guizot）則稱之為「森林人民的民主自由傳統」。[3]

不管是羅馬學派還是日耳曼學派，其實都建立在一個我們現在知道有問題的前提上：早期民主是在某個特定時期的某個特定地方發明的。實際上，很多文明有各自獨立發展出君權需要得到人民授意的概念。與其要說早期民主是不是日耳曼部落的發明，不如我們先看歐洲當時的狀況，再看看其他擁有民主概念的地方，找找看有沒有什麼相似的地方。

在這之前，有個用詞得要先說明。凡是討論歐洲國家，我們就得在兩個常見但是都不太正確的用詞當中做取捨。那就是要用「日耳曼民族」還是「野蠻民族」。以現在的歐洲來說，用日耳曼民族的問題是：很多所謂的日耳曼人，時至今日已經不用日耳曼語系的語言。至於野蠻民族則不由分說地充滿了強烈的貶意。兩害相權取其輕，接下來我還是得用日耳曼民族這個詞。[4]

塔西佗筆下的日耳曼人

根據塔西佗的記載，日耳曼部族首領是從貴族成員當中遴選而出，而非一脈相傳。在討論重要事務的集會裡，他們會以怒吼表示反對，舉槍互擊則表示同意。[5]凱撒（Julius Caesar）在記載西元前五二年的阿萊西亞之役（Battle of Alésia）時，也描述戰前的高盧部族聚會當中，會以吼聲和擊打兵器，表示他們對部落首領維欽托利（Vercingetorix）的支持程度。儘管維欽托利最後還是敗在凱撒的大軍之下。[6]

塔西佗的記載是否正確有待商榷[7]，我們連他有沒有真的去過日耳曼尼亞地區都無法證實，他有可能是根據老普林尼（Pliny the Elder）所寫的《日耳曼戰記》（*The German Wars*），但是《日耳曼戰記》原文如今也已佚失。除此之外，塔西佗也可能另有用心。畢竟他的對象是政局動盪下的羅馬讀者。或許他會因此而給予日耳曼人正面評價，以彌補他認為羅馬人失去的特質。

雖然塔西佗的可信度眾說紛紜，他對日耳曼政體的描述卻很可能符合史實。因為我們在其他缺少中央集權，或中央統治力單薄的社會當中，不難找到相符的政體。這套說法的問題在於，我們不能以此推論日耳曼民族發明出了全新的統治模式。事實上，這只是人類社會中普遍的模式。

馬克洛議會

塔西佗所記載的集會就是早期民主。同時有一份有趣的爭議文件指出，幾個世紀後，部分日耳曼民族可能也有發展出代議制。所謂代議制指的是各地人民遴選地方代表去參加中央議會。從第二章當中，我們有提到休倫族也有這種體制，所以說起來代議制不是歐洲獨有的發明。我們要知道的是歐洲最初到底是在什麼時候開始，以什麼樣的方式踏出這一步的。

根據一份中世紀前期的文件《利不恩舊時年代記》（Old Life of Lebuin）記載，在八〇四年查理大帝（Charlemagne）征服薩克森地區之前，他們沒有國王，採取地方自治，每年會開一次年度議會。文中指出議會舉辦在馬克洛（Marklo），由地方遴選的代議士則會分別代表各地區的貴族、半自由民和自由民前往參與。

由於這時期的歷史文件通常都有待商榷，歷史學家對此看法不一。若其所言屬實，這表示早在八世紀就已經有一套意外複雜的代議體制，比起普遍認為歐洲發展出代議體制的時間點還要早四個世紀。有些歷史學家認為其內容屬實，其他人則對此抱持懷疑。[8]他們認為這或許是為了撒克遜人在八四〇年間斯特林加（Stellinga）起事造勢所創造出來的神話。[9]

就算馬克洛議會是虛構的，光是有人早在九世紀就已經有代議政體的概念，而且在西歐廣為流傳，這一點就值得深究。如同前述關於塔西佗的結論，這再次證實民主行為的概念或想法會自然在人類社會中出現。[10]

羅馬的遺產：一個沒有中央政府的國家

同樣在中古世紀早期的歐洲城邦描述當中，在日耳曼傳統外，也有自羅馬時期流傳下來的傳統。有如最近學者華特·謝德爾（Walter Scheidel）強調的，羅馬時期留下來的遺產，讓它們和中國地區以及中東地區被征服後所留下來的完全不同。[11]即使在帝國鼎盛時期，羅馬也從未成功打造出一套強而有力的中央政府官僚體制。羅馬皇帝原先也並沒有真的很追求中央集權，至少戴克里先（Diocletian）在西元二八五年從元首制改為皇帝制之前為止是如此。真要說起來，羅馬的體制並不是靠帝制，而是透過間接管理被征服的社會來維繫的。以西歐來說，他們賦予各地菁英人士羅馬公民的地位，並透過他們向地方徵稅。[12]他們所代表的每座城市則分別是一個「公民共同體」（civitas）。這些公民共同體則受到形同議會的「庫里亞」（curia）管轄。庫里亞的成員是終身職，每個城市通常都有一百名成員，但有些庫里亞成員可能高達六百名。[13]這套模式後來在中世紀西歐城鎮自治興起後會再次出現。大多數前現代帝國都會倚靠地方菁英來維持中央統治，但羅馬這套系統更加去中心化。直到戴克里先的統治時期，羅馬擴張中央規模，據估在羅馬帝國後期總計有約三萬名行政人員。[14]不過我們在下一章會看到，當時漢朝行政人員的數量大約是這數字的四倍。

然而不論羅馬人在西歐創造了怎樣的中央集權組織，終將在帝國殞落後隨之分崩離析。即使高盧地區保有羅馬時期留下來的地方組織，依然失去了能將地方組織串連在一起的中央結構。[15]我們沒辦法確定中央稅制在羅馬西部省分完全瓦解的時間點。我們頂多說在日耳曼人統治下，就算像西哥德王國暫時延續原本的稅制，也只是延緩它的瓦解。可以確定的是，日耳曼諸國沒有官方統一收稅，而是普遍以封地換取地方統治者的支持。[16]最後的結果就是地方統治者各自為政。

西歐的中央官僚體系隨著西羅馬帝國瓦解，在另一邊的東羅馬帝國下場也沒有好到哪裡去。拜占庭帝國的確是從代議制議會中誕生的：它是透過東羅馬帝國的資深元老認可而誕生的國家。以早期民主來說，這是一個不錯的起頭。然而隨著時間演變，官僚體制逐漸占據了這個國家，皇帝不斷直接指派新的元老院成員，不斷擴增名額，藉此稀釋元老院的實質權力。在西元八八六到九一二年間，利奧六世（Leo VI）任內撤銷元老院擁有的所有權力。研究拜占庭歷史的著名學者喬治・奧斯特洛格爾斯基（George Ostrogorsky）認為，利奧六世透過立法走完中央集權的最後一里路，將所有權力集中到皇帝和中央官僚手中，代議體制至此已經有名無實。[17]

隨著利奧六世推動立法，東羅馬帝國和西羅馬帝國就此背道而馳，朝向截然不同的政治發展。東羅馬帝國成功走向官僚體制的極端。西羅馬帝國則是讓過去的統治方式在各地苟延殘喘，但中央組織已蕩然無存。

粗放農業孕育出早期民主

歐洲諸統治者從羅馬帝國得到的另一項遺產則是農業模式。舊有的農業模式使得各地社會自成一家，使中央官僚體制發展時困難重重。博塞拉普曾描述這是「人口稀疏和技術落後的惡性循環」。以中國為例，所有早期的朝代都圍繞著黃河流域的黃土高原發展。黃土的土質疏鬆，易於耕耘。即使只用最原始的工具也能輕易開發。易淤積的特質更能確保良好的灌溉系統。[18]連綿不絕的黃土集中在同一個地區，營造了可能創造出中央集權社會的大舞台。

　　歐洲農業的發源地被稱為多瑙河地區（linearbandkeramik，簡稱為LBK）。線帶紋陶器時期的歐洲人多數也居住在河谷的黃土地帶。[19]但中國擁有連綿遼闊的黃土高原，歐洲的少數黃土卻零星分散在各地。黃土分散的情況造就了地方各自為政的社群組織模式，並被環境學者稱為「理想的專制分布」。良田稀少，先找到的人就能占地為王。他們的子嗣以及後續抵達的人就只能分到品質比較差的地段。兩相衡量之下，許多人寧願負擔遷徙的風險成本也要找到無主之地，換取更好的開發條件。[20]這就像是跳島戰術，找難度比較低的地方去。

　　從這一方面來說，土壤分布是讓歐洲偏好粗放農業的一個因素。另一方面則是中世紀的歐洲還沒有集約農業必要的技術。就像我們先前所看到的，對於很多農業社會來說，人口上升會帶來更密集的農業以維持糧食供應。透過集約農業就可以取得更加穩定的預期收成。為了達成這個目標，除了灌溉技術需要提升，也得要提升施肥品質及收成管理技術。相較之下，在農業發展這條路上，歐洲走得很慢。除了最早開始都市化的法蘭德斯（Flanders）和倫巴底（Lombardy）地區外，只有極少地區會使用有機肥。[21]歐洲的耕地管理技術在中世紀前期也同樣是毫無建樹。雖然這個時期歐洲人已經有休耕期的概念，也從羅馬時期慢慢進展到會使用重型犁具，但也僅止於此，農業技術的創新非常有限。[22]

　　與其朝著集約農業發展，當歐洲人口增長時，他們採取了另一項策略：開發沼地、森林作為新的耕地。他們持續向外擴張，直到十三世紀中期，能開發的土地都已經轉為耕地。重型犁具的發展也促進了這項轉型。統治者在這個過程中看到有利可圖，更多的地就有更多的農業稅可以收，可是同時他們也面臨了新的困境。全新開發的農地沒有歲收的紀錄，統治者也就因此無法判斷究竟要向他們收多少稅。

有些人更提到當時歐洲農業條件本身就難以預測。研究中世紀的歷史學家大師喬治・杜比（Georges Duby）相信：「西歐的在地農業條件無庸置疑是全世界上變數最多的地區之一。」[23] 根據一份十二世紀的資料，他舉出兩座同在馬貢地區（Mâconnais）的克呂尼（Cluny）附近的莊園，其中一座的小麥收成量，是播種量的六倍，另一座卻只有二倍。這是以同等數量的種子種植出來的收穫量計算的比例。不同年間的產量也有很大的差異。[24]

但我們後來發現，杜比的說法似乎很難對上整體資料。我們知道古代蘇美城邦的收成遠高於英國。因為我們有來自兩地的資料，可以比對收成上的落差。圖5-1是中世紀英國和古代蘇美城邦的收成變化，這個變量是以對應該社會的均值來表示的。我依照各社會現況調整收成比例的單位，以透過這張圖表展示分布情況。[25] 這兩條曲線凸顯了一些差異處，因為英國的地幅條件，平均總收成量有較大的數量優勢，相較之下蘇美時期的總收成量則自然傾向於較低的總數。可是如果進一步檢查這份資料，很可能會發現在統計上這兩個社會的農作物產量有著一樣的統計分布走勢。[26]

總而言之，中世紀歐洲的農產量波動很可能比其他地區更大，但更重要的是，西歐的農產量遠低於蘇美、埃及和中國。儘管土壤特質的差異對此舉足輕重，說到底這終究還是歐洲農業科技落後的結果。

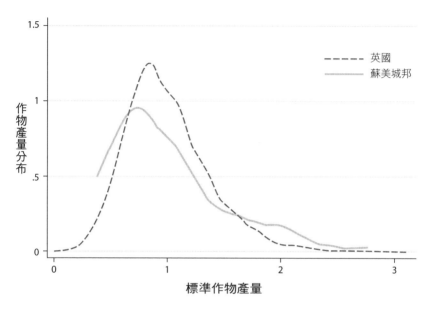

圖5-1　中世紀英國與古代蘇美城邦的農產量變化。英國資料來自 Campbell 2007，蘇美城邦資料來自 Maekawa 1974。

加洛林王朝建立官僚統治時的障礙

　　到目前為止，我們知道西歐從羅馬繼承下來的體制，以及它的農業模式，都有利於早期民主。接下來我們就要問，後續的各代統治者為了重建中央官僚體制，付出了多少代價。蒙古人入侵中國或穆斯林入侵伊拉克和埃及的時候帶來了自己的文明，法蘭克人也不例外。法蘭克王國陸續占領羅馬時期的高盧行省之後，成為了西歐最大的王國。在法蘭克王國統治下的高盧地區，一開始是被墨洛溫王朝（Merovingian dynasty）所管轄。其中以後來皈依基督教的克洛維（Clovis）國王最為人所熟知。到了七五二年，加洛林家族推翻墨洛溫家族，法蘭克王國進入了加洛林王朝，在九八七年之前，至少名義上一直由該家族統治。

改朝換代時，加洛林家族並沒有舊有官僚體制可以依循，所以他們試圖發明一套新的體制。在地方層面來說，高盧地區仍保有在羅馬時期的郡制（*Pagus*）。[27]到了墨洛溫王朝和加洛林王朝，則是將郡分封給郡守統治，郡守可以再挑選自己的百夫長（*centenarius*），讓他們各自管轄一個百戶區（*centena*）。

若我們從地方的角度去看加洛林王朝的統治模式，似乎沒有太大的變化，羅馬時期留下來的傳統依然恆久不變。但除此之外，羅馬人以中央管理地方的結構卻已蕩然無存。高盧可能是官僚體制瓦解得比較極端的例子。但即使是義大利這樣的政治中心，在東哥德王國的入侵之後，羅馬的中央管轄模式依然無法維持多久，很快就隨風而逝。[28]

克洛維對法蘭克王國的統治從四八一年開始，直到他在五一一年逝世為止。這段期間，他重新建立起一個力量薄弱的中央控制模式來掌握高盧地區。在這種模式下，國王會指派郡守，去統治墨洛溫王朝時期的各郡。[29]同時也開始指派王家特使執行命令。王朝的統治者在擴張領土的過程中，接管了一些原本直屬於羅馬皇帝的私人土地。這些私人領土後來被稱為*fisc*[30]，是墨洛溫王朝和加洛林王朝的主要財政來源。①這些國王也有試圖徵稅，但成效不彰[31]，有些人甚至不把納稅當一回事，而是當成給國王的「貢品」[32]，這顯示這些國王在財政上的地位多麼薄弱。在中國可沒有人敢把繳稅和納貢混為一談。

加洛林王朝無法順利從中央徵稅，於是轉而推廣地方稅制。然

---

① 編按：*fisc* 源自羅馬時期，指的是羅馬皇帝的私人財庫，以區別國家的公共財庫。

而諷刺的是，這些錢最後幾乎都落到教會口袋。查理大帝在西元七七九年頒布《賀斯塔律令》（The Capitulary of Herstal），其中明令臣民需要遵循教會繳納什一稅。[33] 從字面上來看，什一稅應該就要上繳收成的十分之一，但是現實層面上的數字浮動很大，而且通常都是少收很多，最低甚至可能只有上繳三十分之一。[34]

墨洛溫王朝的統治在幾任國王之後就開始家道中落，一般會歸咎於當時一連串「無為之治」的下場。這段期間被法國史學家命名為「懶王時期」（les rois fainéants）。其中有幾任國王就任時甚至還是小孩，根本無法改善政局。但我不想把墨洛溫王朝的沒落歸咎於個人因素，而是想先審視所謂的「懶王」當時面對哪些挑戰。畢竟他們必須在一個遼闊的領土上重建秩序，這任務可謂艱巨萬分。

相較於墨洛溫王朝，加洛林王朝接手之後，在某種程度上建立了一套順利運作的中央治理模式。他們靠著兩套機制運作，分別是政務會議和直接指派官員，然而指派官員這一方面其實並沒有多大的進展。研究法蘭克王國的歷史權威羅莎蒙・麥基特里克（Rosamond McKitterick）也直言：「加洛林王朝的中央行政體系極其簡陋。」[35]

加洛林王朝的行政組織核心建立在郡守和國王欽點的巡按（missi dominici）上。郡守和墨洛溫時期一樣是直接沿用羅馬時期的郡制，管轄一個郡級的區域。根據估計，查理大帝全盛時期在阿爾卑斯山以北有近六百個郡。[36] 最初加洛林王朝規定郡守不能出身於他管轄的地區。這種規定可以有效防止地方官員與當地民眾勾結，在官僚體制相當常見。但問題在於，這個政策在加洛林時期沒有持續多久。早在八○二年，有些郡守就獲准去管理他出身的老家，不久之後這就變成常態。

所有的中央官僚體制，一般都會認為臣民為國王服務理所當然。加洛林王朝也不例外。但當時郡守實際上極少更迭，任期甚至可能長達三十年。長年累積下來，郡守幾乎都是在同一家族內交接。到了九世紀末就變成世襲。[37]而在中央勢力消退之後，各地的實權，就完全掌握在據有采邑（fief）的地方望族身上。傳承幾代之後，就成為了封建制度。[38]演變到了後來，甚至得讓一些獨立於統治者之外的「地方大老」共同加入議會。

八〇二年，查理大帝詔令確立了巡按的角色，在這之前巡按只是墨洛溫時期執行國王指派的任務的欽差。[39]欽差字面上原本只是統治者欽點的差使，用以監督地方行政是否依照計畫施行。一般來說，欽差分為國王指派或教會指派的兩種信使，他們管轄範圍被稱為信使管區（missaticum）。[40]雖然也有人認為巡按的功能是用於跨區行政，不過實際上能找到很多不是跨區行政的案例。[41]重要的是，如果我們把巡按視為中央行政官員的前身，那麼法蘭克王國的巡按，權力比阿拔斯王朝或中國都小得太多。研究加洛林時期的歷史學家對巡按的重要性各持己見。有些人認為這些官員對於地方事件幾乎毫無影響力。其他人則是認為查理大帝以及後續的君王對地方事件的影響力被嚴重低估。[42]但無論根據哪一種說法，加洛林王朝的巡按數量，都低到實在無法讓當時的王朝成為一個中央政府。

目前最完整的巡按名單，是歷史學家維克多·克魯斯（Victor Krause）在一八九〇年整理的。[43]他列出了在查理大帝時期的一百零八個獨立案件，都有巡按的介入。[44]雖然說他所能記錄到的都還只是冰山一角，還有很多被歷史埋沒的事件。但除非我們所遺失的資料真的高到一個無法忽視的程度，否則無論在哪一年，巡按的數量最多大概都只有幾十個。[45]但整個法蘭克王國的幅員卻高達一千五百萬平方公里，人口可能上達千萬。[46]所以有些學者就從可信的文物推測，巡按實際上只存在於法蘭克王國的核心地帶。[47]而且即使是這樣，要用這麼少的巡按來管理領土，仍是杯水車薪。

　　有鑑於中央權力薄弱，加洛林王朝轉向歷史取經，試圖從相同
危局中汲取經驗，走出下一步棋。他們開始舉辦集會，從中取得共
識，再下達到地方執行會議決策。但加洛林王朝的集會，完全不是
塔西佗描述的集會，或《利不恩舊時年代記》描述的議會，而是一
種僅限特定人士參加的閉門會議。參加會議的通常不是利害關係
人，而是伯爵、主教或是一些由國王指派的人。換言之，這並不是
地方人士推派代表的代議系統。代議系統還要等到幾個世紀以後才
能正式實現。

　　加洛林王朝政策最詳盡的敘述，來自王朝後期的漢斯大主教安
克馬（Hincmar）。無論他是不是被思古幽情影響，試圖描述加洛
林王朝重現了羅馬帝國的穩定秩序榮光，他在八八二年的《關於王
宮執政》（*On the Governance of the Palace*），對加洛林王朝舉辦集
會的描寫，都算是相當忠實。根據該書，每一年加洛林國王都會召
開普世大會（placitum generale）供大量人士參加，並在大會中對
全國性的重要決策取得共識。[48]這歷史性的時刻被史家稱為「國王
與政治菁英談判的關鍵時刻」。[49]

　　結果，加洛林王朝明明想要建立中央官僚體制，最後反而把普
世大會的傳統留給了後人，從此之後，歐洲的統治者開始將江山各
地的人集結起來共商國事。[50]當然歐洲過去也有集會，在西元八
〇〇年之前，每個大陸的人類社會都有集會。但加洛林王朝的集
會，卻將規模拉到一個新高點。除了游牧社會的部落集會以外，本
書第二章提到的所有其他早期民主集會，都無法將實施範圍擴及到
這麼廣闊的領土。

與眾不同的盎格魯－撒克遜體制

　　加洛林王朝從來沒有真正將法蘭克王國統一成一個國家，即使中間一度有統一起來，也沒撐多久。相較之下英格蘭的盎格魯－撒克遜國王們在這方面不只下盡苦心，更可以說是成就輝煌。在諾曼王朝之前，英格蘭就已經踏上了與西歐其他政體完全不同的軌道。這也就奠定了千年後建立現代民主的基石。盎格魯－撒克遜是一個特例。我在這邊會先簡單介紹，到了第九章再詳盡的說明。

　　相較於墨洛溫王朝和加洛林王朝背負著歷史背景，盎格魯－撒克遜統治英格蘭可以說是從零開始。西元四一○年，羅馬正式從不列顛群島撤軍，原先存在的統治結構也分崩離析。從此英格蘭開始進入數世紀的戰亂，內憂外患，七國群起爭雄，包含三個特別重要的王國：威塞克斯（Wessexd）、麥西亞（Mercia）、諾森布里亞（Northumbria）。分久必合，數世紀的血淚終於鑄成一個聯合王國。到了八七一年，阿爾弗雷德大帝（Alfred the Great）開始稱呼自己是「盎格魯－撒克遜之王」，直到他在八九九年卸任為止。雖然他以此自居，阿爾弗雷德在實質上也還沒有完全掌握今日的英格蘭領土，特別是當時的東北地區還被劃出了丹麥法區（Danelaw），該區是受丹麥管轄的特別行政區。盎格魯－撒克遜真正統一成英格蘭還要很久以後才會實現。[51]

　　兩世紀以來，歷史學家對於英格蘭在盎格魯－撒克遜時期是怎麼開始有地方自治遲遲未有定論。[52]在當時的英格蘭大多數地區基礎的地方單位也是一個郡（shire）。每個郡底下也同樣有「百戶區」（hundreds）的單位。如同我們討論加洛林王朝時出現過的「百戶區」（centena），這兩者很容易引起聯想，或許盎格魯－撒克遜的國王有從英吉利海峽對面借了這個概念。斯塔布斯主教（Bishop

Stubbs）早在一個世紀前就在《英格蘭憲政史》（*Constitutional History of England*）中提出這個想法。[53]另一方面，盎格魯－撒克遜諸國和加洛林王朝都使用「第納里」（denarius）作為貨幣單位，這更加深了他們借用加洛林王朝體制的可能性。[54]

　　這樣看下來，百戶區是採用加洛林王朝的體制是個理所當然的解釋。但實則不然，這其中另有蹊蹺。在英格蘭的東北地帶，郡的底下並不是百戶區，而是稱為 wapentake。[55]這在北歐侵略者占據的區域特別常見。wapentake 這個詞來自古北歐語 *vápnatak*，語源上和百戶毫無關係。這個詞在古北歐語當中，意指「武裝集會」，在集會中他們會互擊武器表示同意。這也正是先前我們提到塔西佗在《日耳曼尼亞誌》和凱撒在《高盧戰記》中所寫的集會。斯堪的納維亞諸國就以武器聲響命名這種集會傳統為「庭會」（Ting）。舉辦集會的場地，多數也都會以北歐諸神為名。[56]

　　盎格魯－撒克遜時期的英格蘭結合了加洛林王朝和斯堪的納維亞的體制，建立了一套地方政府的系統。另一方面，他們也成功建立了加洛林王朝所沒有的中央治理模式。

　　從結果來看，就能證明盎格魯－撒克遜已經是一個國家。經歷一千年的考驗，盎格魯－撒克遜統治下的英格蘭是整個西歐唯一可以直接徵收農業稅的國家。[57]盎格魯－撒克遜諸王透過徵收被後世視為恥辱的「丹麥金」（Danegeld），連年用以支付龐大的金額給來自斯堪的納維亞的侵略者換取和平。

　　這一筆幾近是勒索的保護費，正反映了盎格魯－撒克遜的軍事力薄弱，某種程度上來說，事實也的確如此。這筆債要從一個後繼無力的國王說起。「決策無方的」埃塞爾雷德（Æthelred the Unready）在任的期間從西元九七八到一〇一三年，長久以來他都被視為一個非常無能的統治者。時勢所迫，他作為一個君王處理危機的能力直接被強勢的丹麥入侵考驗，當時國力薄弱他也沒有辦法做出對策，最後就是欠下這筆國債。「決策無方」這個稱號其來有自，埃塞爾雷德身邊並沒有什麼幫得上忙的人。埃塞爾雷德（Æthelred）這個名字原意是「崇高的忠告」，但是同時在古英語中發音相近的unræd，正意味著「沒有接受過忠告」。[58]②

　　回想同一時期其他歐洲統治者遲遲無法直接徵稅的困境，我們就可以理解，此時盎格魯－撒克遜能夠全國徵稅，光是這一點就代表著他們成為了一個國家。要直接向地方徵稅，需要先得到一套評估收入的系統，只靠少少的王公貴族是辦不到的。歷史學家有個值得一提的說法：「盎格魯－撒克遜徵收丹麥金用的是一套財政系統，而不是靠著國王的小金庫來運作。」[59]更值得一提的是，這套體系是以方言運作的。徵稅過程用的是後世稱為古英語的方言，而非歐洲普遍使用的拉丁語。使用方言這件事情非同小可，有些人甚至會說這是「歐洲無可比擬的超前發展」。[60]再怎麼說，中世紀多數的人都是文盲，即使透過方言，還是只有極少數的人有讀寫能力。[61]

　　盎格魯－撒克遜人創造出一套迷人的稅賦體制，他們結合了早期民主和官僚體制兩種極端。[62]在官僚體制方面，盎格魯－撒克遜的國王有效地指派下屬進行查稅所需的財政評估。單單這樣當然是不夠的，以這種模式要處理的稅務量，對他們來說顯然寡不敵

---

② 編按：「決策無方的」埃塞爾雷德的古英語是Æþelræd Unræd，其中Æþelræd的原意是「崇高的忠告」（noble counsel），而unræd則是「沒有接受過忠告」（without counsel），這裡看似對立，但實際上是在諷刺埃塞爾雷爾，拿他的名字玩雙關：「沒有接受過忠告的崇高忠告（埃塞爾雷德）」，這可能是指國王身邊沒什麼人可以提供好建議，也可能是國王從沒有接受過建議。至於unræd轉化為現代英語的unready（決策無方）則是其衍生義，雙關的諷刺意涵也消失了。

眾。於是在這些稅務官之外，盎格魯－撒克遜的君主也會召開大會讓具有聲望的地方人士參加。這也為早期民主立下了一個里程碑。最主要的中央治理機制是稱為「賢人會」（witnagemot）的議會，顧名思義就是一場聚集賢明人士參加的會議。賢人這個詞就此被引申為智者，即使在會議之外也一樣。這種命名模式也不是只有盎格魯－撒克遜獨有的。在荷蘭共和國的市議會也被稱為賢人會（wroedschap）。如果你要開會討論關於全體的重要決策，你得要讓眾人信服，與會者又有限的情況下，直接聲明參加者是比其他人更加賢明的智者，當然會更有說服力。

　　不過，賢人會之所以成為值得一提的特例，並不單是因為他們有名有姓而已，而是在於賢人會的組成。回想一下我們在第二章的時候提到，人類學家將取自不同的文化傳統進行抽樣分析，將統治模式分別為兩種常見的案例：統治者與地方推派議會成員共同治理、統治者透過支配下屬治理。盎格魯－撒克遜的賢人卻很難被放入這兩個框架當中。過去有些學者曾試圖把它納入框架，但是現在的歷史學家都同意賢人不只是由國王遴選的一個附屬組織。可是他也不完全是由代表各郡的地方人士組成的代議組織，國王更不一定需要得到它們的授意就能執行政策。因此賢人介於兩種模式之間。幾個世紀下來，這就為英國造就了不同的民主模式。

「眾人之事，應由眾人決定」：合意理論

　　加洛林王朝和盎格魯－撒克遜人創新了集會的用法，即使如此他們仍沒有很明確的臣民授權法則。這要直到十三世紀才會發展出來。一二九五年十月三十日，英王愛德華一世詔令國會於同年十一月十三號開議，並在詔令中特別註明：「凡接觸到眾人之事，應由

眾人同意。」這邊他刻意引用了羅馬時期的《查士丁尼法典》（*Justinian Code*）裡面的條文：「*Quod omnes tangit, ab omnibus tractari et approbari debet.*」這句話翻譯出來的意思便是「與所有人有關的事情，都應該由所有人共同討論並同意。」這個原則通常被簡稱為QOT，以下會用「眾人之事應由眾人決定」來表示。深入了解「眾人之事應由眾人決定」的來由，就可以更了解歐洲的早期民主。[63]

著名的英國憲政史學者威廉·斯塔布斯認為愛德華一世就此將這句話從「單純的法律格言」變成「重大的憲政原則」。[64]可是他沒有提到的是，其實在歐洲其他地方也有過這樣的背景。在一二九五年之前，早在一二七四年的魯道夫一世（Rudolph I）和一二八四年的佛羅倫斯共和國都有用上這個原則。[65]將「眾人之事應由眾人決定」視為統治原則是一個全面性的運動，而且實際上是由天主教會發起的。很多學者強調，即使是世俗的政府，在中世紀時期也會借用由教會創始的做法。[66]不論是不是世俗的政府，我們都會看到歐洲的政治領袖紛紛採用「眾人之事應由眾人決定」這個原則。原因很簡單：國家財政吃緊，他們需要錢，但是沒有臣民的同意他們一毛錢都拿不到。

「眾人之事應由眾人決定」這句話從羅馬時期的法條中就存在，但是羅馬人從來沒有在政治上運用過它。《查士丁尼法典》中，「眾人之事應由眾人決定」這句話只適用在私人事務糾紛上。[67]舉例來說，如果某條河道會觸及兩個人的土地，那麼對於任何可能導致改道的工程決策，雙方都有權表達其意見。

十一世紀末開始，波隆那大學的學者們開始把《查士丁尼法典》當中的法條改為現在的用法。他們的出發點是想要用以補足教會法沒有明確指引的部分，以解決教會的紛爭。其中一個議題便是誰有資格在教會會議上出席。另一個休戚與共的問題是教會若要對各分會收稅，需不需要得到各分會的同意。

在十二世紀末教會早有舉辦大公會議的傳統，但是內容依然僅限於主教執行現有的法律事務。[68]時勢很快就會轉變了。在一二一三年，教宗依諾增爵三世（Innocent III）召開了後世稱為第四次拉特蘭會議（The Forth Lateran Council）的大公會議時，寫了一封信給教會的主教們，信中並要求他們將這封信再寄給下列的人：

> 各教派中的所有修會，不限於座堂，也包含其他分會，傳達給總鐸、各堂神父或是任何他們認為適合派來大公會議的代表，請他們親自出席，因為在這場會議我們要討論的許多事項，將會與所有教派的各分會都息息相關。[69]

雖然依諾增爵這段話沒有直接引用「眾人之事應由眾人決定」，但是他的意思也很明確就是這個概念：所有會被這個決定所影響到的人都應該參與決策過程。集資發動第五次十字軍東征奪回耶路撒冷正是第四次拉特蘭會議的重要議程之一。在這個議題上，最後以投票決議要募集軍事捐，演變成今日我們稱之為「稅」的東西。這筆軍事捐的額度訂為接下來三年所有教會收益的二十分之一，並且是一筆專用於奪回耶路撒冷的聖戰上的專款。根據其中一個版本的記載，依諾增爵三世也希望為他的教廷建立一套永久的募款機制。不論是總會還是支會，每年都應該上繳十分之一的收入做為永續年金。會議成員們最後否決了永久稅制的提案。

雖然他在信中並沒有表明所有分會都有權參加大公會議，但是他確實敲響了這扇大門。教宗和諾理三世（Honorius III）接任後，在一二一七年的二月二十五日將這個權力正式寫入教會法。在這前一年，座堂聖職團派代表成員前往法國默倫（Melun）舉辦的教省會議。主持的大主教拒絕讓他們參與會議。於是座堂聖職團代表便轉而向教宗和諾理三世陳情。教宗寫下了一份裁決書《雖然教會是本體》（*Etsi membra coporis*）進一步聲明各分會應該在「任何顯然與其有關的事務時」受邀參與會議。[70] 在這份文件中的法律注釋中，帕爾瑪的伯納爾多（Benard of Parma）評論和諾理三世以「眾人之事應由眾人決定」的原則做了一個明智決策。從此「眾人之事應由眾人決定」便開始廣為流傳。[71] 值得一提的是，在一二二五年布爾日大公會議（Council of Bourges）上，再次透過開會的方式，各教會代表同意依其收入繳稅支助對法國南部發動阿爾比十字軍（Albigensian Crusade）。

這讓「眾人之事應由眾人決定」這件事情成為一個啟蒙點。教宗和諾理三世在寫下這條原則時，在前言中將教會本體比喻成一個共同運作的身體，「眼睛不能對雙手說：**我不需要你行之事**，雙手也不能對雙腳說：**你對我來說並非必要。**」

另一種對「眾人之事應由眾人決定」的解讀方式是出於教廷財政拮据，但是無從自行開源募捐。透過這個原則，教會建立了一套將授權作為談判條件去交換稅金的管道。教廷陷入與其他歐洲君王相同的困境，他們沒有任何稅務官僚體制，也就無從徵稅。事實上，就阿爾比十字軍這件事情而言，教會還得依賴法王出面徵稅，而且有些教會更直接宣布以不同意為由拒絕繳納。[72]

在後續的教會會議上，「眾人之事應由眾人決定」的邏輯也會被用來拒絕繳稅。這發生在一二二五年的法國，因為決策當下並沒有諮詢到所有成員。次年，英國也發生因為出席人數不足以達成「眾人之事應由眾人決定」的條件而告吹。事實上，「眾人之事應由眾人決定」的原則或許為某些人成功帶來了很多收益，但是它仍不足以解決教廷甚至其他君王的經濟病灶：他們仍沒辦法直接控制一個穩定而且可預測的收入。很多獨立的分會對此深感厭惡，他們反對以任何形式的永久稅制上繳稅金到羅馬教廷。這套體系的失敗或許也使得教廷開始找尋其他的收入來源，包含贖罪券。

若我們現在回到一二九五年去看英王愛德華一世所建立起來的模範國會（Model Parliament），我們會看到很相似的權力拉扯。與法國的戰事告急時，愛德華需要資金投入戰爭，但是他卻沒有募資管道。到了一二九七年，他提出增收稅金的需求，就被直接拒絕。他的臣民自從一二九五年就陸續開始認為後續的議會舉辦得愈來愈草率。[73] 要開徵新稅，他就必須先取得境內的諸侯和神職人員的支持。面對反對的聲浪，愛德華不得不寫下一篇「確立憲政」（confirmation of the charters）的聲明，再次保證《大憲章》中提到所有新立稅目都必須要得到臣民同意的權利。[74]

結果出爐，授權同意這步棋讓愛德華賺回一些利潤。但是我們也得要知道，相較於他所期望的收入，這一筆收入也僅僅是打平了他的最低需求而已。我們可以從愛德華在一三〇一年寄給財政部門的一封信中看到他對財政困境的哀嘆。他計畫在福斯灣（Firth of Forth）上建一條軍用浮橋來追擊敵軍，但是他卻無能為力。

> 請知悉，我們對於所收到的薄弱軍資感到錯愕不解，尤其是每一期都只有這麼一些費用。……我們錯失了速速告捷的良機，否則早能拿下此區帶回光榮輝煌的戰果。[75]

從這一段話就不難看出，並不是有了授權原則，英國國王就能從此獲得穩定的執政權。在持續的開會過程中，他們能做的也就是盡量從談判中尋求一線生機。

公社運動：由下而上的代議制

從「眾人之事應由眾人決定」這個故事看起來，代議集會似乎是由教宗、國王帶頭開始的將權力下放的過程。但是故事至此只說了一半。隨著歐洲新興城鎮開始建立地方自治，歐洲全面興起了公社運動（communal movement），由下而上推動了代議集會興起。自治城鎮會舉辦大型集會討論政務，他們甚至會開始要求王公貴族派員列席參加。在問為什麼會這樣之前，讓我先說明一下事情發展的緣由。[76]

「公社」（commune）這個詞在中世紀歐洲代表著一整座城市的共同體。其中包含了特定團體的公民擁有一定程度的地方自治權。有一些公社是市民自行組成並透過互換誓言而成立的組織。也有些公社是因為某個王公或主教，給了一些市民特許執照讓他們擁有特權，於是這群人就組成公社。公社彌補了中央政府的不足。像是王權較為強勢的英國，獨立城鎮就沒有這麼大的特權，但是地方政治組織還是很密切。[77]

在義大利的東北區，中央王權失勢時出現了最早的公社組織。很快地公社組織遍地開花，向北傳進低地諸國，向西流入法國南方。位在現今的比利時東側，有個叫做于伊（Huy）的小鎮，被公認是阿爾卑斯山以北的第一個公社成立的地方。當地人民在一〇六六年獲得特許狀，這是歷史性的一年。新型態的地方自治首次成立，英國則在這一年面臨了諾曼征服。

公社自治採用了共和模式：公社主席是共同選出而不是繼承的職位。選出主席的方式有好幾種，有時候抽籤，有時候投票，有些狀況下則會由即將卸任的議會推選新的議會成員的「推舉」（co-optation）方式。一般普遍認為當時的公社政治雖然有很多人參與，也很快散播開來，但是隨著時間演進，地方政治漸漸進入寡頭政治的模式，可以參與的程度愈來愈小。在一些案例當中可能確實如此。其餘的多數案例則是反其道而行。在十二到十三世紀之間，公社通常由商人工會獨攬大權。到了十四世紀初，工匠工會在許多城市都成功逆轉局面取得公社代表權。這樣下來公社可以參與的程度也大大上升。

另一方面，公社運動將地方議會規模放大，這也讓公社運動顯得更加重要。隨著城鎮的規模擴張，地方人民與王公貴族之間的談判條件也慢慢顯現。由於王宮收入微薄，歐洲的王公貴族無不虎視眈眈地意圖接手公社的財富和行政機制。公社有其一套行之有年的商品稅制，隨商業交易徵收稅金。西歐的公社從十三世紀初就已經開始成功發行債券，這個獨步歐洲的機制，歐洲的王公貴族要到十六世紀才能做到。[78]

公社也有自己的野望，他們想要獲得政治上的影響力。早期歐洲諸國的集會，通常會由固定的階級代表組成：國王、領主、騎士、主教。照理來說，控制城鎮的領主就是代表他麾下的所有市鎮，但是這還不夠。地方居民真正想要的是會議中能有一個直接代表他們的成員。

公社運動並非重讀亞里斯多德的學院產物

若我們要為公社運動發生的原因找到解答，首先要看是否是從重讀經典的思潮中得到啟發。雖然和雅典時期的城邦大有不同，義大利這些公社仍比其他歐洲城市更像是古典時代的城邦。政治理論家約翰・波考克以一套動人的說詞將義大利公社的興起和重讀經典的概念結在一起。他是這樣說的：

　　某種程度上來說，城邦理論的原型就是一套政治理論，他也是構成義大利城市的憲政理論以及義大利人文主義的根基。相較於普世標準和傳統體制，城邦作為一個政治實體，展現了城市更重視人與人的互動關係的一面，為義大利的公社留下了一個很好的典範。[79]

　　縱然重讀亞里斯多德等古典思想家的作品的潮流，確實對於義大利城市共和政體下的思想家有很大的影響，但是這個說法無法解釋城市共和政體的興起。對此，請參閱在圖5-2所提出來的證據。亞里斯多德所著的《政治學》是在約一二六〇年左右才譯為拉丁文流入西歐，我在圖表上畫了一條垂直線來表示這個時間點。然後我

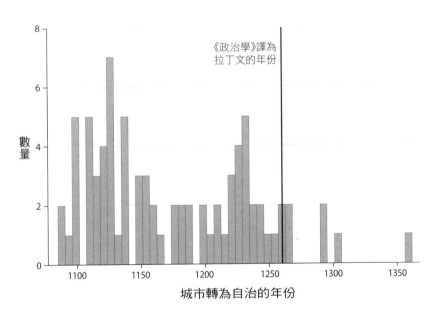

圖5-2　城市共和政體並不是由重讀亞里斯多德而來。資料來源：Stasavage 2016，根據其2014年提出的資料整理而成。

將中世紀歐洲城市編為垂直柱狀圖，用以表示各時期有多少城市邁入地方自治。[80] 結果顯而易見。幾乎所有採取地方自治的城市，開始的時間都早於這個時間點。這也代表著，不用等到來自古典時代的意識形態支持，歐洲的地方鎮民早已開始進行地方自治了。[81]

商業革命帶來的衝擊

公社運動之所以興起的另一種解釋，則是肇因於中世紀的商業革命（Commercial Revolution）。從西元十一世紀末到十三世紀，西歐社會的經濟活動有著巨大的成長，其中包含農產量、交易量以及城市發展都大有增長。大環境的改變讓城市獨立事半功倍，法蘭索瓦‧基佐率先開始支持這個觀點。[82] 而且反過來說也會成立，政治上擁有自主權的城市讓人可以更安全地持有私有財產，也就助長了商業革命。

若我們要探究是雞生蛋還是蛋生雞的問題，就要看看商業革命中有沒有與城市自治無關的外在決定性因素。其中一個可能性是地球的氣候變遷。商業革命和「中世紀溫暖時期」（Medieval Warm Period）這個氣候事件息息相關，這是指在接近西元十一世紀末到十三世紀中的一個氣候現象。這段期間的氣溫上升帶來大量的農產量，進一步地帶動商業發展，也就帶動了獨立公社的發展。

在我們進一步探究兩者的相關性之前，我們要先稍微停下來說明氣候科學及宇宙射線的概念。科學家相信，當時地球收到的太陽輻射量的上升，並且可能引起了中世紀溫暖時期。我們目前確知太陽輻射會隨時間有小幅度的變化。這個時期很可能和其他我們所知的全球暖化期或全球冷卻期互相關聯。近幾十年來，科學家一直想要透過各種現代儀器和資料去推算「陽光總照量」。對於沒有紀錄的古早時期，我們就得用上別的方法，例如鑽探冰核來檢查特定時期的元素密度。當大氣層中的氧氣分子和氮氣分子受到宇宙射線照射，有時候會因此產生一些新的元素落在地球上。其中有一種叫做「鈹-10」（Beryllium-10）的同位素。如果太陽活動較為頻繁，這種變化的頻率就會降低。因為太陽磁場的擴張會阻擋宇宙射線。所以如果鑽探冰核來看不同時期的冰層成分含量，我們就可以從鈹-10的密度去推算當時的陽光總照量。

　　我們從圖5-3可以看到兩組獨立的資料。第一組是以瓦特數為單位計算每平方公尺接收到的陽光總照量。[83] 第二組則是各年度歐洲擁有地方自治的城市的分數。[84] 若我們仔細看一一〇〇年後的事件，就可以看到很清楚的模式。只要陽光總照量上升，不久後擁有共和政體的自治城市數量也會隨之上升。這正是我們預期看到的模

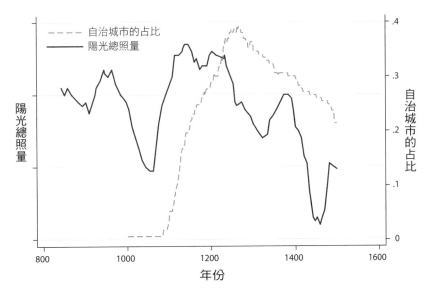

圖5-3　陽光照射總量和城邦發展。這張圖表以歐洲政治自治的城市分數對應到陽光總照量。自治城市資料來自 Stasavage 2014，陽光總照量資料來自 Bard et al. 2000。

型，如果氣候變遷改變了什麼，就會是這種模式。氣候變遷之後，稍微緩一點時間就會影響農產量和城市發展。到了十三世紀末，我們可以看到完全相反的趨勢。太陽總照量開始下降，為我們所謂的小冰河期（Little Ice Age）揭開序幕。在小冰河期，歐洲保有自治的城市總數下降了，而且同樣是在陽光總照量消退後不久隨之下降。

　　這份陽光總照量的資料足以證明中世紀商業革命推動早期民主。可是光只有發展是不足以達到成就的，這個我們後面會再回來討論。別忘了當時中國和歐洲同樣有商業革命。同在地球上的中國很可能也受益於陽光活動帶來的氣候變遷。但是兩者之間有一項非常大的差異：中國皇帝擁有統一的官僚體制，可以穩定地透過中央控制地方並向城市收稅，歐洲的君王們此時都還無可奈何。

缺乏中央官僚體制的對策

　　以全球的規模來看歐洲的公社運動，我們就可以知道氣候不是唯一因素，相較之下的差別是中央政府的官僚體制薄弱。我們可以將這份證據解讀成歐洲的領導者變得依賴各城鎮的地方自治帶來的行政能力。歐洲的城市遠比任何王權都還要早上幾個世紀就開始發行長期債券，就算是君王要長期借貸也得透過其麾下的城市進行。[85]在沒有中央集權的情況下，商業成長進一步強化了歐洲城市的地方自治的權力。

　　或許會有人問，如果城市能夠透過自己的體制來自治取得行政能力，那麼以這個情況來說，為何這個體制沒有被轉為專制政權？[86]研究公社運動的歷史學家認為在這些自治城市中，政治參與方面確實有比較受限的傾向，但是他們幾乎不考慮轉向專制。佛羅倫斯則是一個反例，王公取得了該地主要區塊的控制權，城市就自然失去了部分的自治權。[87]至於其他地方，就算是參政權受到抑制，仍能保持在集體治理的狀態。事實上在不少城市中，參政權隨著工匠工會取得市議會的代表席位而有所增長。[88]

　　城市規模也有可能是造成自治城市的官僚體系沒有轉化為專制的其中一個原因。在自治城市中，自治權限會維持在一個人民可以持續而且有效地限制政府的範疇，對此深有研究的歷史學家蘇珊‧雷諾茲（Susan Reynolds）認為這是一個普遍的現象。[89]另一個次要原因則在於事有先後的因果關係。再怎麼說，從一開始就是因為中央既有官僚體系的缺席，才會產生眾人共同參與的治理模式，地方自治的城市進而建立出自己的官僚體制。[90]就此，歐洲自治城市的政治發展，就如同各方面一樣預演了接下來大型國家的演進。相較於西歐，中國的城市則走出最極端的反例。在下一章我們會見識到，在西元九六〇到一二七九年間的宋朝初期，中國與西歐同時經歷了商業革命，但是在中國卻沒有自治城市。不同於西歐透過城市自治來代替君王徵稅，宋朝的皇帝利用了原有的官僚體制當作骨架，架構了一套由中央直接在貿易過程中徵稅的系統。透過間接徵收貿易稅，宋朝皇帝得以從國內生產總額當中收取至少一成以上的稅賦，奠定了穩定的財政基礎。

建立代議政治的理論

　　自治城市的出現對於歐洲君王來說是個燙手山芋。早在加洛林王朝時期之前，歐洲君王就有著將達官顯貴召集在一起討論公眾事務的慣例。這本身不需要政治代議理論的詮釋，這些人不代表別人，基本上就只是以自己的身分出席爭取自身權益。自治城市的出現讓這套系統面臨挑戰，因為每一座城市背後都象徵著一群以共和模式自治的人。那城市又是怎麼把這些人化零為整呢？答案就是把城市化作一個虛構人物。以伊斯蘭教為主的中東地區竟然從來沒有過這種想法，這是件很令人意外的事情，畢竟就伊斯蘭教而言這會有很深遠的涵義。[91]

　　就如同「眾人之事應由眾人決定」的用法一樣，將一整個組織視為一個虛構人物的想法，似乎也是由天主教會先構思出來，後來才散播到各國君王召開的會議當中。如同先前引述的內容，在一二一三到一二一五年間，教宗依諾增爵三世召開第四次拉特蘭會議的時候，他特意在代表自己的人之外表列了總鐸、各堂神父以及其他各分會派出的代表人員都可以參加。這轉折大半是因為其實教會領袖們早已經不再認為個人可以象徵性地代表全體。在中世紀教會方面的研究頗具盛名的歷史學家布萊恩・提爾尼（Brian Tierney）提到，十二世紀的教會思想家就常用到虛構人物的概念。他們會引述聖奧古斯丁（Saint Augustine）所述：「當彼得獲得天國的鑰匙時，他就代表了整個教會。」[92]

　　加上第四次拉特蘭會議有例在先，這個時期自然而然也開始嘗試將城鎮代表放進貴族會議中。不過事情沒有那麼單純，這不是教會發軔，君王跟著上路那麼簡單。在第四次拉特蘭會議召開的半個世紀前，早在一一六四年的亞拉岡王國就可能已經有各城鎮代表被召往亞拉岡議會（Cortes of Aragon）開會的前例。[93]另一次可能發生在一二一四年，亞拉岡和加泰隆尼亞兩座城市被要求各派十位代表參加在萊里達（Lérida）舉辦的集會。[94]更可信的資料則指出在加泰隆尼亞於一二二八年的集會中也有各鎮的代表參加。[95]這很快就廣傳西歐成為普遍的慣例，至於要跨過海峽到英國則要到一二六五年由西蒙・德・孟福爾（Simon de Montfort）所舉辦的孟福爾議會，再接下來就要到一二九五年國王愛德華一世的模範國會了。

　　這故事最後的曲折在於城市代議其實牽涉到一個由羅馬時期留

下的術語，中世紀人民借了這個詞來用，實際上則打從根本改變了這個詞的用意。在加泰隆尼亞和亞拉岡的集會中，會將這些城鎮代表稱為 *procuradores*，或是拉丁文的 *procurators*（意思是行省財務官）。[96] 在羅馬帝國的官職中，行省財務官是由中央指派的官員，通常也是小行省的總督。能當上行省財務官的人並不會由該行省居民選出，而是由羅馬指派下來的直派官員。

到了中世紀時期的伊比利半島，雖然也沿用這個詞，卻有著完全相反的意義。相較於過去由中央欽點並以中央利益優先的官員，到了這個時候的 *procurator* 是由各鎮人民選出來爭取自身利益的代表。接下來就讓我們看看，為了達成這個目標，城鎮賦予了他們多嚴謹的指定委任（mandate）限制。

指定委任的重要性

到了這個階段，歐洲人已經可以接受由個人代表整個城鎮的概念，於是就來到下一個階段的問題：各鎮選民又是怎麼控制代議士的行為範疇。參照第一章所述，現代民主的最大特色就是選民只有在選舉期間可以直接控制代議士的行為。代議士在競選期間可能會提出一些承諾，但是在現代民主的體制下，就算代議士不守信，選民通常也只能用選票懲罰他。

中古時期的歐洲則有完全不同的一套做法，他們會透過「指定委任」去約束代議士。有別於現代的代議士可以依照自己的想法去選擇他們支持或反對的政策，中世紀時期則是有一套很嚴密的指示，條列地表明哪些事情他們可以做，又有哪些事情是不能做的。會有這些嚴格的規定，主要出自於他們擔心被派去的代表會被中央給擄走、招安、或是買通。常見的推論是認為在這個模式下，如果集會決議沒有得到你作為代議士的同意，那麼你的選民就不會配合執行。這也符合我們先前其他類似休倫族的社會中看到的早期民主模式。如果一個團體反對集體決策，他們可以直接選擇不合作。

要知道這些指定委任是怎麼給予代表壓力的，我們可以參考羅德利哥·德·托迪希拉斯（Roderigo de Tordesillas）的案子。羅德利哥代表塞哥維亞（Segovia）前往參加一五二○年西班牙議會（Spanish Cortes），也就是當時國家的主要議會。但他違反了鎮上給他的明確指定委任條件，並接受了王室提出的新稅法。回到塞哥維亞後，違反了指定委任的他被視為叛徒，接受社群同儕的審判。依據審判結果，他被處以酷刑在街道上拖行而死，屍首倒掛於刑場示眾。光是這樣還不夠，他家還被燒成灰燼，這整件事情才落幕。[97]

羅德利哥所受到的制裁相當嚴厲。塞哥維亞的居民後續要維持指定委任的強制性就容易很多。到了這個階段，將受到指定委任限制的代表派去參加集會已經成為常態。在伊比利半島的城鎮大多數都會給予參加議會的代表指定委任的限制。[98]在荷蘭共和國的集會也用了一樣的模式。法國召開三級會議時，也採用指定委任系統作為標準。[99]

可想而知，歐洲的君王並不太喜歡指定委任這套做法。就算一切順利，決策過程仍是曠日廢時。特別是當開會開到一半的時候，代表人發現自己有義務要回家和選民依據最新現況討論才能下新的決策。這些嚴格指定委任過的代表人，也因此很不容易受到統治者的影響。就羅德利哥這起案件而言，有人認為他是收賄被買票，才會違背選民給他的明確指示投下同意徵稅的一票。

面對難以撼動的誓言，歐洲的王公得要想出一套策略來抵銷這種效果。於是他們又再次轉向羅馬法律取經。羅馬皇帝亞歷山大·塞維魯（Alexander Severus）在二二七年曾詔令：如果有人委託代理人代為自己去處理案件，而代理人並沒有依照他們之間的契約行事，那麼委託人不應該因此受到不利的影響。然而，如果委託人給予的是全權代理（*plenam potestatem agendi*），那麼不論結果如何，法庭都不會撤銷，委託人都必須全盤接受任何後果。

大約在塞維魯皇帝立下這一條法令的一個世紀後，中世紀的歐洲人也想到怎麼利用「全權委任」（*plena potestas*）這個用法。教宗依諾增爵三世在一二〇〇年召開集會時，他就曾要求所有代表參加的人都必須先獲得完整的全權委任。[100]到了一二六八年，這個詞也在英國議會召集代議士時用上。同樣用上這個詞的還有一三〇二年的法國三級會議、一三〇七年的亞拉岡議會。[101]

儘管君王通常都偏好使用「全權委任」的概念，他們用起這個詞卻不太靈光。以卡斯提爾議會（Cortes of Castille）的這個例子來說，國王提出了給予代議士全權委任的要求，但是各個城鎮都持續地對此有反對的聲浪。一三〇二年，法王腓力四世召開的集會當中，代議士正式帶有全權委任的身分前來，但是這也只限於針對稅制上擁有大概的決定權。為了討到每一分錢，腓力四世還得在三級會議結束後，針對每個鎮進行一系列的談判。

以整個歐洲而言，「全權委任」的模式真正開創全新的局面還是在英國。到了十四世紀，人們就不再提起指定委任或是將全體選民作為依歸來進行決策了。與此同時產生新的慣例：少數服從多數，地方個體不再可以自由退出不合作。這些點正是現代民主的決定性因素。我會在第九章中花一些篇幅深究這段轉折。

腓力四世的專制野望

西歐一直不乏想要透過專制來治理國家的統治者，他們遲遲沒有多大的突破，顯示出根本的條件限制一直存在。承續自加洛林王朝的法國卡佩王朝（Capetians）執政穩定，接班順暢，代代傑出的國王帶來了一系列的太平盛世，一舉成為西歐最大的王國。以下我會聚焦在腓力四世的執政時期，他是在這個時期當中最為人所熟知的一任國王。腓力四世於一二六八年生於楓丹白露（Fontainebleau），剛好介於中東阿拔斯王朝滅亡的十年後，中國宋朝滅亡的十年前。他在位的時間則是在一二八五到一三一四年間。

雖然他有時候會被評為是打造中央集權的國家的人，腓力四世的故事其實很適合用來說明歐洲先天在專制統治會面臨到的限制。腓力四世不太在意獲得人民同意的必要性，可是他手上沒有自己的國家機器，這讓他的策略只能做到半套。即使是在他的全盛時期，法國的國力相較於中國宋朝或伊斯蘭的阿拔斯王朝都仍微不足道。

腓力四世的政治集會模式

腓力四世採用了與其他歐洲君王完全不同的集會政治模式。全法會議首次在一三〇二年召開，接近他的任期中葉。這場會議名留青史，後世稱之為第一次法國三級會議，但是舉辦當下沒有人會這樣說。從各層面來看，這場會議都是一個王家的政令宣傳活動而已。[102]

一三〇二年二月十五日，腓力為八月八日將在巴黎舉辦的會議發布詔書，詔書中明確地引用了「眾人之事應由眾人決定」的原則。[103] 但是他在關鍵的一點上動了手腳。在信中他並不是寫要取得眾人的「同意」（approbare），而將這個字置換成眾人共同「商討」（deliberare）。也就是說這場會議旨在共商國事，但是同意與否似乎沒得討論。

為了消弭必須獲得同意這個脈絡，為腓力寫下召集信的人也在信中字字雕琢，無非就是要尋找能夠增長王權的方法。在這之中最關鍵的就是明文寫出所有與會代表都需要獲得「全權委任」，也就是不受他們的選民「指定委任」所限制。不過以這一例來說，腓力四世最後仍力有未逮。確實有些公社給予了代表全權決定的權力，但是大多數的人都沒有。[104]

　　一三〇二年這場會議實際討論的內容，就我們所知，就和大家去參加一場事前就已經定案的會議狀況所去無幾。會議在巴黎聖母院揭開序幕，由國王的顧問表列法王和教宗之間的意見分歧。接著，國王上台發表了冗長的演說強調自己的王權。在這之後，三級會議的各級：教士、貴族、平民，分別受邀進行密室協商。他們各自回來都宣布自己的一票全權無條件投給國王。[105]

　　我們從中可以知道腓力四世用「眾人之事應由眾人決定」這個原則的方式，就和蘇聯時期的領導者開放普選一樣：只要還在嚴格的管控內，這個模式就可以隨輿情取向使用。

腓力四世無法成就統一

　　腓力四世精心設計了一套專制政治的模式，並將其包裝成眾人同意的樣子。但他還是沒有建立運作所需的官僚體制。當腓力在其中一場會議中提出徵稅提案時，大多數的成員都同意了要徵稅的大方向。但卻無法確定實際上怎麼評估和徵收。

　　要討論腓力四世怎麼開發國家財源之前，我們得要先理解一點，當時主流的財政理論是國王不應該利用政府獲得任何收益。腓力四世登基時，依據法國財政原則，他應該只能從他自己的領地中獲取收益，而不是向他的子民徵稅。這個原則源自於「國王必須以其個人領地收入維生」或者「國王必須自立自強」的說法。[106] 在中東或中國可不會有人說這種話。一二一七年，湯瑪斯・阿奎那

（Thomas Aquinas）提出了一條但書。假設國王領地的收入不足，在用以公共利益的前提下，可以合法向他的天主教臣民徵稅。非天主教徒則不在其列。

腓力四世的任期可說是戰火連年。年年戰事積累下來的軍用特支變成慣例，而法國也在他的推動之下，愈來愈接近王室能夠經常擁有稅收。這些稅賦透過各種名目收取，即便如此，他和宋朝或阿拔斯王朝還是有許多不同，其中最大的就是無法直接收取農業稅。約瑟夫・史特雷耶列出了腓力向其臣民徵收的六大主要稅制。[107] 其中第一類也是最主要的財政來源是向教會收稅。第二類來源是廣泛收取財產稅。第三類則是營業稅。由於腓力四世仍舊沒有可以直接收稅的財政機器，他們繼續仰賴各城鎮的官員代為收取。其他的稅制則包含了跨國的貿易關稅，以及針對像是借貸金融等特許行業另立稅目。腓力四世確實上奠立了初期的稅務官僚體系，但是不論在數量上還是效率上都還非常有限。[108]

就算已經巧立各種名目，相較於宋朝或阿拔斯王朝等歐洲以外的大型國家，腓力四世的財政依舊慘澹無光。由於法國的王家帳目零亂，我們很難確知腓力四世的收益數字，不過確實有報告指出腓力在一二九五到一三一四年間，總共徵收了總計一千零六十二萬五千里弗爾（livres tournis，當時的法國貨幣）的「特殊收入」。[109] 將這個數字除以合理估計的當時城市人口生產總額，年稅率不到百分之一。

普魯士路線

腓力四世只能算是試圖在歐洲建立專制體系的先行者，三個世紀後的霍亨索倫王朝（Hohenzollerns）下的普魯士才稱得上是成功。普魯士是歐洲成功轉型官僚體制的案例當中最清楚的一例。[110]

　　在討論普魯士路線之前，首先我們要理解一件事情，歐洲的代議集會發展並不是不可逆的單行道。若我們將中世紀視為代議政治的興盛時期，那麼對於許多國家而言，近世的集會制度就是逐漸衰退。法國三級會議到了一六一四年後就不再舉辦。有些人認為，君王開始有自己的一套賺錢的官僚體制之後，集會反而變成了他們的絆腳石。[111]這大大地削弱了早期民主。

　　在十七世紀初的普魯士和其他歐洲領地很相似。領地上會舉辦行政會議、有自治城市，君王也仍受到合意授權的限制。不過在接下來的幾十年內，普魯士就會改頭換面。國境東部的莊園勢力大幅消退，不再有集會，也沒有城市自治，當然也就不再有人民授權的問題。[112]普魯士就此朝著官僚路線起跳，直到一九四七年同盟國管制理事會決議強制廢除普魯士自由邦才終於結束。

　　普魯士一開始被稱為布蘭登堡選侯國（Electorate of Brandenburg），只在歐洲北方平原上有一小塊領地。一四一七年開始，當時首都設在柏林的普魯士受霍亨索倫王朝的統治。布蘭登堡是在斯拉夫民族北征遷居後開發的領地，在中世紀初期還在西日耳曼和低地諸國的管轄下。和其他歐洲地區一樣，這個地區的城鎮很快就發展了起來，他們一開始也有高度的地方自治。[113]然而，隨著時間過去，這些城鎮的力量漸漸受到侵蝕。最後只剩下布蘭登堡的莊園貴族和霍亨索倫王朝兩者互相制衡。也就是這兩者之間的拉扯，造就了普魯士的專制主義。

　　就像歐洲的其他王公一樣，起初霍亨索倫王朝也沒有辦法透過官僚體制統治，他們還是得依賴貴族去收稅和取得人民的授權。但隨著霍亨索倫王朝的領地擴張，也就很快地開始依賴莊園，這包含了在普魯士地區、克雷弗地區（Cleves）、馬克地區（Mark）等地的莊園。不論是哪個莊園主，當時都透過維繫廣義上的中世紀的集會治理模式，保有很大的特權。

天主教與新教徒之間爆發衝突敲響了警鐘，隨之而來的三十年戰爭撼動了普魯士的政局。戰火持續集中在普魯士領土上延燒，大量死傷造成了當地人口銳減。在這個情況下，大多數的莊園主都不接受霍亨索倫王朝要求的軍事捐，最多只給出足以維持當地防禦的軍資。[114]莊園主強硬堅持自己擁有的憲政特權，但可能高估了手上的籌碼。到了一六二七年後，大部分的國土都已經被外敵占領，於是當時的選帝侯格奧爾格・威廉（George William）開始派遣軍隊強制徵稅作為軍餉。他們先是以施瓦岑貝格（Schwartzenberg）伯爵之名召開一場特別戰爭議會。整個戰爭議會完全沒有邀請莊園主參與。莊園主對此發出不滿，於是選帝侯直接解任了莊園的權力，並透過施瓦岑貝格伯爵直接進行統治。[115]

不過兩個重要人物的逝世，很快又為莊園主帶來重建權力的天賜良機。首先是選帝侯格奧爾格・威廉逝世於一六四○年十二月一日，並由他的獨子腓特烈・威廉（Frederick William）接任，他接任後被封為「大選侯」（Great Elector）。腓特烈和他的父王以及施瓦岑貝格伯爵之間互不相讓，因此他尋求莊園成員的協助並重新扶植莊園地位。到了一六四一年，施瓦岑貝格伯爵也撒手人寰。腓特烈見機不可失，一舉解散了戰爭議會，並將權力返還給莊園。[116]

但腓特烈和莊園主的盟友關係並沒有維持很久。腓特烈和莊園主的衝突到了一六五五年再度被端上檯面，戰火再起，腓特烈不得不再次向莊園主要求資源，莊園主則依然不願意全力投入。於是接下來的數十年間，身為大選侯的腓特烈陸續找到各種方式來透過直屬官員收稅，不再依賴莊園主。最後到了一六六○年，即使戰火已息，回到承平時代，腓特烈仍未解散他的常備軍。事實上普魯士莊園主之間有事先同意，非戰爭時期仍會持續提供軍餉補貼讓他維持這支常備軍。[117]研究英屬美洲殖民地的作家經常會擔憂，以民主為名的常備軍隊會帶來可怕的副作用，而普魯士常備軍的發展正是他們最不樂見的前例。在和平時期手握軍權，大選侯手上就多了一把可以用來壓制摧毀莊園主的武器。

　　腓特烈在另一方面也首創了一個機制，最後導致普魯士早期民主的消亡。那就是由君王欽選官員所組成的「戰爭總署」（Generalkriegskommissariat），這個單位最後成為一個同時可以控制所有事務的總局，這也就包含了徵稅及戰爭兩大事務。到了一六八〇年，這個機構已經將布蘭登堡的莊園主鎮壓得寸土不生。在東側的普魯士公國，莊園階級也同樣步上末路，只是該國花了更長時間才建立專制體系。大選侯只在科尼斯伯格（Königsberg）這座城市意外遇到瓶頸，因為這座城市長久以來都享有實質上的自治和以民主模式運作的政治組織。

　　普魯士這段故事，正清楚地展示了歐洲國家從早期民主到專制路線的另一種可能。也正因此，許多學者都想深入研究普魯士來了解為何普魯士會踏上這條完全不同的路線。其中一個重要的可能性是地理因素。和英國不同的是，普魯士在十七世紀面臨了多場戰爭，在自己的領土上交火造成更大的威脅，因此也就對於軍事費用有更大的需求。[118]普魯士的莊園主與地方政府之間的連結也不如英國議會，這也使得他們進退失據。當然，這些現象也很可能只是情勢所逼，或是種種意外導致的結果。大約在一六〇〇年前後，普魯士還能透過莊園維持活躍的治理系統，誰都可能會覺得好景能夠持續連年。

　　與其從眾多可能性當中，去比對找出普魯士軌道上的每個轉轍器，或許我們應該直接深入了解一件更重要的事情：在歐洲眾多國家當中，普魯士是唯一成功由君王將整個政體轉為官僚體制路線的專制政體。

結論

　　歐洲能夠成功建立代議體制，是因為它的中央官僚體系落後，歐洲的統治者必須透過與地方協商並取得城鎮同意的模式來治理國家。而且普遍採行粗放農業，以及科技落後，更是大大拖垮了中央集權政府發展官僚體制的進度。透過與人民協商並取得共識這種治理模式並不是歐洲獨創的，但是歐洲確實對此有所創新。他們重新塑造羅馬遺留下來的法律，賦予新的定義，建立一套明確的政治代議理論。另一個創新，則是用代議體制治理更大的領土。在中央權力持續衰弱的前提下，即使像是腓力四世這種致力於建立專制體制來統領國家的君王，在治理過程中最終仍需要持續協商讓步。

第六章

中國式官僚體制

　　中國在政治發展上和西歐經驗截然不同。假設歐洲是早在建立出強大的國家官僚體制前，就先發展出合意授權的機制，那中國就是完全相反的局勢。西方人有時候會把中國視為特例，或是以過時且帶有一點文化偏見的說法稱為「東方式專制主義」。其實與其當成個案，不如把中國視為一個完全不同的政治發展路線。中國有世上最屹立不搖的官僚體制，可以追溯到最早的夏朝、商朝，中國很早就成為統一國家，隨著朝代一路演變到最後的清朝。清朝之後的部分我們則會在第十一章更深入探討。

商朝建立的專制體系

　　中國起源的朝代普遍認為是夏朝和商朝。夏朝的年代大約落在西元前二千年到西元前一千五百年左右。商朝接著統治到西元前一千年。關於夏朝是否實際存在目前仍有待商榷。商朝則留下了具體的考古遺跡和甲骨文等考古證據。根據夏商時期留下來的所有證據都指出，古代就已經有專制統治。

　　傳說夏朝是大禹建立的。這和我們先前提到建立出透過土壤品質決定稅率的大禹是同一個人。畢竟《禹貢》可能是在西元前五世紀寫的，其中對於關於當時的稅制的描述無疑會比西元前二千年的稅制來的多。[1] 關於夏朝的歷史證據依然很罕見。考古學家在華北的黃河流域發掘了二里頭文化，但是裡面找不到任何文字遺跡。有一座巨大的宮殿坐落在城市中心，預估總計人口有一萬八千人到三萬人。[2] 目前學者雖仍無法確知二里頭遺址是否就是夏朝首都，但城市中心的華麗宮殿顯示不論是誰統治這個地方，手上都有大量的資源可供運用。

至於商朝就有確鑿的歷史證據。我們同時也有更多商朝的統治模式的資訊。[3] 商朝首都殷墟位於二里頭的東北方，現今的安陽市附近，同樣是在黃河流域。殷墟遺址中一樣也有一座重要的宮殿建築。[4] 商朝有人祭的文化，考古發現遺址中散布著二千五百個祭祀坑，其中有著大約三萬人的遺骸。[5] 殷墟遺址的規模比起周圍其他二級居住區大了四十五倍，足以證明當時中央統治的規模。[6] 商朝全盛時期影響了廣大的領域，包含了絕大部分的華北平原，其中直接由商朝國王所控制的領地範圍可能只有一小部分，其他領地則可能是視商朝為宗主國的朝貢關係。[7]

商朝的繼位制則進一步證明了當時採用的是專制體制。商朝統治者以「王」自稱，繼位採取世襲制而非透過欽選而來。世襲制有一套很嚴格的順位規則，首先是兄終弟及，由先王的親兄弟當中最年長的長兄繼位，接下來是父死子繼，如果同一代的兄弟沒有人可以繼位，則由下一代的長子繼位，以此類推。[8] 其中沒有任何外人推舉或欽選的流程。

商王也擔任祭祀占卜、與先祖神靈溝通的主要角色，而這也是商朝專制體系的證據之一。[9] 甲骨遺物中留下了大量巫師問事占卜儀式的證據。根據商朝習俗，占卜時會在骨頭或龜甲上鑽孔。接著加熱到它裂開。巫師和國王會檢視甲骨上的裂紋，從中推譯天意。當然，最常問的就是氣象預報。氣象對於早期農業社會來說非常重要，而商朝主要的作物是非常依賴雨量的小米。[10]農業相關的政策就仰賴問卜的結果。

甲骨資料表示商王握有一些關鍵農地的直接控制權，這些農地可能是用以滿足王室及軍隊的需求。[11]商朝採用徵兵制，這讓商王不論是在農務還是戰爭上都獲得很大的優勢。[12]從甲骨文的內容推測，商朝軍隊包含勞務人員有高達三萬人，並稱之為「眾」或「人」。有此一說，商王可能也有權從其他地區的收成當中徵收部分收成，不過這應該僅止於推測。[13]

依靠徵兵而來的勞務，大幅降低了賦稅的需求，問題反而是在他們怎麼運用徵得的兵員。商朝的甲骨文中提到很多不同的官職，儘管這聽起來很像已經是官僚體制，但是就我們目前所得到的資訊不足以對此妄下定論。有的說法是商朝並沒有官僚體制，其他人則將其稱為「初期官僚體制」（incipient bureaucracy）。[14]吉德煒（David Keightley）將商朝的國家描述為：「由小道和營地串起的細膩網絡，國王、訊息、資源在小道上流通，但是整個網路籠罩在一片廣大腹地上，人們很少真的看到或感受到君王的存在和權威。」[15]

我們從中可以得到的結論是，不論稱不稱得上是一套官僚體系，商王底下確實有從屬官職。而且沒有任何跡象顯示這些官員能跟國王平起平坐，也沒有任何集會或議會來檢討國王的行政。就此，商朝建起了中國式官僚體制的舞台。

我們找不到任何商朝可能有早期民主的具體證據，但是從一份後世的記載中有暗示早期民主的存在。在中國有著新朝代要為前朝編立史書的慣例。因此，在商朝滅亡後，周朝史官寫出了《尚書》的《商書》篇章。《商書》中記載商朝其中一位君王盤庚想要遷都。在這之前他必須說服人民遵從這個決定。「說服」這一點某種程度上就是諮詢人民意見，但是這段記載的真實性難以判斷，因為這段記載的用字遣詞和其他商朝文獻不同。[16]

> 盤庚遷于殷，民不適有居，率籲眾慼出，矢言曰：「我王來，既爰宅于茲，重我民，無盡劉。不能胥匡以生，卜稽，曰：其如台？」[17]

盤庚是在尋求人民的同意嗎？嚴格說起來是謹遵甲骨文中的天意，但是這聽起來確實很像是他要去說服別人遵從。我們知道《商書》實際上是由後人編撰而成。所以我們也就難以確知究竟這一段文字是不是史實。這可以視為後人想像前朝政府就有得到人民同意的傳統。在這一章當中，我會再回到這個概念上說明。

天命下的周朝

西元前一〇五九年的五月二十九日發生了一件驚人的天文現象。這現象從此帶來中國帝王的「天命」概念。這一天，肉眼可見的五顆太陽系行星在中國望向西北方的天空稱之為房宿的方位匯合。古時稱之為「五緯」的這五顆星球連成了朱雀的形狀。[18]從現代天文學的計算，五星匯合是確有其事。不只如此，更進一步地計算可以得知「五星連珠」這種匯集的現象（六點四五度以內），在過去五千年來也只發生過四次。[19]傳說原先為藩屬國的周王以此天象昭告天下，商朝的天命已盡，該是時候獨立建國了。周王最終成功滅商建立新的朝代。

這其中天文現象功不可沒。依照特殊天象，中國建立了一套理論，相信專制君王是對上天負責的。儘管後來周朝試圖降低天象和天命的關聯性，畢竟在沒辦法控制天象的前提下，他們的統治權也岌岌可危。[20]於是他們提出了天命視天下蒼生而定的說法。如果周朝的統治者管理得宜，天命就得以留存。[21]反之，如果統治失當，就會像商朝將亡一樣有天象惡兆。

在中世紀的歐洲我們有「眾人之事應由眾人決定」，闡述作為統治者需要得到他人合意授權的原則。一如所有採用早期民主的社會，這個概念在他們的統治上建立了一套「事前」（ex ante）取得同意的限制。周朝的思想則不是如此，天命反而是一套「事後」（ex post）的反應機制。作為統治者對於朝政掌有絕對的決定權，但是也要對後果全權負責。這個概念到了後世則衍生為「得民心則天下太平」。孟子也大力提倡這個說法。[22]孟子學派認為不只由人民支持產生天命，反之亦然，若天下大亂，人民就有權起義。

中國的君王不只將天命用來推翻前朝。宮廷內部文獻顯示，高階官員也會將天命作為一個民意的表徵：人民不滿，就會有被推翻的風險。一〇八五年，時任尚書左丞的呂公著將這個概念進諫給宋朝皇帝：

> 蓋天雖高遠，日監在下，人君動息，天必應之。若修己以德，待人以誠，謙遜靜愨，慈孝忠厚，則天必降福，享國永年，災害不生，禍亂不作。若慢神虐民，不畏天命，則或遲或速，殃咎必至。[23]

從這裡我們可以再次看到，在中國式官僚體系內，仍意外地保有某種程度上的責任政治，只是君王決策前不需要先了解民意。

中國為何走上專制這條路

我們剛剛看到的都是中國從古代就開始走上專制的證據，但是我們還沒討論為什麼中國會走上專制這條路。長久以來最讓人信服的論點是自然環境造就政治環境，我們就先從這一點開始說起。

早期中國並不是「水力社會」

德國漢學家魏復古（Karl Wittfogel）在一九四七年出了一本深具影響力但也備受爭議的《東方專制主義》（*Oriential Depotism*）。魏復古認為通常需要大型水利設施來灌溉和防洪的水力社會，因為需要由中央統整水利建設，也就會傾向於專制體制。魏復古從中強調地方對中央控制有機能上的需求，很多人對此提出異議。因為我們可以從很多社會中看到，灌溉系統其實常是地方就有能力管理的，這也就是伊莉諾‧歐斯壯（Elinor Ostrom）對此提出的觀點，地方社群常常透過自治的方式解決這些問題。[24] 另一方面，雖然中國農業社會隨著時代演進，確實對於水利灌溉的依賴日漸加深，但是早在商朝時期是僅看天吃飯的初期農業。當時的中國距離以中央蓋出灌溉系統並統一管理還有很長的一段路。而且就算發展出灌溉設施，也是蓋在種植稻米作為主要作物的華南地區。

底下可參見圖6-1和圖6-2。這兩張圖是由卜凱（J. L. Buck）於一九三〇年代根據對中國農場大規模進行調查製成的圖。在圖6-1中是已開發農地的估計面積。從圖中可以明顯看到由黃河出海口向西一路延伸到黃土高原，基本上都是適於農耕的地區。這也就是夏、商、周三朝所在的地區。光看這張圖的分布不太能解釋怎麼能從中建立出中央國家。到了圖6-2則是有灌溉設施後的農地分布。即使到了一九三〇年代，在華北地區還是不太有灌溉設施。灌

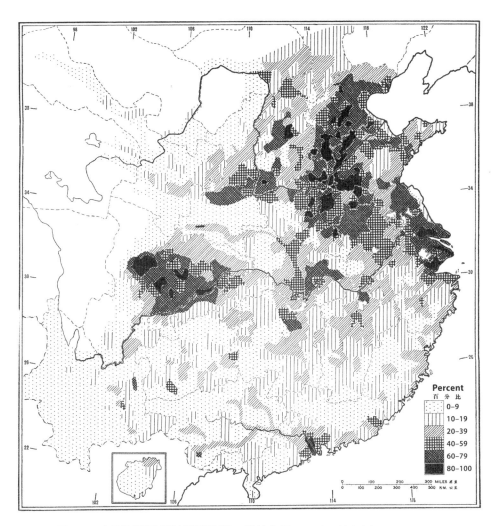

圖6-1　中國已開發農地面積比例。資料來源：Buck 1937, 34。

溉型農業在華南地區才是主流，但是中國皇帝一直到秦漢時期才漸漸開始控制華南地區。這晚了中國的專制模式整整一個世紀。[25]

　　說完灌溉，接下來是防洪，中央防洪機制也許可以解釋商朝是

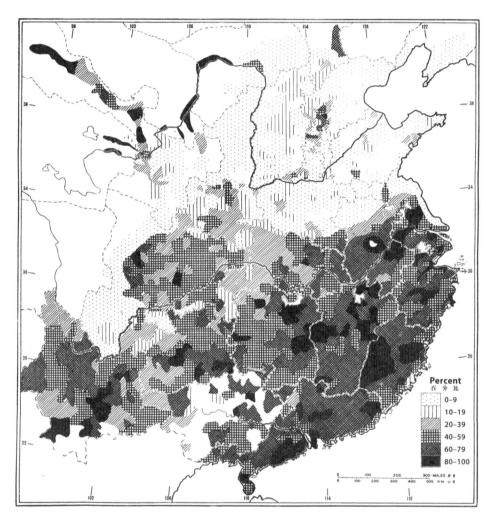

圖6-2　中國灌溉農地面積比例。資料來源：Buck 1937, 42。

屬於水力社會。黃土高原上的防洪機制是華北地區的主要課題。黃
河由於土質關係很容易改道。黃河周圍的黃土質地柔軟疏鬆，很容
易受到風力或水力的侵蝕。傳說除了評田定產之外，大禹也發展了

防洪的水利設施。在《禹貢》中大禹以開挖河床導向大海防洪治水而得到治水盛名，魏復古的論點也以大禹的水利管理為例。儘管這故事聽起來很可信，但是這個看法仍有一點說不通。這和灌溉設施一樣，集中的防洪設施可能是在中國的專制模式形成很久後才施行的。

高產量農業帶來改變

早期的高產量集約農業發展，比較能夠解釋中國專制體系的形成背景。這一方面要從中國人腳下的黃土說起，另一方面則是仰賴農業技術的創新。

黃河周圍的黃土細緻鬆軟，對於早期農業的原始工具來說非常有利。黃土的高滲透性也讓灌溉變得輕鬆。但儘管如此，黃土本身的氮含量低，其實不適合集約農業。為此黃土高原上的農夫很早就開始使用牲畜產出的有機肥，根據同位素證據顯示，中國早在西元前三千五百年就已經用這種方式彌補土質缺陷。[26]黃土高原上的居民在考古學上稱為仰韶文化（約西元前五千年到西元前三千年間）。[27]他們的主要作物是粟或稱小米，這種作物也延續到商朝成為人們主食。

我們要思考一下，以早期的中國農業來說：這會不會影響他們對政策不滿的遷居選項。在史前時代，黃土高原上的農夫和世界上其他地方一樣採用火耕農業。將現有的植被燒掉，透過燒出來富含營養素的草木灰來種植像是小米一類的作物。但是火耕很快就會將地力耗竭，農夫就得要再找到新的地區從頭開始。因此火耕有著強制遷徙的性質。很久很久以前，可能在商朝初期，黃土高原上的農夫發現如果每三年休耕一次，就可以不需要搬遷也能維持足夠的地力。[28]相較之下，歐洲人很晚才開始採用休耕技術。隨著中國農業模式轉向定居，安定下來之後生活型態也可能隨之改變，於是更不容易搬遷。

到了最後，農業模式或許就成為古早時代黃土高原上形成專制體系的主因，然而年代久遠已不可考，我們很難確定。除了農業上轉向偏向定居的集約農業，黃土高原本身的地形也大有不同，同樣是古文明的古埃及位居河谷地帶，美索不達米亞兩河流域則受到沙漠包圍，兩者向外搬遷的選項都受到限制。華北地區有著地大物博的空間，人們很容易在周圍找到豐饒的墾地，特別是南方地區未開發的土地格外豐沃，因此中國最後也慢慢地朝向南方發展。[29]

這就來到了最後一個特色，偏向開放邊界的開拓性質可能也反應在早期中國的國家型態上。由於不像古埃及有著環境包圍的強力限制，早期中國的治國文獻當中，十分重視對於搬遷移居的控制。[30]不論以蘇美文化或埃及文化來說，都很少有搬遷政策。這也許就是因為中國的自然環境並沒有很明顯的「邊界」。隨著中國向南方擴張，中央控制人民的欲望也持續加深。

官僚體制的誕生

雖然說不上是老天注定，但中國和蘇美、埃及一樣，很早就發展出高產量的農業，這一點也就讓他們更容易發展出官僚體制。集約化的農業有著規律的產量，對於官僚來說就更易於從外掌握。

商朝可能還只有初期官僚體制，但是到了周朝之後我們就有確切的證據證明官僚體制的存在。要了解周朝的官僚體制，就得先看周朝是怎麼形塑建構出一套龐大的國家階層系統。商朝統治模式是以首都為中心，將權力發散出去，周朝為了穩固政權採取了一套不同的途徑。他們建立了一套以區域分派權力的制度，交給周族諸侯分別管理。後來歷史學家將這套系統稱為中國的封建系統。歷史學家花了很長時間爭論究竟這套系統能不能和歐洲的封建系統相提並論。資深的西方歷史學家傾向於將兩者都稱為封建制度，但是近代的歷史學家則希望將他們區別開來。[31]如果考慮到歐洲的封建制度是建立在中央沒有實權的前提上，這兩者就無法相提並論。畢竟周朝的官僚體制不只深入各諸侯國，更將他們緊緊綁為一體。

周朝的官僚體制由數個行政部門組成，各自平行。[32]這其中有些官職有著約定俗成的世襲制，除此之外，周朝的體制有兩點很顯然屬於官僚體制的特色：所有官員都為君王效力並且有一套升遷制度。周朝官僚體制也很明確地深入到地方層級。在西方國家，由王家直接控制的官員會固定駐守在他治理的城市。在周王國東邊的組織方式就不是這樣。周王國的東邊是當時開發中的邊疆地帶，周人會在邊界建城擴張國界並統治其他人民。這套制度被稱為「國野制度」，居住在城內的人被稱為「國人」，城外的人就被稱為「野人」。[33]

周王新建了一套統一治理中國的方式，不過這套模式最後只維持了不到三個世紀。在西元前七七一年，面對西戎的入侵，周王決定將首都東遷，移到靠近現在的洛陽的位置。從此之後，王室就只是名義上的天下共主。中國從此進入春秋時期（西元前七七一到西元前四七六年）和戰國時期（西元前四七六到西元前二二一年）。一直到這兩段時期結束後，秦朝才再度統一中國。

合意政治走進死路

隨著周朝中央勢力潰散，中國進入一段由眾多國家爭權的時期。這時候的中國和中世紀的歐洲非常相似。很多學者提出歐洲就是因為權力分散的特質，才讓歐洲君王在面臨外敵侵擾時，不得不採用集會統治取得人民支持。若是把場景換到中國，同樣的背景設定，會不會有一樣的演變呢？

究竟古代中國有沒有政治集會？

到目前為止，我們只有找到一點珍貴稀有的證據，顯示出中國政治上有在徵求民意許可。我們提到商王盤庚試圖說服子民遷殷。春秋時期也正是盤庚的故事被寫在《商書》流傳的時候，這或許也透露出一些訊息。從這點出發，我們可以看看同一時期的其他文獻，找出類似的方向。

有一派理論認為，尋求民意許可的傳統，是從原本由周朝直轄的城市轉為自治開始的。讓我們回顧一下，周王國內的中央首都是周王畿，其轄下則有著分封出去的諸侯國。在西元前七七一年後，周王的權威被大幅削弱，於是諸侯興起各自獨立。因此也有學者將春秋時期視為中國的城邦政治時期。[34]

居住在周朝城邦內的「國人」菁英團體，會在集會上共議國事，形成了很典型的透過集會治理的模式。雖然這些集會並沒有像歐洲的城邦議會那樣變成例行會議，但是春秋各國國君很常在重要場合上召來國人，向他們諮詢國策。[35]西元前四九四年，據說陳國國君曾經召集國人，詢問是否要加入楚國對抗吳國，在場的人則以站立到左側或右側來表達他們的立場。[36]陸威儀（Mark Edward Lewis）是對早期中國歷史有深入研究的學者，他也指出歷史上有記載很多類似的案例。[37]周朝諸侯也常會與國人歃血為盟建立關係。[38]

禪讓理論的興起

到了戰國時期，我們可以看到更有趣的案例，證明中央王權的控制力削弱的同時，出現了以品德挑選領袖的制度。我們從歷史資料中得知，商朝的繼位制度是很嚴格的世襲制，而且很有可能是承襲自夏朝的體制。但是在中國神話傳說中，有一組更早的領袖被稱為「三皇五帝」。其中最後兩任領袖分別是堯和舜。根據傳說，堯是主動提出要讓位給跟自己沒有血緣關係的人。因此他並沒有將王位傳給兒子丹朱，而傳給了舜。就像盤庚的故事一樣，與其說這是描述上古時期的歷史，堯舜禪讓更可能是反應了故事寫作當下的政治思想。

從戰國時期開始，禪讓就一直隨著古籍流傳了下來。著名的歷史學家艾蘭（Sarah Allan）專研早期中國歷史，她認為在這些古籍中，禪讓這件事情被修飾過，藉由將堯的禪讓美化成一個特例，讓它不會對世襲制造成威脅。[39] 在堯舜禪讓之後，接任的君王就是大禹，從此採用世襲制的夏朝興起。只有美化過的版本會被留下來也不意外。當西元前二二一年秦始皇一統中國時，他下令焚書，將所有可能帶來政治顛覆性質的文獻全部燒毀，這種故事顯然也在其中。[40]

直到一九九三年，湖北省一場失敗的盜墓帶來了嶄新的發現，挖出了從西元前四世紀就埋藏的另一個版本。在新出土的版本當中，堯舜禪讓的故事不再是一個特例，而是常態。這個說法對於想要穩固世襲制的朝廷來說會帶來很大的威脅：

> 堯舜之王，利天下而弗利也。禪而不傳，聖之盛也。利天下而弗利也，仁之至也。故昔賢仁聖者如此。[41]

那麼戰國時期的作者，怎麼會忽然想要斷絕世襲制呢？艾蘭進一步指出，禪讓制的思想和當時中國社會的大環境改變脫不了關係。在上一段，我們知道周朝的官僚體系的行政方式，是透過血緣上的宗族關係維繫而成。在這個前提下，你的宗族決定了你的階級和價值。而新出土的資料，很可能也證明了戰國時期宗族體制開始沒落，政治「新人」崛起。[42] 這份卷軸出土的墳墓，很可能就是新人的墳墓之一。[43]

秦漢統一中國的重要性

經歷了春秋戰國時期的分裂，中國到了秦漢時期再度統一成一個帝國。秦朝的統一時間較短（西元前二二一到西元前二〇六年），漢朝則延續了較長的一段時期（西元前二〇六到西元二二〇年）。這段統一時期被視為中國歷史的分水嶺。秦漢時期並不是創造了一套全新的體制，秦漢統一比較像是延續二千年來商周時期以來的體制，並在秦漢時期達到新高。

我們在這本書中讀到的早期民主幾乎都發生在小規模的社會背景。春秋時期各國自擁小城，可以召集國人聚會，但是以秦朝或漢朝的廣大領土來說，這就不太可行。秦朝統一各國之後的領土規模，讓這個問題變得很棘手。在秦朝之前，商朝和周朝的政體都曾經處理過大型領土的統治問題。在春秋時期，地方城邦取得優勢地位，到了戰國時期則各自獨立建國，但是戰國時期每個國家的領土都已經大到很難組織出早期民主的規模。[44]

秦漢統一也讓長久以來的官僚體制發展同樣步入高峰。中國的統治者透過官僚體制統治的歷史，可以上溯到從周朝甚至更早的時候開始。中國有著適於集約農業的自然環境和生產、觀測、控制的技術發展，種種優勢都有利於發展這一套政治模式。儘管春秋時期中央官僚體制一度面臨崩解，到了戰國時期，官僚體制就以前所未有的規模再度復甦。[45] 秦漢時期的統治者就是建立在一套官僚傳統上。

　　由於戰國時期的各國競爭激烈，統治者無不在軍事科技和稅賦體制上用盡苦心。在軍事上最關鍵的發展就是弩的發明。儘管還需要一些訓練才能使用，弩有著很高的準確度，而且在當時已經可以大規模的量產。[46]

　　戰國時期的競爭也帶來了其他領域的創新。針對農業，戰國時期的統治者發展出一套直接徵稅的大型賦稅體制。同時他們也依靠大規模的徵兵體制，這在歐洲要到十九世紀才會發展出來。兵役制度一直延續到漢朝，當時要求所有適齡男性到了二十三歲時都需要服一年的兵役。[47]到了後期，漢朝才廢除了這套全面徵兵制。這是因為當時中國已經統一，而為中國帶來主要威脅的外敵都是善騎的游牧民族。一般民兵在戰場上用處不大，但是若讓全國人民都能善用武器，又反而會造成威脅。[48]在西歐大規模徵兵是透過政治權利上的對價關係才建立出來的。這個詞在第十一章會有進一步的說明，在西歐的脈絡下就是「一男、一槍、一票」。在中國沒有相應的概念，從戰國時期開始，強勢的官僚體制就建立出全民皆兵的義務，沒有政治權力上的交換。[49]

　　種種因素加起來，形成了握有強大官僚體制的統一大國。在漢朝全盛時期，宮廷內光是官員就有高達十三萬零二百八十五人以上的紀錄。這個數字來自西元前五年留下的紀錄，其中包含了最高階的官員到最基層的書記。[50]有鑑於在西元二年統計的人口有五千七百七十萬人，換算下來就表示每四百四十人當中就有一個人是公務人員，對於前現代社會來說這是非常驚人的數字。[51]羅馬帝國的人口預估和漢朝的人口相差無幾，以比例來說這就表示漢朝的官僚密度遠高於羅馬帝國。[52]就算是戴克里先在二八四到三〇五年間將羅馬的官僚體制規模加倍，預估全帝國也不過就只有三萬名官員。

科舉制度

中國透過公務員考試制度來徵選官員，這套制度對於維持專制體系來說非常重要。這套考試制度帶來了獨立於社會體系之外的一套選拔系統，官員並不是直接從宗族、名士或是其他地方組織中選出。科舉制度在漢朝草創時期稱為察舉制度，要發展到唐朝（六一八到九〇七年）以及宋朝（九六〇到一二七九年）才會完全建立起來。在西元前一六五年的編年史裡面提到，候選人要進到首都受漢文帝親自考核。到了西元前一三〇年，已經改由太常擔任考官。[53]

到了唐朝這套考試系統已經發展成熟。如果拿歐洲來比對，我們更能理解中國這套系統的差別，在中世紀歐洲下，代表地方利益的人通常都會是權貴、教會名人、議會的菁英人士。如果你只是個普通老百姓，他們就是你的代表，你會認為這些菁英人士就是為民喉舌的人，現實上卻總是相差甚遠。

在中國這套系統當中，地方菁英在官方上的代表身分從此退場。取而代之的，是從科舉挑出來的官員，成為平民階級的「代表」。[54]這套系統顯然不那麼民主，因為你的代表會是由國家挑選出來的人。但是對於平民來說，相較於原本的體制，這看起來卻好像不是那麼糟。比起由封建貴族代替你向朝廷發聲，由一套選賢的科舉制度考出來的官員幫你發聲，聽起來好像比較好一點。

當歐洲人第一次聽說科舉制度的時候，他們也不禁對此感到欽佩。[55]關於中國生活的翔實記述，最早是由耶穌會傳教士利瑪竇帶回歐洲，當時正是如此。[56]在後來的幾個世紀，歐洲人以此為鑑，從中國汲取經驗建立了幾套自己的以品德評選的招募制度。

在科舉制度下，中國的君王和世家大族的關係因此變化，對這些變化有兩種不同的看法。

第一種看法是認為科舉制度只在唐朝後期有較明顯的影響，主要的變化還是由其他因素所催發。他們認為世族有錢有勢可以培養自己的子弟進京趕考，因此即使有了科舉制度，仍能保有世族的權力。[57]兩位法國社會學家，布赫迪厄（Pierre Bourdieu）和帕斯隆（Jean-Claude Passeron）都對十三個世紀之後建立的法國的公務人員考試體制，提出和科舉制度完全一樣的看法。[58]以這一派的說法，最後真正的關鍵還是在唐朝末期群藩割據的內戰，才真正撕毀了舊有的菁英體制。[59]

另一派的看法則認為科舉制度在唐朝末期之前，早就已經開始動搖現有的菁英階級。哈佛燕京圖書館有幾位學者透過資料庫彙整，調查出唐代所有進士的社經背景。[60]「進士」是可以透過考試達到的最高階級，也是進入高階行政官員的基本門檻，因此相當於高等教育畢業。資料顯示在唐朝初期，通過的考生確實有很明顯地偏向於政治望族的傾向。在取得進士頭銜的考生中，有過半是出身自六大世族。到了唐朝末期，這個比例就下降了很多。[61]

不論是哪一派的說法，都會得到相同的結論：到了唐朝末期舊有的宗族菁英階級消失了。唐朝之後，宋朝仍延續了科舉制度為主要制度，這個模式一直維持到明朝及清朝。

儘管最後連歐洲都想把這套系統借去用，這套系統其實還是有很多問題。後世的觀察中認為這套系統雖然是選賢卻可能沒有與能，搞錯了科目。科舉考試的科目出自孔子的儒學，但是儒學裡面並不太重視管理學。不過即使到了科舉已經廢除的今日，中國各省仍透過高等教育延續這套精神來創造更多相當於進士等級的官員。[62]科舉考試另一個備受批評的癥結，則是在於其僵化的科目讓天賦異稟的人才將能力浪費在考試上，而不是貢獻在社會創新上。但是這個說法其實不太對，宋朝期間有很多劃時代的技術創新，都是由官僚人員發明出來的，這些在第八章會進一步舉例說明。

中國同樣經歷了商業革命

提到宋朝（九六〇到一二七九年），就得再次提到商業革命。我們在討論歐洲時有提過，宋朝與歐洲同時經歷了商業革命，這對中國來說同樣重要，其中一點就是宋朝因此徵收到前所未有的稅賦收入，歐洲要一直到十九世紀才追得上這個數字。[63] 中世紀的歐洲統治者在商業革命期間建立起的稅賦制度，讓他們能從生產總值徵收百分之一的收益。與此同時，宋朝的皇帝能夠徵收到比歐洲高十倍的收益。這是怎麼辦到的？

在歐洲的中世紀商業革命期間，王公們確實想方設法要藉此建立收入來源。但是沒有官僚體系的介入，他們得要透過和城市在會議中談判來取得收入，不論是對各城個體談判，還是要形成整個會議共識。在這個背景下，可以說是各城市間自己的稅自己收。

回到中國，商業革命開始前，整個國家的官僚體制都已經暖機就位。宋朝初期朝廷建了超過二千個新的稅務所，藉此在交易繁榮的城鎮上直接對商業活動收稅，其中包含百分之三的交易稅（住稅）和百分之二的流通稅（過稅）。[64] 換作是歐洲，這種程度不要說當時辦不到，甚至幾個世紀下來都辦不到。稅務來源建立起來後，這些新開發的收入讓宋朝總計稅收可以達到生產總值的一成以上。這比唐朝能收到的稅賦還要高，而且中國向來就已經對貨品生產課以高額稅率。[65]

另一點是當時的宋朝擁有驚人的高階官員數量。一〇四一年的宋朝，朝廷的「京朝官」就有一萬名官員。這單指宋朝的高階官員，不包含比較低階的書記或是軍官一類的人員。[66] 先前在漢朝的資料就有包含低階官員，但是目前宋朝留下來的資料當中沒有更完整的數字。在宋朝後期，朝廷官員的人數上升到一萬七千人。[67]若要更容易看懂這個數字的重要性，我們可以把中國的人口和官員的比例拿來和任何一個歐洲國家比較。以宋朝初期來看，當時的中國預估有四千萬人口，其中朝廷有一萬名官員。[68]也就是說每四千人就會有一位是高階官員。首先我們可以拿加洛林王朝來比較。我們對於當時的總人口和加洛林的巡按人數我們都沒有準確的數字。但就算如此，我們仍然可以明顯看出，加洛林王朝的官僚組織相較之下非常單薄。我們就暫且高估一下有一百個巡按好了，那在每十萬人當中，也就只有一位高階官員。[69]

　　我們也可以拿愛德華一世統治晚期的英國和腓力四世統治期間的法國來比較。這兩個國家就沒有加洛林時期那麼悲劇，但是落差仍舊懸殊。在一三〇〇年的英國人口大約四百萬人，大概是中國的十分之一。法國則是有一千六百萬人，接近中國的一半。要達到和中國一樣的官員密度，英國會需要一千名相當於朝政官員的高階官員。實際數字當然遠低於此。即使已經是十五世紀，英國的財政部和國會當中也只有四十名帶薪官員，雖然這不是全英國的官員總數，但也足以顯示英國的國家體制有多單薄。法國的情況也很接近，「腓力四世時期，他手上可以動用的財政官員大概只有二十人上下。」[70]

　　當我們細究宋朝的國力的同時，我們就必須先認知到宋朝的帝制和過去西方學者所謂的「東方專制」不同。皇帝確實還是萬民之上的最高權威，也依然有權隨意下令廢黜任何官員。這就是宋朝和其他早期民主社會統治模式的不同，皇帝並不需要與地方人士合作。可是我們也必須強調，這並不代表皇帝擁有無限上綱的權力。宋朝高層官員會透過一套特別的官僚系統來達成政策上的強烈共識。在決策的過程中他們用了「調和」的概念來取得共識，當意見不同的時候就得居中調和，沒有取得共識前不能下決策，但是一旦取得了共識就視為全體同意。[71]

拋下集會傳統的蒙古征服者

　　雖然宋朝是一個豐饒富有的朝代，終究不敵由成吉思汗之孫忽必烈所領軍的蒙古入侵。一二七一年忽必烈定新國號為元朝，一二七九年消滅南宋，正式改朝換代。蒙古征服帶來了另一個前所未有的現象：繼承了中國官僚體制之後，元朝將原本的汗國體制改為專制體制。

　　這也不是說成吉思汗就有多民主，只是蒙古和大多數的游牧民族一樣，領袖需要透過某種形式上的合意授權才能夠治理部族。游牧民族的本質必須如此，畢竟和部落領袖意見分歧的人，大可以直接拔營搬到別的地方去。[72] 與此同時，游牧民族若要脫離單純的以彼此掠奪為生，就必須有別的方法從其他定居文明身上營利，有一派說法就因此認為這造就了大型游牧民族對於中央政治組織的需求。[73]

　　在蒙古社會當中沒有嚴格的世襲制，而是透過欽選決定強者為王的概念。決定領袖的集會被稱為「忽里勒台大會」（Kurultay），這個字至今在突厥語中仍是集會的意思。忽里勒台大會是為了選出新的領袖以及討論重要政策而開，像是宣戰之類的決策。成吉思汗就是在一二○六年的忽里勒台大會中被選上成為領袖的。[74] 但舉辦這種集會本身就充滿風險，畢竟繼位大事談不攏的話，可能一言不合就變成部落大戰。

　　忽必烈在一二六○年的忽里勒台大會中取得了領袖的位置，但這是個充滿爭議的結果，因為不久前他的親弟弟才辦過一場忽里勒台大會並被選為領袖。到了忽必烈征服中國之後，他同時取得蒙古帝國大汗和中國皇帝的獨特地位。蒙古大汗可以指揮強大的蒙古軍力，但是也要對全體來說有足夠的說服力並且協調內部結盟才能達成。征服中國以後，忽必烈承接了中國的官僚體制。[75]在忽必烈死後的忽里勒台大會上宣布了他的繼位者，但是這次是在他臨終前已經依照中國的模式欽點好繼位者。[76]從此之後元朝的繼位都不再透過大會宣布。

大張恢復旗號的明朝

至此在這個章節中，我多次透過相同時期的西歐國家和中國比對來凸顯中國的官僚規模。但是中國的領先最後還是被追過了，歐洲國家開始從人民身上榨出比中國還要高的利潤，中國則節節失利。雖然有些人認為這是中國沒有早期民主機構的後果，不過我們才剛看完宋朝即使在完全依賴專制統治下，仍然達到很高的收益。[77]中國國家收益的衰退當中，很奇特的一點在於它其實是後續的明朝和清朝皇帝大力地想要減輕稅賦。簡直像是中國整個國家機制自己棄械投降。

明朝喊著「驅逐胡虜，恢復中華」的口號，在一三六八年開始從這兩個方面著手想要再興中國。前者當然就是終結蒙古人的外來統治。接下來就是要恢復中華，這從此改變了後來的中國。明朝由洪武帝朱元璋所創立，創立後並沒有像是宋朝將重心放在商業發展上。明朝的人均收入遠低於宋朝，可能就是這個原因。[78]如果將宋朝視為是以國家機器積極推動商業革命，明朝前期的皇帝則是將眼光放在更早的年代，一個以經濟獨立的小型農業社群為主的理想社會。[79]

朱元璋開啟了一系列減輕稅賦的政策,收益也就遠少於宋朝。這也是國力持續下滑的開始。在圖6-3中,我們將以英國的收益趨勢做比對。宋朝的中央國家收益預估可能達到國內生產總額一成的高點,而明朝則從來沒有達到宋朝的一半。這正是當時國家政策所追求的結果。宋朝依賴透過商業貿易上間接課以重稅獲利,明朝則是以宋朝之前的前朝為楷模,主要透過直接的農業稅獲利。有些人認為朱元璋的大原則是要回到傳統中國理想的小農小民,所以國家不會課以重稅。[80]

明朝的稅制起初依然可以收到遠高於歐洲的稅金。從一四二三年的資料中可以看到明朝政府仍能維持大約百分之五點五的全國生

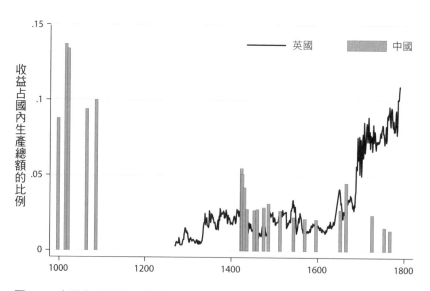

圖6-3　**中國與英國的國家收益比對**。中國收益數據來自 Guo, 2019,國內生產總額預估來自 Broadberry et al. 2018。英國收益數據來自英格蘭銀行的《英國千年總體經濟資料》。

產總額的收益。相較之下，同一年英國亨利六世稅賦不到明朝的三分之一。[81] 但是明朝的大幅領先沒有維持太久。在明朝後期到一六四四年結束前，明朝皇帝能收到的收益只剩下百分之二。不要說宋朝了，就算列入漢唐時期來看，這也創下新低。

雖然明朝收益衰退有很多因素，但是其中有兩點特別重要。[82] 第一點就是明朝的機構設計方向。朱元璋試圖盡可能將權力集中在自己掌握的中央手上，但是在一個領地廣闊的大帝國上這樣做就可能會造成行政效率大幅降低。為了保住政權，他在一三七六到一三九六年間，處決了一大批資深官員。歷史學家指出，朝廷清洗的結果就是將皇家官僚體制消滅到只剩下「一缸書記」。[83]

對於經濟衰退的另一個解釋則是因為當時的明朝過於安定，沒有什麼強大的內憂外患。這讓明朝即使國力衰退，弱到只剩下薄薄的行政功能也不受威脅。不論是先前的朝代或是歐洲諸國，都是面臨國家存亡的威脅，不得已必須透過財政體系或是尋求境內所有管道的經濟資源來換取軍餉，對明朝來說卻大可不必。明朝皇帝並不認為經濟衰退會斷送自己的政權。

但即便如此，他們並不是真的安枕無憂。比對一五〇〇到一七九九年的戰爭頻率就會發現，當時中國有百分之五十六的時間都維持在戰爭狀態，而法國和英國的戰爭狀態則分別是百分之五十二和百分之五十三的時間。[84] 但是就明朝來說，差別在於外敵威脅的特性。歐洲國家在這個時期捲入大規模的戰亂，是眾多強權之間在爭雄，戰事耗費相當高昂。這是因為歐洲軍事科技發展出要塞和火砲，從此進入以大規模的兵器攻城戰為主的昂貴戰爭。這種環境下加強課稅的誘因很強烈，城市內的人投入防守的意願很高。中國就不是這麼一回事了。中國主要是要處理邊界上小型游牧民族組成的部隊和小規模的內亂，並不需要與其他強權硬碰硬。[85] 再加上所有外敵幾乎都是從北方入侵。[86]明朝只需要守住北面，於是在中國的北方前線設立了一系列的邊疆營地，任由被放逐邊疆的罪犯或是貧民自生自滅作為防守手段。[87]戰爭性質使然，讓明朝即使在國力衰退的情況下，也可以維持長達二百七十六年的統治。

「永不加賦」的清朝

在大多數學者的眼中，接續下來的清朝名聲不佳。清朝被視為是中國歷代最孱弱的一代。這說法也其來有因：清朝從中國社會取得的收益大幅低於所有前朝，再創史上新低。在十八世紀，清朝每年從國內生產總額當中收到大約百分之二的收入，到了十九世紀這數字更降到不到百分之一。就像是明朝一樣，我們會發現清朝的衰弱並不只是因為君主專制或是官僚體系效率問題，而是有意為之的選擇。

以下面這個事件為例。康熙皇帝在一七一二年展開了全國性的地籍調查，用以重新評估土地稅制，接著昭告全國根據調查目前收益足以支撐國家運作。他並沒有提出任何其他要提高農業生產力的政策，也不再進行進一步的地籍調查。於是，土地稅制維持與前一年一樣完全不變。[88]①這可不是像諾曼征服時提出《末日審判書》時那樣沒辦法再做一次大規模調查，中國的朝廷歷代做過無數次這

---

① 編按：此處作者所引用的是康熙五十一年（一七一二年）的「滋生人丁，永不加賦」詔，規定在此之後的新生人口，都不需要徵收丁稅（人口稅），國家徵收的總人口稅額以一七一二年為基準。進入雍正時代後，又再進一步將丁稅併入田稅（土地稅），史稱「攤丁入畝」。作者在這裡疑似將土地稅跟人口稅混在一起，因此有「……也不再進行進一步的地籍調查。於是，土地稅制維持與前一年一樣完全不變」的推斷。

種調查。中國手上一整組高效率國家機器就直接放棄優勢讓利給社會。歷史學家甚至會稱之為「清朝統治前百年中最失敗的經濟和政治政策。」當然，康熙皇帝本人是不會同意這個說法的。[89]

另一方面，清朝的收益衰退當然也有非刻意為之的部分。這部分則要從地理規模帶來的效應說起。中國朝代向來都占有非常遼闊的條狀領土，也就是說它不只是占地幅度很大而已，還很長。到了清朝全盛時期，領土面積已經是明朝的兩倍，同樣也是歷代新高。對於新取得的領土資訊有限，清朝對這些地方的課稅也就更輕，甚至比北京周圍的核心區域還低。[90]

清朝留下來的印象當中，隱含了以遠端治理（remote state）的中心思想。中央政府不會為地方農民多做什麼，但也不會要求什麼。這個想法有點像是光榮革命後的英國出現的「有限政府」（limited government）的另一種型態。[91]在英國是透過有代議傳統的國會進行一系列的行動取得原先由都鐸王朝創建的官僚控制權。然而中國從沒有這種合意政府的存在。所以清朝透過減低國家的控制力來建立出一套有限政府。一七一三年後不再進行地籍調查，也就象徵著清朝不會再對農業進步提升的產值或是增加的人口課稅。以短期來說這暫時維持了國內和平。但是長期來說這會讓清朝對於內憂外患都毫無抵抗力。

清朝的前一百五十年是相對安定的和平時期，到了十九世紀中國就面對兩大衝擊。首先就是因為國內的農業產量跟不上人口成長的速度。經濟史學家已經提出很多不同的肇因解釋，對於當時中國人民的經濟狀況到底是好是壞也備受爭議。不論是哪一種說法，基本上都同意當時的中國鄉村人口接近爆炸。[92]其次，中國受到外敵入侵的衝擊，首當其衝的就是在一八三九到一八四二年爆發中英鴉片戰爭後，簽下《南京條約》被迫開放強制通商。這場戰爭更加深了中國社會的紛擾。

在戰爭之前，經濟蕭條就已經開始帶來惡果，一七九六年在湖北、陝西一帶新開發的高地地區，首先發生川楚白蓮教之亂。起義民眾相信民間宗教白蓮教，白蓮教是一套帶有啟示錄版本的佛教，宣揚「無生老母」會取代彌勒佛改造新世界帶來救贖。[93]

白蓮教起義的地區面臨過度開發，造成當地人民普遍貧困。與此同時，當地官員又課以重稅剝削，種種條件帶來了大規模的起義。清朝光是為了平定這一次的起義就用盡國庫資源。[94]彈盡糧絕的清朝在一八五〇到一八六四年間再次面臨緊接而來的太平天國起義，這次幾乎成功推翻清朝。這場起義同樣是宗教組織以新世界為名發起，不同的是，太平天國是以基督教為主的宗教團體。對於帝制中國政府來說，在鄉間有人號稱自己是耶穌的弟弟顯然充滿顛覆性。[95]性命交關的清朝政府在太平天國之後，確實試圖再開財源擴充國庫，但卻不是透過中央徵收新的土地稅來賺錢，而是讓地方官員得到苛捐雜稅的特許權。[96]這終將導致政權更加分裂。

結論

將中國與西歐並置，可以看到中國走出完全不同的路線。歐洲的官僚國家非常晚期才進場，早期民主則老早就深植在歐洲傳統當中。中國一開始就建立了官僚體制，除了少數像春秋戰國的短暫紛亂時期外，中國的官僚體制亙久不變。即使外敵入侵，外來政權取代本土政權，也只是接手官僚體制而沒有撤除它。雖然不能說自然環境是其中的決定因素，但是確實可以說自然環境帶來了重大影響。黃土高原的條件適於高產量的集約農業發展，歐洲在這方面先天上處於劣勢。但就算這樣，地理條件也不是決定因素，因為中國官僚國家的發展中，中國在生產和測量的科技進步也占盡優勢。**最終中國的帝制之所以解體，有一大部分是因為接連一系列的皇帝選擇要拆解這台巨大的國家機器**。在外敵威脅不大的初期，這個政策沒有太大問題。後來就不怎麼樂觀了。我們會在第十一章繼續深入討論中國在清朝沒落之後，開始邁入集會治理的一些作為。

第七章

在伊斯蘭世界消失無蹤的民主

很多人好奇伊斯蘭世界和民主社會究竟能不能共存,會提出這個問題的人通常是因為只觀察到現代民主在中東留下的短短軌跡。在這一章,我會深入中東區域的治理模式根源,追根究柢就可以看到,其實早期民主在前伊斯蘭的阿拉伯地區還是常態,甚至到了伊斯蘭征服之後,還維持了一段時間。在《古蘭經》當中有一套稱之為「舒拉」(Shura)的原則,表明統治者應該是共同選出,執政也應該先諮詢民意。這些傳統到了伍麥亞王朝(Umayyads)和阿拔斯王朝之後就沒落了,不過它們斷絕的原因和宗教並沒有太大的關係。伍麥亞王朝和阿拔斯王朝的統治者繼承了現有的國家官僚體制,這也就讓他們可以開始走上專制路線。

在伊斯蘭之前的早期民主

雖然對前伊斯蘭時期的阿拉伯我們所知甚少,不過就像是世界上其他人口稀疏的游牧民族一樣,他們也有共同的早期民主特性。在部族之間會有一個共主,這個共主是共同選出的而不是單靠世襲制的方式。統治者通常也都要透過與人民諮詢來取得共識。

在前伊斯蘭時期，阿拉伯中央地區主要居住的是貝都因人（Bedouin）的部落，他們過著游牧或半游牧的生活。也有些人會開始定居在城鎮，像是麥加或是麥地那，這些城鎮通常會位於足以進行基礎農業的綠洲地帶或是交易路線上的重要據點。不論是游牧還是定居都是以父系社會一脈相傳。

從較近代的貝都因部落的政治習俗當中，我們可以一窺在前伊斯蘭時期的貝都因人擁有的自治文化。近代的部落會有「賽義德」（sayyuid）或「謝赫」（shaykh）作為領袖。謝赫字面上的意思就是「耆老」。[1] 賽義德則是需要透過一個由其他人欽選的過程，並且要以合意的模式統治。[2] 就現在所知，有些貝都因部落甚至會拒絕單一領袖而選擇共治的統治概念。像是居住在約旦南部山區的沙族（The Sa）就聲稱：「我們沒有謝赫，或說我們全都是謝赫。」[3]

從他們的習俗中大量使用立誓或是互相支援的盟約，就可以更進一步看出他們不以階級治理的證據。這就像是在義大利和北歐的公社，當時也是透過彼此誓盟而成。希羅多德曾寫下游牧民族之間瀝血以誓的方式：

> 阿拉伯人崇敬與同胞交換的誓言，他們透過這種方式建立誓言。在兩個願意交換誓言的人之間會有第三者作為公證人，他會用銳石從拇指劃開兩人的手掌。接下來從兩人的衣服各取下一小條，並以之將血塗上預先準備在兩個人之間的七顆石頭上，作為儀式喚醒酒神戴奧尼修斯（Dionysos）和謬思女神烏拉尼亞（Ourania）。[4]

這個儀式描述的內容，正是游牧民族之間在沒有國家作為第三方的強制性下，建立安全體系的方法。通常代表公正的第三方就會由賽義德擔任，在兩個沒有血親的人之間建立和平契約。在前伊斯蘭的阿拉伯城鎮當中，也會進行類似的協議。據說在麥加會以特定的手勢握手或擊掌來樹立盟約。[5]

　　既然阿拉伯歷史上，不論是部落還是城鎮，都有這種互相協助的盟約方式，我們就更能理解早期伊斯蘭簽立《麥地那憲章》的背景。雖然目前留下最早的兩個版本都是後世重編的，學者仍認可它代表了一個歷史事件。[6]《麥地那憲章》中描述先知穆罕默德的管理準則，特別是針對麥地那城中跨部族的管理方式，這套準則對穆斯林和非穆斯林人民都一併適用。就像是前伊斯蘭時期的政治準則，《麥地那憲章》當中沒有任何階級權威的存在（當然，真主阿拉仍在一切之上），也沒有討論到國家的強制性。這代表著伊斯蘭教的出現，並沒有立刻帶來階級和專制社會的轉變。

　　儘管在前伊斯蘭的阿拉伯社會當中，賽義德一開始是以與眾人平等的身分統治，但我們確實仍能找到一些階級權威的實例。在阿拉伯半島的北端和南端，都是比較適於農業發展而且受到外來文化影響較大的地區。在伊斯蘭國家誕生的數個世紀前，羅馬帝國與薩珊帝國之間陷入一場權力爭奪戰，爭取現今伊朗和伊拉克的區域。在爭奪的過程中，兩大強權都試圖砸下資源培養自己在阿拉伯的代理人。基於兩國的支援，有些賽義德就此成為「馬利克」（maliks），也就是阿拉伯語中的國王。拜占庭帝國的屬國加珊王國（Jafnids）、薩珊帝國的屬國奈斯爾王國（Nasrids）也就此興起。[7]

舒拉原則

　　在《古蘭經》中就能找到舒拉原則，顯示合意政治並沒有因為伊斯蘭的崛起而馬上消失。[8]在《古蘭經》當中以這個概念勸服領導者:「你當恕饒他們,當為他們向主求饒,當與他們商議公事;你既決計行事,就當信托真主。」[9]「他們的事務,是由協商而決定的。」[10]在某些段落中,則會用建言(*mashwara*)表達和舒拉一樣的商議原則。[11]

單是從上面兩段引言來看,好像還沒有很強調舒拉有多重要。事實上,在伊斯蘭治理的前期,舒拉的概念其實常常用作辯論上的核心,不論是現在的領導者要透過商議來統治,或是希望透過商議的過程選擇新的領導者,都會回到這一點上。[12]當先知穆罕默德過世的時候,根據傳統選出了阿布·巴克爾(Abu Bakr)作為史上首任的哈里發,他就有向所有反對者保證他會以舒拉原則取得共識。後續最常被討論的例子則是歐斯曼(Uthman),他是透過舒拉原則選出來的新任哈里發,因此他也是前四位被稱為「正統哈里發」(righteous caliphs)當中的第三位。根據遜尼派的看法,前四位哈里發都是透過舒拉原則所選出來的正統哈里發。什葉派則認為四位當中的前三位都是篡位者。

上面提到的四個例子都是基於後世提出來的解釋,提出來的人通常也各有其政治立場。[13]不論有關舒拉的歷史故事究竟是不是準確反映史實,更重要的是,確實有些人希望把這些故事以這種形式傳下來。我們可以直接比對十七世紀的英國,斯圖亞特王朝(Stuarts)的反對者也援用了盎格魯－撒克遜時期留下來的「古代憲法」(ancient constitution),同樣的,在阿拉伯地區伍麥亞王朝反對者也援引了協議治理時期的舒拉原則來做為論點。[14]這兩者都是試圖以古喻今,以依照傳統應該要採取的治理方式來挑戰權威。

伍麥亞家族開啟王朝時代

隨著阿拉伯人的勢力範圍在地中海周圍擴張，起初他們依照阿拉伯地區原有的治理模式，複製到新的地區，打造成合意治理的結構。征服了非穆斯林地區的軍隊就地駐紮在軍營組成的城市當中，這些戍守的駐軍是領薪水的志願軍而非義務軍。維持軍隊運作的軍餉，就從他們所控制的地區徵收。這也就代表遠在麥地那（和後來的大馬士革）的哈里發都沒有直接的管轄能力，因此必須採用合意統治模式。拜占庭出身的編年史學家狄奧法內斯（Theophanes），將伍麥亞王朝的哈里發稱為「首席議員」（first councilor）。[15]

到了伍麥亞王朝第一任哈里發穆阿維亞（Muawiyah）指派自己的兒子雅季德（Yazid）繼位的時候，宣告合意治理模式就此結束。這一刻被當代觀察者視為是轉向世襲制的關鍵時刻。伍麥亞王朝因此多次受到批評，被要求恢復舒拉原則的統治模式。這些批評有些來自外界，有些則是內部相關利益者。不論動機為何，他們都希望取得共鳴。依照帕特麗夏·克羅內（Patricia Crone）所做的紀錄，在伍麥亞王朝期間，至少有十三次由地位顯赫的人提議要舉行舒拉議會來選出新的領袖。[16]

到了西元七五〇年進入阿拔斯時期後，由於遷都巴格達的關係，對於舒拉協商的要求愈來愈少，頻率也降低許多。人民不情不願地慢慢接受世襲王朝的制度。在一本編年史中如此記載：

> 我主在上，我們的收穫，原先是共享的，如今已成了富人專利；我們的領袖，原先是共議的，如今已成了獨斷專制；我們的王位，原先是眾人共同的選擇，如今已成了世襲。[17]

繼承一個國家

　　從地中海東側繼承現有的官僚體制，幫哈里發的專制轉型推了一把。在伊斯蘭征服前，薩珊帝國控制了東阿拉伯地區，其中包含現在的伊朗和伊拉克，三世紀後也控制了部分黎凡特地區（Levant）。薩珊帝國持續面臨衝突，先是與羅馬交戰，後是拜占庭帝國。為了維持戰爭的開銷，他們就得依賴農業稅的運作。他們對在現今伊拉克南區的豐饒農地課稅換取軍餉。阿拉伯征服者稱這個地區為「黑土之地」，因為該處肥沃的黑土和阿拉伯沙漠地形的白土形成對比。[18]黑土之地正是西元前二一〇〇年左右，蘇美人建立專制的烏爾第三王朝的地區。

　　在五世紀前，薩珊王室透過間接統治的方式控制黑土之地。由於沒有建立官僚體制和賦稅體系，他們依賴地方菁英代為收稅。從地方的角度來看，地方代代相傳的貴族有很大的自治權，他們名義上和薩珊王室結盟，但僅此而已。國王身邊的高階貴族會組成評議會，決定繼位流程。[19]薩珊國王確實有直接指派整組官員到國內各區擔任總督，但是在這個早期階段來說總督基本上有名無實。

　　事情到了後來兩任國王期間迎來巨大的轉變，分別是喀瓦德一世（Kawad，四八八到五三一年）和其子霍斯勞一世（Khusrau，五三一到五七九年）在位的這段期間。在五二〇年間，一場暴動引發了鎮壓行動，喀瓦德和霍斯勞這對父子就此設置了一連串的改革將權力集中到中央。他們將帝國依方位拆為四大塊，分屬東西南北四個方位，每一個方位再行分區，每一區再切出子塊，每一層全部都由王家指派的官員直接管轄和收稅。稅制改革也就帶來了土地登記、人口普查，衍伸出土地稅、人口稅。新配置的官員都有警政執法權，高階貴族的地位因此搖搖欲墜。[20]

　　薩珊帝國這一套新的稅賦系統驚人地複雜。依照農地本身的特質，諸如灌溉系統涵蓋度、農地集約度、與市場的運送距離等，稅額也就會隨之調整，從一成到五成之間不等。這套系統後來還持續升級，官員會深入進行地籍調查，稅賦條件更根據調查結果增加到依照農作物性質、灌溉模式、預期產量等細節。[21]

　　薩珊王朝也帶來一系列重要的工程改革，大幅提升農地產量。他們不只在地面上蓋運河，也在地下蓋水道，並稱之為坎兒井（qanats）。[22] 在喀瓦德一世任內，薩珊帝國也試圖透過都市規劃將人口集中到灌溉區，以期創造更高的產量。

　　薩珊帝國努力改革後創造出來的良田，在伊斯蘭征服伊朗時就落到了他們的手上，他們接手了一套灌溉良好產量豐富的農地。這些土地已經做好完整的土地調查，而且有一套現成的官僚系統可以運作管理稅務。[23] 歷史學家對於伊斯蘭的哈里發到底拾起了多少薩珊帝國留下的體制始終爭論不休，在地區易主後也必定有新的稅制改革。但是相較於墨洛溫王朝接手高盧地區時，面對的是毫無官僚體制也沒有地籍資料，只能靠天吃飯的農業模式，相較之下自然很難建構新的體制。

　　雖然伍麥亞王朝和阿拔斯王朝的哈里發從前人那邊右手接了官僚體制，左手拿了複雜的灌溉系統，但是他們卻無法長期維持灌溉系統。[24] 灌溉系統會隨著時間累積鹽分，造成土地鹽化不利農產，需要適量的排水才能夠避免這種情況。因此灌溉系統需要持續出資維護，阿拔斯王朝的哈里發並沒有維持下去，有可能是因為繼位之爭過於頻繁，他們必須將大部分的資金都投入在軍事上。後果就是長久下來收入嚴重衰退。到了九一八年，來自名義上歸屬的黑土之地收入只剩下前一世紀的三分之一。[25]

正義圈

在這一章的開頭，我們回顧了前伊斯蘭時期阿拉伯的不分階級的治理特性。低人口密度、高移動性、缺少強制力，種種因素強力排除了其他的可能性。在這個環境下，穆斯林以舒拉和建言的型態傳承並神化合意治理的概念。雖然《古蘭經》將這些概念神化，後世的哈里發為了朝向專制發展，又將它們廢除了。但即便如此，就像中國帝制一樣，專制統治並不代表君王從此不用負起政治責任。從薩珊帝國接手了官僚體制的同時，伊斯蘭的哈里發也借來了一套法治體系，即所謂的「正義圈」（Circle of Justice）。對於正義圈的概念描述如下：

> 沒有人就沒有權，
> 沒有錢就沒有人，
> 沒有耕耘就沒有錢，
> 沒有公正的治理就沒有耕耘可言。[26]

在正義圈的特色當中，令人意外的是它非常偏倚收稅者，因為收稅者是和平與繁榮秩序的基礎。正義圈奉行的主旨將官僚國家的角色置於社會和諧的中心。對中世紀歐洲人來說，這一定聽起來很怪，畢竟他們的信念是「國王必須自立自強」。

拜占庭遺產

從伊斯蘭征服伊拉克的歷程中，我們可以得知繼承官僚體制能夠將國家的治理模式轉為專制方向。但是我們萬萬不能將穆斯林世

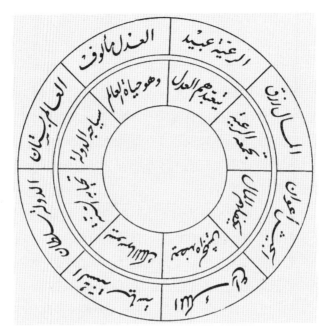

圖7-1　正義圈。資料來源：London 2011。

界無可避免邁入專制的路徑單獨歸咎於此。到了九四五年之後，阿拔斯王朝的哈里發在巴格達繼續統治國家，但是此時他們已經失去了外省的控制權。我們就得要去深入探討，這些省分發生了什麼事，他們以什麼方式治理？

當伊斯蘭軍隊征服埃及時，他們碰上和伊拉克一樣的情況，他們有一套現成的國家體制可以接手，但是這次是要從羅馬和拜占庭的傳統上接手。羅馬在西元前三一年就失去埃及的控制權。最初埃及曾隸屬於波斯帝國，直到亞歷山大大帝征服埃及。從那時開始，埃及就一直在羅馬人的控制下，接著交到拜占庭帝國手上，薩珊帝國短暫接手了一陣子，就來到了伊斯蘭征服時期。

我們先前有提過，由於古埃及的地理環境使然，埃及將國家寄予中央專制統治模式。人民即使對於人口稠密的尼羅河谷生活有再多的不滿，也無路可走。自從水位計（nilometer）發明以後，尼羅河的氾濫變得可以預測，農產量也就同樣變得可以預測。農產預測進一步讓中央行政可以穩定賦稅。

羅馬時期的埃及行省是國家主要的糧食和稅收來源。[27] 在二八四到三〇五年的戴克里先時期，埃及被區分為數個區塊，各區的官員則由亞歷山卓的長官（prefect）管轄。當埃及的控制權交給位在君士坦丁堡的東羅馬帝國皇帝時，亞歷山卓的管轄權也隨之消失。

埃及境內原本有市議會的組織，直接參與稅務管理。起初這些議會由外來者管理，因此稱不上是早期民主，到了四世紀以後地方人民逐漸取得議會席次，但是議會的重要性也隨之消散。在穆斯林征服時，取而代之的是由大地主代表地方勢力進行稅務管理。[28]

穆斯林軍隊兵臨埃及時，他們面對的環境和伊拉克可以相提並論。埃及長久以來受到一系列的強權統治，但是這些外來勢力從來沒有拆解埃及原有的國家官僚體制。外來勢力的對策都是將高階行政官員換成自己人，地方官員則照舊，先前的拜占庭就是這樣做的。這些大地主被稱為地方的「統帥」（duces）。行政上仍沿用希臘語和埃及科普特語（Coptic），只是加入了一些阿拉伯語的術語。[29] 這不是一套間接統治系統，因為統帥直接受到其上級阿拉伯的埃米爾（amirs）密切監督。[30]

安達盧斯地區

穆斯林軍隊持續在地中海周圍擴張，在先知穆罕默德逝世之後，短短幾十年內就遠播到直布羅陀海峽。他們將這塊領地稱為安達盧斯（al-Andalus），現今大部分歸屬於西班牙和葡萄牙。這個領地起初是由從大馬士革直接指派的總督統治。伍麥亞王朝的哈里發國在七五〇年解體後，安達盧斯的穆斯林獨立建了以安達盧斯為名的哈里發國，長久統治到十七世紀初。後來，伊比利半島上的穆斯林與基督教國家各自興起爭權，直到最後一個穆斯林國家格拉納達（Granada）在一四九二年滅亡。[31]

從羅馬退出伊比利半島之後這一系列的變化，讓我們有機會看到不同治理模式的可能性。不論是對穆斯林統治之前、其中及之後，都提供了不同的樣本。

這三個階段當中，首先是羅馬帝國退出西歐之後，西哥德王國幾乎控制了整個半島。這和後來在四一〇年由亞拉里克（Alaric）率軍攻入羅馬的是同一群人。學者認為西哥德王國的國王是透過選舉而來的。雖然表面看來是對的，但是在穆斯林征服前一個世紀當中，幾乎所有的繼位者都是有血緣關係的親族，有時候甚至是由上一任王室直接指定的。[32]在西哥德王國當中和早期民主比較有關的是他們會頻繁與主教和王國中的其他重要人士舉辦議會。[33]

到了後羅馬時期的第二階段，在七一一年穆斯林征服西哥德王國取得伊比利半島的完全掌握權。如同先前征服的其他地區，他們在此建立了一套專制官僚治理的體系。

到了第三階段，伊比利半島面臨一系列基督教王國之間的擴張、整合，最後基督教王國再次取得整個半島的統治權。就像先前在第五章提到的，這些伊比利半島上的社會發展並維繫了一套很重要的議會傳統。早期民主就此回歸。

至關重要的問題就落在：為何同樣在伊比利半島上，基督教王國透過集會進行統治，但是穆斯林治理下卻沒有。

要談這個問題，首先要提羅馬時期的背景。羅馬時期在西班牙地區的行省收稅的方式，與我們在其他西歐王國的行省看到的如出一轍。他們必須依賴地方菁英作為中介，但是帝國仍維持有一定的強制力。隨著羅馬帝國解體，西歐所有中央官僚體制都隨之煙消雲散，這地區也不例外。後羅馬時期的背景，解釋了西哥德王國必須透過早期民主統治的原因。沒有了中央官僚，國王們必須靠主教理事會的協助來取得收入。[34]

隨著穆斯林征服西哥德王國，伍麥亞王朝也帶來了不透過選舉也不需要合意的治理模式。起初大馬士革的哈里發指派總督來統治安達盧斯。隨著帝國的分裂，安達盧斯自立的哈里發將哥多華設為首都，統治了整個伊比利半島。

光靠一些新的概念，不太可能對伊比利半島上的統治模式造成這麼大的轉變，例如伊斯蘭的征服者就帶來了一些其他協助穩固專制政權的因素。大馬士革的哈里發在七一八年派出了一位新的總督、一支大規模的軍隊，和一批訓練有素的官員來穩固伊比利半島的行政並且進行稅務評估。[35]換言之，他們直接進口了一整個國家。

雖然難以確定花了多少時間，安達盧斯的統治者轉為採取直接收取農業稅的模式。起初安達盧斯靠的是基督教主教用教區記事錄收取的人口稅來運作。他們也向穆斯林人口收取免役稅，用來免除他們的兵役。這兩種稅制都仍要視農產而定，因為付稅金給他們的人還是都得透過農產取得收入。最終就導向大規模直接收取農業稅。[36]這套兼有文書和效率的官僚體制，讓整個行政系統的運作能力高於同時期任何一個西歐國家。

另一方面，文明的進步可能也強化了這個哈里發國的國力。伊斯蘭世界在這個時期，透過從帝國邊境得到的各種新作物，經歷了某種形式上的農業革命。我們將會在下一章更深入探討這個部分。伴隨著農業改革，他們也大力投入建設哥多華附近的瓜達幾維谷地

（Guadalquivir Valley）的水利灌溉設施。[37]

　　既然有著各種優勢發展，最後伊比利半島的穆斯林社會又是怎麼被來自北方的基督教國家推倒呢？從上述的各種條件來看，哥多華的哈里發國看起來都在浪頭上。它有官僚體制，有一支備戰軍隊，還有穩定的直接稅收基礎。這些都是其他歐洲國家要再過五百年以上才追得上的進度。更別提當時安達盧斯還蘊含了進步的學識和文化。

　　導致安達盧斯衰退的原因有可能是本身的自然環境或是在地條件使然，造成進口國家到西班牙南部的計畫失敗。不過目前真的還不太清楚到底是什麼原因。畢竟當時穆斯林也引進了可以讓環境持續經營的農業科技。

　　比較可能壓垮安達盧斯的原因，推測會是和其他專制政體同樣的病灶：繼承問題。儘管國力強盛，我們從安達盧斯的穆斯林政府歷史中可以看到他們的領袖和阿拔斯前期一樣任期短暫。在九二九到一〇三一年之間，安達盧斯的統治者平均任期不到七年。而到了一〇三一年，伍麥亞王朝在安達盧斯的最後一任哈里發被逐出哥多華，中央行政體制瓦解，安達盧斯分裂成數個小國，最後不敵基督教國家凝聚的軍力。[38]而這些基督教國家之所以能凝聚軍力，很可能也正是因為他們解決了繼承問題。[39]

伊斯蘭民主的消失

　　在歐洲國家垮台後，傾向以民主的姿態浴火重生，但是伊斯蘭世界的居民卻經歷了相反的潮流。征服給早期民主帶來走向專制政權的轉轍。地理因素在這後面推了一把，埃及和美索不達米亞的封閉河谷促進了強大的中央國家成長。除了環境因素之外，或許偶然性也參與其中。伊斯蘭征服正好撞上薩珊王朝下的伊拉克開始向中央集權的時期。如果穆斯林提早一個世紀入侵，他們會遇上權力分散到地方強權手上，中央王室相對薄弱的政體。在這個條件下，黑土之地可能就不會長出一樣的專制政權。伊斯蘭入侵者接手的是一個正在顛峰時期的國家，而不是像羅馬那樣已經分崩離析的國家。

　　伊斯蘭帝國的擴張速度，對於伊斯蘭世界要發展出民主來說也非常不利。快速擴張並不是穆斯林思想帶來的產物，穆斯林軍隊也是出乎意料地橫掃千軍，這可不是一開始就料想得到的。我們至今看到的早期民主自治社會幾乎都傾向於小規模的型態。在短短的時間內，阿拉伯帝國的政治從可以面對面共商國事，轉瞬變成關山迢遞的千里之遙。

　　當然也就有人提出，就像是歐洲面對規模限制一樣，阿拉伯人只要發展出一套代議系統就可以了。[40]可是歐洲也是花了數個世紀才充分發展出一套代議體制，因為各國的地理規模成長也很慢，歐洲人可以慢慢花時間研擬。相較之下，伊斯蘭世界在短短幾十年內就拓展了極大的規模，沒有慢慢想的機會。

結論

　　依照這一章當中所提到的模式，我們能不能更加理解現今的中東民主缺席的問題？如果自前伊斯蘭時期的阿拉伯地區說起，考慮到最初的政治條件和後續在伍麥亞王朝和阿拔斯王朝下的發展，真正對政治發展路線產生關鍵影響的重點在於快速地擴張成一個強盛國家，而不是伊斯蘭思想。從這個觀點來看，如果要判斷現今國家是否能夠走向民主，光看是不是伊斯蘭國家沒什麼幫助。印尼是世界上穆斯林人口最多的國家，在過去幾十年來也擁有活躍的民主體制。以伊斯蘭人口為主但民主鼎盛的案例，在西非和其他穆斯林國家也不在少見。在七世紀和八世紀之間被阿拉伯軍隊征服才是當時轉為專制關鍵，所以不能用伊斯蘭教本身來預判一個國家是否會走向專制。[41]

那麼難道在七世紀就被征服，後續維持專制至今的中東就不可能有民主嗎？這個體制能夠維持至今，當然不是這麼簡單就能妄下定論。中東曾經受到殖民統治，這一點讓他和西歐或是中國有所不同。法國和英國殖民統治中東的時候，顯然是不會想去推動殖民地的民主進程。[42]近年其他世界強權的外援，反而更增長了專制體制的氣焰，就像羅馬時期和薩珊時期試圖對抗前伊斯蘭時期的阿拉伯勢力一樣。[43]

我認為現在我們能確知的是，伊斯蘭征服並導向初期專制確實有效抑制了民主的後續發展。在這個地區接踵而來的專制政權，也僅一路師承先前的慣例。[44]舉個很簡單的例子，薩珊帝國所建立出來的正義圈概念，一直傳承到了一八三九年的鄂圖曼帝國才被正式廢除。

時至今日，我們仍可以看到征服者或是想要征服這個區域的人，都傾向於選擇繼承原有的國家官僚體制。《伊斯蘭國家的行政原則》（*Principles in the Administration of the Islamic State*）這本書中有明確的指示：

> 維護原有的（人事和基層結構）能力來管理前朝的生產計畫，嚴格監督並使其與伊斯蘭國家行政同調。[45]

如果十四個世紀前的征服者寫下政策說明書，大概也會寫出完全一樣的原則：置換最高領導層，維持現有國家體制以達成目標。

第八章

宏觀民主與經濟發展

　　歐洲的興起史在民主和經濟發展之間的辯論扮演了關鍵角色。儘管歐洲國家在二十世紀之後才建立現代民主，但數世紀以來，早期民主早就深植歐洲傳統。很多人認為，就是因為有代議集會的統治模式，創新和生產才能夠不受限於統治者順利開展。[1]與此同時，破碎的歐洲政局在學者眼中也是刺激經濟發展的另一要角。[2]就當代的背景來看，民主和發展之間的關係也還沒有定論。[3]

　　傳統觀點認為，中國和伊斯蘭世界的情況和歐洲大大不同，專制體制使得發展窒礙難行。當然，歐洲搶先踏入工業革命，而不是中國或中東，這是無可辯駁的歷史事實。但是如果我們用更宏觀的角度，把時間再往前推，這個論點就會有邏輯上的問題。因為如果以歷史長河來看，中國和伊斯蘭世界長久以來都在經濟發展上獨步全球。若專制是發展的死穴，怎麼可能會這樣？我的論點是就經濟發展而言，民主和專制各有其優劣之處。

專制利於先發但後繼無力

　　在經濟史學家之間，有不少關於歐洲超越中國的時間點上的爭論。很多學者認為早在工業革命之前歐洲就已經拔得頭籌。其他人則是認為「大分流」（Great Divergence）是工業革命才帶來的產物。[4] 在這問題上，不論哪一方正確，我們都得要認知到在這之前，早就有過一次分水嶺，讓中國和中東的生活水準遠高於歐洲各國。[5]

　　近年來經濟史學家挑戰了一個艱巨的任務，試圖算出早期全世界每一區的人均產值。這些預估數字帶有很多不確定性，但是只要謹慎運用就會有極大的幫助。我們目前已經估出中國的國內人均產值，其中包含了從早期的宋朝（九八〇年）到最晚的清朝（一八五〇年）。[6] 我們也有了伊斯蘭世界從八世紀到十三世紀的人均產值，而且還可以持續往下推。[7] 有了這些珍貴的數據，我們就能將中國和中東拿來跟英國比較，因為英國是全歐洲當中數據最完整的國家。

　　圖8-1呈現了預估的人均產值。[8] 從中我們可以清楚看到中國和中東早就取得領先。我們也可以從圖中發現大分流的起點，這包含

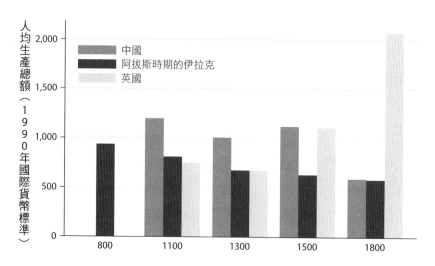

圖8-1　年度國內生產總額（資料來源請參見注釋說明）。

了英國（和其他歐洲國家）拋下另外兩區而變得繁榮。

　　從都市化程度可以反映出大分流帶來的影響。經濟史學家有時候會以都市化程度來衡量歷史經濟發展。這邏輯很簡單，我們幾乎不可能取得過去人民所得的正確數據，但是我們可以透過有能力負擔城市或鄉鎮生活支出的人口作為一個評估標準。若透過都市化比例來計算經濟發展，中東早期起跑很快，遠超過歐洲諸國，但是兩者趨近的時期基本上和我們從人均所得上看到的是一樣的。[9]我們也可以看到中國同樣有著早期優勢，但是與歐洲趨近的時間點則在較晚的一六〇〇年。到了一八〇〇年中國的都市化程度大幅降低，相較之下歐洲則是衝刺到了最高峰。

　　大分流到了小老百姓身上，就成了大大的收入差距。以歐洲來說，一八〇〇年時，沒有特殊技能的勞工在倫敦或阿姆斯特丹，能夠賺到的收入是最低生活費用標準的三倍。與此同時，同樣水平的勞工在北京只能夠賺到最低生活費用的一半，只能勉強餬口。[10]

中國和哈里發國都與蘇聯不同

　　若我們要把不同區域的發展結果拿來比較，我們得先知道它們各是哪一種發展。有一派的人認為基於強制投資的力道差異，專制體制能夠透過國家大撒幣，在短期內取得比民主體制更快的發展。但根據經濟學家對蘇聯時期的研究，大規模投資促成的高速初期發展很難以長久維持。[11]另一派的經濟學家則認為，在相對科技極端落後情況下，可以透過專制體制快速成長，但一旦達到科技水平線後，就會停滯不前，因為專制體制並不希望促進創新。[12]

　　事實上，中國和阿拔斯哈里發國的早期發展之所以能成功，和蘇聯式的成長性質完全不同。有一種可能性是在這些跨越大規模地理範圍的政體中，統一治理反而有助於創新。在相同的法規、習慣和政策下，思想上更容易溝通。

讓我們先看看安德魯‧華生（Andrew Watson）針對早期伊斯蘭世界的農業革新寫下的這段經典引言：

> 從我們的調查當中所浮現的畫面是一個龐大且統一的區域，這個區域在過去三到四個世紀以來，甚至未來，通常都對於新事物充滿包容。它更具有出眾的轉化能力，不只能將新傳入的元素融入區域，更能將稀有難得的罕見品化為日常。[13]

這聽起來不像是一個以專制箝制創新的地方。不過我們也要知道，事情不是一直都這麼順利。鄂圖曼帝國後期就很抗拒關鍵性的新科技傳入。經濟史學家舉出了很多證據指出，後期的中東國家有時候會透過各種機制、習俗、政策去防止經濟改變。[14]

從下面這個例子中，我們會看到專制體制怎麼樣在廣大腹地的前提下，可以鼓勵人民將知識和農業模式散播出去。長江在一○一二年面臨大旱，影響了眾多相鄰區域。但幸好中國地大物博，更因為跟鄰國的交流，宋真宗從中得到消息，說有一種抗旱且生長期短的稻米。於是真宗派使節南下福建找到種植這種稻米的農夫，徵收了三萬斛的種子並分配給旱災地區。政府也投入教育教導農民如何種植新品種的稻米。這個新品種由於是從越南的占城王國引進的，後世從此稱為「占城稻」（Champa rice）。稻米專家認為這對於中國的重要性有如現代農業革命。[15]

中國對於創新的推廣不限於農業，即使作為一個帝制國家，中國對於雕版印刷和活版印刷的推廣也不餘遺力。雖然宋朝限制政治思想的出版品，但是國家非常積極鼓勵推廣技術和科學的書冊出版。[16] 上頭這聽起來其實很像現在的中國。宋朝在鐵工方面的科技也遙遙領先，英國到了十七世紀才能達到宋朝的水準。[17] 在商貿發展上，中國在水路運輸和集市結構上也做了很多改善。[18]

既然中國和中東在科技上取得了先機，面對後來居上的歐洲工業革命，他們卻沒有跟上腳步，我們不禁得去思考是不是他們的政治機構中有什麼要素擋下了他們。英國科學家李約瑟（Joseph Needham）提出知名的「李約瑟難題」（Needham question），就是將工業革命視為現代科技的發展去思考這個問題。

為什麼帶有高技術涵義的現代科學，自然假說的數學化，只有在伽利略時代才迅速興起呢？許多人都會問這樣一個明顯的問題，但能回答的人寥寥無幾。此外還有一個同樣重要的問題。為什麼從西元前二世紀到西元十六世紀，在把人類的自然知識應用於實用目的方面，東亞文化要比西歐有成效得多呢？[19]

有些學者對於李約瑟難題的回應是中國機構容許人民透過經驗法則去創新，像占城稻事件是因為發生困難得到創新，但是他們並不鼓勵用實驗精神去挑戰假設，就西方發展來說後者才是關鍵。經濟學家林毅夫則對此提出反駁，他認為在高人口基數下，在兩者之間反而比較傾向於實驗精神，基於這個論點他大概也會給予阿拔斯王朝同樣的結論。他認為中國在實驗精神上確實另外有劣勢的原因在於官僚體制：如果伽利略生在中國，他只會去考科舉當官，而不會是科學家。[20] 這是個有趣的觀點，但這個假設仍有個問題：為什麼官僚體系裡面就不能有實驗精神？畢竟，網路也是美國政府的高等研究計劃署開發出來的。宋朝有不少領銜世界的科技也是由官員研發的傑作。蘇頌就是一個很好的例子，他在許多不同的科學領域上都有發揮，同時也因此平步青雲。[21]

　　李約瑟早期的書中其實也有提及這種論點，在他於一九四六年寫成的書中，他正好有寫下一段反論：或許實驗性科學本質上是與民主共同發展的，所以在民主的環境下更加茂盛。李約瑟在這邊所寫的民主不只是政治上的民主機構，也包含了民主帶來的啟發。[22]

中國專制體制的機會與風險

　　對於歐洲的發展，傳統解讀是專制體制下，人民比較不願意投入創新，因為政治體系並沒有給予人民財產足夠的保障。歐洲代議體制的興起則被視為是這個問題的解方。那反觀沒有代議集會的中國又是怎麼發展起來的呢？

　　宋朝其實是強化中央集權於一人的朝代，皇帝不再需要面對行政上的稽核挑戰。在前一個朝代，唐朝皇帝雖然也採用專制體制，但是仍要面對眾多皇親國戚的爭權奪位。在第六章我們提過，唐朝採用了科舉制度來削弱世族制度，最後則是藩鎮割據為唐朝畫下句點。[23] 沒了親族政治的牽掛，宋朝皇帝用人就靠著科舉競爭出來的人才。宋朝同時也建立了一套直接行政系統，讓地方官員直接向皇帝負責，不再透過中間人傳達。[24]

　　雖然宋朝政策上重商，但是這套偏重中央的行政體制卻對未來種下很不利的因子。到了明朝皇帝朱元璋開國時，中國實行了幾項政策，進一步地打擊了市場經濟。首先就是濫發紙幣，濫印「寶鈔」造成通膨，市場上反而不願將寶鈔作為貨幣流通。[25]

　　明朝還忽視水運的投資，這在宋朝首都開封附近的區域特別明顯。到了明朝，首都已向北遷往北京，但北京當時還不是交易樞紐，與南方之間的經貿往來都依賴京杭大運河。但明朝皇帝卻將運河直接列入軍事管轄，限制私人船艇的出入，切斷了南北連結。[26]

最後，明朝還採用了軍屯制，在北方和西方的邊疆設立兵農合一的墾荒農場。被派往墾荒的軍人則是非自願移民。據估計在一三九三年，中國有百分之十五的人口是國內非自願移民。[27]這對於一個還沒有現代運輸的社會來說是個很驚人的數字，也證明了當時中國具有很強硬的強制力。當然強迫移民對經濟發展來說，向來不是什麼好事。[28]這個決策的核心純粹是出自軍事和戰略上的考量。

從宋朝和明朝的經濟發展走勢來看，可以看到中央專制體制的力量，對於經濟發展和創新來說是把兩面刃，能載舟亦能覆舟。對於宋朝、明朝來說是如此，對於現代的中國來說也是如此。

伊斯蘭黃金時期的權力與繁榮

在阿拔斯王朝的時期（七五〇到一二五八年），中東和宋朝對經濟發展下了同樣的藥方。結果再次證明，專制統治者用以推廣學習和創新可以很有效，特別是對早期社會有用。阿拔斯王朝與中國不同的點在於專制統治非常不穩定，導致大量的資源投入在軍事衝突上，預算傾注於軍事的結果，就進一步造成灌溉系統失修而產生衝擊，特別是伊拉克地區的經濟。中央專制集權在中國的情況是領導者有很大的權力去推廣發展，但同時也能夠用同樣的權力輕易拉下領導者。在阿拔斯帝國我們還會發現另一個專制體系的弱點：繼承問題。

阿拔斯的哈里發統治著一個巨大且統一的帝國，這讓農業上的科技創新和農法可以很快地傳遍全國。市場組織系統也一樣，哈里發國商貿核心巴格達用的系統，很快就傳遍各行省。[29]而且，阿拔斯時期的哈里發不只推廣學習，還更進一步資助翻譯運動，將所有科學相關文件譯為阿拉伯文，這對經濟發展可以說是加入了大量的助燃劑。[30]

但雖說阿拔斯王朝在經濟上拔得頭籌，最終仍難敵政治上的不穩定因子。對此，我們可以參照圖8-2所臚列法國卡佩王朝、英國諾曼及金雀花王朝、中國宋朝、薩珊王朝來對比阿拔斯王朝的前期和後期的統治者在位時間。[31]而關於阿拔斯王朝的前期和後期的斷年，此處以九四五年哈里發失去實權成為象徵領袖的時間點為分水嶺。

早期阿拔斯王朝的哈里發平均在位年只有八年，相較之下非常短暫而不穩定。有幾位學者將這歸因於缺少一套明確的長幼繼承順位，或是像歐洲一樣有套王權依歸的約定機制。[32]也有人指出這是一夫多妻制的後果，多妻就代表著多子多孫，眾多後裔在世襲制的

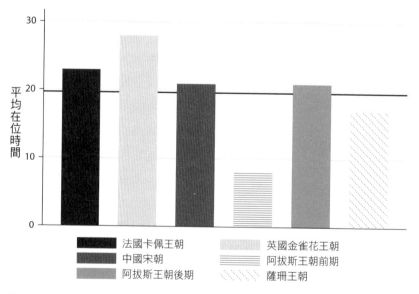

圖例：
- 法國卡佩王朝
- 中國宋朝
- 阿拔斯王朝後期
- 英國金雀花王朝
- 阿拔斯王朝前期
- 薩珊王朝

圖8-2　六個不同王朝的統治者在位時間（詳見圖例及注釋）。

環境下，就為潛在的衝突設好了舞台。[33] 這些或許都所言不假，可是縱觀宋朝、薩珊王朝和阿拔斯王朝後期一樣都有一夫多妻制，他們的王位就比較長命許多。究竟阿拔斯王朝前期為何會這麼不穩定還有待深入討論。不論如何，大致上重點仍在專制體系特別容易有這種風險。

　　阿拔斯王朝的政治不穩定為發展帶來負成長。伊拉克南部是當時哈里發國主要的農業生產區，也是主要的獲利來源。伊拉克農業的灌溉系統需要持續投入資金維護，但是阿拔斯王朝就只是從薩珊王朝依樣畫葫蘆地接手下來。後來國家光是對付紛亂不止的政治局面就應接不暇，維護偏遠鄉村地區的需求也長年被忽視。[34] 阿拔斯王朝的哈里發把資源幾乎都投入在捍衛邊境的軍事預算上，投資灌溉系統並不是優先事項。這進一步在內部種下更多不穩定因子。備戰用的軍事預算顯然是沒有什麼彈性，但是從農業上可以收到的利潤其實是可以被創造出來的。[35] 當時的局面其實是個很適合發展公共借貸的理想環境，可是這也流於空談。[36] 到了九四五年後，阿拔斯王朝的哈里發仍在位，但是已經僅止於儀式上有名無實的代表。

歐洲孱弱的專制體系成長

　　歐洲的統治者缺少像是中國或是中東那種中央官僚體系，這促使了他們採用早期民主的方式統治，透過代議集會來獲利。然而就像是第五章當中所述，有些歐洲王室仍會嘗試專制統治，比方說法國腓力四世的案例，藉此正好可以讓我們看看在這種政治狀態下王權和經濟發展的關聯性。腓力四世沒有中央的強制力，對於發展也就沒有什麼太大的影響力，推不動也擋不了。

　　腓力四世在位期間，為後世留下的印象是高調地侵犯臣民的財產權。[37]一三〇六年七月二十二日，腓力四世將猶太人逐出法國，藉此接管他們所有財產納為己用。[38]緊接著他也對手握銀行業的聖殿騎士團（Knights Templar）下手，沒收他們在巴黎總部的資產。一三一〇年五月十二日，腓力四世下令將聖殿騎士團視為異端，在巴黎市中心將五十四名聖殿騎士處以火刑。把銀行家抓來火刑，聽起來不太像是會保護財產權的國家會做的事。

　　不論是猶太人還是聖殿騎士團，種種線索指出，腓力四世事前就有和其他團體私下談好，預謀要以公權力掠奪私有財產。但是少了國家官僚體制，他沒辦法擴大奪取財產的規模。

　　腓力四世不只是沒有財務能力去推廣或阻礙發展，更沒有能力善用像是司法機關一類的政府機關。理論上，腓力四世有絕對的司法權，他是高高在上的國王，可以處置任何他想處理的案件。可是實際上，即使是他想要參與案件，他也得跨過重重障礙。[39]首先是握有實質司法控制權的地方貴族，各地的王公、諸侯、領主都在地方事務上握有大權。當時的司法權力分散且破碎，複雜到難以介入。最後，就像是稅務問題一樣，腓力手上也根本沒有訓練有素的公務人員有能力去處理司法事務。

歐洲早期民主的成長

　　有一套備受尊崇的說法是說歐洲代議集會適合經濟發展，因為他們有效地透過集會限制了統治者的權力。這可能就讓歐洲和世界其他區域有大的不同。這也可能讓英國和荷蘭共和國有別於集會活動較不活躍的法國。可是這個論點當中還是有個大哉問，正式的代議集會早在十三世紀就已經成為歐洲主流，可是歐洲的經濟起飛還要再過一個世紀才上跑道。

　　對此我會提出解釋，我認為歐洲代議集會是助力也是阻力。統治者受到集會的監督，有效防止了像是中國明朝那樣透過政策翻轉局面的劇動，與此同時，集會代表卻也會利用自身的位置阻止新人進入市場。在城邦層面上我們就討論過這個論點。[40] 對於更大規模的集會統治，也有一樣的問題。拿破崙在一八〇〇年代橫掃西歐，一一擊破了老舊的封建秩序，很多人就認為這促進了經濟發展。[41]

　　擁有健全代議集會的歐洲國家，初期都市化的程度都高過其他國家，但是隨著時代演進卻逐漸停滯。如果都市化的程度反映經濟發展程度，這就再次讓人懷疑集會到底能不能推動成長。我們可以拿我在前兩個研究中整理出來的數據來看。[42] 我把歐洲各國分為兩組，一組是代議集會強盛到有實權可以去干涉拒絕新稅法的國家，另一組則是沒有代議集會或是即使有也沒有什麼實權的國家。

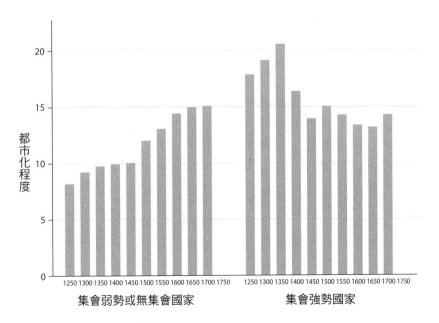

圖8-3　都市化和代議集會。

　　兩相比對的結果請參閱圖8-3。[43]我以一整個世紀為尺度，區別這兩類型的國家，表列了他們都市化的程度。起初，擁有強力代議集會的國家都市化程度高達其他國家的兩倍，但是隨著時間推進消退，差距也逐漸拉近。到了一七〇〇年，沒有代議集會的國家甚至迎頭趕上，有較高的都市化程度，這個結果很驚人。[44]

　　下一步就是拿歐洲代議集會的第二套資料組來比對，這是由波斯爾（Maarten Bosker）、布林（Eltjo Buringh）和范贊登（Jan Luiten van Zanden）三人編集而成的資料。[45]雖然這份資料並沒有根據集會權限分類，但是他們所涵蓋到的歐洲政體比我收集的資料還要多。從中我們可以比較在有無集會兩組的國家之中，歐洲各城市的成長曲線。從波斯爾、布林、范贊登的資料中，以平均來看，我們可以發現有代議集會的國家通常城市規模也較大，這或許代表著政治機構有為經濟發展帶來正面影響。然而到了一八〇〇年，前述的這些城市規模的平均成長，也只有比沒有集會的國家中的城市稍微高一點點（二萬六千人對二萬三千人）。若要以此推論集會有正面影響，那也就只是個小因素。

結論

　　從這一章當中我們學到了一課：**當我們要看民主機構對於發展的影響，我們得從長遠一點的宏觀視角去看**。我們不能只看過去半世紀，甚至過去整個世紀，我們手上有上千年的歷史資料可以參考。在時間的長河上，歐洲政治機構常常建立在早期民主的原則上，而在現代民主出現後也建立在現代民主上。中國和中東的政體則長久以來都有著專制機構。

　　現存的論點認為歐洲的集會傳統是發展的原動力，這是忽視了早期民主的致命傷：控制代議集會的既得利益者仍會想盡辦法阻止創新，以免新人進場占位。這很有可能反而妨礙了歐洲的發展，代議制度中的掌權者確實保護了自己的財產。

　　在下一章中我會談到，英國之所以可以先一步踏入工業革命，就是因為英國的國會機構和歐洲其他有早期民主的國家大大不同。以荷蘭共和國的政體為例，現代經濟才剛萌芽，它就被前現代的代議機構狠狠壓下來以保護地方既得利益。英國則是老早就將這種地方既得利益的權力壓到最小。

第三部

現代民主

Modern Democracy

第九章

英國為何與眾不同

　　自從約翰‧布萊特（John Bright）將英國國會稱為「議會之母」，很多人就都認為英國發明了這套政治制度。更精確來說：英國發明了一套新的國會模式。英國之所以與眾不同，是因為它的統治者和人民共同發展出一套治理風格，最後成為現代民主的前身。英國的代議士並不是直接由選民「指定委任」，因此與民意之間有段距離。他們在決策前也不能再回去確認民意依歸。這套系統顯然有利於王室，但是各方面來說都沒那麼民主。直接的公共參與受到限制，地方的既得利益者則礙於多數決的原則，少有機會阻止改變。本章我會以英國和荷蘭共和國為例，兩相對比。荷蘭是被稱作擁有「最早的現代經濟」的國家，但是荷蘭並沒有發明現代議會體制。他們的政治機制反而更接近早期民主，結果反而可能限制了荷蘭的經濟創新和發展。

先從羅馬談起

　　羅馬帝國在西元四三年將不列顛尼亞（Britannia）立為行省，然後一直維持到於四一○年撤出英倫群島。接下來就是史稱「蠻族入侵」的事件，四面楚歌的羅馬－不列顛人口慘遭清洗。英國史學之父比德（Bede）在西元八世紀前期是這樣寫的：到了四四九年，軍閥沃蒂根（Vortigern）邀請了盎格魯人和撒克森人入駐英國來對抗他的敵人。不料此舉是引狼入室，盎格魯人和撒克森人直接征服並屠殺當地人，「異教徒點燃了大火，行下天譴讓這個國家以血償罪。」[1]

　　時至今日，透過現代基因學的幫助，學者發現其實事情不像比德描述的全面清洗那麼慘烈。在如今居住在英國中部及南部的當地後裔身上，其實只有不到一半盎格魯－撒克遜基因。[2]也就是說，這其實不是外來者輸入一套全新的社會和政府系統。盎格魯－撒克遜人的入侵其實只是重新洗牌，只是比歐洲任何其他地方的規模都要來得大。相較於海峽對岸的高盧，雖然羅馬的中央權威垮台，地方上的羅馬體制仍屹立不搖。英國當時更需要一個新的開始。羅馬時期英國經濟依賴大型農莊，這些莊園原本受羅馬軍隊保護，隨著羅馬撤軍也變得破碎不堪。[3]

百戶制與郡制

　　當英國全面發展起來，盎格魯－撒克遜時期的英國採用分層治理，先是分為郡（shire）再細分為百戶區（wapentake）。[4]在第五章當中我們有說明過wapentake的存在有著北歐的背景因素。另一方面，百戶區的概念很可能是從加洛林王朝那邊借來的，但是我們會看到在盎格魯－撒克遜的英國體制下，百戶區有著活躍的集會傳統。

　　百戶區這個機構到了十世紀時已經發展健全，它的重要性也會一直維持到中世紀後期。每個百戶區當中會同時有其領地單位、隸屬於其下的郡以及一個由「百戶區法官」（hundredman）主持的法庭。對於百戶區法官究竟是由哪些人擔任，目前仍在史家間爭論不休。在一些比較古早的紀錄中，百戶區法官通常是地方執政官或是國王指派的官員，也或許是受封的莊園主。[5]這當中有一個由上而下的階級關係。在其他紀錄中，百戶區法官通常就是有地方勢力的地方大老。差別在於這樣就會是由下而上的配置，國王負責的只是統合司法程序。但即使如此，國王仍有給予失職的百戶長法官相應的懲罰的權力。[6]每個百戶區當中通常也會有個十二人陪審團宣誓就任。十二這個數字可能是從北歐傳來的，在斯堪的納維亞傳統集會wapentake上也是十二個人，可能是出自北歐神話中的十二位神祇。[7]

到了八九九到九二四年間，「長者」愛德華（Edward, the Elder）執政的時期頒布了百戶區執法的明文法令：

> 每一位百戶官（reeve）皆須於每四週舉辦一次（司法）會議，確保每人都有盡義務並取得他們的權利，並為每一筆案件訂立聽證裁決的日程。[8]

這個階段的百戶區主要是執法單位，從另一份後期留下的文件《百戶條例》中可以發現當時最常處理的是偷牽牛一類的民事糾紛。

從中我們可以清楚得知的另一點是，雖然百戶區可能源自古老民俗傳統的聚會，但是在十世紀時它也是一套由上而下統一訂定的系統。同樣的模式也出現在英國的郡制和郡法庭以及國王諮議的賢人會。這和當時西歐其他地方的體制形成強烈對比，其他國家的中央沒有那麼大的能耐可以管控地方聚會。

英國郡制在盎格魯－撒克遜王國時期是百戶區之上的一個層

級。[9]郡制首先出現在威塞克斯王國，後來則隨著英國統一而擴散到盎格魯－撒克遜王國各地。從十世紀開始，每個郡都會有一個負責人稱為郡長（shire reeve），也就成為我們後來所熟知的警長（sheriff）。郡長不只在司法行政上擔任要職，也要負責各郡收益。每個郡也會定期召開郡事法庭。

在第五章我們已經提過，歐洲史第一個千年當中，除了穆斯林控制的區域之外，英國是唯一達成全國統一而能夠全面徵收農業稅的國家。其中的催化劑是支付丹麥金的需求。而且唯有透過百戶和郡的系統，才有可能達成。在丹麥金的時期過後，這就轉為每年要繳交的軍備稅（heregeld）。

賢人會

盎格魯－撒克遜的機構當中，接下來要看的是最高層級的王室議會，也就是在第五章中我們介紹過的賢人會。就如同我們對其他盎格魯－撒克遜時期的機構一樣，學者對於這個議會的定位搖擺不定，究竟它屬於由下而上的社會組織，還是自上而下的王權下放還沒有定論。依我看來，賢人會引人入勝的特點就在於它二者兼具。這也是為了讓盎格魯－撒克遜成為一個強盛國家量身打造的。

就像是西歐其他王國，在七、八、九世紀間，英倫群島上漸漸合併的諸國都有些定期聚會，通常也都由一些優秀人才參加。但是除了定期聚會之外還有別的聚會。那就是特定事件或節慶聚會。在十世紀時，在逐漸擴大的威塞克斯王國中，集會在其境內已經變成規律的慣例，該王國最終也會被稱為英格蘭王國。關於早期英國國會的源起，最具可信的近期紀錄，要屬「長者」愛德華之子埃塞爾斯坦（Æthelstan，九二四至九三九年在位）任內留下的紀錄。[10]我們從埃塞爾斯坦的集會留下的「見證人清單」中可以得知，一場聚會可能有超過上百人參加。[11] 所以雖然名義上來說是菁英聚首，但是絕不是什麼私密小議會。這段期間的聚會日期也比過去更加規律，通常會選在基督曆法上的傳統聖人瞻禮日舉辦。

十九世紀的史家常常將賢人視為英格蘭人民的代議組織，讓人民透過負責統治的菁英來限制王權。對此，到了二十世紀有些史家試圖提出反論，他們認為這些賢人很可能只是「國王的僕從」。[12] 近期的學者李維・羅奇（Levi Roach）就試圖以實證的角度來檢視這個問題。除了會議規模很大以外，從埃塞爾斯坦的見證人清單中我們也可以知道，每場會議的參與人員變動不大。若只是由國王揮之而來的「僕從」的話，每場會議只要有人代表出席就可以了，見證人名單卻顯示可能有固定人選。這代表著這些人可能不只是王室選出來的人選，他們同時也要具備一些社會地位和聲望才能參加。

下一個問題是賢人會究竟是有如腓力四世那種早已寫好劇本的逢場作戲，還是其中確實有合意政治的元素在裡面。從這裡我們看得出來顯然是屬於後者，即使不像是腓力四世在第五章中的聚會有那麼多證人去見證這些聚會。[13]

最後一個問題就是賢人在會議上究竟都做了些什麼？實際上，在會議上的議程會含括外交、王家特許申請，以及最重要的稅務討論。

諾曼人繼承國家

諾曼人征服英國的時候，他們沒有像本書中大部分的君王那樣試圖建立新的國家體制，而是直接繼承原有的國家開創諾曼王朝。[14] 從著名的《末日審判書》中我們就可以直接看到盎格魯－撒克遜人留下來的傳統。《末日審判書》是「征服者」威廉（William the Conqueror）於一〇八六年下令製作的一本全面財務調查報告，在當時的西歐來說是前所未有的大工程。[15]不過我們也要知道在一〇八六年之後，諾曼王朝再也沒有進行同等規模的調查。歷史學家發現《末日審判書》實際上用了原本在征服前就已經建立起來的稅務清單，這更進一步加深了他們承用盎格魯－撒克遜傳統的可能性。盎格魯－撒克遜時期有著相對高的識字率，這點讓編寫這種清單變得容易很多。這和英文在這段期間取代拉丁文成為官方語言的歷史進程也兩相符合。[16]

　　諾曼人也繼承了盎格魯－撒克遜的王家議會型態。即使議會成員改朝換代，「征服者」威廉認為議會本身很有用而保留了這個傳統。諾曼時期的前期開始的議會，有一個關鍵性的改變，由於引進了封建制度，與會人員改為義務性必須出席。從威廉手上受封領土的新任領主必須出席會議，以示效忠。在盎格魯－撒克遜時期是沒有施行這種封建系統的。[17]

大憲章並沒有這麼了不起

　　在諾曼征服的一個半世紀後才正式宣布《大憲章》，歷史學家也曾多次對它的重要性提出質疑。對一部分的人來說，發布《大憲章》是構成英國立憲關鍵性的一刻。威廉・斯塔布斯如此寫道：「整段英國憲政史也不過就只是對《大憲章》的注釋評析。」[18]對其他人來說《大憲章》本身並不是什麼分水嶺，重要的是留給後世一個機會，在幾個世紀後回來解讀《大憲章》才改變了一切。就連《大憲章》在歐洲到底是不是獨一無二的人們都還有爭議。有些人認為透過迫使約翰王在蘭尼米德（Runnymede）簽下這份文件，英國的諸侯從此為英國和其他歐洲國家開闢了全新的道路。對其他人來說則不是如此，《大憲章》只是其他同時期、同性質的歐洲事件之一，可以跟在亞拉岡簽署的《公眾利益書》（*Privilegio General*）和匈牙利簽署的《金璽詔書》（*Golden Bull*）相提並論。[19]

　　要說《大憲章》是「獨一無二的分水嶺」，首先就會遇到一個問題：一二一五年的事件並不是單一事件，整部《大憲章》花了很多年才完成。事實上約翰王從未正式簽署《大憲章》，也沒有一個版本是用璽認證的官方正式版。在蘭尼米德寫出《大憲章》的過程中，國王實際上是受到武力威脅而口頭上發誓同意。但發表後沒多久，約翰王和眾諸侯就又再次展開內戰。雖然《大憲章》當中條列了數條稅制不能在未經同意下徵收，但是約翰王仍選擇無視條款強行徵取，後續幾任的英國國王也是如此。後來國王不得不尋求地方人士的合作，才終於開始重視並修改憲章中的條款。

　　從基本面來說，《大憲章》並沒有打破英國治理的模式，這也是第二個它稱不上分水嶺的原因。先前我們提過，盎格魯－撒克遜時期以來的英國王室從十世紀開始都是透過聚會來籌集稅金。《大憲章》中的條文並沒有明訂「本國境內未經同意不得徵收免役稅或軍事捐」。但是這感覺上只是再次確認過去的做法。

　　儘管一二一五年的事件稱不太上是個轉捩點，但是和其他早期社會受到的同一股推力，很快也會重申《大憲章》在早期民主上的重要性。約翰王的繼承者們有好幾次和麾下的諸侯起衝突或是資金短缺，這種時候他們就會再度修訂發布《大憲章》，並藉此確認他們在蘭尼米德簽署同意的權利與義務。正因為英國領導者的地位低落，他們不得不讓步磋商。於此對《大憲章》最適切的評價，應當將其視為一連串英王和臣民之間針對治理模式協商的漫長程序。即使約翰王在蘭尼米德就拒絕了最初的憲章，甚至一開始貴族們沒有提出《大憲章》，時代的潮流仍會導向同樣的結果。

　　說到底，《大憲章》最重要的地方還是在於為後世推動合意治理以及立法之間，取得一個互相合意的焦點。它創造了一個健全的合意政府應有的樣貌，一旦有了這份期待，後續人們想要對合意治理立論的時候，就可以持續回到這個立場上。在十七世紀時，斯圖亞特王朝試圖擴張國王特權的時候，愛德華·科克（Edward Coke）就以此銘記英國的「古憲法」來立論。

　　歐洲有很多和《大憲章》相似的事件，這也就讓其他支持者合意政府的人可以有共通的口號。研究《大憲章》的歷史權威霍爾特（J. C. Holt）就是這樣說的：「同樣的故事在西歐反覆上演，這凸顯了《大憲章》的重要意涵。」[20]隨著時代演進，戰事日漸昂貴，君王不得不透過各種集會和貴族、教會、鄉鎮代表合作。到了一一八八年，萊昂王國（León）的國王阿方索九世（Alfonso IX）在同樣是代議集會性質的議會（cortes）上，不得已給了諸侯重要的特權。後來在一二○五年，亞拉岡國王彼得也擬了一份同樣性質的文件。[21]匈牙利則是在一二二二年的《金璽詔書》中，保障了封建領主參與年度聚會以共議國政的特權。[22]

約翰王課徵的稅其實也沒那麼重

　　大多數的人都以為《大憲章》的誕生是因為約翰王「課徵重稅」引發的結果。[23]這會給人英國王權過大而需要受到約束的錯誤印象，但實際去看英國早期的財政數據，會發現事情不是這麼一回事。我們從第一章的時候就提過一三○○年間，大約在《大憲章》簽署了八十幾年後，英王愛德華一世可以從國內生產總額當中收到大約百分之一的稅金。這比起法國腓力四世能收到的稅金多了一些，但也沒有好到哪裡去。相較之下，一○八六年中國宋朝皇帝可以收到國內生產總額的一成，八五○年的阿拔斯王朝則可以從伊拉克黑土之地收到百分之七。[24]

那麼就英國國內而言，約翰王收到的稅到底相對來說有多重呢？圖9-1是約翰王任內的年收數據。[25]這張表是以英國生產總額為基準去算的比例。[26]做為比對，我也加上了兩條水平線分別表示阿拔斯王朝和宋朝的最高稅賦比例。

約翰王的稅制之所以激起憲政危機，可以從這張圖中找到線索。在約翰王任期之初，大部分時候都只能從生產總額中收到大約百分之一的收入。到了一二一五年前，他在幾年內將稅賦比例拉高到了三倍。從更細節的稅別分析中，也會很清楚知道這份激增的利

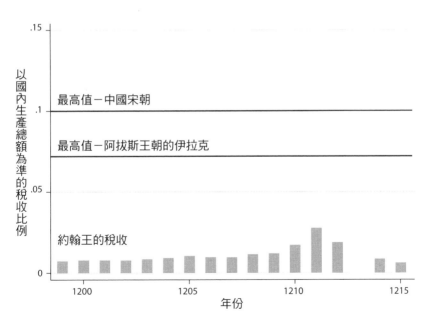

圖9-1　約翰王的稅賦比例與其他國家比較。

潤，主要都來自英國各郡的經常收益。時間之所以會在一二一五年，是因為這個時候其實貴族已經開始醞釀叛變，準備要推翻約翰王的王位。

要進一步判斷稅到底算多重，我們也要將約翰王課稅的方式和全球其他社會拿來比對，從中我們就可以看到，就算是在約翰王課稅最重的時期，實際上都還不到阿拔斯王朝的一半，更不到宋朝的三分之一。阿拔斯王朝和宋朝都在沒有因為稅務造成內亂的情況下順利維持高稅賦比例。這樣看來約翰王是想要挑戰以專制的模式能收到的最高收入，但是做得不太順利。差別就在於他沒有全國統一的官僚體制。

有時候也有人會認為正是透過《大憲章》的原則底定，英國後續的王室能夠收到的收入才有所增長，不然可能會更低。也就是說，統治者建立了一套和社會大眾的約定，換取穩定而且可以延續的收入金流，而不是透過無法延續的強制課徵重稅來獲利。然而接下來的兩個事實，會讓這種說法顯得過譽。首先就是約翰王的繼任者愛德華一世在一三〇〇年，也只能收到跟約翰王開始課徵重稅前差不多的收益。再者，英國真的要穩定持續課稅到國內生產總額的百分之三，還需要花很長的一段時間才能達到。要一直到亨利八世的晚期才能達到這種水準。[27]

英國真正領先群雄之處

真正讓英國獨領風騷的地方並不是英國有議會，也不是因為《大憲章》，而是在於英國的議會代表不需要經過「指定委任」。現在的我們會覺得民主社會中，代議士並不受到選民的指定委任約束，可以自行決議是很理所當然的事情。理所當然到我們會覺得本來就該如此。代議士可以自由做出決策，立下他們認為適宜的法令，選民則是透過這些決策來決定要不要讓他們續任。這其實就是從英國國會傳承而來的。

在第五章中我強調過，中世紀時期的集會當中，通常選民會透過指定委任來約束他們的代議士。約束比較強硬的情況下，代議士甚至沒有權力自行做任何決定。在低地諸國的勃艮第聚會（Burgundian assemblies），這個傳統被命名為 *ouïr et rapporter*。[28] 這是一段法文古語，*ouïr* 就是古法語中的「聽」，所以這句話的意思就是「聽完回來報告」。就算是代議士有權力下決策，他們也要嚴格遵守選民給的指示。如果代議士認為會需要做超出權限範圍的決策，他們就得要回去商討取得新的權限。這就是指定委任的系統，這讓地方有很強大的權力去阻撓政策。在某些情況下，甚至會需要全體通過才能夠做出決策，或是單獨社群可以單方面宣布因為他們不同意所以退出，因此不需要遵守決策。我們在第二章中也可以看到有很多歐洲以外的社會也是如此。在休倫族和其他北美洲東北林地社群，決策對於個別群體沒有強制力，除非他們各自都同意這個決策。在前伊斯蘭的阿拉伯地區也盛行這樣的模式。

對於歐洲王室來說，指定委任系統實在難以駕馭，所以他們就試圖要求代議士直接取得全部授權，進而直接做出決策。尤其是戰事當前卻財務告急的時候，與選民間來來回回的迂迴過程，必然會有所延誤甚至難以決策。也正如我們在第五章所述，歐洲王室進一步從羅馬法律中挑出了「全權委任」這個詞來支撐取得完全的委任權力的政策。[29]

只是單單引用了全權委任對當時的歐洲王室來說沒有太大的幫助。當腓力四世在一三〇二年召開後世稱為法國第一次三級會議的時候，他命令所有與會代表都應當先取得全權委任。雖然這一點達成了，但是三級會議的結果就只能針對稅務達成一些廣泛而模糊的同意。到了現實面要收多少稅，就會又回到與各區漫長的談判拉扯。[30]西班牙的王室也屢次要求代表取得全權委任，但是也沒有比較成功。西班牙王室最後直接放棄中央議會，開始轉向與卡斯提爾的各城鎮個別協商。[31]荷蘭共和國則是唯一沒有嘗試去要求全權委任的地方。基於地理因素和便捷的水路交通，讓荷蘭擁有可行的回報系統，但是即使是荷蘭，這套系統還是窒礙難行。[32]荷蘭共和國常常在面臨戰火燃眉時，仍然難以快速募集軍事捐，主要就是因為要諮詢的黨派實在太多了。

英國王室相較於其他國家，在實踐「全權委任」這點上真的達到不同的境界。完整代表權是在一二六八年召開議會時首見曙光。這一年的召集內容要求英國二十七個自治區的代表，都應該帶來有各自治區官印的授權書，內容需要表明該代表人有其完整代表都市的代理權。[33]

到了一二九四年，王家召集令中，代表要有全權委任已經是永久的基本條件，次年舉辦的國會開始就被稱為「模範國會」。在皇家召集令中是這樣寫的：

> 不僅如此，該騎士還需要取得完全而足夠的權力，足以分別表示擁有其自身和上述郡區社區代表，該自治區及市民代表，上述城市及自治區的社區代表，三者兼具。唯有如此前提下，他才能夠被任命為議會成員並完成上述業務，而不至於有任何瑕疵造成其無法盡職完成。[34]

這段引文當中通常一般人會把重點放在「完全而足夠的權力」，但是另一個關鍵重點是在於「完成業務」。完成業務意味著自治區代表不需要回去諮詢意見就能夠做出決定。一二九四年之後，所有英國議會召集令都會包含全權委任的字句，直到一八七二年為止。[35]

一二九五年後仍有少數的特例中，議會成員表示他們需要回去諮詢選民的意見。就在一三三九到一三四〇這兩年間，愛德華三世亟欲投入資金到將會延燒多年的英法戰爭。[36]他提出的需求事關重大，議會成員明白表示沒有回去和選民討論之前沒有辦法進一步討論。[37]這也是最後一次需要諮詢選民再做決策的情況。

現代民主代議機制之所以不需要透過指定委任就能運作，就是歸功於英國這段特殊的歷史。英國能夠辦到這點的原因，最大的可能性是來自歷史傳承。從盎格魯－撒克遜時期開始，英國王室就已經取得高度的中央權力，歐陸國家當時也只能眼紅。如果你要當時的人預測指定委任會從哪裡開始退場，他們也會說英國，而這某種程度上其實也代表著現代民主相較於早期民主，是有專制的成分在內。

都鐸時期的專制主義和優良政府

歷史學家總是對英國歷史各執其說，都鐸時期也不例外，都鐸王朝在一四八五到一六〇三年間統治英國。根據十九世紀晚期的文獻，斯塔布斯主教筆下的亨利八世是個「反覆無常卻充滿智慧值得崇敬的暴君。」[38]半個世紀過後，劍橋的歷史學家喬佛瑞·艾爾頓（Geoffrey Elton）則建立了一套完全相反的新共識。他認為都鐸時期不該被定為專制統治時期，而是建國、立法，穩固議會控制的時期。[39]艾爾頓的論點後來也因為過度解讀而受到批評。[40]

那麼，我們究竟該相信哪種說法呢？以我的觀點來看，我認為在看似兩極的觀點上都各自說對了部分事實，而他們的觀點衝突正凸顯本書中一再強調的主題：事有先後因果的順序關係。如果早期民主的合意政府機構先成立，那麼後續就很有可能不掉入獨裁或專制的陷阱建立出官僚體制。

　　我們先看一下都鐸王朝是專制政權的證據，或是說有專制企圖的證據。歷史學家勞倫斯・史東（Lawrence Stone）條列了一些證據，來佐證亨利八世傾向於專制主義：亨利八世擴大叛國罪的範疇，甚至將言論也列入其中。他強奪了英國境內修道院的財產，宣布自己是教會領袖。他試圖透過直接布告來發布政策，他也想要有一支自己專屬的軍隊備戰。[41] 這樣看來，亨利一點都不是什麼溫和的民主派。

　　撇除這些證據，都鐸王朝也踏實地在創造官僚國家上跨出一大步。艾爾頓則從更早的時間點切入，一五二九年湯瑪斯・克倫威爾（Thomas Cromwell）擔任亨利八世的首席部長，他當時就開始了一系列的改革，該時期英國原本還是用中世紀的框架以統治者的家族為主的治理模式。[42] 中世紀的政府模式下，國王主要是透過他身邊的親信下令，用人上不像是我們熟知的官僚體制，這個模式下沒有明確的分權或是能力條件。克倫威爾的改革就是降低皇親國戚的重要性，也減少了非正式的親信議政圈。相反的，他設下了一整套明確的部會，以法庭為名，分別負責不同取向的財源管理。除此之外也設立了比較正式的樞密院（privy council）。然而，雖然湯瑪斯・克倫威爾訂定了這些公務程序以免徇私，他卻無法嚴以律己。[43] 或許也就是因此，克倫威爾樹立了許多敵人，最終失寵於亨利八世。於是在一五四〇年六月，他被逮捕成為倫敦塔的階下囚，一個月後被送上斷頭台。

　　都鐸改革中最關鍵的要素在於英國沒有被轉為獨裁政體。國會確實沒有設計出都鐸的官僚體制，而是由國王身邊的閣揆領導而成。國會的正式監察權也要幾個世紀後才會實現。可是亨利八世無疑是被迫要和國會共同治理國家。一五二九到一五三六年間的國會又被稱為「宗教改革國會」（Reformation Parliament），也是英國史上至今任期最久的國會。這段期間，國會透過立法建立了優勢地位。英國現在原則上會以「君臨國會」（King-in-Parliament）代表國王與國會共同決議的治理原則。有一種看法是認為亨利八世遵守與國會合作的約定是因為這樣統治起來比較有效率。[44]

　　對於國會能夠維持這個模式，另一個看法是當時亨利八世受到「強大中世紀組織和政治傳統」的檢驗。[45]政治科學家用不同的語言檢驗，也會得到類似的結論。一旦國會成員學會集體行動，在與王室爭權的時候它們就處於上風。這說明出了先後順序的重要性。當亨利八世登基時，英國的政治代議系統已經蓄勢待發，這段期間的國會就能夠乘勢而上。湯瑪斯‧克倫威爾在一五三九年提出的一條法案，內容是要讓國王能夠有權力直接以政令統治，而其受到反對的程度正顯示了這點。這條法案受到貴族和下議院雙雙反對。最後，這個提案還是過了國會這關，但是僅限於在有特殊情況限制的前提下可以透過直接宣告的方式統治，對其用途範圍也會嚴格監督，沒有多久國會就在一五四七年撤銷了這條法案。[46]後續都鐸王朝只有偶爾召集國會，其中最著名的就是審理伊莉莎白一世的案件，除此之外，都鐸王朝從此未再嘗試跨越國會權限。後續的斯圖亞特王朝所做的事，就準準的踩下了衝突的關鍵點，讓國會達到擁有最高權力的完成型態。讓我們進到下一段繼續談這個部分。

「國會至上」的一體兩面

在英國憲政史上關鍵的下一步是轉為「國會至上」（parliamentary supremacy）。王權和國會爭權維持了一個世紀以後，在一六八八年，國會成功將「古老」的特權把持在手上。這時的國會比起過去更常開議。國會開始在財務收入和新創的公共借貸事務上扮演最主要的角色。同時也在財經政治的立法上多有建樹。相較之下，國王在政治上的直接影響力顯得衰退許多。最後在一七一○年，王室在國會立法上行使否決權，這也是王室最後一次行使否決權。[47] 從此開始國王或女王是誰不再重要，真正重要的關鍵人物開始變成主導議會和行政機關的「部會」。這最終就會演進為一套以首相、內閣和各部會首長負責的系統。在一六八八到一七一五年間，在頻繁的選舉和競爭當中，由輝格黨（Whigs）與托利黨（Tories）相對的兩黨政治開始成形。一七一五年後，輝格黨取得主導地位並維持到一七六○年。這段時期史稱「輝格霸權」（Whig Supremacy）。[48]

一六八八年發生了光榮革命，這時期的重要性被歷史學家廣泛認可，不論是在經濟、政治、科學都有其重大影響。[49] 光榮革命的影響大致上不用多說，我只想強調一個比較少提到的部分。對於一個已經成功讓指定委任退場的國家來說，建立國會至上這一點顯得格外重大。同等重要的是簡單多數決的決策系統也已水到渠成，地方已經沒有機會能夠自行阻擋或是退出政策。種種條件加諸其上，當國會至上建立起來的時候，就自然形成一個與地方利益絕緣的政體。這和荷蘭共和國的國會至上狀況截然不同。最後，關於一六八八年的光榮革命，如同傑克‧戈德斯通（Jack Goldstone）所強調的：威廉三世率兵入主英國其中其實有很多變數，也很可能會失敗。若真的失敗了，現代民主的故事或許就會大大不同了。[50]

英國國會成為最高的存在後，它與地方利益的絕緣性質帶來了好壞參半的後果，證明了國會至上有如一把雙面刃。正面來說，國會不再背負地方利益的累贅，可以為了國家發展通過重要的經濟立法。另一方面，負面效果就是執政黨可能以專制而腐敗的方式執政而不受制衡。

國會至上的第一面：高效能國家

在一六八八年的光榮革命後，國會大規模的擴張立法。在這之前的兩個世紀，國會每年平均通過十三條法案，當然這個數字也會隨著每年國會開議頻率不同而浮動。一六八八年之後，穩定開議的國會每年平均通過一百二十一條法案。[51] 這是很驚人的轉變。輝格霸權時期（一七一五至一七六〇年）通過的法案有三分之一是和經濟或通訊改善相關的法案。經濟方面主要是圈地法案，後者則是建構收費公路的法案。收費公路法案讓特定團體可以有權在特定地點建構公路並且收取過路費。在這之前，公路通常都受到各教會的教區管轄，他們沒有權力收取過路費。對此丹尼爾・波加特（Daniel Bogart）做了大量深入研究，結果顯示收費公路法案帶來高額投資，進一步提升了旅遊和通訊水準。[52]

在收費公路法案的高效率背後，提案人通常是地方人民，向議會諮詢過後才得以建設，在這個流程下議會保有了決定是否能通過的權利。威廉・布萊克斯通（William Blackstone）對於國會至上是這樣描述的：

> 它有自己的主權，在法律上不論是立案、決案、擴張、限制、撤案、廢除、再案、解釋都有不受任何控制的權限，包下了天主教會、基督教會、世俗方面、民事、軍事、海事、刑事

所有事務：英倫諸國的憲法將權力全都放到了這裡成為絕對專制的核心，所有政府會需要處理到的事務全都在這裡。

他進一步宣言：

所有刑事損害和投訴、營業和補助，只要超出日常法律審理的範圍，都由這個非常法庭進行裁決。它能規定甚至重寫王位繼承法，像在亨利八世和威廉三世的時期就有先例。它也能改變地區的宗教歸屬，在亨利八世和他的三個小孩的任期內就有許多案例。它甚至能改變並再創國家和國會本身的組成結構，有如《聯合法令》和《三年法案》、《七年法案》等選舉相關的法令。簡單來說，它無所不能。所以也有人會無所顧忌地大膽稱之為全能國會。[53]

近期的學者通常將一六八八年定為「有限政府」開始出現的年代，意味著從此開始王權受限於議會。但是布萊克斯通的觀察說出了另一種解讀：一六八八年的光榮革命帶來的是議會權力無限的年代。

國會至上的另一面：專制執政團隊

中世紀歐洲在代議政治上經常憂慮參加王家集合的代表被中央綁架。在首都待得愈久，愈容易受到中央施壓控制而變得貪腐。這也就是指定委任回到地方確認的流程一直不可或缺的原因。對光榮革命後的大英帝國來說，最諷刺的卻是它直接屈服於此，而這或許是因為英國在一二九五年就已經將指定委任以法律排除在外。貪腐的影響不來自王室，而是來自由羅伯特・沃波爾（Robert Walpole）

領軍的全新而權力在握的國會執行團隊。他常常被稱為英國第一任首相。

在光榮革命發生三十年後，輝格黨和托利黨之間的兩黨之爭已經打得如火如荼。從候選人制、選票監督、國會組織來看，這時的兩黨政治可以說是現代國會政黨政治的前身。這要歸功於經常性選舉的環境。一六九四年通過了《三年法案》，規定下議院至少每三年要重選一次。實際上不只發生得更加頻繁，而且占有多數的執政黨經常輪替。光是一六九五到一七一五年的二十年間，就有九次國會選舉。直到一七一五年後，輝格黨順利取得多數並且持續到一七六〇年。

穩坐大位的輝格黨在一七一五年後，透過手上掌握的部會設下了一系列政治參與限制。其中包含將國會任期加長到七年，在議院裡面任用許多「肥貓」，甚至以法令限制公開政治言論。我們不能夠把這些就輕易歸咎是輝格黨黨魁沃波爾的腐敗或是說當時的時勢使然。輝格黨的腐敗很可能是國會把持絕對權力的後果。處於同個時代的荷蘭共和國就不可能發生這種事情。

國會任期延長後，輝格黨也就更容易維持國會多數的優勢。國會在一七一五年通過《七年法案》，將選舉限期提升到至少每七年一次，這條法案一直延續到一九一一年。選舉限期延長之後，執政黨就更能夠趁最有利的時機舉辦選舉。

但是要立《七年法案》，輝格黨也不能就直接說是為了要保有多數執政地位。他們提出的說法是《三年法案》帶來的頻繁選舉，讓大眾一直維持在選舉狂熱，最後已經成了一場互丟泥巴的抹黑戰。確實就算是二十一世紀的假新聞農場，看到當時英國出版品中的一些辛辣言論可能都會自嘆弗如。[54]

透過在國會中安排「肥缺」，輝格黨也藉此取得後台贊助更進一步穩固自己的地位。意圖改革的一派提出倡議希望明訂國會成員不能夠同時身兼公職。但在沃波爾爵士的任期內，輝格黨完全反其道而行。輝格黨不只擴增許多占位者（placemen）的肥缺，更明定這些肥貓必須要在每條法案上和他的部會站在同一陣線。這就讓輝格黨在下議院穩坐多數席位。[55] 也有些案例是沃波爾毫不掩飾地透過賄賂來贏得選舉以保有議會多數的席次。為此，他贊助的出版品還直接表達支持這種腐敗行為。貪腐行為被描述成「反應當今世界現況的結果，此為人類事務自然而然的狀況。」[56]

　　從一七一五年開始，在下議院有多數優勢的輝格黨也開始逐步打擊異己，排除所有可能影響他們的執政的「障礙」。從一七一五年這一次開始，後續有好幾次他們直接暫停《人身保護法》。在一七一四年通過的《暴亂治罪法》當中，輝格黨給予地方宣布超過十二人的集會就屬於違法的權力。《暴亂治罪法》一直到一九六七年才被廢除。

　　輝格霸權為大英帝國帶來了一段政治穩定的時期，同時也與民主漸行漸遠。接續其後的時期，國會轉型為沒有單一黨派可以主導國會，同時也會看到對於賄賂及貪腐的指控變得頻繁。在一七七四年刊出的熱門諷刺漫畫中，描述了當時的首相諾斯勳爵（Lord North）站在象徵著收賄的眾人組成的下水道汙流上。約翰・威爾克斯（John Wilkes）則在另一頭拿著掃帚要「斷止汙流」。[57] 這和當代美國政治中有人說要「抽乾沼澤」有幾分相似。對於當時的北美殖民地來說，這幅畫道盡了英國國會系統的腐敗和暴政。

英國與荷蘭共和國的比較

　　要更明白英國集會治理從裡到外都是全新的模式，我們可以拿荷蘭共和國來做比較。荷蘭共和國也有一套強大的代議機構，但是他們的特質更接近早期民主，而不像現代民主。

荷蘭共和國有一套複雜的治理集會系統，對外界來說顯得難以理解，特別是習慣以中央為核心靠攏的政治模式的人。這套系統中每個鎮都會有集會，每個省也會有集會，然後會有一個全國性的三級會議做為總集結。權力則主要落在鎮級的集會上面。[58] 各鎮開完會透過指定委任的模式，嚴格限制派往更高層集會的代表。另一個早期民主的特徵則是他們很強調所有主要市鎮都需要同意提案才能通過，若通過了他們不同意的提案，他們也可以退出不合作。每個鎮都有權力管控交易、市場進出甚至鎮民的公民權。[59] 在荷蘭共和國的制度下，各鎮自治的政治參與度有限，因此隨時間漸漸傾向於地方的寡頭政治。[60]

從一則軼事當中我們可以看到對於荷蘭以外的人而言，這套系統有多常讓人感到困惑。[61] 在一六六〇年間，法國王室短暫地和荷蘭組成軍事聯盟。路易十四和他的內閣一再強調，要和一個有數不完的集會而且參與者意見分歧的國家談事情，簡直繁瑣到不行。路易十四戲稱荷蘭共和國是「過於喧囂的國度」（état populaire），而他能想到最好的策略就是以居高臨下的語氣寫信給荷蘭，像是個累癱的父母一樣表達對他們的治理系統的不滿。

荷蘭身為「最早進入現代經濟」的國家裡面，卻用了一套顯然是前現代的配套措施，這更顯得諷刺。[62] 值得深思的是究竟荷蘭的前現代政治是不是阻礙了經濟發展，而英國的現代機構則反而促進經濟發展呢？這或許也就是為什麼工業革命最後是在英國起跑，而不是荷蘭。[63]

但是在我們進一步深思之前，還是有些得要先提醒的地方。首先，實際上我們難以從僅發生一次的單一事件上面找到解釋，不論如何，只會有一個國家是第一個工業革命的國家。再者，光是「為什麼是英國？」這個問題，就有無數看似合理而且與政治無關的經濟因素值得探討。像是傑出的經濟史學家羅伯特・艾倫（Robert Allen）就提出工業化之所以在英國發生，可能是因為英國工資較高，帶來了勞力替換的需求，可取得的能源相對便宜，於是新科技一誕生就成為替代方案。[64]曼徹斯特附近盛產煤礦和英國有國會沒有太大的關係。勞工工資上揚和當時的國會幾乎都是由富豪組成也應該不太相關。英國政治機構在這當中最大的關聯性，頂多就是國會政體創造了可以讓實驗科學的知識轉化為科技創新的空間，進一步促進了工業化。

我們可以從英國和荷蘭歷年發布的專利數量，來衡量兩國的創新速度。[65]圖9-2是以二十年為期的專利數量。荷蘭的數字自一五七五年荷蘭共和國從西班牙獨立出來開始記錄。[66]大英帝國的數字則從一六一七年詹姆士一世（James I）任期結束前開始。[67]單就創新而言，荷蘭起初遠遠超過英國。若我們深入去看這些專利的內容，兩者的差距更加鮮明。在詹姆士一世任內，他把專利作為讓特定人士可以製作商品的特殊待遇，實際上並不是什麼創新。比方說尼古拉・希利亞德（Nicholas Hillyard）在一六一七年依據他的技能得到印製國王的畫像、版畫和肖像的特權。[68]與其說是幫助新創產業，這不過就是授予壟斷權而已。

在圖9-2當中，同樣令人訝異的是儘管有著前期快速成長的專利總數，過了一個世紀後，荷蘭的經濟創新速度急遽下滑。與此同時，英國的專利總數則節節高升，特別是從十八世紀中葉開始。最常見的說法是認為這是因為一六八八年的光榮革命推進了財產權的保障，從而帶來的推力。這樣說或許沒錯，但是若是這樣說的話，從專利來看，意味著它花了六十年才開始生效。與其說是因為一六

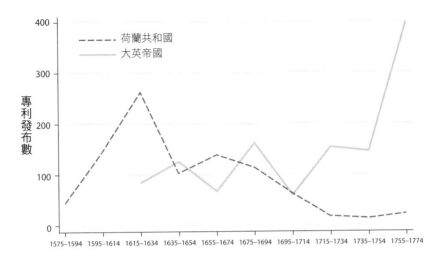

圖9-2　英國與荷蘭的專利數。此圖表以二十年為單位呈現英國和荷蘭註冊的專利總數。荷蘭數列由 van Zanden and van Riel, 2004 依據 Doorman, 1940 的資料為基礎整理而成。英國數列由本書作者根據 Woodcroft, 1854 的資料為基礎整理而成。

八八年之前的財產權不夠穩定，或許比較準確的說法是在一六八八年之後，英國的制度不再擋路，讓此時開始加速的科技創新可以勇往直前。巴斯・范・巴維爾（Bas van Bavel）最近則提出了另一個版本的說法。[69]他的論點是荷蘭共和國滯礙不前的原因在於當時貧富差距擴大，使得菁英階層得到權力，於是他們透過權力將政治體制轉為獨占，阻止其他人進入市場，因而阻礙經濟成長。

　　相較之下，英國的政治體制則有助於經濟發展，事實上，十八世紀的經濟發展，除了國會立法保護財產權有利之外，有時候也是靠國會強權來壓過地方權力。從權力的角度來說，這個時期英國國會更像是專制時期而不像早期民主。[70]大英帝國能夠廣設運河和公路，正是建立在國會立法強奪少數地主的私人利益的前提下。例如說公路信託基金會在英國擁有道路徵收權。[71] 若是荷蘭的政治系統，在地方人士擁有否決權的情況下，不可能推動這樣的發展。雖然法國舊制度（ancien régime）時期仍是專制體制，法國的體制下同樣有給地方人士一定程度上的否決權。一直到了法國大革命之後的中央改革，才會有大規模的投資進一步提升農業生產力。[72]

英國現代民主轉型失敗

英國是最早建立出現代議會的國家，也就是擁有全權委任而不受指定委任限制的代議體制。但是英國卻不是最早踏入現代民主的國家，原因就在於它遲遲沒有擴張選舉權。英國政治發展的弔詭之處就在於英國雖然早就發展出了民主的概念，包含所有（男）人都應該有投票權的概念，但是最早實踐的地方是英國在新世界的殖民地（對白人來說）。這就讓我們可以去思考到底什麼時候民主才成為一種可能性。

英國從一六四〇年代開始的革命時期，全民普選這個議題就已經浮上檯面。革命時期中不只發展出極端的平等概念，也推出一個強大的新工具：新模範軍（New Model Army）。[73] 這是一個比過去更強大的軍事組織，在這之前的軍隊通常都是以特定目的設立的，這是現代第一批職業軍人。只是問題在於，若要說新模範軍有效地擊敗了查理一世的國王軍，那它對於站在民主戰線上的熱血同袍也同樣毫不留情。

在理解十七世紀提出普選的根基脈絡之前，我們得先了解當時的選舉傳統。自一四二九年起，原本是從各郡騎士中選出代表參加國會的投票權，被限縮到每年能從房地產中獲得四十先令租金的人才能投票。以當時的水平來說，英國南部營造業的非技術勞工一天能賺四便士，年收入大約落在五十先令上下。專業的工匠年收入則大約在七十五先令。[74] 這條規定的說明如下：

> 本條目明訂各郡需舉辦選舉，推立騎士參與國會，然而近期有大量屬同一選區內且資產小或無價值之人，假裝擁有同等話語權。為覓得最適切參與選舉的騎士，特列此條例，以免同選區內因人選爭執而產生謀殺、暴動、鬥毆、分裂，直到有適切的替代方案為止。[75]

漸漸地四十先令在投票權上成為一道難以跨越的鴻溝，一直存在到一八三二年為止。但是在通過的當下，這條規定不過是要釐清有投票權的人選，而不是立下新的限制。[76] 要擁有租金四十先令的房地產，不但是個限制，而且是一個很高的標竿，讓參與選舉變成富人的特權。以十五世紀的諾丁漢郡（Nottinghamshire）的一次選舉為例，參與投票的共有六百二十五人。根據人口估計，這僅僅是該選區所有成年男性的百分之四。[77]

到了一六三〇年，四十先令規定已經有長達兩世紀的歷史。英國著名的英國馬克思主義史學家克里斯多福·希爾（Christopher Hill）在一六三〇到一六四〇年代的研究上，就提出論點認為這段時期的經濟蕭條在英國造成嚴重的階級對立。[78] 在該時代背景下，激進派的神職人員對教條中的關鍵要素以及菁英與大眾的關係爭辯不已。與此同時，隨著新模範軍的建立，也出現了兩個極端學派，分別是平等派（Levellers）和挖掘派（Diggers）。平等派將眼光主要放在憲政改革上，挖掘派（自稱真正的平等派）則提倡直接將力氣放在建立經濟平等上。[79] 平等派有很明確的政治目標，其中包含了一些現代民主的基本標準。

　　其中一項由平等派提出的倡議就是更頻繁舉行選舉。北美的殖民者後來也繼承了這個信念，反聯邦黨人（Anti-federalists）在討論美國憲政時也會提出這個概念作為佐論。

　　平等派的另一項倡議則是要求幾乎所有男性都能擁有選舉權。他們在一六四九年五月一日發表了《英格蘭自由人民協定》（*Agreement of the Free People of England*），其中四位平等派的領袖聯名發表以下內容要求擴增選舉權：

> 　　所有二十一歲以上的成年男性（扣除僕役、乞丐或保王派軍人）都應有其發聲權：得以受選進入最高法院（Spreme Trust），曾在國王麾下服務者則十年內無效。[80]

　　然而傾向於全民普選的觀點並不是新模範軍共有的想法。新模範軍的將領普遍被稱為「大爺們」（grandees）。這些大爺是透過意識形態在維持部隊運作，而平等派正是主要的核心理論。如果平等派倡議成功，帶來選舉權的擴張，就會符合我們在書中所看到的模式。當菁英階級需要動員人民參戰，他們常常將人民原先沒有的政治權力下放給這些人。但是一六四九年的平等派面臨的局面不同，當時內戰已經結束了，查理一世上了斷頭台，他們已經贏了。於是大爺們面臨兩難抉擇：要再開英國民主化社會革命的戰線，還是要乾脆就維持現狀不變。[81]

　　平等派對大爺們的不滿最初源自新模範軍內長久積欠的軍餉，在人類歷史上，欠餉總是屢試不爽的軍隊叛變原因。這場叛變分裂很快就擴大演變成政治取向上的衝突。[82]在將領中最有名的大爺就是湯瑪斯・費爾法克斯（Thomas Fairfax）、亨利・伊萊頓（Henry Ireton）和奧立佛・克倫威爾（Oliver Cromwell）。他們都來自英國傳統的鄉紳階級。因此他們也毫不意外地支持限制唯有地主才能擁有選舉權。伊萊頓陳敘的想法如下：

> 我認為除了擁有在本國永久固定的利益的人之外，沒有人有權可以參與關乎全國利益的事務，也沒有權選擇我們要遵從的法令，沒有任何人有這樣的權利。[83]

平等派的領袖約翰・李爾本（John Lilburne）、威廉・沃文（William Walwyn）、湯瑪斯・普林斯（Thomas Prince）和理查・歐佛頓（Richard Overton）則呼籲應推行全民普選並預測這將會是現代民主的關鍵要素。但是他們設下了比現在還要更高的門檻——每年都要重選。

> 我們同意並共同宣布：下一任及未來所有代表，都應該以年為其全權任期。以此也就應當每年進行國會改選，為此所有選舉人應訂於現行代表會期聚會。如應上天許可，選在每年八月的第一個星期四。——《英格蘭自由人民協定》

平等派領袖面臨的最大考驗是他們聯名發表這篇宣言的時候，實際上是一起被關在倫敦塔裡面的階下囚。平等派所倡議的全民普選，要一直到一九一八年才能在英國落實。這概念從創生到落實花了很長的一段時間。北美殖民地早在那之前就達成了幾乎全面的普選（這是對白人男性來說），而每年重選州議會更是反聯邦黨人在美國憲政辯論中的呼聲最大的議題。

平等派達不成政治目標有很多原因。新模範軍的重要性在其中難辭其咎。這個常被稱為世上首創的現代軍隊卻成了軍事獨裁，任何人只要忠於軍隊就通行無阻。如果革命時期沒有建立出這麼強大的軍隊，或許事情結果會大有不同。

結論

　　大英帝國的現代民主之路只走到一半。有如其他許多歐洲政體，從中世紀前期英國就有積極集會的治國特質。英國與眾不同之處是早在諾曼征服和《大憲章》之前，國王就已經在集會中扮演要角讓中央大於地方，而其他地方並非如此。這個模式一路延續，最後讓英國擁有一個打從根本就和別人不同的國會。到了十三世紀和十四世紀間，英國王室就建立出國會代表不受地方指定委任的限制的傳統。這是其他歐洲國家的王室都望塵莫及的程度。到了一六八八年後，議會建立至高地位，不受指定委任的傳統限制，讓國家立法機關擁有前所未有的強大力道。這讓國會可以在經濟上活躍發展，但同時也讓政府離人民愈來愈遠。最後英國沒有辦法完成現代民主的轉型，則是因為普選延宕了數個世紀遲遲未能推行。在下一章我們會探討，美國其實是靠著完全不同的條件來達成這個成就。

第十章

美國的民主和奴隸制

　　雖然英國先創立了新型態的代議政府，但是最後是由美國走出了接近現代民主的進展。談到美國民主，有一種看法是認為美國民主是從獨立革命才開始起飛。革命時期美國知識沸騰，從中昇華為現代民主國家，再由美國傳回歐洲。從這點上來說，美國經驗無可否認地激發了世界各地的革命分子。但要深入美國民主的起源，我們就得要先知道，這並不單是十八世紀晚期的知識發展下的產物。美國的民主是將先前在英國萌芽的概念，移植到新的環境而成的。現實環境上，英屬北美沒有國家強制力，土地廣闊但人力匱乏，想要治理這種地方必然要取得人民同意。換言之，這是民主興盛的典型條件。到了十七世紀，這些現實條件讓白人男性換來普選權。對於非裔人口來說就是另一回事了。接下來我會說明，讓白人殖民者創造民主的條件，也正是擴張奴隸制的條件。

早期殖民地集會

　　歷史學家在下面幾點基本概念上大多有所共識。雖然在新世界建立英國殖民地時，殖民者都傾向於由上而下的官僚治理模式，實行上卻截然不同。要了解其中演變，我們得先從殖民時期美洲的公民集會發展開始。從北美殖民集會的故事中，我們就可以清楚知道這不只是單純從英國移植而來的體制。英國國會傳統無疑有幫北美殖民者開了局。但是殖民者將棋推向了比英國更加民主的方向。在北美洲，（白人）政治參與的範圍比十九世紀晚期的英國都還要廣泛許多，選舉頻率也比一七一六到一九一一年的英國七年制要來得頻繁許多。在一些殖民地，人民甚至有機會透過彈劾或是發布明確的指定委任來控制代議士。

五十年前，哈佛大學的兩位學者提出殖民時期的美國體制，比起英國更接近於早期民主的另類解讀。政治科學家塞繆爾・杭亭頓（Samuel Huntington）認為這師承於都鐸時期（一四八五到一六〇三年）的英國政治理念特質。[1]歷史學家伯納德・貝林（Bernard Bailyn）則認為北美的物質條件促進了這個發展。在統治者和被統治者的蹺蹺板上，物質條件將殖民者推回了更早期的治理模式。歷史證據顯示貝林的說法更加貼切，也更貼合我在本書中對早期民主的解讀。

對杭亭頓而言，早期美洲殖民者繼承了都鐸時期的想法。「英國殖民者在十七世紀的前半的大遷徙中，帶著中世紀晚期都鐸王朝的政治理念、政治傳統和政治機構一起跨過大西洋。」[2]但是杭亭頓這段話忽視了一點，事實上殖民時期美洲的政治機構已經比都鐸王朝晚期還要民主很多。在伊莉莎白一世女王整整四十五年的任期內，僅召開了十任國會，其中只有一期國會任期超過一年。美洲殖民地集會則有著年年聚會的頻率。另一方面，都鐸時期只有非常少數的成年男性擁有投票權。殖民地聚會上則從一開始就有廣義的成人普選。

從貝林的角度來看，殖民地集會是將英國傳統放在北美條件下折射出來的結果。他詳述這個概念如下：

> 在殖民史早年所舉辦的聚會，不是什麼理論而是現實狀況
> 使然，這局部重現了早先在中世紀時期英國盛行的代議集會模
> 式，這一套在英國則在十五世紀和十六世紀間就被替換而退場
> 廢除了。[3]

貝林提到的這套早先盛行於英國的系統中，代議士近乎陪審團，受制於嚴格的選民指定委任。貝林認為殖民政府別無選擇得要採用這個系統。面對地幅廣闊卻只有勢力薄弱的中央政府，市鎮有著高度自治程度，與其說受中央管理，他們覺得自己更像是在幫助中央政府。

有如上述內容，起初在北美創立英國殖民地的人根本沒有要推進民主的意思。最明確的例子是維吉尼亞，該地原先是由倫敦的共同持股公司掌控，他們在詹姆士鎮建立起來的初期政府，有著嚴格的階級制。與此同時，在麻薩諸塞的清教徒殖民者建立政府的時候，就排除了「不配參政」的人。[4]

初期殖民地建立起來後，面臨了貝林所謂的現實狀況，因此被推往了民主的方向。其他學者也有相似的論點。土地和勞力的比例過高，加上缺乏官僚國家的統一體制，讓合意治理成為必然的結果。傑克・柏爾（J. R. Pole）就認為這個必然結果，源自於「控制」殖民地的倫敦聯合控股公司畢竟本質上還是間公司，而不是一套國家級的官僚體制，他們本身沒有統治能力。[5]

麻薩諸塞

到了幾十年後的麻薩諸塞，殖民地散布在廣闊的領地上，從波

士頓執行階級統治不只是困難，幾乎可以說是不太可能。直到此時，仍沒有任何擁有國家強制力的官方組織存在，這一路延續到托克維爾（Alexis de Tocqueville）於一八三〇年代訪美時仍顯然如此。在托克維爾的評論中寫道，新英格蘭市鎮集會已經超過了國家體制的結構。[6]在沒有國家體制的前提下，就得要透過合意統治，這一點我們在很多其他社會上看過。在美國版本中就是新英格蘭議會。有歷史學家說：「市鎮集會是透過迴避問題來解決強制執行的問題。」[7]正因為沒有強制機構或官僚組織，邏輯上來說，所有人都應該有權投票來建立共識很合理。

　　麻薩諸塞於一六四一年訂立《自由憲章》，透過以下條文確立了普選規章，「所有市鎮中的自由民都應有權力訂立與其自身市鎮福利相關的法令及章程。」[8]並進一步強調，「本殖民地自由民將持續擁有每年可舉辦選舉庭的自由，從自由民中選出本轄區的一般官員。」[9]

　　這是一段關於普選的出色論述。但這並不是出自清教徒的理念，因為清教徒領袖也不支持這個論點。像是約翰·溫斯羅普（John Winthrop）就反對麻薩諸塞灣殖民地議會舉辦選舉。為了支持他的論點，他還找來了牧師約翰·科頓（John Cotton）到議會上講道，從宗教立場論民主的危險。[10]清教徒牧師希望將選舉權限制在教會成員身上，並將統治者和被統治者之間的關係界定成有如夫唱婦隨一般的夫妻關係。[11]這也不會是源自英國的傳統或概念。一六四一年時，平等派都還沒有起草普選宣言，而且最後他們也沒有達成目標過。

　　麻薩諸塞議會在一六三四年首次正式開議。最初的想法是所有自由民都應該出席，但是這個目標太過艱巨，於是很快就變成各市鎮和農場各派代表出席的代議系統。[12]這些代表是從廣大特許業者

中投票選出來的。麻薩諸塞灣省（Province of Massachusetts Bay）①
在一六九一年正式成立，選舉權的標竿則設在擁有年租四十先令的
地產或擁有價值五十英鎊的財產。這很顯然是模仿英國的體制，但
是四十先令的規定在英國是非常高的標竿，北美有大量土地可以分
配，就沒這麼困難。學者們一般假定大部分自由民都持有投票權，
更有數據作為鐵證。十八世紀時，估計在麻薩諸塞轄內的十八個市
鎮當中，有百分之七十二的成年男性擁有投票權。[13]

　　麻薩諸塞的集會發展和其賦稅體制息息相關。由於少了以國家
收取稅款的強制力，必須轉為合意政治。作為聯合控股公司的麻薩
諸塞灣公司，仍是間公司，並沒有權力和股東收稅，以此類推，他
們也無法對殖民地居民收稅。麻薩諸塞議會於一六三四年開議的時
候，首要議題就是擁有獨立徵稅的權力。就算這樣，議會還是沒有
實際徵稅的行政能力。約翰‧科頓牧師或許有用些手段逼人繳稅，
但是他也沒有辦法評估每個人要繳的稅額。所以到了要徵稅的時
候，這份工作還是落到殖民地各市鎮身上。[14]在大多數早期民主的
模式當中，以地方代替中央徵稅是很常見的模式。

維吉尼亞

　　乞沙比克灣殖民地（Chesapeake Bay）則和麻薩諸塞的殖民地
採取截然不同的途徑，但是最後還是得回到地方現實面，將政治機
構推向民主。詹姆士鎮殖民地在一六〇七年由倫敦維吉尼亞公司
（Virginia Company of London）所創立，旨在開發黃金和白銀。這
間公司獲得了對於殖民地管理的完全特許權，能夠自行決策殖民地

---

① 編按：一六九一年經英國王室特許成立，合併了包括麻薩諸塞灣、普利茅斯、緬
　因等殖民地，後來成為美國創始的十三州之一。

事務，最初的想法是以公司選出來的人組成小型議會來管理。這不是民主，其中也沒有任何代議政府的概念。隨著詹姆士鎮的殖民者面臨疾病、饑荒、不法之徒的種種考驗，他們直覺反應就是用嚴刑峻法來壓制人民。

接著發生了兩起戲劇化的事件，從此改變了維吉尼亞的殖民治理模式。首先就是在倫敦，維吉尼亞公司的掌政者改朝換代。再者就是這些歐洲人開發出菸草出口的種植產業。他們沒有找到真金白銀，但是有個替代出口產業也很好。

埃德溫·桑迪斯（Edwyn Sandys）在一六一九年上任倫敦維吉尼亞公司新任財務長，對殖民地來說就相當於總督。下議院成員出身的桑迪斯是出名的政治家，以帶頭反對國王詹姆士一世而出名。他推倡國王與人民之間應該享有同等權力。[15] 他上任後提出的動議方案，也正反應了殖民時期美國的民主走向。由於願意遷入維吉尼亞的人寥寥無幾，桑迪斯意圖從貧困階級中找到可能移民的人，並且設法提高自願移民的動機。

桑迪斯先向英國地方治安官徵求任何「會對在地教區造成負擔」的十五歲以上青年。提出只要該教區願意出五英鎊，他們就會把這些人送去維吉尼亞。根據他們的說法，這些人「將會被好好款待並訓練成僕從和學徒」。[16] 結果等著他們的當然不是多好的款待。此時期遷居詹姆士鎮的人，面對的是一個還沒準備好大規模入住的破舊殖民地，最後很快就會死於飢寒交迫的環境。[17]

桑迪斯的第二支箭則是釋出維吉尼亞的地權和民權來提升移民條件。為了達成這個目標，維吉尼亞公司承諾只要殖民者居留時間夠長，就可以獲得自己的土地。同時也提出佃農計畫讓人為公司耕作一段時間後，就可以獲得自己的土地。[18]

除了土地之外，他們也建立了新的願景，為維吉尼亞架構一個

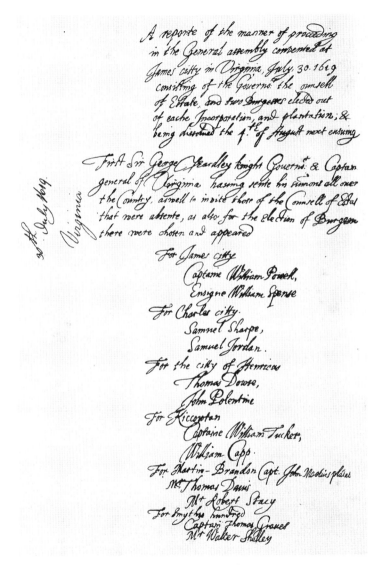

圖10-1　維吉尼亞首次議會報告。資料來源：Proceedings of the
General Assembly of Virginia, July 30–August 4, 1619, ed. William van
Schreeven and George Reese (Jamestown: Jamestown Foundation of the
Commonwealth of Virginia, 1969)。

民主治理的理想。其中，日常事務仍由總督和公司議會共同管理。
重要事務則由十一個殖民地各派兩位議員所組成的總集會共同審
理。維吉尼亞公司明確表明，在這個新做法當中，決策將由多數人
共同決定，議員則由「居民」共同選出。雖然公司條文並不是直接
寫明了開放普選，但是這其中的含意也很明確了。[19]

　　歐洲殖民者在北美的第一次民主聚會就在詹姆士鎮舉行，時間
落在一六一九年的七月三十日到八月四日。會議成員有由維吉尼亞
公司選派的總督和公司議會，十一個殖民地派出各兩位代表。不過
由於氣候炎熱，多數成員中暑倒下，這場會議不太順利。

> 　　會議總結：由敝人代為向大會及英國方面報告，由於天候
> 欠佳以及多數議員身體不適之故，本次會議提前終止。[20]

　　在維吉尼亞集會提前終止前，他們仍為地方官員完成了初步的
菸草稅立法，達成連結稅賦和代議兩者關係的宣言。針對徵稅款項
細節的議題，議會在後續幾次會議中討論出來，並在該區成功訂立
賦稅權。[21]人口稅訂為由治安官負責收取。[22]治安官則由議會指
派，這部分就和麻薩諸塞的模式有所不同。

馬里蘭

　　有別於維吉尼亞和麻薩諸塞的經驗，馬里蘭打從一開始就在自
治憲章上允許自由民舉辦議會並協助當時的總督塞西爾・卡爾弗特
（Cecilius Calvert）治理殖民地。[23]但是同時也給了卡爾弗特在立法
上有如國王般的最終決定權。卡爾弗特一開始仍想要保有他的特許
權，試圖無視馬里蘭自治憲章上表明治理時應允許殖民地的自由民
有「建議、合意、核准」的權力。[24]在馬里蘭第一個殖民地於一六

三四年設置過後，很快就舉辦了第一場集會，所有自由民都能參加。[25]當時的殖民地人口稀少，所以不是難事。有如麻薩諸塞的事件重演，這很快就演變成所有自由民都有投票權的代議系統。

在上述提到的這三個殖民地當中，馬里蘭階級化專制統治的時間維持得最久，只是沒有國家的強制力，這一套仍舊行不通。有很長一段時間，馬里蘭的總督們仗著特許狀無視議會的要求，導致整個省陷入無法治理的狀態。無法獨力獲取利益的總督無能為力，最後不得不轉向議會求救。有如觀察這段歷史的人會描述當時的情況是：「自治城鎮的鎮民緊握著他們的錢包不輕易鬆手。」[26]

公民意識在馬里蘭花了比較長的時間覺醒，但是最後仍舊與其他殖民地殊途同歸。要一直到一七一五年，馬里蘭議會才能讓殖民地自由民選出的代表自由發聲和否決法案。

白人男性的普選權

從麻薩諸塞、維吉尼亞、馬里蘭的議會歷史中，我們可以發現早在美國獨立之前，美洲的英屬殖民地就已經建立有普遍的選舉權。事實上，在某些案例當中，一開始甚至是開放完全普選，後續才加諸限制。相較之下同時期的大英帝國能夠在國會議員選舉中投票的，只有不到百分之三的成人男性。這到底是怎麼回事？

在北美，民主的概念毫無疑問推了普選一把，但是即使這個概念的基底來自大英帝國，英國當時卻從沒有實行過。平等派提出普選的遠見之後，要等上兩個世紀，這個概念才會慢慢開始上路。所以在英國本土與北美之間的脈絡上，一定有別的變數造成結果不同。

勞力匱乏不僅推動了殖民地的集會發展，也對政治菁英產生壓力，進而推動選舉權的擴張。要調查殖民地選舉權的演進，我們可以套用先前在本書用過的同套架構。對於現狀不滿的人能不能找到其他出路，這是其中一個至關緊要的要點。就英屬北美而言，我們就要提出兩個問題。首先，人們到了北美之後，若對於現狀不滿，有沒有去別的地點的其他選項？就像我們先前看到的，當時北美地幅廣大，轉移陣地的選項可能很充沛。所以這就帶出下一個問題。這些人一開始是怎麼會選擇從大英帝國移民到英屬北美呢？

在大英帝國非技術勞工所擁有的政治權力很少，但是在十七世紀間，工資穩定上升，這也就提升了殖民地的菁英要讓勞工自願移民的難度。從十六世紀初開始，倫敦的非技術勞工薪資就開始穩定上升。到了北美殖民時期初期，倫敦的薪資已經高於其他歐洲城市，而且薪資差距當時看起來只會愈來愈大。圖10-2是透過福利比例來檢視一般單薪家庭的生活費等級。十七世紀福利比例上升並不是倫敦獨有的現象。從其他英國南部市鎮的數據來看，雖然其他城市起薪比較低，但是成長速度不相上下。

為了刺激人們從英國移民到美國，殖民時期的美國必得要祭出高薪，從數據上證實了這一點。不論是名義工資還是福利比例，我們所取得的證據都顯示當時對於非技術勞工來說，殖民地和英國本土生活水準不相上下。[27] 然而，人口移出率的數據卻顯示遷出不列顛群島的人口在十七世紀初還有約每年七千人的數字，到了世紀末只剩下每年三千人。[28]

在薪資之外，投票權就成為另一個北美移民的誘因，高工資和政治權益可謂相輔相成。政治科學家艾蓮娜・尼科洛娃（Elena Nikolova）和經濟學家羅傑・康格爾頓（Roger Congleton）各自都有提出這個論點，尼科洛娃進一步提出了統計數據來支持這個論點。[29] 雖然十七世紀的現實條件促成開放成人選舉權，到了十八世紀卻有兩個發展讓美國走上回頭路。第一點是英國王室方面施壓限制選舉權。第二點則是南方殖民地開始大量引進非裔奴隸，大幅降低人力需求，因而降低了菁英釋出選舉權來吸引窮困白人移民的誘因。[30]在維吉尼亞的選舉權受到的限制確實比麻薩諸塞要來得嚴格許多。當時，麻薩諸塞可投票的成年男性自由民平均達到百分之七十五，每個市鎮投票率則落在大約百分之五十到九十之間。相較之下，同一時期的維吉尼亞艾塞克斯郡（Essex）只有平均百分之五十四的男性投票率。[31]從數據上來看，維吉尼亞白人男性選舉權確實較小，只是沒有到很誇張的地步。

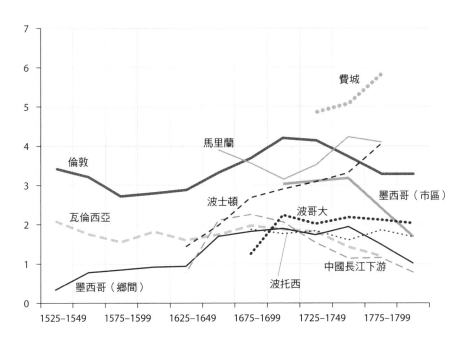

圖10-2　英國生活水準比對。這張圖表以二十五年為單位，分別表示新世界和舊世界各區的福利比例。資料來源：Allen, Murphy and Schneider 2012。

美國奴隸制的起源

　　美國經常把自己獲得民主的故事，說得跟美國的奴隸史沒有半點關係。把民主說得像是獨立誕生的，美國的奴隸史則有另一個不同的來源。但是，如果我們更深入挖掘就會看到，白人獲取參政權，以及非裔人口受到奴役，其實背後都源自於勞動力稀缺。美國的奴隸制和其民主自由之間的關聯性也不是我第一個發現的，埃德蒙‧摩根（Edmund Morgan）在一九七五年的著作標題就直接寫著「美式奴隸、美式自由」（American slavery and American freedom）。[32] 我在這裡想說的是，我想更進一步提出在美國體制下建立的民主制度和奴隸制度，其實都基於同一個我之前強調過的主題：地廣人稀的環境，以及其他選項的出現。

　　在深入這個論點之前，我們得先繞點路看看經濟學家提出來的強制勞動相關的理論。經濟學家埃弗塞‧多馬（Evsey Domar）在一九七○年就寫下了題為「關於奴隸制或農奴制的起因」的文章，精準地梳理出一些歷史學家所建立的論點：勞力缺乏的狀態會讓擁有土地的地主想要建立強制勞動契約。[33] 簡單來說，如果我們把世界上的生產體制簡化成兩個因素：土地和勞力，那麼如果土地資源比勞動力充足許多，單純擁有過剩的土地並不會發大財。你還需要想辦法把人帶進來並控制勞力開發土地。

　　研究殖民時期前的非洲的歷史學家時常提出，在一個土地豐沛的環境下，因為勞力的價值相對高昂，自然會想要用奴隸制度來掌握勞動力。但是這個論點當中仍有個問題未解。我們在第二章及第三章中討論過，非洲在殖民時期之前的豐沛土地是否有帶來早期民主仍沒有定論。只要人民還能搬遷或有其他選項，那麼強迫勞動就不可行。

　　問題在於在什麼時間點，勞力缺乏會導致強制勞動，又是什麼時候會導向自由？兩位經濟學家達隆‧阿齊默魯（Daron Acemoglu）與亞歷山大‧沃里斯奇（Alexander Wolitsky）提出了一套理論模型，進一步拓展了多馬的原始觀點。[34] 依照多馬推測的理論，勞力稀缺可能帶來更多強制勞動的模式，因為勞力價值高於土地。然而，當勞力稀缺程度持續攀高，被你控制的人力就可能找到更誘人的其他選項。最後結果取決於這兩者之間的角力——找不到更好「其他選項」的人就會被奴役。

　　我們可以把這個觀點放到十七世紀晚期北美的乞沙比克殖民地的脈絡上。很多英裔移民都是簽了約聘，以契約勞僕的身分來到乞沙比克。其中有些人是自願簽約，其他人就不是，他們可能是從倫敦街頭被掃上船，或是被孤兒院賣給招募者之類的方式，被迫來到這裡。有時候他們也同樣被稱為「奴隸」。[35] 在一六六〇年八月七日，一位名為安‧派克（Ann Paker）的僕人就將他的雇主告上倫敦密德薩斯（Middlesex）地方法院，控告對方「違法將她以奴隸身分賣往維吉尼亞」。到了安‧派克案件審理時，國會才對契約勞僕交易建立懲罰性法令，但是在過去幾十年中，從街頭被掃上船送往維吉尼亞的人就不受法律保障，更別提要很久以後才會受到法律保障的非裔人口。[36]

　　早期這段強制輸出英國人去維吉尼亞的歷史，讓英屬北美聽起來是一個早就準備好奴役他們的環境。但事實上，事情並非一直如此。當約聘契約的約期結束，許多英裔移民接著就創立自己的農場。這個出口選項之所以能成立，原因不外乎是因為他們和維吉尼亞其他英裔殖民者有著相同的外貌和口音。他們甚至有著共通的文化習俗。換句話說，這些人有很好的其他選項。

　　我們再繼續檢視其他案例：在維吉尼亞或馬里蘭以及其他一六

一九年時抵達英屬北美殖民地的非裔移民。最初幾批抵達的非裔移民有著各自不同的情況。有些人是以自由民的身分前來，也可以維持自由民，有些人則和白人移民一樣是透過約聘勞僕的契約方式簽來的，有些人是完全沒有任何自由的奴隸身分。[37] 對於非裔移民來說，其他選項一樣重要，可是相較之下他們的許多條件顯然遠低於白人移民。非裔人口的外貌就與英裔人口不同，大部分的人抵達的時候甚至不會說英語，也不熟悉英國文化習俗。許多證據甚至指出當時在伊莉莎白時期及詹姆士時期，英國人認為深邃膚色與次等人種或其他負面特質有所關聯。[38] 其他選項對於非裔移民來說其實形同虛設。

在維吉尼亞和馬里蘭的殖民地能夠維續奴隸制就是靠著這點，非裔人口沒有出路，去不了別的地方工作。奴隸主當然也會出力將法律推往自己這一邊。很快的「奴隸」這個詞就正式進入到法律層面，開始得到法律上的定義。非裔人口在法律上被視為「奴隸」，原本被綁架而來的英裔人口則只是受「國家習俗」約束，意味著他們最終是可以迎向解放的。[39]

我們從以上情況就可以看到，在地幅廣大而勞動力匱乏的環境下，同時擴張了白人移民的政治權利，也帶來了非裔人口的奴隸制。然而，要深入了解奴隸制的擴張就要將另個因素列入考量：菸草種植產業的興起。英國的菸草需求暴增的同時，馬里蘭和維吉尼亞的奴隸制也以等比的規模擴張。[40]

約翰・羅爾夫（John Rolfe）被認為是第一位成功在維吉尼亞種植菸草的白人殖民，他後來也因為與寶嘉康蒂（Pocahontas）結婚而留名。他從千里達引進的菸草品種比美洲原住民種植的品種口味更甜，也有較高的尼古丁含量。在一六一二年羅爾夫首次出貨菸草到英國本土，一上市就大受歡迎。

從此開始，英國從殖民地進口的菸草量從小量進口開始漸漸在十七世紀間維持穩定成長。在英國有些自認是菸草專家的人，開始討論菸草對人體的好處。很多人都推倡菸草有益健康，但是國王詹姆士一世並不這麼認為。一六〇四年他出版了一組宣傳小冊，上頭是這樣描述抽菸的行為：

> 此習俗礙眼、難聞、傷及腦部、危害肺臟，其黑煙散播惡臭，帶來的漆黑簡直有如無底礦坑般的恐怖。41

一六六〇年間，英國的菸草進口量仍大幅上升，到了這個時候甚至有個意料之外的轉折。一六六五年倫敦大瘟疫發生時，抽菸防疫的概念廣傳。當時連學童都被規定要抽菸，傳說甚至有伊頓公學的學童因為拒絕抽菸而受鞭刑，當然這很可能只是段虛構的佚事。這使得維吉尼亞的菸草進口需求更加高張。菸草很容易上癮，只要短時間大量使用就會帶來長期的進口需求。

最後我們來看喬治亞的殖民地，喬治亞就是土地資源豐沛而勞動力稀缺組合成美國奴隸制的樣本。42喬治亞是英國在北美本土建立的十三個殖民地當中最後一個殖民地。喬治亞的皇家特許狀要到一七三二年才發布。但出人意料的是，喬治亞殖民地成立後的第一項政策是禁止使用黑奴。其中動機是該殖民地成立的前提就是要讓英國的窮人有翻身的機會。依賴黑奴將會讓這些窮人好吃懶作。換句話說，這不是出自對奴隸制的道德考量，他們沒有多在乎怎麼對待非裔人口。禁止奴隸制的同時，他們也建立了一套土地租佃的制度來維持勞動力和土地的比例。每個殖民者能夠獲得的土地最多只有五十畝。

但喬治亞的奴隸禁令也沒有維持多久。到了一七三五年，一群地主組成了「不滿者聯盟」（malcontents）。他們提出的邏輯是因為氣候因素，即使從英國引進契約勞工的成本較低，使用黑奴仍較符合經濟效益。他們認為奴隸更適合在南方的氣候下務農。要給黑奴的生活費也低很多。最後，契約勞工的價值很快就貶值得不成比例，除了因為他們的契約有年限之外，英國契約勞工的死亡率也高於黑奴。

到了一七五〇年夏天，希望將喬治亞打造成自由殖民地的議會終於放棄了，殖民者從此可以開始自由使用黑奴。

美洲其他地方的發展

若對於北美英屬殖民地來說，土地豐沛給歐裔人口帶來的影響和非裔人口截然不同，那我們也應該好奇南方的西班牙殖民地和北方的新法蘭西殖民地又是什麼情況？在這兩區，我們可以發現自然環境和原先國家兩者留下的遺產也有跡可循。

以拉丁美洲作為對比

歐洲殖民者在西屬美洲的談判條件比起英屬殖民地弱很多，導致他們沒有辦法像是後者那樣爭取到廣泛的參政權。在殖民時期的英國，工資很高，而且還節節高升，相比同時期的西班牙，工資很低，而且停滯不前，所以西班牙政府即使沒有額外賦予太多政治權利，人民還是願意移民美洲。經濟史家羅伯特‧艾倫和他的同事們根據最低生活費和薪資之間的比例，計算出各地的維生水準。[43] 若是一位非技術勞工掙得的收入恰好能供一個家庭溫飽，維生水準就會剛好是一。在十七世紀初，倫敦的非技術勞工維生水準僅稍低於三，同一時間在西班牙的瓦倫西亞維生水準則低於二。一個世紀後，倫敦的維生水準上升到超過四，在瓦倫西亞則停滯不前。

　　在北美洲和南美洲之間，還有另一個重要差異，那就是「當地」勞工夠不夠多，以及這些人的組織方式。[44]一四九二年之前的美洲人口密度仍有待商榷，但根據近期的考古資料推測，扣除中美洲之外，北美洲人口約在一百萬到六百萬人之間。[45]在南美洲的部分，印加帝國預計有約一千萬到一千二百萬人。[46]中美洲的部分，光是阿茲特克帝國的人口就預計有三百萬到四百萬人。[47]要維持這麼高的人口，中美洲和南美洲都採用定居的集約農業，但北美洲的東部林地原住民則利用廣大腹地過著游牧生活。當西班牙人征服印加人的時候，西班牙人大可以直接將統治階級換成自己人，基層官僚體制則維持不變。這種做法若要套用在休倫族或易洛魁族身上，結果只會讓他們直接逃往森林消失無蹤。於是繼承國家官僚體制的做法，再次將民主之路推開。

　　即使歐洲人帶來的疾病消滅了不少本地人口，在格蘭河以南的原住民人口還是遠多於格蘭河以北。因此，西班牙殖民者在前期就將重點放在建立強制勞動的機制，比方說監護制和後來的勞動力分配制。某些情況下，之所以發展出這些制度，不只是因為要管理在地工作人口，也是繼承舊有的原住民統治者手上的強制勞動體制。比方說在西班牙控制下的秘魯，就實施了原本是印加統治者推行的「米塔」勞役制度，要求每個社區（「亞由」）都要派遣地方菁英進行勞動。[48]如果不是北美殖民地這麼早建立，密西西比原住民社群仍舊保持昌盛，那麼格蘭河以北可能也會採用類似的方式來運用當地人口，實則不然。

新法蘭西殖民地的案例

　　新法蘭西則又給了我們一個不同的角度來審視新世界的現實條

件帶來的影響。和大多數北美英屬殖民地一樣，法屬殖民地一開始
也是由私營公司負責營運。最後也同樣落到表現不佳而且殖民者人
口不足的情況。兩者之間最大的不同是英屬北美的殖民地主要是由
殖民者作為地主，各自握有小型農場，然而北美的法國殖民者則是
由地方顯貴擔任大地主，多數殖民者只是佃農。[49]

　　法國試圖將母國的制度複製貼上到新法蘭西，表面上看起來，
他們很成功地貼上了一套官僚體制。新法蘭西在一六六三年被列為
直屬於國王的行省，正式表列了整套官僚體制，建立出一套從國王
一直到基層的官員指揮鍊。可是他們的現實狀況和英屬殖民地沒兩
樣，人民集會在治理上是不可抗拒的一環，所以新法蘭西也走向了
同個方向，只是相較之下受限許多。

　　法國國王早在一六四七年就同意三個獨立市鎮有權選舉工團代
表人員（Syndics），出席參與市政議會，分別是魁北克、蒙特婁和
三河城（Trois-Rivières）。除了這些地方以外的市政會議都只有國
王指派的官員可以參加。這個發展背後的邏輯一如既往：沒有國家
強制力時，只能透過地方的協助來治理。[50]

　　新法蘭西群眾代議的傳統，即使在一六六三年升格為國王直屬
行省之後，仍被保留了下來。形式上則是改由總督和其他王家資深
官員組成的地方行政官員召開群眾會議。在一六七二到一七〇〇年
間，新法蘭西總共舉辦了十七次這種聚會，而且都是名符其實的群
眾會議。其中，有不只一次最後立法結果與總督提出來的方向背道
而馳。

現代民主抵達美國

　　雖然英屬北美地區傾向於合意治理模式，但是還稱不上是現代

民主。確實在當時已經有現代民主的普選形式，就這一點來說，進度已經超前英國許多。但是就市鎮集會的治理模式和殖民地的立法程序而言，仍舊遵循大多數人類社會中早期民主的傳統模式。直到一七八七年的美國憲法正式通過才完成民主轉型。

　　早期民主在英屬北美地區的實踐情況，我們可以從以下例子中審視出來。在這些殖民地中，代議士的行動常常受限於指定委任、明文指示和其他選舉以外的機制。在英國這種模式早就退場了。在殖民地負責立法的成員是每年選舉出來的。在英國本土則是在一七一五年的《七年法案》之後就將選舉頻率降低很多。殖民地在《邦聯條例》下的實質公務權保留在地方和州政府手上。[51]就像是在早期民主的社會，如果不同意決策也很可能就直接退出不執行。

　　聯邦黨人（Federalists）所做的就是將美國妥妥地安置在現代民主的軌道上，用以取代早期民主。有一派看法認為美國憲法對民主設下的限制是知識分子推動的。早在波利比烏斯（Polybius）等古典時期學者就有提出「混和政體」（mixed constitution）的學說，同時有民主、寡頭和君主制元素組成，這套論點對美國開國元勳有著明確的影響。[52]另一派的看法則認為美國民主是受到經濟利益推動，其中最著名的就是由查爾斯・比爾德（Charles Beard）在一九一三年提出來的觀點。他認為這就是一群手握財產的既得利益者，要建立一套保護自己地位的機制。[53]雖然後來比爾德也被批評是反應過度，在一七八〇年代剛獨立的美國確實有些案例中可以看到，聯邦黨人反對有利於債務人紓困的法案。比方說廢除債務和發行紙鈔的法案就很難進到聯邦階層。[54]

代議士不再受限於指定委任

　　在費城談判美國憲法的時候實際上沒有提到任何市民可以用

「指定委任」或「明確指示」來限制代議士的內容。雖然很多殖民地立法過程都有指定委任或指示的傳統，但是其實一直都沒有明文立法規定。[55] 聯邦黨人認為這個傳統會破壞代議士間的討論空間。同時，他們也認為指定委任很容易受到激進分子利用而成為民粹。反聯邦黨人則認為對於權力濫用的情況來說，指定委任是必要的把關機制。雖然在美國憲法中沒有寫到指定委任機制，但是在起草《權利法案》的時候就有對此深入討論。反聯邦黨人艾布里奇・傑利（Elbridge Gerry）就倡議在「第一修正案」（First Amendment）中加入指定委任的機制。可是代議士應該也擁有言論自由。眾議院的聯邦黨人透過多數反對了這項提案。

美國並不是這個時期唯一明確拒絕指定委任機制的國家。在法國三級會議中，選民透過嚴密指引限制人民代表是很普遍的現象。我們在第五章中討論過，法國王室多次試圖要求代理人取得全權授權，但是成效不彰。自一六一四年之後，一直到一七八九年才再次舉辦三級會議，但是部分行省仍有持續舉辦議會。三級會議當中的流程包含各行政區（baillage）派出的代表可以遞交陳情書。陳情書的用意原本是用於投訴或是改革提案，但是他們並不是對代表的指引或委託。在一七八九年的會議中，法國革命分子第一輪通過的決策之一就是廢除指定委任機制。

一七八九年的三級會議和後續的代議體制，多數決（而非全體）的原則從此取代指定委任的概念。對於西耶斯神父（Abbé Sieyès）而言，選民能以個人身分透過指定委任限制他們的代議人員，這一點本質上就和代議士應以國家利益作為首要目的有所矛盾。對其他人來說，指令委任的用意在於確實反映被統治者的民意。支持延續指定委任制度的一方，其中最具代表的是瓦爾萊（Jean-François Varlet）以及他所屬的忿激派（enragés）。這一派主要是要為巴黎的下層階級無套褲漢（sans-culottes）發聲。瓦爾萊是這樣陳論指定委任制度的重要性：

> 在一個以人民為一切的國家，建立主權的首要事務就是選舉，授予被選出的代表權力和指定委任則次之。[56]

對於一般公民來說，現代民主之下廢除指定委任究竟是不是件好事呢？現在我們通常已經把這件事視為理所當然，但是不論左翼還是右翼都有一些人提案希望帶回這套制度。如果我們以摘要的方式來看，指定委任的優點在於不論你選誰當代議士都不會有太大的影響，缺點則是代議士對於無可預測的狀況或是全新的事件無從反應，甚至他們明知道對選民來說哪個選項比較好也沒辦法決策。相反的，在沒有指定委任的系統中，代議士可以偏離航道。若是建立在代議士可以交換觀點的前提下，資訊交換愈頻繁，大眾人民就更容易理解各種事物的真實狀態。

光是這樣的架構摘要可以讓我們更清楚指定委任該被廢除的時機和原因嗎？我想不太夠。不論我們要談的是一三三九年的英國王室、一七八七年的美國聯邦黨人、一七八九年的法國革命分子，廢除指定委任這個議題可以看成中央和地方爭權奪利的鬥爭，最後由中央意志取得優勢。現代民主在這一系列戰役中贏過了早期民主。

選舉頻率降低

除了不再受到指定委任或指引限制，美國憲法更進一步透過拉長選舉的間隔期，讓代議士可以不需要持續面對選民。從現今的角度回頭看，反聯邦黨人主張的每年選舉看起來很奇怪也很不實際。以現今的聯邦及州選舉制度來說，各級代表選舉間隔分別在二到六年之間。不過要仔細去檢視的話，不能忘了其實反聯邦黨人所提倡的只是當時大多數殖民地立法機關中常見的程序。

若回去檢視原始十三州的立法機關架構，就可以找到定期選舉的前身留下的影子。[57] 十三州當中有八個州於一七七六年就開始定期選舉，其中又有三個州將選期訂為三年，另外有兩個州是選擇延續殖民時期的憲章。除了三個州將立法機關任期定為三年之外，其他所有州都訂在一年以下。延續殖民時期憲章的兩個州的任期只有半年。唯獨南卡羅來納州的任期是兩年。

接下來我們看看上議院及十三州的州議會任期。殖民時期立法機關進化最多的部分就是成立上議院，上議院成員是由特許公司或是國王指派的成員組成，並與民選出來的下議院兩相對映。到了美國獨立後，上議院成員（也稱為參議員或立法委員）則同樣改為民選。在有建立上議院的十一個州當中，有六個州將任期訂為僅有一年。其中有一個州給予上議院兩年的任期，另外有一個州給予三年任期、兩個州給予四年任期。最後，唯獨馬里蘭州給了上議院五年任期。

這些資料顯示，一七八七年的美國憲法比起過去來說是改道而行。眾議院的部分，憲法制定者反對每年選舉的標準，改為先前僅有一州採用過的兩年制選舉。至於參議員的任期，制定者則採用多數州使用的五年任期。

關於選舉任期的辯論，一如預期有著和指定委任同樣的邏輯。每年重選將會保障代議士和其選民間的緊密連結，任期延長則能將他們與選民間的距離拉長。反聯邦黨人傑利就是採用前者的說法，認為如果廢除每年選舉，暴君獨裁很快就會崛起。其他人則是從英國《七年法案》中得到經驗，認為選民和代議士之間的距離太超過了。因此，不應該因循陳規。[58]

在闡述聯邦黨人的立場時，詹姆斯·麥迪遜（James Madison）則開創了截然不同的觀點。他認為在美國廣大的國土上要建立共和政體，立法機關的成員需要花足夠的時間去了解各州利益，而不是只顧自己的錢包。因此他進一步認為對於共和政體來說，政治上的不穩定性向來都是個大問題。針對參議員選舉，麥迪遜認為更是如此。威廉·皮爾斯（William L. Pierce）推倡三年制的選期，他的論點就建立在英國《七年法案》讓國會任期可以從三年增長到七年帶來了「嚴重危害」。麥迪遜原先則推倡七年制的參議院任期。[59]

中央獲得賦稅及開戰的權力

在一七八七年之前，北美各殖民地之間維持著一個聯合投資公司的關係，接近於其他早期民主文化中常見的專設款項下的合作關係。在這種關係中，中央在各別單位之間協調投資比例，但是沒有多少強制力。荷蘭共和國的國家財務模式就是用這種方式組織起來的。唯一例外是在美國革命期間，大陸會議（Continental Congress）決議發行後來被稱為「大陸幣」的紙幣。由於大陸幣並沒有真的儲備金，只用「預期」的稅金收入作擔保，很快地就開始大幅貶值，從此美國人將不值錢的東西都形容成「連一塊大陸幣都不值」。貶值事件的背後癥結點，就在於大陸會議並沒有為美國建立一套能夠獲利的徵稅機制。

就像我們現在也會覺得指定委任和年年選舉很異常，當時美國憲法中並沒有給予聯邦政府徵稅的權力，聽起來很難以置信。國家擁有強大的中央權力是現代民主的核心特質之一。但是在一七八七年的時空背景下，並沒有預期到會有這個結果。反聯邦黨人以史為鑑，認為給予聯邦政府徵稅權會有引來暴政的風險。當然最後並沒有落到暴政的下場，可是這份焦慮並非空穴來風，這個風險在一七八七年後仍持續存在。

對現代民主的早期批判

我們已經看到美國憲法受到了諸多的批評，特別是針對將權力集中到中央，讓人民沒辦法緊密控制他們選出的代議士這點。有些人甚至覺得最糟的恐懼已經成真。當時就有人憂慮在美國憲法將代議士從選民身邊拉開的同時，紐約和費城的金融界在國會則通行無阻。來自維吉尼亞的政治家約翰・泰勒（John Taylor）是湯瑪斯・傑佛遜（Thomas Jefferson）的摯友，他就有寫出這個問題。他指出在一七九四年時，美國約有五百萬人口，但是其中只有五千名身負巨款的菁英就能夠對國會產生巨大影響。在現今的美國政治辯論中，這些人被稱為「金字塔頂端」的菁英階級。

> 在這個國家中只有千分之一的人在政治上有實際存在的影響力。立法機關受到這些坐享其利的有力人士影響。所有影響力集中在這五千名菁英身上，其餘的五百萬人民只是兩年發作一次的政治痙攣，在選舉這一天意思意思假裝一下他們很重要，之後就恢復昏昏欲睡的狀態。對於立法機關來說，具名選舉才有無法抗拒的影響力，才真的會帶來改變。[60]

泰勒在現代的代議民主之初就寫下這份陳述，其中精確點出了這種政府型態令人挫折的原因。選舉可以讓大眾參與政治，但是這種政治參與不過就是整個大局上的小插曲。我會在第十二章回到泰勒的觀察，從中深入檢視他們提出的解決方案，對於現代美國的民主有什麼幫助。

將相距甚遙的人民和國家連結在一起

　　光是一七八七年的美國憲法是不足以讓美國民主生存下來的。它甚至進一步帶出了中央統治與公民之間大大增加的距離這個問題。美國共和早期的公民就已經有人發現這個問題。若人民和國家之間距離遙遠，要維持兩者連結就需要大量心力和投入。其中一項投入就是透過報業補貼增進資訊流通，讓人民可以互通有無。

　　讓大眾和政府連結，才能進一步讓人民信任政府。《聯邦黨人文集》的作者們晚了一步發現這個重要性。麥迪遜在《聯邦黨人文集》並沒有大力著墨在公眾意見上，約翰・傑伊（John Jay）或亞歷山大・漢彌爾頓（Alexander Hamilton）也同樣不太在意。在整套《聯邦黨人文集》當中「公眾意見」這個詞只出現了五次，而且都只是順便提到而已。在一七八九年之後的漢彌爾頓認為大眾相對於政府應該是服從的角色。對他來說，公眾意見的重要性只在於公民給予政府多少信心，但是公民本身並不需要扮演更積極主動的角色。[61]

　　同樣寫在一七八九年之後，麥迪遜就寫出了不同的觀點。[62]在他的觀點中，一個共和政體下的輿論不應該只是反映人民對政府的信心。大眾人民應該要有可以主動給予彼此資訊的管道。這就帶來了兩個問題：大眾應該要以什麼機制互通資訊？在美國這麼大的共和國當中，各地都有事情在發生，要怎麼跨越廣大國土互通有無？在《聯邦黨人文集》第十號當中，麥迪遜寫了關於大規模的共和國的優點。他在一七九一年十二月寫下題為〈公眾意見〉的論文，其中便提到國土廣大帶來的限制。麥迪遜更從中推廣報紙的流通，認為這是跨越地理規模限制的一種方法。

　　國家規模愈大，真正的民意愈是容易被偽造而難以明鑑。不論是明鑑其意還是推定事實，對於個體來說都會更加確信。這對於國家威信來說是有利的。同樣的邏輯下，國土領域廣大，每個人在他自己眼中就愈顯得渺小。這對自由來說就不太有利。

　　不論是什麼，只要能夠促進整體的情感交流，像是交通便利、國內貿易交流、自由媒體，以及最重要的**全民之間的報紙流通，以及代議士在人民之間的往返**，都能夠減少領域帶來的限制，對於自由產生有利的影響，即使代價高昂也值得。63

　　麥迪遜在美國國會正為郵政服務法案打得火熱時發表這篇文章。國會討論的議題正是郵政系統是不是應該要補貼報紙配送的費用。當時像是在英國之類的國家，通常郵政服務都是用來為國家賺錢而不會補貼貨物運輸。但在美國，國會傾向於贊同補貼報業，為的就是讓大眾可以更容易取得資訊。然而下一個問題就浮現了，那究竟該補貼「哪一家報社」呢？那是不是或許要建一個報業許可名單，甚至有一個特定的官方報紙呢？傑利此時已經是聲名大噪的反聯邦黨人，大力反對這個提案，就是因為他擔心這最後會演變成「政府官報」（court gazette）。在一七九二年通過的《郵政服務法案》當中，國會採取了相反的策略。不論是哪一家報紙要送到美國的任何角落，都可以得到一分錢的補貼。64

　　一七九二年通過《郵政服務法案》後，報紙流通量一飛沖天。從美國國會圖書館整理出來的早期美國報業生產數據中，我們可以追蹤美國報業的成長。從每家報社的第一份報紙到最後一份報紙發行的日期，我們就能夠估算出到底在一七五〇到一八二〇年之間市面上有多少家報社。這份數據可見圖10-3。在圖中以垂直粗線標示

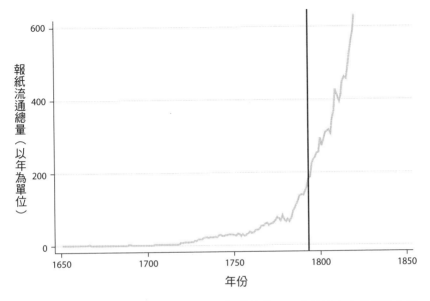

圖10-3　共和早期報業統計，估計每年報業總數。 統計數據來自美國國會圖書館 Chronicling America: America's Historic Newspapers Database。

《郵政服務法案》生效的日期。從中我們可以清楚看到共和早期報業突飛猛進的鐵證。在獨立戰爭後期，一七八三年總共有七十五家報社在市面上流通。到了一八二〇年已經上揚到將近十倍的六百二十九家報社。

　　但是要更清楚了解大眾獲得新聞資訊的整體情況，我們也要知道到底印出了多少份報紙。當然，要知道總共印了幾份報紙比起要知道有幾家報社難上許多，不過我們對於某些特定年份印了幾份報紙的數字確實有一些預估方法。[65] 事實上，我們可以透過相關係數，從流通中的報社總量去推算出該年總共印出了幾份報紙。所以其實知道總共有幾家報社，就相當於有多少倍的報紙在流通。

　　接下來的問題就是，在報業擴張時，《郵政服務法案》究竟扮

演了什麼角色。從圖10-3當中可以看到，流通的報社總量在一七
九二年之後大幅成長是毋庸置疑的事實。但是我們也可以看到，在
這之前總量就已經開始上揚。報社的成長似乎是在獨立戰爭結束就
開始了。

　　透過報業流通的地理分布，我們能更清楚看到《郵政服務法
案》帶來的影響。在《郵政服務法案》通過之前的一百四十八家報
社，幾乎都是在較大的沿海城市發行報紙。有些觀察家便擔心內陸
缺少報紙資訊可能帶來暴動，像是在麻薩諸塞州西部發生的謝司起
義（Shays' Rebellion）。到了一八〇〇年，也就是《郵政服務法案》
通過八年後，原本難以取得新聞的內陸區域出現不少新成立的報
社。法國觀察家尚－埃斯普里・博內（Jean-Esprit Bonnet）在《郵
政服務法案》實行後不久便下了如此評語：「在最偏遠的地方也收
得到一週一次的報紙，二級城鎮每週有兩天收得到報紙，大城市裡
有晨報、午報、晚報。」美國報業的重要性不言而喻。66

　　每份報紙一分錢的貨運補貼讓共和早期的公民可以持續獲得政
府資訊。然而他們獲得的資訊卻未必是正確的。即使在一八〇〇年
選舉造成美國分裂前，美國政治就已經充斥許多誹謗的假新聞。一
七八八年訂定美國憲法的辯論打得正熱的時候，班傑明・富蘭克林
（Benjamin Franklin）以化名向自己名下的《賓州公報》上編輯投
書，假裝自己是來自歐洲的觀察家，因為痛風久病臥床而決定看看
賓州的報紙當作消遣。他描述自己對美國政治的印象，只要置換一
些標題就和現今美國政治上的兩極現象別無兩樣。

　　　從這些報紙來看，你們的國家分裂成各黨派，各自都認為
其他人是**出於惡意參與**公眾事務，對彼此**毫無信任**可言。反聯
邦黨如此懼怕失去自己手握或預期可以得到的**權力**、**地位**和**報**

酬，而聯邦黨則是一群陰謀家，只想在其國人同胞身上建立暴
政統治眾人，豪奪巧取眾人之利。[67]

　　《賓州公報》從未將富蘭克林的這封信正式刊出，但是他確實
說出了時代心聲。惡性黨爭還不是批准憲法的辯論當中唯一的問
題。辯論過程中也有直接撒謊的情況發生。例如反聯邦人黨散布謠
言，直指傑伊本人反對美國憲法。聯邦黨人也刊出偽造信件，假扮
謝司起義的領袖丹尼爾‧謝司（Daniel Shays）高談貴族、寡頭政
治、君主政體興起，極力主張反聯邦黨人煽動邊疆輿論。[68]

　　如果報業補助同時讓真話和謊話漫天飛舞，我們又怎麼能說這
鞏固了民主呢？我們不是應該將它看成和現代的社交媒體一樣的反
效果呢？要回答這兩個問題前，我們要先思考另一個問題：報業補
助要拿來和什麼比較呢？若是要和報業蓬勃而且每家報社都毫無瑕
疵的世界來比，那報業補助的表現確實不夠格。但若以麥迪遜談論
公眾意見的角度來看，萬一像是傑利所擔憂的：聯邦政府發行一份
等同於政府官報的單一來源，而人們沒有別的管道可以得知政府公
眾事務的詳情。相較之下，即使資訊來源有其偏見，至少還有許多
新聞來源可以獲取資訊。即使其中有所偏見，但至少還有資訊。[69]
若美國走上官方公報這條路，美國民主就會走上一條不歸路。

結論

　　我們從此看到，美國是透過兩個相反的力道互相拉扯出了現代
民主的發展。首先是土地豐沛而人力匱乏的現實環境，在這個條件
下使得合意統治和普選權成為必然，但儘管如此，這仍僅限於白人
男性。再者是由憲法制定者褪去了早期民主的特質，將大眾與代議

士間的距離拉大。

在殖民時期，原本讓美洲原住民採用合意統治的現實條件同樣限制了歐洲殖民者。土地豐沛而且易於遷徙的環境，在缺乏國家強制力的情況下必然導向合意統治。殖民地必須透過集會來徵稅及執法。成人普選權各自興起並不是來自預設的計畫或哲學，它只是單純因為殖民者之間面對的現實環境限制不同。選舉權也成為吸引移民的方式。這些力道都將歐洲殖民者推往民主走向。在人力匱乏的環境下，另一套對策就是逼迫非歐裔人口在沒有其他選項下強迫勞動。在美國而言，結果就是奴隸制度的誕生。早期民主和奴隸制度有著相同的起源。

另一方面憲法制定者所推動的力道則有如英國王室的做法，只是沒有王室推得那麼遠。在一七八七年後，國會議員就和英國一樣不再受到指定委任的制約，也不再受限於每年選舉。中央政府則獲得賦稅的權力和武裝軍力。可是一七八七年之後的美國和英國走出截然不同的路，這是基於三個本質上的差別。

首先就是為了讓眾議院可以不需要每年選舉，在費城達成妥協，條件就是眾議院任期不能太長。妥協的結果與兩院制相搭之下，眾議院如同傑利的倡議採用每年選舉，而參議院則和一七一六年的英國一樣，採取近於麥迪遜認為較為適切的七年任期。

第二點就是美國維持了男性普選的權利。英國透過四十先令的地產條件，將成年男性投票率保持在個位數。同樣的條件套用在一四二九年的北美則是前所未有的普選規模。但是這個條件維持了四個世紀不變，直到一八三二年英國通過《大改革法》為止。同樣的規定套用在北美的英屬殖民地上，結果與英國本土截然不同，使得大多數的成年男性都可以獲得投票權。雖然成人普選權的概念最初是由英國的平等派提出來的，這個概念到了美國才首度被實踐。

　　最後一個差異則是和其他較晚開始轉型的國家比起來，美國遲遲沒有完成現代民主，非裔美國人在一六一九年之後，等了整整三百五十年才獲得和其他美國人一樣的投票權。所以民主轉型不是僅靠一場歷史轉捩點的戰役取勝而來，套用部分學者提出的說法，它是一段漫長且不穩的長跑。[70] 最後，非裔美國人獲得投票權的成就，指出了另一項現代民主的重要特質：正因為現代民主信奉全民政治參與，在這種政府型態下，被排除在外的人要爭取平等權利會更站得住腳。早期民主正是缺乏這個特質。

第十一章

現代民主的傳播

　　現代民主在英美出生之後，先是傳播到歐洲人居住的其他土地，然後在殖民地逐漸脫離歐洲統治之後，又逐漸傳到更遠的地區，散播能力高得不可思議。到了二十世紀後期，就連很多一看就不民主的政府，也紛紛披上民主之名，自稱為「人民共和國」、「社會主義共和國」，甚至北韓那種「民主主義人民共和國」。所以我們現在可以討論，本書前十章提到的那些因素，是否也可以解釋民主在世界上的傳播。結果確實如此：那些國家力量不夠，統治者需要人民的地方，現代民主比較容易扎根。而且一個地方之前是否已有集體治理的傳統，也會影響該地多麼能夠走向民主。

民主傳播圖

　　首先，我們可以用下面這張圖描繪現代民主的傳播過程。過去幾十年來，社會科學家提出許多衡量民主程度的量化指標。某些研究者只在乎最基本的條件，也就是當地是否在人民普遍具備選舉權的情況下，允許各政黨彼此競爭，既有的執政黨也有可能下台。[1]有些研究者則像政體開放指標（Polity index）那樣納入主觀層面

²，列出一串彼此獨立的元素，由專家給予每個元素主觀權重，然後進行加總，將那些得分超過某個門檻的國家，稱為民主國家。

根據政體開放指標劃出的圖11-1，顯示全球人口生活在民主、獨裁、殖民體制下的比例。不同其他評分系統都得到類似結果。目前的世界經歷了三個重要的民主化過程，分別對應政治學家杭亭頓所說的三波民主化「浪潮」。³

杭亭頓所說的第一次民主化長波，始於十九世紀初，並於一次大戰結束後臻於高峰。本章的第一部分，將檢視在這波浪潮中，歐洲國家如何緩慢邁向民主。⁴歐洲的民主化因素之一，就是本書曾經提過的戰爭：一旦需要大規模動員，統治者就需要人民，所以普

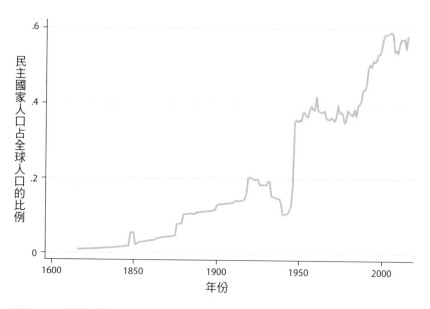

圖11-1　現代民主的普及程度變化。由「數據看世界」（Our World in Data）根據「政體資料庫第四版」（Polity IV databases）編纂製作。總得分至少六分的國家視為民主國家。

遍徵兵會帶來普選。此外，本章也會討論女性投票權的普及過程，這件事在很多意義上，都比男性普選更加前所未見。

　　杭亭頓所說的第二波民主化短波，是指二次大戰結束後，歐洲獨裁政權恢復民主，以及印度這些國家獨立之後制定民主憲法的過程。我們在討論這波浪潮時要記住，之前在歐洲逐漸走入民主時，世界上許多其他地區都位處歐洲人的不民主統治之下。而我討論第二波浪潮時的重點，就是在這波浪潮中，為什麼民主沒有進入中國與俄羅斯，卻能在印度牢牢扎根？也許其中一個答案，就是這些國家在第二波浪潮之前的發展。中國長期以來都是一個國家，中國共產黨可以直接利用帝國時代的許多制度，例如戶籍制度來進行統治；但想要在印度尋找同樣的工具，就會困難很多。

　　至於第三波民主化，則始於一九七〇年代中期伊比利半島的民主浪潮，但根據圖11-1，最明顯的部分還是一九八九年柏林圍牆倒塌後的民主急速擴張。[5]本章的第三節將探討，當時許多非洲國家究竟如何走向民主。根據絕大多數的傳統政治學理論，今天的非洲應該不會有民主國家，因為它們太窮，族群太過分裂，社會太不平等，不可能維持民主治理。但實際上，某些非洲國家卻真的保住了民主制度，我認為這可能是因為它們具有早期民主的遺產，而且相比之下，之前並沒有被強大國家力量強制長期統治。

　　在閱讀圖11-1時，請小心不要落入陷阱，以為民主是從某個地方誕生，然後才擴張到全球各地。現代民主確實如此，但早期民主不是。本書之前就提過，許多歐洲殖民地的當地民族，本身都具備某種早期民主，是之後剛好被歐洲人統治，才活在這些外地人所設立的不民主制度之中。如果我們採用更廣義的民主定義，完整地描繪這段過程，就會發現其實世界上有很高比例的人，一開始都活在某種形式的民主制度中。殖民統治讓民主的比例衰落，但在殖民地紛紛獨立之後，民主又紛紛崛起。這也是研究民主興衰原因的另一個理由。

民主來到歐洲

我們不難想像為什麼現代民主能在歐洲順利擴張。歐洲很多地方原本都活在早期民主之下，而且羅傑・康格爾頓所謂的「國王與議會範本」，也就是君主與社會中的某些成員共同統治的方式，也早就存於歐洲社會之中。[6]的確，這種模式在法國大革命之前的二百年有點衰落，有時候議會堅持拒絕徵稅，有時候君主也會繞過議會來實現目標。法國的三級會議在一六一四年之後就沒再開過，普魯士布蘭登堡莊園貴族的權力更是被完全剝奪。但其他歐洲的統治者，都沒有像普魯士做得這麼絕。在一七八九年，議會在歐洲依然相當普遍。

民主在歐洲的傳播歷經好幾波連續發展。在民主力道減弱的時候，代議議會重新獲得權力，許多這類議會都跟中世紀的議會同名。過去的遺產，也許就是這些議會復活的原因之一。這些議會在復活之後逐漸積累權力，成為政府的核心，也讓中世紀的傳統重新回歸。民主化的最後一步，則是建立普選權、女性選舉權，以及競爭式選舉制度。我們得了解這一切如何發生。

人們在解釋歐洲的民主如何擴散的時候，幾乎全都只關注歐洲大陸，然後開始問某些國家是因為哪些條件，而更快地獲得民主，某些國家又是為何沒有走向民主。但這個問題也可以從另一個角度來探討：讓歐洲民主化的因素，是不是也在其他時期，讓其他地方走向了民主？

思想之火席捲歐洲？

關於歐洲的民主化如何開始，最簡單的答案就是美國革命。根據這種說法，美國基於政治平等的基進思想掀起了革命，向世界大聲疾呼民主之聲，然後一路燒遍各國，成為近期一位歷史學家所謂的「燎原之火」。[7]但這種說法有個問題：在美國革命之後，絕大多數歐洲國家都過了很長一段時間才施行全民普選。而且不光是美國，這些國家實施普選制的時間，也離法國大革命非常久。

本書第九章說過，美國殖民者的政治平等理念，之前早就曾在其他地方實施過。一六四○年代的平等派和挖掘派，都在英國嘗試給予所有男性選舉權。只是他們想把這些理念訴諸文字時，平等派的領導人被關進了倫敦塔。反觀北美的環境，要順利實施廣泛選舉權似乎更容易。而且民主也許必須先用這種方式出現在北美，之後才能傳播到歐洲。

討論歐洲民主化的時候，第二件要注意的，則是歐洲的民主化比其他民主「浪潮」緩慢非常多。柏林圍牆的倒塌，在短短幾年內使民主國家快速增加。但如果我們以普選權來衡量一個國家是否民主，美國獨立戰爭卻是在很久之後，才讓歐洲國家逐漸民主。大部分的歐洲國家，甚至都花了超過一整個世紀。

歐洲是在有錢之後才民主化的嗎？

對於民主的誕生，政治學家最常見的解釋就是經濟，也就是國家富裕之後，民主就會出現。這背後可能基於很多原因。如果脫離貧窮的人會爭取更多政治權力，那麼人民的所得就會直接影響民主的動力。此外，人均收入也可以間接表示其他重要因素：國家愈有錢，通常通訊和交通就會愈好，人民要集結起來爭取民主就會愈容易。農業社會的工業化可能也會有類似效果。最後，人均所得愈高，人民就愈有可能接受教育，愈不容易被那些假先知跟煽動型政客所蠱惑。

到目前為止，政治學家與經濟學家都已經花了很多筆墨，研究人均收入提高以及其他相關現象是否真的能推動民主。但我想使用一個更簡單的方法。這個方法源自政治學家李普塞在一九五九年的開山之作，他以人均收入、人均醫師數量、電話數量、機車數量、收音機數量、報紙數量，以及教育化和工業化的指標，比較歐洲與拉丁美洲的民主國家與獨裁國家的差別。結果發現，穩定民主國家的發展程度都高出許多。

不過李普塞的分析有些問題，其中一個就是一九五九年的各國發展程度，是否真的最適合來檢驗這種理論。因為我們也可以改用每個國家第一次民主化，或第一次有機會民主化時的發展程度，來檢驗相同的理論。而對大多數歐洲國家而言，這個時間點顯然都比一九五九年早很多。

法國就是個例子。以今日的美元計算，法國一九五九年的人均國內生產總額略低於一萬美元[8]，醫生、電話、收音機、報紙、汽機車的數量都很多。這樣的發展程度雖然不如美國，也算不上是貧窮。但法國首次成為穩定民主國家的時間，並不是一九五九年，而是法蘭西第三共和國建立的一八七〇年，兩者之間幾乎差了九十年。以今日的美元計算，法國一八七〇年的人均國內生產總額只有二千三百八十三美元，相當於今天的坦尚尼亞或塞內加爾。而一八七〇年的法國人，當然也不可能有多少電話、收音機、汽機車。

雖然一八七〇年的法國是一個貧窮的發展中國家，但卻成為了穩定的民主國家。而且法國不是特例，十三個西歐國家在最初走入民主時，人均國內生產總額的平均其實都僅略高於三千美元[9]，其中有四個國家在民主化的時候甚至比法國還窮。不僅如此，很多人都認為通訊和運輸的發展，是民主化的重大基石，但好幾個西歐國家，都在擁有良好的通訊和運輸之前，就已經成為穩定的民主國家。

這告訴我們，西歐國家其實是在相當貧窮的狀況下，爆發了第一波民主化浪潮。照此看來，今天某些貧窮國家，例如非洲國家正在逐漸走入民主，似乎也並不奇怪。

國家力量薄弱的後續影響

要進一步理解現代民主為何能夠傳到歐洲，首先就得回去看前幾章提到的歷史背景。這些背景雖然無法解釋歐洲民主化的時間，卻能解釋這些國家為何最後紛紛走上民主。

歐洲國家的政府官僚力量，雖然在十八世紀有所增強，但跟其他時間的其他國家相比，依然算是薄弱。「土地稅」就是個例子。當時土地稅是英國政府的重要收入，徵收這種稅的常見的方式，就是建立一些官僚機構去培訓官員，然後讓官員去評估地價、徵收稅款。除了英國以外，其他歐洲國家數千年來一直都這麼做。但英國不然，它由王室任命的地方「官員」（commissioners）評估土地稅並進行徵收，這些官員大多都是當地仕紳，在任命之前已經過議員提名，而且本身持有可觀的財產。一位著名的土地稅史家表示，這些官員實際上幾乎完全不受英國的王室和內閣所掌控，他們不但是無給職，而且通常都很有錢，不僅在經濟上完全不仰賴王室，更幾乎不受王室監督。[10]這種做法真的很像盎格魯－撒克遜人的做事習慣，政治上也導出了相同結果：在這些地方，只有取得當地人同意的政府，才能順利地統治。

當然，英國還是成功地以相當集中的方式，徵收了進口關稅和一般消費稅。負責處理這兩種稅務的官員，在一六八八年光榮革命之後只有二千五百二十四名，到了美國獨立戰爭結束時卻已增至七千一百一十四名，政府徵得的稅額也相應提升。[11] 看到這個數字也就不難理解，為什麼一直都有人說，消費稅會打開暴政之門。[12] 只不過持這種論點的人，雖然大概都會同意本書對統治的看法，卻可能沒有注意到，國會同樣可以藉由控制消費稅來預防暴政。消費稅的例子只是再次顯示，一個國家會走向何方，跟它先發展出的是國家力量還是民主制度，其實有相當的關係。

也許有人會說，但歐洲明明就有「專制」國家吧？這些國家的國家力量難道不強？事實未必如此。在一九六○至一九七○年代，許多歷史研究探討了近世歐洲的專制國家有哪些特徵，這些國家又是如何從更重視共識的中世紀制度演變為專制。後續的研究則發現，其實除了霍亨索倫家族統治的普魯士之外，其他的「專制」國家都得靠議會來完成統治，有人甚至還說「所謂的專制主義只是一種迷思」。[13]

例如十八世紀的法國，就顯示專制主義真的沒有過去以為的那麼無所不能。雖然法國的君主在一六一四年之後，就確實沒召開過三級會議，但卻設立了另一個官僚體系，藉由一個稱為「督察官」（intendant）的階級來管理人民。而且即使是路易十四這麼獨裁的君主，也得跟臣民討價還價。此外，當時法國有好幾個省，都還為了順利徵稅而保留了當地的議會，像是朱利安・史旺（Julian Swann）就詳盡地描述了勃艮第的莊園主如何成為同意王室的地方代表，協助王室徵稅[14]，甚至借錢給法國國王。[15] 勃艮第的這些莊園主，在歐洲不但絕非特例[16]，更表示近世歐洲的專制主義並沒有穩定地充分落實。除了普魯士以外，專制主義在這些地方其實都比較停留在理念層次。

　　總之，在美國獨立戰爭讓歐洲開始討論是否轉向民主的時候，西歐有許多國家的國家力量依然都不夠強，統治者如果沒有議會或其他機構的同意，就什麼都做不成。這是培育現代民主的沃土。

議會和投票傳統的後續影響

　　我在本書不斷重申，早期民主分散出現在世界各地，絕非歐洲人的創舉。不過歐洲人還是在一八〇〇年之前搶先發展出兩項東西，那就是設立正式的選舉制度，以及讓幅員廣大的領土各地都能選出議員。這兩項技術都是現代民主所需的重要基礎建設，歐洲人就是因為提早發展了出來，才能在美國獨立戰爭爆發之後更快走入現代民主。反觀其他地區，例如中東地區，早期民主就一直被侷限在地方層級，無法擴大規模。而根據第七章的教訓，這種地方層級的早期民主，只要國土開始擴張，治理起來就會愈來愈困難。早期伊斯蘭哈里發國就是這樣，他的快速擴張讓原本的面對面共識協商，一下子就變成千里之遙。過去的治理方法變得愈來愈沒用，新的方法又無法一夕間建立起來，於是民主就逐漸崩毀。

　　在美國獨立戰爭之前，歐洲人不僅已經有好幾百年的議會傳統，更實行了好幾百年的正式選舉，只不過用選舉來決定的，主要是地方事務而非全國事務而已。政治學家梅莉莎・史瓦茲堡（Melissa Schwartzberg）發現，天主教教會這種龐大組織在不斷擴張的過程當中，相當努力地找出一套理論去維持投票制度、多數決、以及絕對多數決。[17]此外，許多歐洲城鎮也會舉辦投票，就連法國這種名義上的專制國家也會。[18]這些優良的民主傳統到了十九世紀，都變成倡議全民普選權時的最佳工具。[19]

　　當然，投票與多數決也都不是歐洲人的專利。日本鎌倉時期（一一八五至一三三三年）的僧團，就曾以多數決的方式集體自治。[20]但目前我們還不確定，這些地方的自治是否像歐洲那樣維持得那麼久。

　　歐洲人的另一項創新，是發展出一套明確的代議理論，實施在廣大領土的每個角落。其他地方的大型政體即使有議會，也無法布及全國，例如研究西非阿善提議會的史家就說，當地的各種地理障礙，讓參加議會相當不便。當然歐洲也得面對開會時的地理困境。我在其他著作中就說過，議會開會的頻率和國家的領土規模密切相關[21]，只有在幅員較小的政體中，議會才能管理國家預算，或在其他方面積極參與治理。但如果只是要讓議會同意徵稅，地理規模的影響就沒有那麼重要，畢竟徵稅會議久久才開一次，即使曠日廢時也無所謂。[22]例如教宗依諾增爵三世在為了徵求徵稅同意，而召集第四次拉特蘭會議時，就創下最誇張的例子，他在一二一三年就召集歐洲各地的代表，但直到一二一五年，代表才真正聚在羅馬開始開會。

擴大選舉權：一男、一槍、一票

　　過去的投票與集會傳統，雖然可以解釋為什麼現代民主能夠順利傳到歐洲，卻無法解釋歐洲為何是在十九世紀走向民主。這可能涉及許多因素，但我想特別討論其中之一。我在本書中不斷強調，統治者需要人民的時候，民主比較容易出現。這種條件在十九世紀重新回歸。國際競爭與科技革新，尤其是鐵路的出現，讓國家有能力，而且有必要大規模動員軍隊。[23]最能夠獲得大量軍人的方法就是全民徵兵，而這時候投票權就成了讓人願意當兵的好工具。

　　其中一個例子就是瑞典。一九○一年，瑞典政府因為擔心歐洲即將開戰，而通過了法律實施全民徵兵。而當時還是少數派的瑞典社會民主黨，就趁機喊出了「一男、一槍、一票」的普選訴求。於是在大約二千五百年後，曾讓負責駕駛軍艦的「第四階級」在古雅典獲得更高政治地位的理由，就這樣再次回歸。日後的首任瑞典社民黨首相亞爾馬・布蘭廷（Hjalmar Branting）甚至說：「投票權是瑞典最重要的國防問題。」一九〇九年，瑞典將投票權擴張到全國男性，這顯然是徵兵帶來的結果。[24]

　　許多其他證據，也都證明歐洲國家的擴大選舉權與徵兵有關，而且男女都適用。[25]雖然沒有人提出「一女、一槍、一票」的訴求，但一次大戰與二次大戰期間，女性的角色變得更重要，許多人認為這也讓她們要求平等投票的訴求變得更有力。

　　圖11-2顯示出二十個歐洲國家在不同時間中，徵兵比例與男性普選比例的變化。實線表示在那個時間點，有多少國家實施全民徵

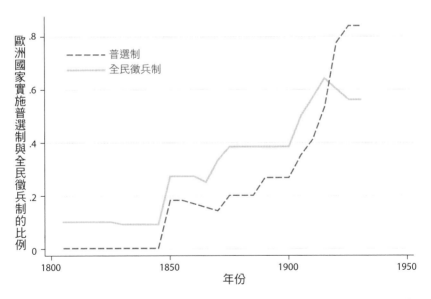

圖11-2　一男、一槍、一票。二十個歐洲國家在各年代實施普選制與全民徵兵制的比例變化。

兵。[26]虛線表示在同一時間，有多少國家賦予所有男性選舉權。兩條線的變化亦步亦趨，表示這兩個數值的相關性很強。

不過圖11-2只能告訴我們徵兵制跟男性普選權高度相關，並沒有指出這兩者之間如何交互作用。若要了解背後的機制，首先可以觀察事件的前後發生順序，因為如果A事件導致B事件發生，那麼A事件一定發生得比較早。但以這樣的方式分析，卻會發現徵兵與普選之間的關係非常有趣：國家若是先實行全民徵兵制，之後就更有可能賦予所有男性普選權，反過來則未必。也就是說，如果一個國家先實施了徵兵制，它在未來五年之內賦予男性普選權的可能性，就比沒有實施徵兵制的國家高出百分之二十三[27]；但如果一個國家先賦予男性普選權，在未來五年之內實施全民徵兵的可能性，卻只比沒賦予普選權的國家高出百分之四。[28]

這似乎顯示，實施了全民徵兵的國家，之後會面臨更大的壓力，去給予男性普選權；但如果國家先賦予普選權，臣民並不會更容易同意徵兵。

這種時候我們可以問一個問題：歐洲國家在十九世紀之前，有沒有進行過大規模戰爭，有沒有徵過兵？答案是有，但十九世紀前的徵兵範圍相當有限，通常都只針對窮困潦倒的人，而這些人幾乎完全沒有任何籌碼可以向國家爭取投票。但鐵路出現之後一切就此不同，火車可以載運大量人員和大量物資，支持成千上萬的軍隊。這時國家想守護主權就得建立大軍，而最有效的方式就是全民徵兵。[29]

不過「一男、一槍、一票」的原則，到了某個歐洲國家就走不通了，那就是專制的普魯士。普魯士在被拿破崙的大軍打得潰不成軍之後，政府開始規劃全民徵兵，而法國全民皆兵（levée en masse）、兵民一體的概念，剛好也證明徵兵能讓國家獲得多大的實力。目前我們已經知道，當時普魯士有一些議員偏好法國模式，一八〇八年，普魯士陸軍參謀長的顧問之一就認為，要真正落實全民徵兵，就得實施自由憲政、賦予人民選舉權、讓人民能夠向政府問責。但國王腓特烈・威廉三世（Friedrich Wilhelm III）將此意見視若敝屣，而是轉向一種規模更小的改革，禁止了普魯士軍隊許多惡名昭彰的懲罰方式，藉此穩定軍心。[30]這種徵兵方式跟戰國時期的中國，以及許多專制國家一樣，都不是靠賦予人民政治權利，而是藉由中央官僚改變法律，來爭取人民服從。

女性投票權

歐洲到了一九〇〇年，已經有很多國家實施了男性普選權，應該可以稱為現代民主國家。但這些國家的女性依然都沒投票權。半個世紀之後，除了瑞士以外，這些國家全都有了女性普選。這應該可以說是二十世紀最新的民主進展。幾千年來，男性一直都有各種方式參與民主政治，但正如本書第二章所言，即便是早期民主國家，女性直接參與政治也是鳳毛麟角，獨裁國家則可能更難。當然我們不能直接說，政治的發明將女性排除在決策之外，但事實好像也不遠矣。

我們在第二章看到，女性具備政治影響力的早期社會，政治的集權程度通常都比較低。如果一個政體的最高層級是社區，甚至是家庭，女性的政治影響力往往都不差。但治理層級一旦擴大，天平就開始傾斜。歐洲在進入現代之前可能也是如此，俄羅斯社會學家兼政治學家莫伊西・奧卓果斯基（Moisey Ostrogorski）在一八九一年發表的名作中表示，歐洲的女性在「原始社會與中世紀社會」地方自治中握有的政治權力，隨著治理層級擴大而消失。奧卓果斯基說，在許多地方社群，尤其是擁有某些公共財產的地方社群中，女性都是政治的要角。但當地人民的自發管理，一旦轉變為更有結構、規則更為統一的自治形式，女性的政治地位就消失了。

奧卓果斯基對早期社會的描述確實有一些證據支持，但我們也不能因此把女性在早期社會的政治權力想得過於美好。二十世紀就有一些歷史研究指出，女性在盎格魯－撒克遜社會中的權力很大，卻在諾曼人入侵之後被削弱。但之後的研究發現，這種說法只看菁英族群，對現象的描述過度簡化。比較精確的說法是，大部分的女性在盎格魯－撒克遜後期都有一些影響力，但在盎格魯－撒克遜前期，菁英女性的權力很大，非菁英族群的女性基本上則是別人的財產。[31]

某種意義上，女性投票權運動的第一步，就是重新給予女性在地方層級的政治權利。早在一八三四年，英國就給予女性納稅人投票權，並讓她們加入濟貧法的執行委員會。但在之後將近一百年內，女性依然不能在全國選舉中投票。一八六二年，瑞典在地方選舉中，給予納稅的女性戶長投票權[32]，但她們卻一直等到六十年後，才完全獲得了全國選舉的投票權。

英國和瑞典的例子都顯示，政府是否需要妳的資源（也就是稅金），跟政府會不會給妳政治權利，兩者有不少關係。所以下一個問題就是，女性在二十世紀戰爭中的貢獻，是否也像男性的徵兵那樣，加速了投票權的來臨。答案是：好像有，但不是你想的那樣。

一九一四年之前，大概沒有人相信戰爭會讓女性更快獲得投票權。畢竟女性既不會被徵召入伍，又不會被直接丟進後勤組織。而且根據人們當時對戰爭的想像，女性怎麼說都不可能成為決定勝敗的關鍵。但一次大戰與二次大戰讓軍事衝突從此不同，無論直接還是間接，女性都被徵召到戰爭之中，諸如政府的戰備部門會雇用女性員工，社會上許多原本必須由男性去做的經濟活動也改由女性進行。這時候當然就有人問：既然女性也可以把這些工作做得很好，為什麼她們不能投票？[33]

那些有參與一戰與二戰的國家，通常不久之後都賦予了女性投票權。奧地利和英國，都在一戰結束後開放女性投票，比利時、法國、義大利也在二戰結束後立刻賦予女性投票權。這時間點顯然不是巧合。

但有趣的是，許多沒有直接參與一戰的歐洲國家，也發生同樣的變化。丹麥、荷蘭、瑞典都在一戰後全面賦予女性投票權。這讓人不禁深深覺得，雖然女性在戰爭中的貢獻，對於投票權可能很重要，但大規模戰爭的結束似乎也成為改革的重大契機。

至於其他女性獲得投票權的原由，似乎就來自我們所謂的「常態」政治（"normal" politics）──抱歉，我也沒有更好的詞。政治學家棠恩・蒂爾（Dawn Teele）最近證明，現任領導人一旦認為，只要能讓更多女性來投票，其政黨的得票率就會不成比例地提高，領導人就會推動改革。[34]也許有人會說，這個說法和本書的主要論點很像，兩者都是「統治者需要人民」，但我認為這實在有點牽強。不過倒是有另一類證據顯示，女性投票權的擴大可能真的和本書的論點有關。美國西部有一些州的男女比例非常懸殊，例如懷俄明州的成年男子是成年女子的六倍，在這樣的州，男性菁英為了吸引女性過來定居，比美國其他地方都更早賦予了女性選舉權。[35]

民主對菁英的威脅沒那麼大

民主能在歐洲順利傳播的最後一個重要原因，就是歐洲的菁英在一段時間之後慢慢發現，民主對他們的威脅其實沒那麼大。

在十九世紀大部分的時間裡，歐洲菁英就像之前的美國開國元勳一樣，擔心普通老百姓一旦能夠投票，可能就會把菁英的財產大量充公。「民主」在當時是個髒字。但在愈來愈多國家走入民主之後，大家發現這種事並沒有發生，對菁英來說，民主並沒有那麼可怕。這可能也成了民主順利存續的原因之一。

關於累進稅制的證據顯示，光靠民主並不會帶來大規模重分配。在一八四八年的一系列民主革命中，革命者都主張把稅率調到最高，要最有錢的人把一半的財產吐出來[36]，但一八四八年的革命太過短暫，這種計畫根本無法實施。不過儘管如此，我們還是可以用他們提出的標準，來衡量之後民主穩定落實之後的稅率到底有多高。一次大戰前夕，許多歐洲國家都已經實行了幾十年的全民普選，或接近普選的大規模選舉，但這些國家的個人所得稅最高邊際稅率，平均來說卻只有個位數，遺產稅率的數字也差不多。[37]在一九一四年前，民主的進展都沒有以提高稅率的方式，帶來收入或財富的重分配。是直到進入大規模戰爭之後，國家要求個人負擔更多責任，高稅率的累進稅制才真正實現。[38]

那麼民主會危及政府債務狀況嗎？歐洲十九世紀的政治與經濟菁英，經常把一大部分的財產拿來購買政府債券。當時很多國家的債務，都是用從一般消費品徵得的稅額來償還的，而這是一種累退稅，大部分都是一般百姓在繳。所以當時就有人擔心，一旦開放普選，民眾可能就會要求降低消費稅，使政府陷入債券違約危機。但大部分歐洲國家進入民主之後，這種事都沒有發生。以債券收益率為例，英國在一八三二年擴大了選舉權之後，國債收益率曾一度提高，但很快又回到原本水準。而且阿蒂亞・達斯古普塔（Aditya Dasgupta）和丹尼爾・齊布拉特（Daniel Ziblatt）發現，在那之後，每次選舉權改革之前的國債收益率漲幅，都一次比一次小，也就是說，有錢人已經發現民主真的沒有他們以為的那麼危險。[39]

最後我們來看一下，在擴大選舉權前後，財富不平等的狀況有何改變。經濟學家經常根據前百分之一的個人或家庭所擁有的財富，占全國總財富的百分之幾，來衡量財富不平等。這當然就表示我們必須知道每個人各自有多少錢。其中一種方法就是去調查遺產或遺產稅的紀錄，而法國是最早實施現代遺產稅制的國家之一，留下的紀錄特別長。所以我們可以用法國的數據，來觀察擴大投票權前後的財富不平等程度如何變化。

　　圖11-3是法國財富不平等程度的演變圖。在一八〇一年，法國最有錢的人持有該國百分之四十六的財富。一八四八年，法蘭西第二共和嘗試實施普選，但時間太短，不太可能對財富分配造成什麼改變。

　　不過第三共和時期的資料，就更能用來檢驗普選權對財富分配

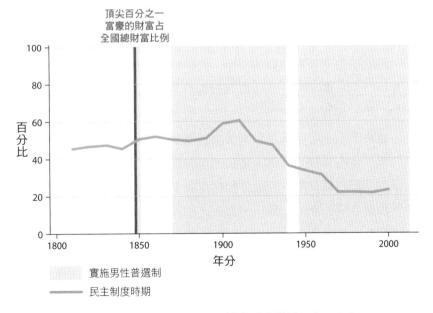

圖11-3　法國的財富不平等程度與普選權之間的關係。本圖出自 Scheve and Stasavage 2017，根據 Piketty 2014 整理的不平等資料所繪。

有何影響。法蘭西第三共和在一八七○年成立時實行普選，一直持續到一九四○年。在前四十年，頂尖百分之一富豪持有的財富比例，從百分之五十提高到六十，之後花了很久時間才開始穩定下降，到了一九四○年法國被德國擊潰時，只剩下三分之一多一點。

這樣的變化該如何解讀？首先，這顯示一八七○年代的巴黎有錢人，即使一度擔心第三共和會搶走你的錢，大概不久之後也會安心。沒錯，法國政府建立了小學義務教育，幾十年之後可能會改善窮人的知識和就業環境，降低貧富之間的差距。但富有菁英擔心的不是這種問題，而是國家民主化之後，會出現大規模的充公和重分配，而這就從未發生。

法蘭西第三共和政府的錢，主要都來自累退稅和間接稅，但也繼續徵收直接稅，直接稅的收入大概占政府所得的百分之二。[40]到了後來，法國還是建立了現代所得稅制，但一九一三年才由國民議會投票通過，最高邊際稅率設為百分之二。法國的遺產稅也差不多，在拿破崙三世於一八五一至一八七○年專政期間，稅率一直維持在百分之一點一五，之後最高稅率也一直低於百分之二，到了一九○二年才提高至百分之五，一次大戰前夕升至百分之六點五。此外，當時的人主要都靠購買國債來保有財富，而國債的利息在這段時間也一直沒有停止支付。這表示至少在第三共和成立之後的四十五年內，富有菁英擔心的重分配政策幾乎完全沒有成真。

根據各國的歷史紀錄，光靠民主都不會帶來財富重分配，法國也不例外。其他國家的財富不平等程度，在這段時間的確下降，但從發生的時間點來看，它似乎跟普選幾乎無關[41]，反而跟一戰、二戰，以及大蕭條帶來的一系列經濟失調相當有關。在戰爭期間需要大規模動員的時候，政治左派就更容易以促進公平為由，推出高額的累進稅。畢竟如果國家在戰爭期間需要大量勞工，那當然也需要大量資本。[42]此外，戰爭與大蕭條都使通膨率飆得超過預期，大幅降低既有財富的實際價值，而且如果你持有的是政府債券，降低的幅度勢必更高。[43]

法國農民：最早的「可憐人」

普選為什麼沒有縮小貧富差距？答案有兩種，而且截然不同。有些人認為，這是因為民主以某種形式淪為菁英的玩物。另外一些人則認為，這是因為試圖縮小貧富差距的左派政黨，其實根本不懂大部分選民想要什麼。

這時候法國的資料又變得相當有用。一八四八年，巴黎居民揭竿而起，推翻國王路易·腓力（Louis Philippe）的政權，於是法國在大革命期間的第一共和曇花一現後，再次建立了共和政府，是為法蘭西第二共和。一八四九年，左派政黨在國會大選中，提出「社會共和」（social republic）政綱，試圖以一系列政策降低不平等[44]，一時之間，許多人都希望（或擔心）左派會就此拿下國會。但投票之後的走向完全相反。大多數當選的議員都是右派，法國不僅沒有推行重分配政策，反而發生了更可怕的事。在議會召開的幾個月前，法國選民在總統選舉中，投票給拿破崙的姪子路易－拿破崙·波拿巴（Louis-Napoléon Bonaparte），讓他的得票率高達百分之七十四。三年之後，路易－拿破崙在一八五一年十二月發動政變廢除共和，之後以公投的方式讓絕大部分選民支持新憲法，使路易－拿破崙獨攬所有實權。

法蘭西第二共和之所以覆亡，是因為城鄉之間互不理解。領導這場起義的革命志士，都是住在巴黎的自由派以及勞工團體，但當時法國絕大部分的選民其實都住在鄉下，而革命志士幾乎沒去搞懂鄉下人在想什麼。他們甚至把這些農民稱作「農村的腦殘」

（rural imbecility）[45]，會投票給右派然後「搬磚砸自己的腳」。而且當時法國有很多地區，都在十二月投票給路易－拿破崙，隔年春天卻反過來投票給左派；也有很多地區之前投給左派，之後卻投給右派。在城市人眼中，這種現象更是證明了鄉下人都腦殘。我們在二〇一六年也聽過這樣的解釋，當時希拉蕊·柯林頓（Hillary Clinton）說，有些川普支持者實在是「一籃子可悲的人」（basket of deplorables）。照希拉蕊的說法，一八四九年投給右派的大多數法國選民，大概就是歷史上最早的「可憐人」。

這些城市菁英的第一個敗筆，大概就是雖然提出了一些對農民有利的政策，卻看不見其他的需求。他們提出稅制改革，試圖將更多稅賦交給有錢人負擔，卻幾乎沒有處理當時更普遍的土地不正義，例如造橋鋪路、改善農田水利、或者改革農村的信貸市場。[46]

更重要的是，這些一心一意要締造共和的菁英，真的幾乎沒在關心農民。雖然共和派的大報會討論「下層階級」，但這個詞並不是指農民，而是指城市中的低收入者。[47]在城市菁英眼中，農民要麼壓根不存在，要麼就是批評家口中的腦殘。[48]這種思維演變下去，最後就產生了馬克思主義中的「虛假意識」（false consciousness）——認為人們會相信一些對自己不利的東西。

其中最誇張的發展，就是在支持共和的人裡面，竟然有一些主張限制投票權，認為只有真正了解自己利益的人才能投票。例如普魯東（Pierre Joseph Proudhon）就說，農民在投票之前，必須接受五十年的教育，在教育完成之前，政治地位只能跟兒童同等。[49]這種說法美國最近也不陌生，有些人提出了「知識菁英制」（epistocracy）之類的東西，主張只有知識夠多的人才有權投票。[50]

法蘭西第二共和的故事顯示，無論美國開國元勳多麼擔心貧富差距會撕裂民主社會，事實上都沒有這麼簡單。真正撕裂民主社會的，往往是其他鴻溝，例如農村與城市天差地遠的生活方式。當時的法國是這樣，今天的很多國家也一樣。除了生活方式，人們對宗教與國家的態度差異，也可能會讓共和國裡的各個族群劍拔弩張，一觸即發。這種分裂在十九世紀後期的法國愈來愈嚴重。

法蘭西第二共和，就是這樣從一八四八年的誕生，走到一八五一年的敗亡。有些人擔心，如今的美國可能也會遇上同樣的命運。但諷刺的是，民主最初能夠順利傳播到法國與歐洲國家，可能也正是拜窮人的分裂所賜，因為窮人分裂之後，民主的力量就不足以把菁英搞垮，菁英也就沒那麼反彈了。

中國為什麼沒有民主化？

不過如果我們把注意力轉向其他地區，就勢必會看到一個問題：為什麼現代民主沒有走入中國。中國一再辜負民主論者的樂觀期待。清朝的末代皇帝明明在一九一二年退位，中國卻無法建立共和政權，甚至還在一九四九年後淪為毛澤東的獨裁統治。近年來它再次讓人失望，經濟明明快速發展，卻未能帶來政治自由。更妙的是，自毛澤東時期以來，中國明明沒有採取現代民主制度，國家領導人卻開口閉口都是中國的「民主」。照此看來，中國的「民主化」主要似乎不是靠多黨競爭，而是靠人民對執政黨感恩戴德。

一個沒有集會傳統的國家

一九一一年末，中國最後一個王朝大清帝國，在多年的衰落之後急病猝逝。一系列的接連起義，終使幼帝溥儀於一九一二年被迫退位，政權移交到立憲組閣的北洋政府。可惜北洋政府雖然到了一九二八年才終於滅亡，其實剛成立不久便已喪失實權。實際上控制領土的能力，很快地落入各省的軍閥手中。而且就連北洋政府自己的官員，往往也只是將軍的橡皮圖章。

　　一九一二年通過的《中華民國臨時約法》，雖然沒有給予全民選舉權，依然算是現代民主的典範。北洋政府的敗因，很難歸結為系統設計不良。它的憲法直接仿製歐美，由大總統、議會、內閣、法院構成權力分立，各省根據自己的方法選出議員，然後由議員選出正副總統，最後由大總統任命各部部長。這套制度在其他國家已經證明歷久不衰，中國只是直接引進，照理來說應該不會出問題。

　　但北洋政府有個大麻煩，那就是中國沒有議會傳統，很難直接進入代議政治。清朝末年，中國有許多地方都認為制度需要改革，例如必須向西方取經。而日本的明治維新，使這種聲音更是強健。於是，朝廷發起了一系列革新，例如廢除科舉，官員也在過程之中建議設立民意機關。一九〇九年，清政府在倒台兩年之前建立了諮議局，由各省仕紳投票選出議員參與政事，並於中央設資政院，類似於國民大會。但諮議局與資政院都沒有實權，不但不能控制官府，也無法指揮軍隊。更糟糕的是，中國根本沒有議會傳統，並不知道這類機構該怎麼使用。即便爬梳歷史，也得回到二千多年前的東周，才能在「國人」這種城邦菁英會議制度中，找到類似的治理模式。

　　歷史學家鄭小威認為，中國的代議改革之所以失敗，就是因為無論一九一一年前後，議會代表都只是想把皇上的絕對君權，割一塊放進自己的口袋。其他國家在漫長的歷史中，已經習慣用議會限制君權，中國卻完全沒做過這種分權與分立的事情。[51]

帝制遺緒的影響

　　在那之後，中國又歷經了日本侵華和漫長的國共內戰，到了一九四九年秋天終於進入人民共和國。在人民解放軍一九四〇年代末統一全國的過程中，中共領導人發誓要推翻帝國時代的「封建」秩序。在許多方面，他們做得相當成功，而其中最成功的便是土地改革。一九一一年的國民政府繼續讓地主和菁英階級保有大權，共產黨掌權之後則將這些人的財產收歸國有。[52]而且這段過程出乎意料地符合政治學家麥克‧奧伯特斯（Michael Albertus）的看法：一般來說，專制政府反而比民主政府更可能實施土地改革。[53]事實上，毛澤東的「民主」重分配，至少在這方面也真的比很多民選政府更成功，只是過程中不斷暴取豪奪，搞得屍橫遍野。

可惜的是，中華人民共和國雖然推翻了舊秩序，卻依然在很多重要事情上，繼續仰賴帝國建立的控制體系。人口登記就是一個例子。我們在第六章提過，中國的帝王從很早就注意到管控人民的重要性。所以他們在戰國時期就建立了戶政制度，一方面用來徵糧，一方面用來徵兵。同時也會用這類系統，鼓勵人民彼此監視。

中國共產黨在一九四九年統一全國時，毛澤東發表了下面的聲明，他認為雖然共產主義的最終目標是廢除國家力量，但要達成這項願景，就必須暫時強化這種力量：

> 「你們不是要消滅國家權力嗎？」我們要，但是我們現在還不要，我們現在還不能要。為什麼？帝國主義還存在，國內反動派還存在，國內階級還存在。我們現在的任務是要強化人民的國家機器，這主要地是指人民的軍隊、人民的員警和人民的法庭，藉以鞏固國防和保護人民利益。[54]

中共在一九四九年之後鞏固政權的方式之一，就是建立「戶口」制度。[55]這套制度可說是以過去王朝的戶政體制為基礎，再揉合國民政府在一九二七至一九四九年統治中國部分領土時的某些方案。不過這套戶口制度，並不像之前那樣是徵稅的基礎，而是政府限制人民行動自由，藉此維持秩序的工具。在這套制度下，你一旦離開登記地區，就享受不到社會福利。

中國在一九四九年後的戶口制度，再次證明了過去的強大國家權力，對之後的專制統治多麼有利。國民黨在一九二七至一九四九年統治的時候，就利用過去帝國時期的戶政制度來登記人口。[56]一九四九年後肯定也是這樣。[57]

商業改革沒有帶來民主開放

中國近年來經歷了一場巨大的商業革命。而且商業革命與科技革命，之前在中國都發生過好幾次，我們可以從這些革命的共通之處，了解近年的改革開放為何沒有帶來民主。中國在宋朝時期快速都市化，發明新的通訊技術，並且以快速發展的雕版印刷，促進了知識的傳播交流。但歐洲在印刷術出現之後，政治局勢天翻地覆；中國朝廷卻是主動推廣印刷術，藉此傳播最新科技，同時監控所有出版品，使亂臣賊子的政治思想難以蔓延。這種現象最近再次出現。中國人在網路和社群媒體上的討論，的確加速知識傳播，有利國家發展；但在加速創新發展的同時，中國的政治思想卻沒有像許多西方人士幾十年前想的那樣，變得更加開放多元。到目前為止，我們還不確定這種狀況能維持多久。十年前有很多人認為，網路的普及將不斷削弱言論審查的能力，即便政府的力量鋪天蓋地，廣大公民的反抗方式也會一直推陳出新。例如楊國斌在二〇〇九年，就認為「網路空間將建造，並成為一個百花爭鳴的狂歡共同體。」[58]但照瑪格麗特‧羅伯茲（Margaret Roberts）等人最近的研究，中國的網路生態顯然沒有這麼美好。[59]

中共反覆提及的「民主」

　　雖然上述所有跡象，都讓人認為目前的中國是獨裁國家，但無論是一九四九年前後，中共領導人都說他們的治理方式是一種「民主」。[60]毛澤東在中華人民共和國成立之初撰文討論民主，延續過去的馬克思主義前輩說法，主張他要建立的不是西方的「資產階級民主」，而是「人民民主」。[61]不過「人民民主」到底是什麼意思？這個詞在中國有過意義嗎？未來又會有嗎？

　　根據中國近年來的做法，「人民民主」顯然不是本書所談的現代民主。「人民民主」既沒有多黨競爭選舉，也沒有議會能夠真正制衡行政機關。中國的確有一個全國人民代表大會，但根據「標準跨文化樣本」編纂者的標準，它並非真正的議會，因為幾乎沒有任何證據顯示全國人大制衡了行政機關。

　　所以唯一的可能，就是「人民民主」雖以某種形式開放全民參政，卻不進行選舉。難怪在一九八九年的抗議中，一位中國學生聽到有人說選舉才是民主的核心之後，表示他認為民主不是這樣，而應該是「盧梭式的直接參與」。[62]照此看來，中國政府的確打造了許多正式管道讓人民發表意見。但問題是，我們不知道它有沒有傾聽。

為何俄羅斯沒有走向民主

　　繼中國之後，俄羅斯帝國是另一個沒有在二十世紀民主化的重要大國。俄國只有在一九九一年之後一度短暫地轉向民主，但隨之又快速破滅。有趣的是，俄羅斯的條件乍看之下與中國幾乎完全相反。高產量的集約農業，有利於中央集權的官僚體系，但俄國沒有這種東西。而且俄國地廣人稀，農民如果不滿意家鄉的領主，可以輕易搬到其他地方。[63] 最後，很多專制社會的統治者都掌握了一些鞏固統治的科技，帝俄的沙皇卻沒有。既然如此，俄羅斯為什麼既沒有長出早期民主，也未能引進現代民主？它之所以長久以來都走獨裁，可能是因為下面這件事：它在帝國時期的國家力量很小，但社會力量更小。在這種環境下，西歐那種代議制度對帝俄統治者實在沒什麼用，與其舉行集會，還不如逐步發展官僚體系，即使這樣的官僚體系沒辦法像他們想模仿的普魯士那樣，牢牢掌控人民也無所謂。

早期俄羅斯的集會

俄國最早的政體，是十四世紀莫斯科大公國（Muscovy）的大公，在整合領土的時候打造出來的。到了一五四七年，這個政體出現第一個俄國「沙皇」，然後一六八二至一七二五年，彼得大帝（Peter the Great）又對其進行改革。莫斯科大公國確實有一些制度，可以成為早期民主的基礎。有些備受爭議的說法，認為這些做法來自蒙古，例如忽里勒台大會之類。[64] 但這邊的重點是，當時俄國的集會，跟遍布西歐相當活躍的代議機關之間，有多少的共同之處。

第一種集會，是大公身旁的貴族會議。莫斯科大公國與周邊的國家將最高階的貴族稱為「波雅爾」（Boyar），所以日後的歷史學家將這種會議稱為「波雅爾杜馬」（Boyar duma）。「杜馬」這個詞的原意是「想法」，後來衍生為「建議」、「諮詢」、「委員會」。[65] 據說波雅爾杜馬最早來自基輔，後來傳到莫斯科，從九世紀一直舉行到十八世紀，歷史非常悠久。[66] 不幸的是，波雅爾杜馬的權力相當有限，而且隨著時間推移愈來愈小，到了一六七〇年代已經完全沒有功能，只剩行禮如儀。[67]

　　第二種集會叫做縉紳會議（*zemsky sobor*，字面意思是「土地會議」）。這個機關多達數百人，由伊凡四世（Ivan IV，即「恐怖伊凡」）首創。恐怖伊凡在位於一五三三至一五八四年，是第一個使用「沙皇」之名的統治者，雖然他的綽號實在很難讓人聯想到民主，但許多歷史學家力排眾議，指出他首創的縉紳會議是代議政治的原型，而且原本很有可能讓俄羅斯成為民主國家。縉紳會議和波雅爾杜馬一樣，都是後人追加的名詞，在十六至十七世紀出現時沒有人這麼稱呼。[68]縉紳會議臨時召開，每次從幾十人至幾百人不等，與會者大半都是沙皇的高階軍官。[69]可惜這樣的會議，在十七世紀末之後也消失了。

　　早期俄羅斯的這些會議，跟西歐集會之間的差異，除了權力太小，以及沒有定期舉行之外，最大的不同就是沒有納入地方代表。我們在第五章提過，西歐自十三世紀以來，各城鎮的代表都可以和貴族、神職人員一起開會。這是代議政治發展過程的分水嶺，也是邁向現代民主的一大步。但這種事情在俄羅斯從未發生。也許有人會說這是因為俄羅斯統治者崇尚專制，但另一個原因也許更直接：俄羅斯幾乎沒有城鎮。[70]俄羅斯全土荒山漠野，只有零星點綴著幾個小鎮，城鎮規模多半很小，而且相當原始。中世紀西歐那些車水馬龍的城鎮，為中世紀的王公提供重大的金錢誘因，因為它們可以產生大量稅收，這時如果讓城鎮的代表進入議會，就可以直接對城鎮收稅。但俄國的城鎮又小又落後，而且不像西歐那樣有公會和法人的傳統，對統治者來說沒有價值。[71]

　　當然，雖然俄羅斯的城鎮稀少，但原本的農民還是可以自由移動，照理來說至少還是可以在地方層級建立早期民主。問題是，農民手中的籌碼，在十七世紀之交消失了。俄羅斯天寒地凍，老天爺臉色的影響特別劇烈。一六〇一至一六〇三年間，俄羅斯就因為氣候變化而陷入大饑荒。經過一連串事件之後，農民只好躲進貴族的庇護之中，從此無法逃脫。一六四九年，法律明文規定農民不得離開目前居住的土地。[72]

集權官僚之路

所以對沙皇而言，比較實際的方案是用官僚體制逐漸統治整個國家。俄羅斯沙皇國的統治者，在十七世紀建立了一個以官署為基礎的體系。體系中的官僚稱為秩吏（*prikaznye liudi*），所有的權力都直接來自沙皇。當時大部分的貴族都不識字，但秩吏都讀過書。整個體系在十七世紀大幅擴張，在一六一三年羅曼諾夫王朝（Romanovs）首度登上王位的時候，全國的秩吏才只有幾百個，到了一六八九年已增為十倍，高達幾千個。這種制度的特色之一，就是跟當時的普魯士一樣，負責軍隊的物資後勤，把國家的財政跟軍務直接綁在一起。[73]在這段時間，俄國沙皇也成功降低了城鎮的自治程度。因為十七世紀初再次爆發農民的糧食危機，之後城鎮的長官就改由沙皇直接任命。[74]

不過雖然我們把帝俄與普魯士說得很像，兩者還是有個關鍵差別。帝俄幅員廣闊，全國的居民總數在一七〇〇年可能超過了二千萬，相比之下幾千名的官僚其實並不算多。[75]反倒是普魯士的國家官僚機構很大，當時人口的總數卻不到帝俄的十分之一。[76]彼得大帝在一七一八年設立人頭稅之後，政府試圖人口普查，結果竟然花了五年才查完。[77]真要說起來，俄羅斯其實是用一個力量薄弱的國家官僚體系，取代了一個力量更弱的代議體系，結果慢慢地離民主遠來愈遠。

全球最大的民主國家：印度

　　美國有幾個開國元勳認為，過於龐大的國家很難維持共和政體。照他們的說法，印度應該死定了。印度在一九四〇年代末獨立的時候，全國人口是三億三千萬，超過一七七六年美國人口的一百倍。而且根據李普塞在一九五九年的說法，當時的印度窮到絕對無法成為民主國家，以今日的美元計算，當時該國人均國內生產總額僅約一四〇〇美元，是法國一八七〇年的一半。用絕大多數的傳統政治學理論來看，這樣的國家想要走入民主，門都沒有。

　　印度之所以能夠成功進入現代民主，可能跟英國的殖民方式有點關係。在殖民統治後期，英國人實質上開放了印度自治，也允許建立政黨[78]，而不是像在中國那樣用鴉片來控制人民。但事情當然沒有這麼簡單，而且這也不是重點。

　　比較完整的解釋是，中國長期活在中央集權的官僚統治之下；印度不但沒有這種歷史，反而有早期民主的傳統。我的意思當然不是說，因為佛陀的氏族在西元前六世紀選出自己的領袖，今天的印度就一定能成為民主國家，只是要說這種傳統的影響力，可能還是很大。經濟學家兼哲學家阿馬蒂亞・沈恩（Amartya Sen）也這麼說。[79]

　　中國大部分時間都在同一個國家的控制之下，印度在這二千年來卻很少統一。如果要在歷史上尋找強大的集權官僚國家，大概會找到始於一五二六年的蒙兀兒帝國（Mughal）。該帝國的阿克巴大帝（Akbar）在一五五六至一六〇五年統治期間鞏固了王權，並建立了國家的官僚體系。

　　阿克巴登基之初，各地上繳的資源依然比較像朝貢而非納稅。印度北部散落著大小不一的酋邦，當地菁英階級集結農民，開墾叢林整出耕地。阿克巴上任之後，改用一個更集權的體制來取代。他在財政部長圖達爾・瑪爾（Todar Mal）的管理下，根據每塊土地的收成定期徵稅，統計全國各地的農產產值，並統一了全國的度量衡。此外，他建立了一個機關來評估稅值並進行徵收，取代原本外包的稅吏。[80] 上述各項元素組合起來，就成了一個稅務體系，各地的生產狀況都在統治者掌握之下，稅金也能直接進入統治者口袋。到了一五九五年，蒙兀兒王朝的皇帝已經可以從全國總產值中抽取大約百分之五來自由運用。把這個稅率跟圖 1-1 相比，就知道它有多高，而且也顯然高於當時所有的歐洲國家。[81]

但蒙兀兒王朝的中央集權與官僚體制，並沒有維持很久，而且即使是在力量最大之時，也沒有完全抹去早期民主的遺緒。阿克巴雖然建立了中央稅務體系，卻無法建立完全集權的統治體系，因為地方氏族議會的力量很大，無法直接摘除。地方議會以接受新式徵稅為條件，阻止帝國中央插手當地其他事務。[82] 根據文獻記載，這些議會的地位和第二章提到的古印度集會甚為相似。

蒙兀兒王朝最後瓦解成為一系列支離破碎的國家，這些國家的力量下滑，沒那麼能夠搾取稅收。英國征服之後的狀況就是這樣[83]，整個印度幅員廣闊，自治團體散布各地各自為政，殖民者就像過去的印度王朝一樣，必須思考如何整合。於是英國觀察家，思考了印度地方團體的本質是什麼，又究竟如何自治。一八三六年，查爾斯・梅特卡夫（Charles Metcalfe）認為印度的鄉村有著共和自治的傳統：

> 每個村子都是一個小小的共和國，幾乎可以完全不假外力，自給自足，所以塵世無論如何滄海桑田，這些村子似乎都依然故我。過去的王朝接連覆滅，革命的浪潮陸續升起，印度

人（Hindoo）、帕坦人（Patan）、蒙兀兒人、瑪拉塔人
（Mahratta）、錫克人（Sikh）、英國人……上面的主子一個換
過一個，這些村子卻從沒變過。[84]

也就是說，印度的村落其實是自治體，每隔一陣子就會有人想
把它們的權力集中到自己身上，但都撐不了多久就散落回去。中國
的村落也會見證朝代的興衰，但朝代通常都能維持很久。而且中國
的村莊即便有自治機制，也幾乎不會被觀察者認定為「小小的共和
國」。總之，印度能夠走向現代民主，似乎真的跟長久以來的集體
治理傳統相當有關。

民主在非洲的傳播

如果說第二波民主浪潮的輝煌戰果，是在印度（重新）建立了
民主，那麼柏林圍牆倒塌之後三十年內的第三波民主浪潮，最厲害
的大概就是讓撒哈拉以南的非洲建立民主國家。[85]當然，根據大部
分的標準，非洲目前的民主區域依然相當侷限，但它們至少在第三
波浪潮中向前邁進。一九八九年，整個非洲大陸幾乎全部都是一黨
專政國家。塞內加爾的一部分國土，以及波札那有一些民主前哨，
但其他地方完全看不到。至於多黨選舉，當時幾乎更是癡人說夢。
但三十年之後，多黨選舉已成為常態，這些選舉當然經常出現各種
舞弊和問題，但無論根據其他國家的評價，還是國民在民調中的看
法，非洲大陸現在至少有大概三分之一的國家，已經真的可以說是
民主國家。把非洲跟中東相比，就可以知道差異多大，中東國家的
大部分權力長期以來都掌握在集權官僚手中，而這些國家至今也沒
有轉向民主。所以我將在下面幾段主張，國家力量的薄弱，是非洲

能夠走向民主的重大原因。但在那之前，我要先來說說這些非洲國家在一開始脫離殖民，獲得獨立的時候，為什麼無法建立民主。

在我們思考非洲民主的歷史時，也別忘了第二章提到的證據。非洲在被殖民之前，早期民主相當普遍。因此非洲走向民主的過程，再次見證了一個地區要滿足那些條件，才能在失去民主之後重拾民主。

獨立之日

一九六八年，象牙海岸小說家阿瑪杜・庫忽瑪（Ahmadou Kourouma）出版了《獨立之日》（*Les soleils des indépendances*），描述虛構的國家「烏木海岸」在殖民勢力消失之後，沒有像人們預想的那樣迎接美好獨立生活，反而陷入一黨專政的故事。現實世界的非洲確實如此，它們在剛擺脫殖民統治（大部分是在一九六○年左右）的時候，紛紛建立現代民主制度，但這些制度很快就解體了。

迦納就是個典型例子。一九六○年四月二十七日，該國舉行第一次多黨競爭的總統選舉，由恩克魯瑪（Kwame Nkrumah）勝出。一九六四年，迦納藉由全民公投，正式成為一黨專政國家，在大約三百萬張選票中，百分之九十九點一的人支持恩克魯瑪的人民大會黨（Convention People's Party）成為唯一合法的政黨。[86]一九六六年，恩克魯瑪倒台，迦納再次舉行多黨競爭選舉，但也陷入了長期軍事政變之中，選舉的正當性成敗參半。

某些非洲國家，則是在剛獨立時就直接採取一黨專政。一九六○年，迦納隔壁的象牙海岸通過憲法，使象牙海岸民主黨（Parti Démocratique de la Côte d'Ivoire）成為唯一合法政黨。之後從一九六○至一九八五年，該黨領導人伍弗布尼（Félix Houphouët-Boigny）在五年一度的總統大選中接連獲勝，每次得票率至少都有百分之九八點八，高到讓人不注意也難。象牙海岸民主黨不僅一手掌握了該國的選舉，也掌握了該國的媒體。一九六四年起，政府控制的《博愛日報》（*Fraternité Matin*）開始每天發行，該國唯一的晚報《象牙海岸之夜》（*Ivoir'Soir*）也在政府掌控之中。其他的廣播、電視也統統如此。

這些非洲國家陷入獨裁，並不是因為強大的國家機器掌控了社會。[87]某些國家的確建立了稅制，但稅金主要是仰賴咖啡、可可這種農產品出口。非洲的天然良港非常稀少，只有幾個地方可以裝載經濟作物，只要成功控制這些地點，就可以保障稅收。例如象牙海岸這種國家，根本不用建立整個官僚體系來評估各村稅額進行徵收，只要監控聖佩德羅（San Pedro）和阿必尚（Abidjan）兩個港口的出口狀況，依此徵稅就可以了。

所以這些獨裁政權之所以得以存續，並不是因為國家機器多麼強大，而是因為外援。之前我們在阿拉伯地區的早期民主時提過，當地之所以能夠出現一些較為專制、國家力量較大的國家，是因為試圖掌控這些地區的外部勢力，也就是羅馬帝國和薩珊帝國在後面撐腰。非洲也是一樣，一九六〇至一九八九年間，美國、蘇聯、法國，以及某種程度上的英國，都為了控制非洲而做出同樣的事。象牙海岸的獨裁政權就是因為這樣，得以在國家力量相當薄弱的狀況下，靠著外部勢力鞏固統治。一九七〇年，該國總人口大約五百萬[88]，軍隊卻大約只有五千人，也就是大概每一千個國民才有一名士兵。相比之下，像今日的盧安達這種軍事化國家，士兵與國民的比例就比當時的象牙海岸高出五倍。當時的象牙海岸政府並不需要坐擁大軍，因為首都阿必尚有一座法國的軍事基地，而且該國跟法國簽有共同防禦條約。這些非洲國家的統治者，都是在外援力量削弱之後，才被迫放下獨裁，讓國家走向民主。

新一波的民主浪潮

　　冷戰的落幕大為揭亮了許多地方的民主曙光，非洲也不例外。在冷戰落幕之後，那些操控非洲的外部勢力，就比較不會為了贏過競爭對手而繼續扶植獨裁政權，而比較願意接受有利於民主的官方政策。不過一九八九年後的民主浪潮，並不是由這些外人決定的，而是因為過去的國家發展，讓民主得以復活。看看非洲國家之前的長期演變，就知道國家力量較弱的地方，民主比較容易誕生，也比較容易維繫。

　　一九九一年春天，杭亭頓在《民主期刊》（*Journal of Democracy*）上發表了〈第三波民主浪潮〉（Democracy's Third Wave）。[89] 他在該文與同名的書籍中，評估了世界各地邁向的民主可能性，其中的非洲非常悲觀。杭亭頓認為，這是因為非洲國家太窮，而且經濟成長前景很差，要民主化實在太難。「撒哈拉沙漠以南的非洲國家，直到二十一世紀都會因為經濟不佳，而遲遲難以民主。」[90]

　　但非洲的民主國家數量，卻從之前的一無所有，增加到現在大約三分之一。只要還有人認為這樣的改變相當巨大，我們就只能說杭亭頓的預測過於悲觀。潔米・布萊克（Jaimie Bleck）和尼可拉・凡得瓦（Nicolas van de Walle）最近在整理非洲國家選舉發展時，用二○一六年的三場總統大選結果，來代表三種不同的走向。尚比亞的大選鬧出選舉暴力，輸家不接受選舉結果，被成功連任的現任總統關進大牢。甘比亞的狀況則完全相反，證據強烈顯示選舉沒有問題，現任總統卻拒絕認輸下台。迦納又不一樣，選舉基本上沒有問題，現任總統落選之後也乖乖接受。[91]

　　布萊克與凡得瓦列出的這三場選舉經驗，分別代表外界人士在系統性評估非洲民主時的方式。根據自由之家（Freedom House）

的分類，一個國家除了要賦予人民政治權利，還要能夠落實選舉結果，才算是具備「選舉民主」（electoral democracy）。根據這種標準，撒哈拉以南的非洲國家，目前有百分之二十九具備民主。[92]「政體開放指標」（Polity index）的編纂者，在判斷一個國家是否民主時，則會參考更多不同的屬性。根據這些外部觀察家的標準，目前非洲有百分三十六是民主國家。[93]最後，有些政治學家是根據一個國家是否具備自由公正的普選，來判斷該國是否民主。根據最近的資料，撒哈拉以南非洲的民主國家比例，剛好是三分之一。[94]

不過我們也未必要仰賴那些外部人士整理的抽象指數，可以直接問問非洲人認為自己生活的國家是否民主。「非洲民主動態」（Afrobarometer）定期在非洲各國進行民調，問當地人覺得他們的政府算不算是民主政府。[95]當然，這個答案會被另一個因素影響：無論你在世上的哪個地方進行民調，無論當地國家是否民主，只要你問到的受訪者所支持的政黨目前沒有掌權，受訪者就比較容易說該國不民主。為了排除這種影響，我把受訪者對目前政府首腦執政表現的看法，當成控制變量。也就是說，如果受訪者一邊嫌棄現任總統的表現，一邊說自己生活在民主國家，那這個受訪者就真的很可能認為該國民主。如果受訪者一邊肯定總統的表現，一邊說該國並不民主，訊號也就呼之欲出。

我用這種方式，從非洲民主動態的五萬多份訪問資料中整理出一個「民主自評指數」（Self-Assessment of Democracy），將每個國家的得分列為百分等級，民主自評程度最低的設為零，最高設為一百。發現蘇丹最低，尼日最高，迦納緊追在尼日之後。排列之後發現，非洲各國的自評指數，跟外部人士給予的民主分數之間，相關性其實很高。[96]所以接下來，我要用非洲各國的民主自評指數，來討論為什麼薄弱的國家力量有利於民主。

國家力量薄弱的後續影響

　　還記得杭亭頓嗎？根據他一九九一年的預測跟判斷，非洲國家太窮，無法維持民主。如果他是對的，那麼少數能夠邁入民主的非洲幸運兒，大概都會是那些當年發展程度較高的國家。所以我們可以用各國當年的人均收入、識字率、都市化程度，來檢驗這個假說。可惜拿出這些數字一看，就發現它們預測各國民主程度的能力實在相當糟糕，根據我的民主自評指數，反而是那些當年比較貧窮、識字率低落、都市化程度低的非洲國家，如今比較可能進入民主。[97]

　　今日非洲民主的進展，反而比較符合下面這種解釋：那些在柏林圍牆倒塌時，國家力量較弱的非洲國家，如今比較有可能走入民主。這也正是本書不斷提到的觀點：國家力量的薄弱，會讓當權的總統更難抵擋民主壓力。[98]

　　請看圖11-4。這個散布圖的縱軸，是非洲各國的民主自評指數，橫軸則是各國在民主化浪潮開始的一九九〇至一九九二年間，每年政府稅收占國內生產總額的平均比例。這裡我之所以採計稅收，是因為政府的總收入額除了稅收之外，還包括自然資源、外援收入等等，但稅收不會受到這些數字影響，比較能夠反映國家力量的大小。附帶一提，各國在一九九〇年前後的稅收比例差異甚大，而自然稟賦只能解釋一部分的落差。例如一九九〇年，象牙海岸的稅收比例就是鄰國迦納的四倍，差異的來源，是迦納政府在當時崩潰。

　　圖11-4的分布趨勢相當明顯，在民主化浪潮開始時，國家稅收比例較低的非洲國家，人民更可能覺得該國民主。一九九〇年國家力量的影響是，國家收入占國內生產總額的比例每上升百分之一，

民主自評指數就會大約下降三分。[99]

　　圖11-4是否也表示，當社會要求民主化的時候，統治者力量愈小就愈難抗拒？畢竟國家的民主化可能也跟外援有關，政府資金愈是仰賴外國，可能就愈難抵擋金主要求，只得開放選舉。不過外國金主的訴求，通常比較傾向帳面上的民主標誌，也就是開放多黨競爭選舉。而每個國家的民主自評指數，主要卻是由其他比較不容易被外國金主影響到的細節所決定。

　　這麼說來，非洲的民主化成果，就真的很可能跟之前的國家力量貧弱很有關係。有趣的證據之一，就是今天非洲各國的民主程度，已經跟國家稅收比例之間沒有任何相關性。也就是說，那些民

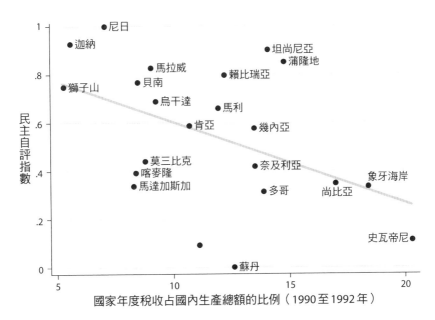

圖11-4　非洲各國財收與民主程度散布圖。資料來自非洲民主動態和國際貨幣基金全球收入縱剖（IMF World Revenue Longitudinal）資料庫。

主化的國家，稅收能力已經趕上了其他國家。當然，目前還不知道這究竟只是因為統計上的均值回歸，還是因為國家力量的逐漸壯大。但如果答案是後者，就再次顯示民主的成敗取決於事件的發生順序，若是先建立民主再發展國家力量，民主比較能夠持續下去。

不過，如果成功民主化的非洲國家，之前的國家力量通常都比較薄弱，那也顯露出另一個警訊。國家力量若是太小，就很難提供人民想要的教育和醫療之類的服務。也就是說，政府的集權程度跟政府服務人民的能力之間存在某種平衡，如果這些國家的中央統治者無法順利維持獨裁統治，政府可能也幾乎無法提供任何服務。[100]

最後，這樣的推論也讓我們對非洲民主的未來發展感到擔心。現在許多非洲國家都在尚未充分保障自由公平選舉的時候，建立了愈來愈強大的官僚體系。例如烏干達在一九九〇年代似乎正在建立自由公平的選舉制度，但之後卻淪為民選的獨裁國家。政治學家琵雅·萊弗勒（Pia Raffler）指出，烏干達地方官僚的權力，目前比地方政治人物更大。[101]

結論

過去二百年來，現代民主以驚人的能力傳播到世界各地。許多被人認為窮到無法維持民主的國家和地區，都紛紛進入現代民主。但在此同時，也有很多變得富裕的國家，沒有像人們原本以為的那樣，讓民主站穩腳跟。這些趨勢似乎可以用國家的長期發展模式來解釋。如果一個國家之前沒有一個強大的官僚體制，能夠在過去一直鞏固專制政權，這個國家就比較容易走入現代民主。不過這樣的國家，也很難確保得到民主之後，能夠穩定維持。所以我將在本書的最後一章，討論現代民主未來的可能發展。

第十二章

尚未結束的民主實驗

　　這個時代陷入了民主焦慮。過去所謂的「先進工業化」國家現在顯然都在擔心，過去幾十年來從未出現的反民主浪潮，突然重新覺醒。在此同時，有很多讓人無法理解的誇張政治模式，也聚集了愈來愈多民意。十年前幾乎不會有人擔心，其他國家失去民主的悲劇，會不會同樣發生在美國身上。[1]另外，那些剛剛進入民主的國家，也紛紛開始懷疑，民主是否真的是政治的唯一道路。人們在評估這些國家民主進展的時候，發明了一個新詞，說當代出現了民主「倒退」（backsliding）。[2]最後的最後，中國這種屹立不搖的獨裁政體，更讓民主以外的選擇變得比幾十年前更誘人。這一切似乎都讓人認為，本書的主題不應該是民主衰落之後的復興，而是興起之後的衰落。但在這最後一章，我要從歷史的角度，問問當下的民主焦慮究竟從何而來。

　　歷史告訴我們，現代民主是一個至今都未完成的實驗，從很多意義上來說，光是這種制度能夠正常運作，就已經很不可思議。還記得在美國通過憲法之後不久，約翰・泰勒怎麼說嗎？他擔心兩年一次的國會選舉，只不過是一閃而逝的「政治痙攣」、只不過是「嘲弄人民在政治上多麼無力的一天」，只要過了這一天，「五百萬人民」的命運就再次落回「五千菁英」的掌控之中。泰勒認為要保障民主，就得強化地方自治的控制力，讓人民更常參與政治，與代議士更常聯繫。二百一十年後，一個叫做約翰·鄧恩（John Dunn）的政治理論家說法也很類似：

> 如果古代民主，是讓公民自由選擇生活中的每一項事務；那麼現代民主，似乎主要就是用各種條條框框關住公民，讓他們在做出一次選擇之後，就由少數的人代理，隔了很久之後才能做出下一次選擇。但許多角度都明顯指出，現代公民並不需要接受這種妥協。[3]

時隔二百年的泰勒和鄧恩，都同樣指出現代民主的第一個斷裂點：現代民主讓人民參政可以變得非常普及，但也可能變得非常淺薄。所以問題就來了：到了什麼時候，人民會開始覺得現代民主只是泰勒口中的騙局。因為也許民主只有兩種命運，要麼直接消亡，要麼名存實亡，被過去所謂的「五千菁英」，或者當代所言的「前千分之一」大富豪所把持，淪為政治學家賴瑞·巴特斯（Larry Bartels）口中的「不平等民主」。[4]

不過很多十八世紀和十九世紀的思想家，在思考如何打造共和國的時候，意見跟泰勒相反。他們擔心的不是「五千菁英」的宰制，而是「五百萬人民」會沒收五千菁英的財產。而且不僅是《聯邦黨人文集》的作者群這麼說，而是一七八九年後整個西歐的政治思想家都這麼說。他們都想用共和制度限縮群眾的權力[5]，最直接的方式包括限制選舉權、採取加權投票制度，或者在立法機關中增設上議院，藉此防止民眾被激情沖昏了頭做出愚蠢決策。但第十一章的資料告訴我們，他們真的想太多。國家在賦予普選權之後，並未出現大規模重分配。許多國家的貧富差距確實縮小，但不是普選權造成的，而是戰爭、經濟危機，甚至某些科技變革造成的。歷史證實，即使是在完全民主的國家，「五千菁英」宰制命運的風險也遠高於「五百萬人民」瓜分菁英財富。

　　現代民主的第二個斷裂點是行政權。事實證明，現代民主國家的民選領導人，很多時候都會像獨裁者一樣專斷行事。這種事情在休倫族到荷蘭共和國之間的早期民主政體，根本不可能發生。早期民主的權力非常分散，所以系統非常穩定。可惜的是，這種穩定的系統缺乏彈性，荷蘭共和國的經濟也正是在這種極度分權的體制下陷入停滯，地方團體為了維護自己的利益而設下市場壁壘，結果阻礙了創新。

　　現代民主的中央行政機關雛形，最早是英國人打造的。中世紀的歐洲君主在做出決定前，通常都得跟手握大權的議會討價還價，而白紙黑字的指定委任機制，也讓中央民代必須面對背後的鄉鎮選民。所以有些代表會拒絕決策，有些甚至拒絕開會。但在十四世紀末的英國，國王成功建立一種權力更集中的制度，上述障礙全都消失。一六八八年後，國會則是取代了國王，將整個國家的絕對權力握於掌中。在美國，由於憲法的關係，理論上行政權受到的限制比英國大很多，但近幾十年官僚體制的成長，讓行政權實質上明顯擴大，而且在國會意見分裂或無法做出決策的時候，行政機關的權力更是明顯。著名憲法學者布魯斯・阿克曼（Bruce Ackerman）在二〇一〇年說，他相當擔心「白宮淪為一個魅力型領袖專斷偏激，官僚體制隻手遮天的地方。」[6] 照很多人的看法，現在的白宮在短短幾年之後確實如此。

　　總之，社會在從早期民主過渡到現代民主的過程中，出現了兩個問題。第一個問題是如何讓公民和國家保持聯繫，第二個則是如何限制行政權力。接下來我們就要依序討論。

國遙不可觸，難以解民疑

　　按照常見的說法，美國先賢在一七八七年的費城解決了民主制度設計的問題。《聯邦黨人文集》的作者群在捍衛當時即將提出的憲法時，認為共和國變大之後就會更穩定。但我認為，美國憲法其實沒有解決國家遙不可觸、失去公民信任的問題。如果沒有持續耕耘，當代民主就無法取信於民。[7]

大型共和國沒有麥迪遜說得那麼穩定？

　　麥迪遜在後世所稱的《聯邦黨人文集》第十號中認為，大型的共和國比小型的共和國更穩定。一九六一年，克林頓・羅西特（Clinton Rossiter）寫了一篇「精闢的分析」，指出麥迪遜所謂的穩定其實就是在指「派系」問題，也就是說小型的共和國比較容易受到當代所謂的黨派對立、群眾極化、意見分裂等問題所干擾，大型的共和國比較不用擔心。所以憲法不需要擔心美利堅共和國的幅員問題，國土一旦大了起來，各地之間的派系衝突，就對國家造成不了威脅。在討論民主制度時，羅西特對《聯邦黨人文集》第十號的解讀可以說是相當主流，但看看二○二○年的狀況，就會覺得事情可能沒有一九六一年那麼樂觀。甚至可以說，如今美國的極化問題就是國土遼闊，各個地區觀點差異太大所造成的。而且當代的現實也顯示，大型的共和國可能會額外面臨一種問題：制度難以取信於民，公民對政治漠不關心。

　　一七八七年十一月二十三日，麥迪遜在紐約的報紙上，發表後世所謂的《聯邦黨人文集》第十號。麥迪遜這篇文章其實是在回應，因為四星期之前，有一位反對聯邦制的人，以「布魯圖」（Brutus）的筆名，在一七八七年十月十八日的《紐約雜誌》（*New York Journal*），對憲法打算採行的共和制度提出以下批評：

> 國家的領土這麼遼闊，各地的人不可能了解自己的代表做了哪些事情，也不可能了解代表為什麼要這麼做。這樣一來，人民就會對立法機關失去信心，懷疑他們的遠大抱負，覺得他們的每一步都在圖利自身，於是不支持他們通過的法律。[8]

麥迪遜跟「布魯圖」的重點其實並不相同。麥迪遜認為派系的衝突威脅不到大國的體制，布魯圖則是擔心公民跟政府之間失去聯繫。在人民對聯邦政府的信任降到冰點的當下，上面這段布魯圖的說法我們看了應該很有戚戚焉。

民聲不及，信任難企

許多研究政府信任度的民調結果，都站在布魯圖這邊。無論是在哪裡，國土規模較大的地方，人民對政府的信任程度，平均值都較低。不過我們仔細看看資料也會發現，失去人民信任未必是大國的宿命。

我們先從「歐洲民主動態」（Eurobarometer）二〇一八年秋天的民調結果開始。[9] 人口小於二千萬的國家，對政府的信任水準平均為百分之四十九，人口超過二千萬的國家，平均信任水準則僅有百分之三十二，兩者差距甚大。[10] 但細看下去，就發現有些大國逃脫了詛咒，德國人口超過八千萬，人民對政府的信任程度卻高達百分之五十四，相當於規模小很多的國家。而且小國也未必都坐擁民心，例如希臘人口只有一千一百萬，對政府的信任程度卻僅有百分之十四。

　　美國的民調結果也符合上述國際趨勢。如今人們常說美國政府失信於民，某些學者也發現人民不信任聯邦政府，會讓領導人更難制定新的政策。[11]但不受信任的主要都是聯邦政府，而非規模較小的州政府和地方政府。[12]媒體的陳述也一樣，地方政府比較獲得人民信任。

信任如何重建

　　那麼，政府失信於民的問題要如何解決？第一種方法是下放權力。保守派評論家李文（Yuval Levin）稱其為「自主原則」（subsidiarity）：公共事務在哪個層級執行，就應該交由那個層級的成員來治理。[13]歐盟各國領導人已經用這個原則來解決他們的「民主赤字」。美國也已經大幅引進「自主原則」，將教育、治安等責任，下放給州政府和地方政府。

　　不過自主原則的效力也僅此而已。重要的政治理論家布萊恩‧貝瑞（Brian Barry）在評論羅伯‧道爾與愛德華‧塔夫特（Edward Tufte）談論國家規模與民主的著作時，指出了這一點。他說如果目前負責治理的單位，已經小到無法掌控自己身處的環境，那麼將權力下放到更小的單位就毫無幫助。[14]例如理論上我們可以讓俄亥俄州的揚斯敦（Youngstown）鑄造自己的貨幣，制定自己的貿易政策，但揚斯敦市民很快就會發現這於事無補，因為整個事態都是由外界因素決定。

　　所以有沒有辦法，在不進一步下放權力的狀況下，讓人民重新信任美國聯邦政府？這時候歷史的教訓，以及美國在共和早期的教訓，就相當重要。第十章告訴我們，光是在憲法中列入相關條款，並不能確保公民能夠在充足的資訊下去判斷聯邦政府的作為。就連麥迪遜自己都在一七九一年承認，大型共和國的公民真的很難獲得足夠的資訊，所以需要由政府補貼報紙發行。後世的改革者也一樣，只是改用公立學校來達成同樣的目標。

共和國早期的歷史告訴我們，光是把憲法設計得很好，並不能保證公民獲得足夠資訊並且信任政府。如果大型的現代民主國家沒有持續投入深耕民主，民主可能就會名存實亡，變成「五千菁英」的玩物。

不過所謂的投入，如今應該以怎樣的方式實行？如果是在十到十五年前，這時候我可能會描繪一整套夢想，說網路的到來將讓公民與政府之間的聯繫比以往更為密切。但看看現在的狀況，就知道事情沒這麼美好。當然我們不能說，美國人愈來愈不信任聯邦政府，是因為網路交流的比重愈來愈高。畢竟研究發現，在網路還沒成為主流之前，聯邦政府就已經開始失去人民信任。但反過來也一樣，目前沒有任何證據顯示，網路交流能夠讓人民變得更信任聯邦政府。

我們若要分析社群媒體如何影響民心，可能就得先了解共和早期的美國和今天有何差別。美國在一七九〇年代建國不久之時，很多公民如果沒看報紙，就完全不知道和政府相關的任何資訊。所以國家補貼報紙發行，可以明顯協助公民理解政府。但今天的狀況完全不同，每個公民只要願意，都可以整天泡在各種資訊跟各種不實資訊裡面，根本不會有資訊不足的困境。所以真正要思考的問題，反而是新科技的出現，能不能讓人們放棄原本的資訊來源，能不能因此改變對政府的看法。

關於新聞，最近還有一個明顯的趨勢，那就是在全國性新聞媒體愈來愈多，以及人們轉換新聞來源之後，地方媒體消失了。這令人擔心，因為地方媒體會同時報導當地與全國的發展、人們通常比較信任地方媒體而非全國性媒體，而且地方媒體有助於培育地方民主自治。但這些地方媒體即便受人信任，卻依然消失了，這可能跟媒體市場結構變遷的各種原因有關。[15]

回歸早期民主？

有些學者認為，若要重新建立公民信任，就不能只是改變人們接收新聞的方式，而是要推出更有力的方式讓公民馴服遙不可觸的政府。他們認為要設法讓公民，尤其是非菁英公民，不只是每隔幾年投一次票，而是能用其他方式參與政府。政治理論家約翰・麥克米克（John McCormick）認為，我們可以重新採用文藝復興時期義大利城市共和國的某些方案。馬基維利對這些方案相當支持，例如舉辦一些菁英大老無法參與的地方集會、用抽籤混合投票來決定公職人員任命，甚至是由公民來審判政治案件。或者，也可以恢復本書提過的指定委任和問政指示機制，藉此約束代議士。再者，也可以考慮讓人民罷免民選官員。事實上，當年康乃狄克和羅德島的殖民者，就在集會中引進過這些方案，他們的點子都來自馬基維利。[16]

但在思考這些早期民主方案時，我們不能忘記，義大利的城市共和國跟殖民時期的美國議會，規模都相當小，而且康乃狄克和羅德島的殖民者，都位處開拓時期。[17]如今的社會規模相當龐大，當時的做法能不能順利套用，能不能獲得滿意的成果，都是個問題。若從最近加州公民倡議和罷免民選官員的經驗看來，情況可能並不樂觀。

另一種方式，則是看看能不能用現代科技，讓公民與代議士聯繫得更緊密。也就是說，有沒有方法能讓公民在表達意見之外，還能感覺到自己實際參與了政府的決定。[18]當然，即使能開發出這些方法，依然與面對面的共商政事相距甚遠，珍妮・曼斯布里奇

（Jayne Mansbridge）等著名學者強調，只有面對面的實體民主才能
夠促進團結，並滿足人類的參政天性。[19]

對國家力量的恐懼

早期民主得以順利存續的原因之一，就是當時還沒有中央政府
能夠強加外力。現代民主沒有這個條件，現代人每天一睜開眼，就
得遵守中央官僚各種強而有力的規定。要如何在這種狀態下將權力
還給人民，是現代民主的大問題。

美國國家力量增長的危險性

也許在美國建國之初的好一段時間裡，力量薄弱的中央行政體
系都還能順利保護人民。後來在爭論是否建立聯邦政府時，反對方
認為允許聯邦政府提高稅收、建立自己的軍隊，可能會讓國家陷入
暴政。不過從現代的角度來看，反對方似乎有點杞人憂天，畢竟一
七九四年在賓州西部鎮壓威士忌暴動（Whiskey Rebellion）的軍
隊，完全無法壓制整個美國的民主。當時的中央行政機關力量根本
就不夠強。

但當代就不一樣了，如今像美國這樣的現代國家如果落到有心
人士的手裡，似乎真的可以用來建立專制統治。對此，有些人認為
不用擔心，因為現代的美國政府極為複雜臃腫，沒有任何人能夠順
利掌握。泰勒・科文（Tyler Cowen）就持這種看法，他還說雖然
聯邦政府聘雇大量員工（二〇一三年高達二百一十萬），但大部分
員工具備的技能，都不太適用於獨裁政權。[20]

不過雖然美國聯邦政府的員工技能沒那麼適合獨裁統治，美國
總統卻在很多重要事項上獨攬決定權。有些人認為總統的大權可能

會威脅到民主，有些人則認為這種事情在立法與司法的權力制衡下，其實不可能發生。理查・紐斯塔特（Richard Neustadt）在一九六〇年曾經提出一個著名的觀點：在美國的體制下，總統不可能光靠自己的看法決定事務，若想順利施政，一定得說服其他人。這聽起來有點像本書之前提到的早期民主國家。但紐斯塔特描述的狀況是一九六〇年，總統行政命令的管轄能力在那之後擴張了非常多，而且立法機關彼此之間權力制衡，又讓總統的實權變得更大。當國會意見不一，總統的行政命令就更可能順利執行，不必擔心被國會撤銷。[21] 諷刺的是，這些行政權力有時候是由歐巴馬這種實在沒什麼威權傾向的總統所擴張的，但權力擴張了之後，卻被川普這種總統拿來利用。這不禁讓人想起第六章的中國：宋朝的開明皇帝為了順利施政而將權力集中至中央，結果同樣的制度，後來被明朝用來建立專制帝國。

事情先後的重要性

在討論國家力量的威脅時，還有一件事很重要：國家力量要是先壯大起來，民主就很難生根。無論是早期民主還是現代民主都顯示相同的模式，在歷史長河中，國家只要先出現強大的官僚體系，之後就不太可能長出民主。這種現象政治學家傑可布・哈里里（Jacob Hariri）稱之為「建國初期的獨裁遺緒」。[22] 例如埃及的官僚體制，就可以說是擁有五千年的悠久歷史，而埃及似乎也因此多次與民主失之交臂。伊拉克也是個例子，伊斯蘭國控制伊拉克大部分地區時，刻意拉攏了既有的官僚機構化為己用。前朝的國家力量若是強大，繼承者就容易同時接受權力與專制。

同樣的機制也給我們最大的信心，不用去擔心種種危機威脅到美國與西歐的民主。西歐人跟北美殖民者在建國之前，都長期活在

官僚力量薄弱的政治體制裡，共識決議的治理形式早就深深埋在他
們的記憶與文化之中。而且除此之外，也別忘記早期民主不是歐洲
人的專利。當今的非洲之所以有很多國家能夠走入現代民主，很可
能就是因為非洲在殖民之前，是一個國家力量薄弱，擁有早期民主
的地方。

中國的集權官僚之路

　　本書多次指出，中國為什麼會變成一個典型的集權官僚國家。
中國先建立了強大的國家權力，所以一直無法真正發展出合意政
治。它早在周代開始，就逐步成為一個中央集權的官僚國家，政府
不太需要像歐洲統治者那樣先徵得其他社會成員的協助，也能順利
統治。而且即便外敵入侵甚至屢擾邊境，造成的影響也截然不同。
歐洲的外敵將古希臘與古羅馬的青銅城邦制度化為齏粉，中國的外
敵打下江山之後，卻在中原建立下一個王朝。

　　中國在三十年前發生天安門事件的時候，有些西方觀察家說經
濟發展遲早會把中國推向民主，理由有二，且彼此相關。首先，中
國人民口袋有錢之後，就會開始要求民主，而人民的經濟狀況愈
好，國家就愈難對抗這種壓力。其次，想要維持經濟成長，政治體
制就必須改變，而民主是維持發展的唯一方案。所以這些西方觀察
家認為，中國領導人若想繼續發展經濟，就只能接受民主化。

　　但如今看來，這兩個理由顯然都是那個時代，甚至是那個時代
的西方人才會有的樂觀想法。當然，事後諸葛相當容易，不過只要
仔細檢視東西雙方的歷史，即使回到一九八九年，我們可能也會做
出不同的預測。歐洲的歷史，讓我們很容易相信經濟一旦發展，社
會就會獲得更大的權力，迫使統治者徵求其他人的同意。歐洲的中
世紀就是這樣，在商業革命之後，中央官僚體系無法有效地向城市

徵稅，結果君主為了拿到錢，只好向各個城市討價還價，政治就此迎來早期民主。但宋代的中國卻截然不同，在商業革命發生後，中央政府利用快速的商業成長，建立鋪天蓋地的官僚體制來徵收間接稅，結果政治上不但沒有轉向合意治理，反而強化了國家權力。

當然，今日的中國和宋代有許多差異，但整體機制依然類似。這兩個時期的中國，商業都在政府的大量投資下快速發展，並為國家賺取顯著的利潤。而嶄新的通訊科技，也不但沒有侵蝕政府的集權控制，反而強化了它的控制能力。中國在宋代快速發展雕版印刷，並主動引導資訊的流動，科技文件可以自由傳播，政治文本則嚴加管控。當代的中國也一樣，「防火長城」以撲朔迷離的審查制度，塑造了極為類似的環境，科學交流非常自由，但只要一牽扯到政治，監控就無所不在。

此外我們在討論中國政治環境的時候也得注意，中國沒有合意統治的傳統，但不表示它沒有問責觀念。遠從西元前一〇五九年起，中國皇帝就會在正式場合強調「天命」，這當然是用來解釋自己為何理應繼承前朝的權力，但同時也為未來的表現設下了標準。古中國並沒有任何機制強迫皇帝履行天命，但光是皇帝自己想出「奉天承運」的說法而且代代相傳，就表示即便中國這麼專制，統治者也覺得需要制定績效標準。

總之，其實中國並不是偏離了歐洲的政治發展模式，而是中國用自己的邏輯發展出了一條完全不同的道路。它今後大概也會留在這種道路上。

總結：樂觀的理由，悲觀的理由

如果你跟我一樣支持民主，那這本書的意義，可能就是我們可以繼續抱持希望。早從人類首次建立定居文明以來，就一直以集體的方式，自己統治自己，民主絕非古雅典、文藝復興義大利、美利堅合眾國這些地方的專利。但另一方面，我們也得知道，現代民主必須比早期民主額外面對兩個風險，那就是強大的行政權，以及公民的不信任。要解決這兩個風險，就必須持續投資耕耘，因為現代民主在擴大公民參與率的同時，可能也讓參與變得更淺薄。最後，我們還得時時提醒自己，即使現代民主能夠順利存續，也不表示人民認為這種讓「五千菁英」管理「五百萬人民」的方式，真的已經夠好。我們該思考的，不只是民主能不能存活下去，還得去問目前的民主能不能讓人滿意。

誌謝

本書的撰寫過程，承蒙許多朋友的建議、支持、指導。首先要感謝我的責任編輯Bridget Flannery-McCoy，在許多方面改善了這本書。跟她合作令人心神振奮。我也要感謝在前期共同努力的Eric Crahan，在合作過程中一直給我鼓勵。系列叢書責編Joel Mokyr提供了獨一無二的重要洞見。普林斯頓大學出版社的Alena Chekanov和Ali Parrington讓出版過程非常順利，James Schneider進行了極為優秀的行銷。Jenn Backer的最後編修，則讓本書的文字更加完善。

許多領域的學者都幫忙閱讀手稿，並在不同階段提出建議，非常慷慨地提供比我專業很多的意見。感謝Ali Ahmed, Bob Allen, Charles Angelucci, Kate Baldwin, Pablo Beramendi, Lisa Blaydes, Melani Cammett, Federica Carugati, Pat Egan, Jeff Frieden, Jack Goldstone, Sandy Gordon, Jessica Gottlieb, Bruce Grant, Anna Grzymala-Busse, Jason Qiang Guo, Jonathan Haidt, Phil Hoffman, James Kung, Timur Kuran, Margaret Levi, Daryl Levinson, Jennifer London, Bernard Manin, Isabela Mares, Jørgen Møller, Josh Ober, Tom Pepinsky, Steven Pincus, Pablo Querubin, Pia Raffler, Usama Rafi, Mara Revkin, Walter Scheidel, Ken Scheve, Mike Smith, Joanna Waley Cohen, Yuhua Wang、Steven Wilkinson。另外，芝加哥大學、杜克大學、哈佛大學、麥基爾大學、西北大學、紐約大學法學院、紐約

大學政治系、史丹佛大學、烏特勒支大學、耶魯大學研討會上的互動，也給予本書很多幫助。

Ali Ahmed, Mariana Alvarado, Jason Guo Qiang, Luyu Jin, Tine Paulsen, Alessandro Vecchiato, Jana Warshawsky、Sidak Yntiso的出色研究協助，讓本書得以擁有現在的樣貌，感謝你們。

最後感謝Lauren Brown的陪伴與支持，以及父母多年來的各種鼓勵與指導。謹以本書獻給他們。

注釋

第一章

1.　這些被稱作休倫族的人自稱為溫達特人。休倫族治理方式的相關資料來自 *Jesuit Relations* files, vol.10, ch.7。請見 http://moses.creighton.edu/kripke/jesuitrelations/。有關易洛魁族的類似早期描述，請見 Colden (1727, 1958)。

2.　此段敘述源自科爾特斯寫給皇帝查理五世的信件，有關特拉斯卡拉王國的描述。相關資料請見 MacNutt 1908, 210。

3.　Ober 2008.

4.　參見 Olivier 1969, 222。他指的是「班圖人」（Bantu）的治理方式，而「班圖人」這個詞有兩個截然不同的定義。從科學層面來說，班圖人指的是所有使用班圖族語言的社會。從非洲南部到中部都有這種社會存在。但在種族隔離期間的南非，「班圖人」指的是所有非洲黑人。

5.　有關民主制度在人類社會是普遍情況的概念，請見 Goody 2006 及 Isakhan and Stockwell 2011。此概念近似於 Roger Congleton 2001 稱作「國王與議會」（king and council）的模板。另見 Muhlberger and Paine 1993，以及 Blanton and Fargher (2008, 2016) 針對人類社會的集體治理與專制治理的探討。研究古典希臘民主的學者有時也會強調，在希臘之外也有許多社會使用諮詢的方式治理人民。範例請見 Lane 2014。

6.　此概念的權威研究來自 Margaret Levi (1988, 1997)。

7.　我會在第三章進一步說明這個概念。更正式的論述請見 Ahmed and Stasavage 即將發表的研究。此結論的基礎是一個很常見的觀點：可獲取知識量的差異會在組織的正式權威與真正權威之間創造出落差。相關觀點參見 Aghion and Tirole 1997; Baker, Gibbons, and Murphy 1999 及 Barzel (1997, 2002)。

8.　最早的論點參見 Blockmans 1998，實證證據參見 Stasavage 2010。

9. 我在此提出的觀點和Mayshar, Moav, and Neeman 2017提出的觀點密切相關。

10. 著名的Jared Diamond 1997曾強調過自然環境對國家與社會發展的影響。我聚焦的重點不是國家的形成，而是國家內部的統治型態。Stephen Haber (2012a, 2012b)近來曾強調過環境對民主發展的影響。Goldstone 2009也探討了自然環境以及特別不適合農業的環境，如何對歐洲的政治與經濟發展造成影響。

11. 相關理論架構與證據請見Sandra Vehrencamp 1983。我會在第三章做更詳細的討論。

12. 希臘作家把單人統治、少數人統治與多數人統治區分開來是非常普遍的事，不只有亞里斯多德這麼做，不過亞里斯多德是最了解這三種區別的人。相關評論請見Hansen and Nielsen 2004, 80–86。

13. Hansen and Nielsen 2004.

14. 我們會在第二章討論法國耶穌會傳教士時深入了解這一點。

15. 我對馬里王朝的描述來自Fleming 2004，之後我會在第二章詳細進行篇幅較長的討論。

16. 此論點來自Hansen and Nielsen 2004, 84。

17. Aristotle, *Politics*, Book 4, chapter 9.

18. 有關此詞語的標準使用範例，請見Boserup 1965。我將會在第三章討論到，集約農業並不一定代表在總要素生產力（total factor productivity）方面更有效率的農業。總要素生產力指的是成果與總投入的比率，土壤只是其中之一。

19. 史考特針對此主題提出了三大關鍵因素，請見Scott (1999, 2009, 2017)。針對古代中美洲的類似觀點，請見Nichols 2015。

20. Weber 1978, 987。經濟學家近來的研究提出了一個理論架構支持韋伯的主張。Tim Besley and Torsten Persson 2011顯示了國家能力的建構如何涉及橫跨時間的重要取捨。統治者必須推遲當下的國家消費（收入），以投資國家能力的建構。

21. 在探討國家與社會角色的相對強弱時，我討論的分析和Daron Acemoglu and James Robinson 2019的分析有關。我也要在此強調，長久以來學者一直認為歐洲統治者因為和代議集會共同治理，所以達到了較高的稅收率並獲得名譽，這是其他治理方式無法達成的。我將會在本書中著重說明，在國家較弱小的環境下，這是非常合理的選擇。在中國和中東等區域，統治者可以做出另一種選擇：透過官僚制度進行治理，不再需要代議集會。國家力量必須夠強才能選擇後者，而國家力量的強弱跟稅收高低有很大的關連。歐洲相關例證請見 Bates and Lien 1985; Levi 1988; North and Weingast 1989; Dincecco 2011; and Stasavage 2011。Boucoyannis (2015a, 2015b) 則針對此文獻做出批判。她認為代議集會應該是在強大的統治者想要迫使被統治者（尤其是菁英被統治者）參加集會與繳稅時出現的。此論點和我在第五章與第九章對英國案例的解讀非常相近。不過，我仍舊認為在論及此事時，英國是歐洲各社群中的例外。

22. 在強調羅馬衰亡的重要性時，我會比對 Walter Scheidel 2019 近期發表的研究，不過他聚焦在整體的政治分裂帶來的影響上，我則聚焦在國家的弱小上。

23. 這些數據代表的是四個國家的國家稅收占 GDP 的推估比例，這四個社會分別是西元一〇八六年由宋朝統治的中國、西元八五〇年左右由阿拔斯王朝統治的伊拉克南部、西元一三〇〇年左右由腓力四世統治的法國，以及西元一三〇〇年由愛德華一世統治的英國。阿拔斯王朝的稅收金額來自 Waines 1977 的數據，人均 GDP 的估值來自 Pamuk and Shatzmiller 2014，人口數量來自 Allen 2017，匯率來自 Zarra-Nezhad 2004。Allen 2017 提出的西元八四六年稅收數字比較低一點，依照這個數字算出來的稅率是百分之六點二。法國的稅收金額來自 de Swarte 1885, 326。其中也包括了對於腓力四世的「額外收入」的預估值。額外收入也可以視為稅收。腓力四世也會從他名下的領地收取「一般收入」。由於一般收入不見得能被稱作稅收，所以沒有含括在稅收中。如果我們把一般收入含括在稅收內的話，我們就必須扣除王室領地的費用，才能得到一般收入的淨值。若我們使用 de Swarte 1885, 325 提供的一般收入淨值進行計算，法國的稅收將會是 GDP 的百分之零點五四，而不是圖 1-1 上的百分之零點四九。若我們使用 Clamageran 1867, 323 提出的較高的一般收入淨值計算，法國的稅收將會是 GDP 的百分之零點七三（仍舊少於百分之一）。法國的稅收與 GDP 的比例則是將古代法國幣「里弗爾」換算成白銀計算得來，計算過程中使用了 Dupâquier 1988 對法國人口的估計和 Ridolfi 2016 中的法國 GDP 數據。中國的稅收數字來自 Jason Qiang Guo，原始的中國數據來自 Guo 2019。這個數字和 Liu 2015, 266 和 Golas 2015 另外計算出來的數字十分相近。我在計算英國與法國的數據時，選擇了西元一〇八六年作為同時計算的最晚日期。在宋朝之前，中國稅收金額曾兩度達到GDP的百分之十三。其他證據也顯示宋朝並不是中國唯一一個收稅金額偏高的朝代。Liu 2015, 45比較了宋朝與前一個朝代唐朝的稅率。宋朝的其中一個關鍵改變是他們十分依賴間接的商業稅，唐朝則只依賴直接的商品稅。英國的稅收數字來自英國央行的《英國千年總體經濟資料》（*A Millennium of Macroeconomic Data for the UK*），該紀錄中的稅收數字來自Patrick O'Brien and Philip Hunt 1993。GDP數字來自Broadberry, Guan, and Li 2018，此數字也同樣出現在上述紀錄中。參見https://www.bankofengland.co.uk/statistics/research-datasets。

24. 參見Strayer 1980, 380。另見Strayer 1970。

25. Strayer and Taylor 1939提供了無數例證與一系列的事件。

26. 參見Li 2008, 89。參見von Glahn 2016, chs。這兩個資料來源在討論西周的治理制度時，都很強調官僚系統中的世襲基礎。

27. 此論點來自Patricia Crone 2001, 22。

28. Bernard Manin 1997認為，這就是現代的代議民主和過去的民主治理替代方案之間的主要差別之一。

29. 此論點來自Manin 1997, 163–67。有些候選人會明確地向選民做出承諾或提出協議，不過這不能算是指定委任，原因在於儘管這些行為會影響到選民的期待與決定，但卻不是法律基礎。

30. 相關討論請見第九章。

31. House of Commons Library 2013, 4.

32. 參見Vaughan and Vaughan 1997; Vaughan 2005，以及第十章的討論。此論述的另一個面向是白種性（whiteness）的發明與稱頌，相關討論請見Painter 2010。

33. 典型論述參見Lipset 1959。

34. 此觀點的近期論述已有計量經濟上的證據支持，請見Boix 2011。

35. 此觀點的完整論述與支持此觀點的計量經濟結果，請見Acemoglu et al. 2008。

36. 此觀點的相關論述請見Philippon 2019。

37. 這個名詞是Levitsky and Way 2002發明的

38. 闡述此論點時我引用的是Lisa Blaydes 2017的研究。

39. 相關論述請見Baldwin 2015，相關證據請見Baldwin and Holzinger（即將發表）。Magaloni, Díaz-Cayeros, and Euler（即將發表）提出了針對墨西哥瓦哈卡（Oaxaca）的目標分析，在瓦哈卡的部分自治市鎮中，公共財是由傳統議會控制的，在其他市鎮中則是由政黨選出的官員控制的。平均來說，傳統議會的表現較佳。

40. 有關發展順序重要性的論點，請見Møller 2015。在歐洲，合意體制的地位高於國家發展的地位。有關歐洲如何因此避免成為霸權國家，請見Møller 2014。

41. 相關論點請見Møller 2015。

42. Francis Fukuyama 2011 曾強調順序很重要的概念。

第二章

1. Lowie 1954, 112.

2. 有關 *demokratia* 一詞來自何處的相關討論，請見 Hansen 1986。有關希臘城邦的更全面論述，請見 Hansen 2006。

3. Raaflaub 2007, 112.

4. 相關調查請見 Robinson (1997, 2011)。

5. 有關這些王國與其興衰過程的簡要敘述，請見 Ober 2015, 125。

6. Ober 2015, 126–27。有關地中海與中東的更全面論述，請見 Cline 2014。

7. Carpenter 1957.

8. 我在此描述的觀點來自 Raaflaub 2013, 85–86。另見 Raaflaub 2004 及 Ober 1989, 55。

9. 引用出自 Raaflaub 2013, 85。

10. Hansen 1991, 55–58。

11. 此外我們也應該要了解，雅典的總人口數比希臘其他城邦還要多了好幾倍，希臘的人口數在西元前四三一年達到高峰，大約有三十萬人。Hansen and Nielsen 2004。

12. 古典學家不同意這兩個團體具有相對重要性。相關討論請見 Ober 1989, 57。

13. 有關阿提卡的「民區」，請見 Whitehead 1986。

14. Whitehead 1986, 77.

15. 進一步討論請見 Raaflaub 2007。

16. Raaflaub 2007, 149.

17. 此處的英文翻譯來自 Raaflaub 2007, 123。亞里斯多德後來也提出了類似的觀點。有關軍事組織與社會不平等的更全面論述，請見 Andreski 1968。他主張在許多社會中，軍事組織與社會不平等是有關連的，

Ferejohn and Rosenbluth 2017也支持此觀點，後者的研究聚焦在參與戰爭和民主化上。

18. Garland 1987, 68.

19. Ferejohn and Rosenbluth 2017強調了此例證的重要性。

20. 請見Dahl 1998, 10–11。

21. 引文與其他證據請見Jacobsen 1943。

22. 相關討論請見Durand 2003; Fleming 2004; Seri 2006; Evans 1958; and Yoffee 1995。另見Bailkey 1967 and Barjamovic 2004。

23. Fleming 2004, 233.

24. 參見Fleming 2004，尤其是60, 138, 165–71。

25. 進一步討論請見Kleber 2017。這項有關集會的觀察來自他的研究的頁七〇四。

26. Fleming 2004, 6.

27. 歐洲人以不準確的方式描述古印度歷史的相關討論，請見Thapar 1984。Muhlberger 2008提供了古印度民主制度的相關論述。

28. J. P. Sharma 在一九六八年出版了一本相關著作，他觀察到政治脈絡有時會妨礙學術客觀性。

29. Rhys Davids 1922, 199.

30. Rhys Davids 1902, 17–19.

31. Rhys Davids 1902, 20.

32. Romila Thapar 1984以Sharma提出的證據作為部分資料來源，在論及集會重要性時做出了相似的結論。

33. Sharma 1952.

34. Sharma 1965.

35. Thapar 1984, 55.

36. *Jesuit Relations*。另見Gendron 1660及Heidenreich 1978的參照資料。

37. 此估計值來自Trigger 2002, 15。

38. Trigger 2002, 15–16。地圖請見http://www.oashuroniachapter.com/p/archaeologists-in-huronia.html.

39. *Jesuit Relations*, vol.10, part 2, chapter 6, 231–33.

40. 參見*Jesuit Relations*, vol.10, part 2, chapter 6。Elisabeth Tooker 1991, 48指出，二十五至三十歲的年輕人不參加議會，只有特別公告的總議會是例外。

41. Tooker 1991。另見 Tooker 1984。

42. *Jesuit Relations*, 17:161.

43. Trigger 2002, 141–42.

44. Morgan 1851。另見 Morgan (1877, 1985) 及 Tooker 1978。

45. 參見 Engels (1884, 2010), ch.2。另見 Marx 1974。

46. Stone 1976.

47. Trigger 1978 and Hart 2001.

48. 易洛魁族的案例請見 Snow 1994, 15，更全面的論述請見 Divale (1974, 1984)。

49. *Jesuit Relations*, 10:175.

50. Tooker 1991, 48, citing Shimony 1961, 89.

51. Trigger 2002, 87 強調了這一點，他指出年紀較長的女性在家族中的地位較高，能確保男性在參與議會時傳達女性的觀點。

52. MacNutt 1908, 210.

53. 我將在此引用 Fargher, Blanton, and Espinoza 2017a 與 Fargher, Espinoza, and Blanton 2011 的研究，他們付出許多努力證明特拉斯卡拉採用的是集體治理。另見 Gibson 1952 的早期研究。

54. Fargher, Blanton, and Espinoza 2010, 238。議會中有五十位成員前去見了科爾特斯，不過議會的成員有可能不只這五十人。

55. 請見 Fargher, Blanton, and Espinoza 2017a。

56. Gibson 1952, 148 針對殖民後的證據進行研究，指出：「在十六世紀的印第安社群中，大部分家庭採用的都是自給式經濟，他們執行簡單的家庭農耕，使用簡陋的工具種植少數幾種作物。」

57. Fortes and Evans-Pritchard (1940, 2016).

58. Lugard 1922, 75–76.

59. 在提出此論點的同時，我要指出早期民主的要素並非只出現在中部非洲。這些要素也出現在東部非洲（Legesse 2000）、南部非洲（Olivier 1969）和西部非洲。阿善提議會治理的相關討論，請見 Wilks 1975 與 McCaskie 1995。

60. Vansina 1990, 75。Sahlins 1963 仍是「大人物」社會方面的經典論述。

61. Vansina 2004, 234 對此提出討論。這項觀點的原始來源是 Auguste Verbeken 在一九九三年提出的論述。其他卡薩依地區的政治發展請見 Vansina 1998。

62. 參見Vansina 2004, 247。他推測他在這裡觀察到的週期行為，是取決於男性進入成年群體的時間點。

63. 提出此觀點的是Vansina 1990, 182，他指出在一八二〇年後，有另一個模型取代了伊塔系統。

64. 相關觀點與證據請見Baldwin 2015, 30與Mamdani 1996。

65. Vansina 1978, 129–31.

66. Vansina 1978, 111–12.

67. Steinkeller 1991.

68. Steinkeller 1991.

69. 此清單來自Steinkeller 1991。他的這份清單中有十個項目，其中包括神殿重組，但我沒有把這一項列入清單中，原因在於許多社會都無法採用這個方法。

70. 此論述大致上來自Smith 2012, ch.7; Blanton, Fargher, and Espinoza 2017b; and Berdan 2017。

71. 但有些考古遺跡顯示了相似的居住模式。此論點來自Fargher, Blanton, and Espinoza 2017b, 146。

72. Smith 2012, 69–77; Smith 2015, 74.

73. Smith 2015, 78–79.

74. Smith 2012, 164–65; Smith 2014.

75. 此制度的相關描述請見Berdan 2017, 444。

76. 相關討論請見Blanton and Fargher 2008。

77. 預估數值來自d'Altroy 2015b。

78. 印加起源的考古證據請見Covey 2008。

79. 相關討論請見Isbell 2010。

80. d'Altroy (2015a, 2015b).

81. d'Altroy (2015a, 2015b).

82. Pauketat 2004, 79以考古證據為基礎指出，這裡的人口成長也非常迅速，在一至兩個世代間就從一千四百至二千八百人，成長到一萬零二百至一萬五千三百人。就算是人口數較低的推估值，總人口也比易洛魁族和休倫族還要多。人口數較高的推估值會使卡霍基亞的總人口比休倫或易洛魁族還要多十倍。

83. 此解讀來自Dalan et al. 2003, 173–74。此研究的作者在強調這點的同時指出，土丘的建造有可能同時反應出一定程度的強制力與一定程度的慶祝目的。他們對於人民打造巴黎戰神廣場的解讀來自 Schama 1989。

84. 相關敘述請見 Pauketat 2004。靠著犧牲人命來維持社會階層化的相關討論，請見 Watts et al. 2016。

85. 完整討論請見 Boyd and Schroedl 1987。

86. Gentleman of Elvas 1993, 93.

87. Hally 1994, 241, 245。另見 Cobb 2003 對密西西比酋邦的文獻綜述。

88. Le Page du Pratz 1774, 335–40.

89. 他的原話為：「納奇茲族從小就學會要對統治者絕對順從。對他們來說，統治者擁有的權威是絕對的專制統治，唯有鄂圖曼帝國的第一任君王能並駕齊驅。」這反應出了歐洲人的錯誤觀點：他們認為早期的多名鄂圖曼君王都是專制領導者。參見 Le Page du Pratz 1774, 318。

90. 此描述來自 Muller 1997, 173。

91. Muller 1997 再次表達了不同意的觀點。

92. 此處論述來自 Evans-Pritchard 1971 提供的廣泛民族文化研究。他自己也使用了更早期的一些民族文化論述。

93. Evans Pritchard 1971, 234 描述住在宮廷裡的人包括：「來訪的總督、來訪的副官、戰士團的成員、侍從、占卜師、陳情人、法律糾紛的雙方代表等。」

94. 在《民族誌圖譜》（Murdock 1967）與標準跨文化樣本發表之前，穆道克就已經在耶魯大學推動「人類關係區域檔案」（Human Relations Area Files）計畫了。

95. Ahmed and Stasavage，即將發表。

96. Tuden and Marshall 1972 編碼出了個體社會層級以上的議會治理。他們用兩個實例定義議會治理。第一個是「統治者將最高決策權威授予議會、集會或其他審議組織，除了議會的主持官員之外，沒有其他執行者存在。」第二個是「一個（或多個）執行者與一個審議組織在一定程度上享有相同程度的最高決策權威。」與議會治理相反的關鍵實例是「最高決策權威集中在單一權威領導人手上」。Murdock and Wilson 1972 編碼出了社群層級的議會治理。他們以兩個實例定義議會治理。第一個是「社群缺乏單一政治領袖，由委員會、議會、同年齡組織或其他類似團體共同治理。」第二個是「社群擁有單一領導人或領袖，還有一至多個職務助理和一個正式議會或集會，但缺乏複雜的或階層化的政治組織。」與議會治理相反的例子是只有一名領導人負責執行社群層級的治理。

97. 精確的數字是百分之五十五和百分之三十四。如果只把更早期觀察到的社會含括在內的話，兩者間的差異甚至會更高。在一九九〇年之前進行觀察的社會中，我們仍能看到其中百分之五十四擁有地方層級的議會，但只有百分之二十三擁有比地方層級更高的議會。

98. Blanton and Fargher (2016, 2008).

99. Marc Howard Ross 1983 編碼出了一系列的標準跨文化樣本社會並下了結論，他認為在採用集體決策的社會中，有百分之六十七都擁有廣泛的議會參與制度。Ember, Russett, and Ember 1993 重新整理並擴大了 Ross 的樣本，做出了非常類似的結論。

100. Bentzen, Hariri, and Robinson 2019 利用標準跨文化樣本，檢視了傳統領導選舉比殖民領導選舉更早出現的社會，是否比較有可能在如今採用民主制度。他們發現事實確實如此。另見 Giuliano and Nunn 2013。

101. 有關女性政治參與的不同頻率數據，請見 Ross 1983 及 Sanday 1981。Sanday 發現在她能編碼出的社會中，有百分之五十七的社會有女性政治參與，非正式影響力也含括在內。Ross 指出在百分之十的社會中，女性政治參與程度超過男性或和男性相等，在百分之三十四的社會中有明顯的女性政治參與，但參與程度沒有男性那麼高，在百分之二十四的社會中，女性參政的影響力「不明顯」，在餘下的百分之三十二的社會中，女性被排除在政治參與之外。

102. 此觀點的早期典型代表請見 Lippert 1931, 237。

103. 依照 Ross 1983 的定義，女性參政程度中等和高等的社會中，女性對糧食生產的平均貢獻是百分之三十五。在女性參政程度低等的社會中則是百分之三十二。這兩者間的差異並沒有達到統計上的顯著。依據 Sanday 1981 設立的女性政治參與測量方法，這兩者間也同樣沒有顯著差異。

104. 亞馬遜的相關討論參見 Herodotus, *The Histories*, Book 4, chapter 114。

105. Mayor 2014, 63.

106. 我們可以在 Jaimoukha 2001, 165 找到此論點的引述。

107. Whyte 1978, 36, 135.

108. 相關論點的絕佳說明請見 Flannery and Marcus 2012。

109. 在原始數據中，擁有議會的社會有百分之七十二是階層化社會，沒有議會的社會則有百分之五十七是階層化社會。在包括了未測量區域效應作為控制變數的任何一種迴歸分析中，兩者之間都沒有達到統計上的顯著。

110. Murdock and Provost 1971 編碼出了具有社會階層的標準跨文化樣本社會。

他們在文章中指出他們使用了Murdock 1967的早期分級體系來做研究。

111. 數據來自Kohler et al. 2017和Smith et al. 2014。另見Kohler and Smith 2018與相關文章。

112. 請留意，這種計算方式只套用在留存下來社群結構上，因此資料來源可能有偏差。

113. 請留意，嚴格來說Milanovic, Lindert, and Williamson 2011所指的限制也包含了所得稅。不過邏輯上來說，這也應該要延伸到對財富不平等的限制上。

114. Cowgill 2015指出，早期的集體治理模式可能在後來被專制制度取代了。

115. Kohler and Smith 2018, ch.11.

第三章

1. 參見North 1981。有關稅務政治經濟的更全面討論，參見Kiser and Karceski 2017。

2. Boas 1913.

3. Vehrencamp 1983.

4. Ahmed and Stasavage 在即將發表的研究中，提出了描繪此現象的一套簡單賽局理論模型。

5. 在這種狀況下，擁有資訊的那一方能獲得非正式權力，就算他們沒有正式權力也無礙於此，相關說明請見Aghion and Tirole 1997。Aghion and Tirole 1997有些不切實際地指出，無論是誰，只要獲得了資訊，就能採取行動。Baker, Gibbons, and Murphy 1999在缺乏承諾的狀況下探討相同議題。相關討論另見Barzel (1997, 2002)。

6. 因此有些人認為包稅制會在官僚系統弱小時出現。參見Levi 1988, 71–74。Johnson and Koyama 2014提及了包稅制的另一個附加因素：統治者常會依賴包稅人集團提供貸款。雖然這種系統能提供債務資金，但卻會使包稅人之間的競爭下降，因而必須付出「資訊揭露程度下降」的代價。

7. Diamond 1997強調了此概念。此觀點的早期支持論述，請見Childe 1950。近年的統計成果請見Ang 2015。Olsson and Paik 2016提出了計量經濟證據，指出較早轉變成農業社會的地區如今較為貧困，較晚轉變成農業社會的地區則比較富有。

8. Galor and Özak (2015, 2016).

9. 我在進行此處所有包含熱量潛力的分析時，使用的都是加洛爾和歐扎克的數據的自然對數，並加上一，如此一來熱量潛力為零的區域才能算出數值。使用反雙曲正弦轉換（也就是對數加一的相對值）計算出來的結果幾乎一模一樣。這個測量方法會在未來遇到的其中問題是，它排除了家畜的潛在貢獻，家畜的糞便可以被視為非常自然的一種農業投入。大致上來說，我在本段提出的結果並沒有受到這種影響，我把分析對象侷限在未把家畜糞便拿來當肥料的社會中。

10. 這兩者之間的差異達到了統計上的顯著。透過二元普通最小平方回歸（OLS regression）得出中央治理和熱量潛力連續測量值之間的關係，得到熱量潛力的係數是 0.027，標準差是 0.009。在這套回歸分析中，熱量潛力增加一個標準值與中央治理增加百分之八的存在可能性是相關的。

11. 理論方面的討論與實證方面的結果請見 Mayshar et al. 2017。

12. 透過普通最小平方回歸得出議會治理變數與熱量潛力連續測量值之間的關係，在包含控制變數的回歸分析中，熱量潛力的係數達到統計上的顯著（p 值是 0.044），但增加區域固定效應或地理坐標（或同時增加兩者）的控制變數後，得到的熱量潛力係數則沒有達到統計上的顯著。

13. Huning and Wahl 2016 也使用了相似的策略。

14. 雖然標準跨文化樣本為每一個社會都提供了標記地點，但沒有描述這些社會的地理界線。有鑑於此，我在測量熱量變化時，先使用單個網格之間的區域變量，接著再把這些變量和標記地點周遭二十公里的緩衝區進行平均計算。無論緩衝區是較大的二百公里還是較小的零公里，都對議會治理和熱量變化之間的統計關連性沒有明顯影響。

15. Ahmed and Stasavage 即將出版的研究顯示，議會治理和熱量變化之間的變化量在大範圍的回歸設定中達到了統計上的顯著。

16. 有關 Western North American Indian Data Set 的描述，參見 Jorgensen 1980。

17. 在沒有使用農業的美國原住民社會中，我們可以依照邏輯預測熱量變化對議會治理的影響較低，事實上也的確如此。如果我們把樣本限制在使用農業的社會中，我們會發現在包含地理坐標控制變數的回歸分析中，熱量變化和議會治理之間的關連達到了統計上的顯著。

18. 統計結果請見 Ahmed and Stasavage 即將發表的研究。

19. 此用詞來自 Crosby 1972。

20. 統計結果請見 Ahmed and Stasavage 即將發表的研究。

21. 參見 Ayittey 1991, 176; Greer Smith 1925; and Lowie 1927。另見 Asiwaju 1976 and Barfield 1993。

22. 有關古埃及限制的討論，請見 Allen 1997。Trigger 1993 描述了最早期的居住模式與隨後的轉變。

23. 蒙德維爾遺址的相關資料請見 Knight and Steponaitis 2007。Gramly 1977 討論到限制壓力可能會如何出現在採集社會中。

24. Gramly 1977 提出的證據也支持此論點，不過，無可否認的是，這些資料都來自東北林地，沒有北美洲西部的資料。

25. 出自 Durand 1977 的人口估算。

26. 在主要靠著農產品維生的社會中，我們預期人口密度的成長和較少議會治理沒有關連，要到人口密度達到較高的程度，兩者之間才會出現關連。在標準跨文化樣本中，我們在沒有使用農業的社會中看到的結果和北美洲西部原住民的狀況很類似。一旦人口密度超過了每平方英里五人的低標，議會治理的比例就會變得較小。在使用農業的社會中，人口密度要達到每平方英里五百人，議會治理的比例才會變小。這進一步證明了在人民容易遷離的環境中，早期民主比較容易出現。

27. 前者請見 Engels (1884 2010)，有關北美大草原的討論請見 Greer Smith 1925, 73–77。

28. Martin Whyte 1978 編碼出了官僚的存在與否。出於可行性的理由，Whyte 只編碼了標準跨文化樣本中的一半社會。有鑑於他是隨機選出這一半社會的，所以我們應該無需擔心樣本選擇會出現隨機之外的偏差。

29. 請見 Ahmed and Stasavage 即將發表的研究，他們提出的統計測試支持這項結論。

30. 此觀點的討論參見 Erickson 2006。他強調，雖然這些「由上而下」的例子確實存在，但在許多其他的例子裡，當地人是靠著自己發展出集約農業系統的。無論集約農業的發展方式是由上而下還是由下而上，只要集約化使得產量對外來者來說更好辨識，那麼發展方式就對我在這裡提出的論點沒有影響。還有些人認為集約農業需要官僚國家協助維持，在使用到灌溉系統時尤其如此。在接下來的討論中，我會避開這個觀點，原因在於從歷史上來說，許多灌溉系統都是以去中心化的方式管理的。Ostrom 1990 是此段的關鍵資料來源。另見 Boix 2015 對 Wittfogel 1957, 89, 125 的評論。我們會在第六章花更長的篇幅討論 Wittfogel。

31. 英國中世紀的小麥產量來自 Titow 1972。埃及在西元前二千年左右的小麥產量來自 Miller 1991。烏爾第三王朝的大麥產量來自 Maekawa 1974。這些都是淨產量，沒有把達到產量需要使用的種子數量納入考量。若要考量到種子，我們就得探討作物產量與種子的比率。如果要考量到作物產量與種子的比率，那麼蘇美和中國的比率將會是中世紀英國的三至五倍，我們沒有理由認為當時的英國不能代表歐洲。中國唐朝的作物產量來自 Liu 2015, 27。

32. 從 Bloch 1966 和 Duby 1972 開始，有許多作者都指出歐洲農業的落後源自於低產量，較近期的研究也證明了這項結論為真，在近代早期尤其如此。Hoffman 2000, 99 指出，在這段時期，有許多法國省分的農業總要素生產力都在持續上升。

33. Boserup 1965.

34. Vasey 1992, 183.

35. 此為 Boserup 1965 第八章的名稱。

第四章

1. Hoffman 2015.

2. 在討論土壤及土壤地圖時，我的資料來源是 Brevik and Hartemink 2010; Bockheim and Hartemink 2017; Hartemink, Krasilnikov, and Bockheim 2013 和 Gong et al. (2001, 2003)。

3. 《尚書》、《禹貢》的英文翻譯來自 James Legge 2016, 47。

4. Gong et al. (2001, 2003).

5. Yee 1994; Ho 1959, ch.6.

6. 參見 Brevik and Hartemink 2010 與 Hartemink, Krasilnikov, and Bockheim 2013。

7. 參見 Jaeyoon Song 2016 中有關馬端臨的描述。

8. Margaret Levi 1997 認為，就連專制統治者需要人民表現出某種形式的順從，當人民覺得自己受到的對待和其他人相同時，他們比較容易表現出順從。

9. 進一步討論請見 Wang 2014, 141。

10. 埃爾南・科爾特斯的兒子馬丁・科爾特斯（Martín Cortés）觀察到，阿茲特克是以每個人擁有的土壤種類來評估稅金的。參見 Warkentin 2006, 36。

11. Winiwarter 2006a.

12. Winiwarter 2006a, 206。有關古羅馬的土壤科學，另見 Winiwarter 2006b。

13. Krupenikov 1992, 65 在談論到《末日審判書》時指出：「你會很驚訝地發現，在評估地產和租約時，人們很少用到土壤的資訊。」

14. Bodin 1576, 1:565.

15. Herodotus, *The Histories*, Book 9, chapter 122.

16. Herodotus, *The Histories*, Book 2, chapter 109.

17. 參見 Friberg 2009 與 Neugebauer 1945。

18. 相關的早期討論參見 Maitland 1907。

19. 參見 Mazoyer and Roudart 2006。我在本小節中的許多論點都源自於此。

20. von Glahn 2016, 131.

21. White 1972; Bloch 1966.

22. Von Glahn 2016, 131–34.

23. Needham and Bray 1984, 154–55.

24. Watson 1974 描述了阿拉伯的先進灌溉系統，以及灌溉系統在已征服區域的分布方式，其中也包含了歐洲區域。

25. White 1972.

26. 此用詞來自 Watson 1974。對 Watson 觀點的評論綜述，請見 Squatriti 2014。

27. 我在此引用的是 Watson 1995，以及 Glick 1982 的進一步證據。

28. Glick 1982.

29. Urton 2017.

30. 此觀點來自 Hans Nissen 1986，不過他的推測基礎大多都是關於經濟交易的文本，沒有太多其他資訊。不同地區的文字起源請見 Daniels 1996。

31. Goody 1986, 103–4.

32. 就算我們把正式的文字系統與印加的繩結系統這一類的「類文字」系統都考量在內，內文的比較結果仍然成立。若我們採用較嚴格的定義，只採計正式文字的話，山藥社會與穀類社會之間的差異甚至會更加顯著。如果我們採用比較廣泛的「文字」定義，把記憶術（mnemonic device）也含括在內的話，山藥社會和穀類社會的差距雖然仍舊很大，但會比前述定義小一點。

33. 此論述來自標準跨文化樣本以及加洛爾與歐扎克提供的不同作物合適度數據。

34. Diamond 1997, ch.12.

35. Pollock 1999, ch.6.

36. 若我們用較狹義的方式定義文字，只含括正式文字系統，排除類文字系統或記憶術的話，那麼影響最大的就會是距離文字起源的其中一個社會的遠近。不過當我們用較廣泛的方式定義文字時，距離因素仍具有顯著影響。雖然對距離理論有利的統計證據十分確實，不過還有一個潛在問題藏在表面之下。你和發明文字的社會距離愈接近，你就愈容易複製這項發明。不過，距離較近的社會也有許多其他相似之處，使它們比較容易發展出文字。解決這個問題的其中一個方法，是把社會對文字的需求與供給綜合在一起。如果靠近文字發源地的社會只有在主要種植穀類時，才比較容易發展出文字的話，那就能大幅增加我們對於距離理論的信心。事實也的確如此。在土壤適合種植穀類的社會中，若該社會和文字發源地的距離增加了百分之百，那麼出現文字的機率就會下降百分之四十四。相對的，在土壤適合種植山藥的社會中，距離的增加對文字出現的影響力幾近於零。在取得此結果的過程中，我們考慮到了標準跨文化樣本，並針對虛擬變數做了回歸，這裡的虛擬變數包括一個社會與最接近的文字起源地的對數距離、塊莖植物與穀物的相對卡路里適合度，只及這兩者之間交互作用。這三個變量的係數都經過了準確估算。其他細節請見 Ahmed and Stasavage 即將發表的研究。

37. 我在此採用的是文字的廣泛定義，包括了正式文字、繩結系統等類文字和記憶術。就算把記憶術從中剔除，圖表中的規律仍十分明顯。

38. Pollock 1999, ch.6.

39. 引用自近期研究 Given-Wilson 2016。

40. 參見 Cross 1989。另見 Colless 2014。

41. Sanders 2004.

42. 此處論述源自 Cross 1989。

43. Herodotus, *The Histories*, Book 5, chapter 58.

44. Sanders 2004.

45. Hoffman 2015.

46. Hoffman 2015, 57–58.

第五章

1. 關於日耳曼文化和希臘古典文化對代議政府的影響，與更廣義的討論法國的源起息息相關。完整的討論參見 Nicolet 2003。

2. 法文原文：「*Ce beau système a* été *trouvé dans les bois*」。

3. 此用法出自 Guizot 1861, 14。

4. 此時期這兩個用詞的歧義請參閱 Goffart 2006。

5. Tacitus, *Germania* (Penguin Classics ed.), 38, 40, chs. 7, 11.

6. Julius Caesar, *Gallic Wars* 7.21。近期英譯版本參見 O'Donnell 2019, 183。

7. 關於塔西佗記載的正確性仍備受爭議，其中爭議點在於這可能是被後來的領導者誤用來支持日耳曼民族優越性。這個說法在二十世紀時，曾被用來支持納粹意識形態，完整討論參閱 Krebs 2011。

8. 有兩名學者認為這有可能準確地描述了八世紀的習俗，請參閱 Bass 1995和 Goldberg 1995。至於反方論點，請參見 Airlie 2003。

9. 詳細討論內容請參閱 Rembold 2017, ch. 2。

10. Chris Wickham 2017 在近期對早期歐洲集會傳統的評論中強調這個概念。

11. Scheidel 2019.

12. 舉例來說，可參閱 A. H. M. Jones 1964, 712 有一段經典的描述，將眾多城邦描述成「組成帝國的細胞」。

13. Jones 1964, 724–25.

14. Jones 1964, 1057.

15. 日耳曼王國在羅馬崩落之後興起的過程，參見 Kulikowski 2012。

16. 參見 Wickham (1984, 2005, 2009, 2016)。Wickham 1984 強調羅馬稅務系統崩潰，Wickham (2005, 2009) 則強調延續性，至少在前期階段的延續。Liebeschuetz 2015 檢視日耳曼不同王國的稅制時，則將重點放在前期階段的衰退。

17. Ostrogorsky 1969, 245.

18. 關於黃土的重要性以及對土地的知識如何隨時代演變的完整討論，參見 Catt 2001。

19. 關於多瑙河流域的線帶紋及斑紋陶器文化，於 Cunliffe 2011 第四章中有簡潔的討論，於 Shennan 2018 當中則有近代更完整的研究。

20. Shennan 2018, 96–97.

21. Duby 1972, 190, 196.

22. 參見 Postan 1973 和 Bloch 1966。根據 White 1972, 153 的說法：「重型犁、開闊田野、新的農牧整合，三區輪作制、現代馬具、馬蹄鐵和挽繩棍，整套在一一〇〇年組合成一個完整的農業開發系統，進一步在北歐各地提供了農民繁榮擴張的區域，從大西洋一路拓展到聶伯河。在接下來的幾個世紀裡面，都沒有相當於此的農業科技改良，至少對北方而言是這樣。」

23. 這段話來自歐洲農業的研究章節，參見 Duby 1972, 176。

24. Duby 1972, 195.

25. 這份數據根據核密度曲線推算而成。此處重新調整比例是因為蘇美的平均農產量高出太多所做的必要調整，如果一個社會有較高的平均農產量，就會較容易掌握到較高的絕對農產量。在馬爾薩斯限制（Malthusian constraints）完美成立的社會下，可以想見實際上並不會是這樣。高農產量地區也會有較高的人口，所以只要農產量低於必要生計水準，就代表有人挨餓。

26. 我們對於兩者進行柯氏檢定（Kolmogorov-Smirnov test），將假定 p 值設定為 0.12 可以得到這個結論，或是進行克－瓦分析（Kruskal-Wallis test）將 p 值設定為 0.24。

27. 參見 Bachrach 2016 和 Murray 1988。

28. Jones 1964, 238–65.

29. Bachrach 2016.

30. 參見 Bachrach 2016, 183。羅馬時期到墨洛溫時期的稅制演變，請參見 Goffart (1972, 1982, 2008)。這個議題也可以參見 Young 2017。

31. McKitterick 1983, 86.

32. 由「捐獻」轉為「納稅」的緩慢轉型過程，參見 Guéry (1984, 2008)。

33. Devroey 2012, 90.

34. Lauwers 2012, 46.

35. McKitterick 1983, 78.

36. 相關討論及書目請參見 Bachrach 2016, 171 和 McKitterick 1983, 87。

37. 此處資料依 McKitterick 1983, 87–88 的英譯版本寫成。

38. Bloch 1961, 1:190–94.

39. 關於在墨洛溫時期之前的前身，請見 Ganshof 1968, 23。

40. McKitterick 1983, 94.

41. 相關反證參閱 McKitterick 1983, 95–96。

42. 關於這點，詳見 Davis (2015, 2017)。

43. Krause 1890.

44. 參見 Davis 2017 中的討論。

45. Bachrach 2016依據Krause 1890的資料推測，巡按人數有數十名。

46. 區域估計來自Bachrach 2016, 182。一千萬人口只是據證推論而來，但是即使這個估算數字有一單位量級的差距，我們依然可以得到同樣的結論為加洛林王朝的官僚體制薄弱。一千萬的數字是依據西元八〇〇年的法國、日耳曼、低地諸國、奧地利和義大利的區域估計，由McEvedy and Jones 1978提出，其中義大利的數據分為兩部分，因為當時只有北義大利受王國控制。

47. McKitterick 1983, 96–97.

48. 關於聚會的頻率及地點，參見Rosenthal 1964。

49. 相關討論及引言，參見Davis 2015, 34–35。

50. 進一步的討論內容參閱Airlie 2003，同時針對加洛林王朝的興起為西歐的政府型態帶來的影響，可參閱Reynolds 1984的經典討論。

51. Molyneaux 2015對這個演變過程有詳細的描述。

52. 由於內容未有定論，這段內容將主要依據以下資料整理而成：Blair 1959; Stenton 1971; Loyn 1984, 1992; Campbell 1991; Lambert 2017。

53. Stubbs 1874, 1:104.

54. 對於盎格魯－撒克遜諸國是否借用加洛林王朝的百戶制，以及如何借用，Campbell 1975有完整的討論。

55. Blair 1959, 232–39.

56. Brookes and Reynolds 2011, 86–87.

57. 參見Wickham 1997的論述，這部分與先前Stenton 1971, 645提出來的陳述相互呼應。然而，在Campbell 1975的討論中也特別提到，在加洛林王朝有數任統治者也同樣有徵收類似丹麥金的稅金來支付給侵略者。他推測這表示在盎格魯－撒克遜和加洛林政體之間有互相學習。

58. Roach 2016.

59. 參見Galbraith 1948, 45，以及Abraham 2013; Lawson 1984; Green 1981; Wareham 2012。

60. Galbraith 1948, 29–30.

61. 參見Naismith and Woodman 2018中的討論。

62. 這個結論出自於我閱讀Blair 1959; Maddicott 2010; Roach 2013的理解，其中特別是Roach的內容，亦請參閱Roach 2016。

63. 這個主體的基礎研究由Post 1946和Congar 1958建立。亦可參見Monahan 1987。關於世俗領袖如何採用教會內使用的代議制度及合意制度，近期則由Møller 2018提出了一份有說服力的調查。

64. 參見Stubbs 1875, 2:128–29。中世紀亦有其他憲政原則對國家制度發展有重大影響。其中包含了國家是一個獨立個體，具有自己的生命，即使在君王駕崩的情況下仍會延續下去。參見Kantorowicz 1957，以及由North, Wallis, and Weingast 2009對他的論述的進一步討論。

65. Congar 1958, 25.

66. Tierney 1982, 1983; Møller 2018; and Schwartzberg 2014.

67. Congar 1958, 210.

68. Kay 2002, 96.

69. Kay 2002, 97.

70. Kay 2002, 98.

71. 關於和諾理三世最後做出的決策，完整內容參見Kay 2002, 538–43。

72. Kay 2002, 147.

73. Maddicott 2010, 301–2.

74. 「確立憲政」聲明可從以下網址取得：http://avalon.law.yale.edu/medieval/confcha.asp.

75. 這段話由Barratt 2004引用。愛德華一世統治的背景可參閱Burt 2013。Angelucci, Meraglia, and Voigtlaender 2019的研究記載了當時國會包含各自治區以及這長期下來帶來的演變。

76. Wim Blockmans 1998認為中世紀歐洲的代議概念是垂直階級，是由上到下或是由下到上的過程。關於公社運動的歷史，參見Reynolds 1984; Petit-Dutaillis 1978; Prak 2018，由Damen, Haemers, and Mann 2018的編集，de Lagarde 1939, Lousse 1937, Pirenne 1910的經典論述，以及由Stasavage (2014, 2011, 2010)提出來的證據。

77. 儘管如此，Angelucci, Meraglia, and Voigtlaender 2019提出英國部分自治城鎮在這幾世紀中對於推進國會發展有做出貢獻。關於此議題也可以參考Ormrod 1997。

78. 關於城邦及領土國的借貸歷史，參見Stasavage 2011及Tracy 1994。

79. Pocock 1975, 74–75.對於波考克的這段猜測，Skinner 2002提出批評認為組織出自治義大利城市的人，應該是受到羅馬思想家啟發，其中特別以西塞羅為主。

80. 資料數據由Stasavage 2014提出。

81. 關於這一點，參見Wickham 2015。

82. Guizot 1838認為商業的興起是導致城鎮尋求自治的原因。在Abramson and Boix（待發表）及Boix 2015的研究中為此找到經驗實證來支持這個說法。關於古典歷史在中世紀的商業革命扮演的角色，參見Lopez 1976。這一脈的學說，也符合Tilly 1992提出關於資本及國家強制力在歐洲史中扮演的角色，以及Rokkan (1973, 1975)對城市及歐洲國家形成的觀察。

83. 此數據由Bard et al. 2000提出，並於二〇〇七年由相同作者更新。他們從南極冰核取出的鈹-10頻率去計算，以每平方公尺接收到的瓦數為單位推算陽光總照量。Steinhilber et al. 2012用了另一種方式得到類似的結果。Bard et al. 2000推測陽光總輻射量與中世紀溫暖時期之間可能有連結。這個議題在Campbell 2016, 50–58當中亦有討論。

84. 此數據出自Stasavage 2014。這些分數是以共一百七十二個歐洲城市統計而成，這包含了所有在一五〇〇年居民數達到十萬以上的歐洲城市。

85. 計量經濟相關證據參閱Stasavage (2016, 2011)。

86. Carniello 2002提出關於早期官僚體制在公社時期的波隆那發展討論很有幫助。

87. 這種情況曾發生在梅迪奇家族掌權的佛羅倫斯，還有更早期由維斯孔蒂家族掌權的米蘭。

88. 關於此現象的研究請參見Stasavage 2018。

89. Reynolds 1984, 164–65.

90. 這個方向的觀點早期由Pirenne 1910提出，近期則可詳見Reynolds 1984。亦可參見Wickham 2015。

91. 關於這個背景，可參見Kuran 2016。

92. 參見Tierney 1982。亦可參見Tierney 1983。

93. 這一場辯論詳細內容參見Post 1964, 71，亦可參閱Møller 2018。關於更廣泛在加泰隆尼亞及其他地區的脈絡，也可以參考Bisson (1964, 1973, 1977, 1996, 2009)以及Kosto 2003。亞拉岡的代議體制演進，Møller 2017b有提出較近期且全面的觀點。

94. Post 1964, 77.

95. 這就是Marongiu 1968, 67認為這個習俗開始的時間點。亦可參見Marongiu 1975。

96. Post 1964, ch.2.

97. Holden 1930, 900.

98. Holden 1930.
99. Ulph 1951.
100. Post 1943, 359–60.
101. Post 1943, 370.
102. Decoster 2002和Strayer 1980都以王家政令宣傳來形容腓力四世的集會。亦可參見Villers 1984。
103. 在Post 1964及Congar 1958中皆有提及。然而，Decoster 2008, 70–72演示了腓力四世利用異質性方式來使用這句話，以免對王權產生威脅。
104. Decoster 2008, 141–45.
105. Decoster 2008, 176–93.
106. Scordia 2005當中有格外有趣且深入的探究這個概念。
107. Strayer and Taylor 1939.
108. 關於這一點，除了參見Strayer 1980之外，亦可參閱Guenée 1971, 201–4。
109. De Swarte 1885.
110. 這邊的案例以Carsten (1954, 1959)和Clark 2006的資料為準。
111. 這個論點主要是直接來自Downing 1992。
112. 參見Møller 2017, 198–99的評論。
113. 關於早期布蘭登堡的描述，參見Carsten 1954。
114. 關於這一點，參見Clark 2006, 28。
115. 關於此事件，參見Carsten 1954, 180–81及Clark 2006, 28。
116. Carsten 1954, 181–83.
117. Carsten 1954, 216.
118. 這一點在Downing 1992和Ertman 1997當中均有加以強調。

第六章

1. 參見Sarah Allan 2017針對《禹貢》中的歷史證據的討論。近期由Wu et al. 2016考古發現西元前一九二〇年的大洪水，可以支持這段文字及夏朝的歷史性，但是《禹貢》中並沒有特別說明大禹治的是哪一場洪水。
2. 參見Li 2013, ch.3。人口預估資料來自Li。
3. 此處的歷史資料主要以Keightley (2000, 1983)和Li 2013為準。前者較為支持夏朝已經有初期的官僚體制，後者則對此持保守態度。
4. Li 2013, 69.

5.　Li 2013, 71.

6.　Li 2013, 69.

7.　Keightley 2000, 56.

8.　參見Li 2013, 103以及Keightley 2000。

9.　關於與先祖神靈的連結，參見Keightley 2000, 98–99。

10.　Keightley 2000, 2–3.

11.　Keightley 1999, 278.

12.　Keightley 1999.

13.　Chang 1980, 237.

14.　關於初期官僚體制的概念，參見Keightley 1999，至於商朝甲骨占卜文中各級官職的進一步討論，可參考Lin 1982。

15.　Keightley 1983, 548.

16.　Sarah Allan 2015, 268認為：「自從發現殷墟的首都遺跡和甲骨文之後，部分學者已認可《商書》中盤庚這段的真實性，並將之視為同時期的文物，儘管以語言學的角度來看它與其他甲骨文的有很大的差異。」

17.　原文取自《尚書‧盤庚上》，由James Legge 2016, 98翻譯為英文。

18.　五星連珠意指金星、木星、水星、火星、土星。關於「天象政治」（Cosmo-Political）及天命的背景，參見Pankenier 1995。這個事件在Li 2013, 117–19當中亦有討論。

19.　相關證明由de Meis and Meeus 1994提出。

20.　Xinhui 2015, 6.

21.　Xinhui 2015當中對於天命演進提出了一份深入且迷人的研究。

22.　Lewis 1990, 236.

23.　原文出自《續資治通鑑長編》卷三百五十七，英文版引述自Kuhn 2009, 10。

24.　Ostrom 1990對這個觀念提出概論，並於Ostrom and Gardner 1993當中針對灌溉部分進一步深入探討。

25.　Needham and Bray 1984, 9, 30.

26.　參見Wang et al. 2018。早期的有機肥運用並非中國獨有的技術。歐洲早期使用有機肥的證據可參閱Bogaard et al. 2013。

27.　參見Jia et al. 2012，亦可參閱Lee et al. 2007以及Chang 1999。

28.　參見Gong et al. 2001當中的討論。

29.　Trigger 2003, 283格外強調這一點。

30. 伊懋可（Mark Elvin）甚至提出中國的國家型態可能對於人類福利有負面衝擊。然而，他對於整體福利狀況所提出的證據並不是僅適用於中國。參見 Elvin 2004, ch.5。

31. 關於這段背景的描述，參見 Li 2003。

32. Li 2008, 89.

33. Li 2008, 180。「國野制度」是東周特有的用詞。

34. 關於此問題更進一步的討論，參見 Lewis 2000。

35. Lewis 2006, 144.

36. 《春秋左氏傳》哀公元年，英文引述自 Hui 2005, 197。

37. Lewis 2000, 369.

38. Lewis 1990, 48–49。亦可參見 Pines 2009, ch.8。

39. Allan 2015.

40. 關於這個歷史事件如何被呈現和解釋，參見 Allan 2015, 21–22。

41. 原文出自《郭店楚墓竹簡・唐虞之道》，英文翻譯版引述自 Allan 2015, 89。

42. Von Falkenhausen 2006, 394–95.

43. 此為 Sarah Allan 2015 的解讀。

44. 此處資料以 Lewis 1999b 為準。戰國時期是黃河及中國北部數個大型領土國之間的衝突時期。

45. 描述細節參見 Lewis 1999b。

46. Lewis 1999b, 622.

47. Bielenstein 1980, 114.

48. 關於廢除徵兵制及相關動機的完整描述，參見 Lewis 2000。

49. 不過在 Hui 2005 當中提出來的觀點則認為，中國徵兵制是讓百姓交換生活必須物質，而非政治權力。

50. 資料來源為 Bielenstein 1980, 156。

51. 人口數據來自 Bielenstein 1980, 206。

52. 相關討論參見 Scheidel 2006。

53. Bielenstein 1980, 134.

54. 這個概念的進一步剖析可參考 Hao and Xi 2019。

55. Teng 1943.

56. 這段記述內容取自 Hsia 2010, 166。「耶穌會傳教士利瑪竇對他的朋友和先前在羅馬學院的同僚描述了他在南京觀察到的科舉制度細節。雖然中國是受到皇帝統治，『與其說是君王專制，更像是共和體制，因為國境內的皇親國戚並沒有官職，整個國境的統治皆由文人學士們掌管。』」

57. Lewis 2009a, 202–6。關於「世族」的興起，參見 Lewis 2009b, 28–54。

58. Bourdieu and Passeron 1969.

59. Tackett 2014.

60. Chen, Guo, and Greif 2018.

61. Johnson 1977.

62. Chen, Kung, and Ma 2019.

63. 關於此時期的商貿及交易習俗，更進一步的討論可參見 Yoshinobu 1970。

64. Ma 1971, 66.

65. Guo 2019.

66. 關於宋朝官階的分類，詳細描述可參見 Hartman 2015, 50。預估數據則可參見 Smith 2009, 349。

67. 參見 Hartman 2015, 53，亦可參見 Ma 1971, 110–11。

68. 資料來源參見 Broadberry, Guan, and Li 2018。若以 Kuhn 2009, 125 提供的資料數據則是在宋朝更前期有高達一億零一百萬人口，後期則降到六千三百萬人口。

69. 這個數據是以每一區估計有一百萬人推算而來，與第五章時同樣採用 McEvedy and Jones 1978 的推估資訊。

70. Grummitt and Lassalmonie 2015, 124。法國財政官員在路易十二於一四九八至一五一五年執政的時期，上升到「不到一百人」，仍然是個很小的數字。

71. 參見 Hartman 2015，特別是 39–40, 84, 98, 112。

72. Fletcher 1986, 14.

73. Fletcher 1986, 15.

74. Rossabi 2005, 6.

75. 更進一步的討論參見 Brook 2010。

76. Rossabi 2005, 224.

77. 近期有一份有趣的研究就是針對中國專制主義下產生的收益，參見 Ma and Rubin 2017。

78. 國內生產總值數據來自 Broadberry, Guan, and Li 2018。

79. Wong 2012.

80. 參見 Wong 2012，特別是 354–55。亦可參見 Farmer 1995。

81. 數據來自英格蘭銀行的《英國千年總體經濟資料》https://www.

bankofengland.co.uk/statistics/research-datasets

82. 以下分析主要源自 Huang (1974, 1998)。關於外敵帶來的影響，相關主張參見 Rosenthal and Wong 2011 以及 Dincecco and Wang 2018。

83. 這個用詞引述自 Huang 1998, 106。亦可參見 Farmer 1995, ch.4。

84. 各國戰爭統計數據詳見 Hoffman 2015。

85. Dincecco and Wang 2018.

86. 關於禦敵如何讓中國與歐洲塑造出不同的政治發展模型，參見 Ko, Koyama, and Sng 2018。亦可參見 Ma 2012 討論統一帝制和薄弱外敵帶來的涵義。

87. Farmer 1995, 33.

88. 參見 Rowe 2009, 43–44, 66。Spence 2002 推測凍結稅制的另一個動機是要讓地方官員正確回報人口數據。

89. Spence 2002, 178.

90. Sng 2014.

91. 關於清朝政府與有限政府的比對，參見 Ma and Rubin 2017。

92. 對此證據之評論，參見 von Glahn 2016, ch.9。

93. W. Wang 2014, 41–45.

94. Rowe 2009, 155–57 對此有簡潔的描述。更深入的討論可參見 Jones and Kuhn 1978。

95. 關於太平天國起義的細節描述，參見 Kuhn 1978。

96. von Glahn 2016, ch.9.

第七章

1. Lancaster and Lancaster 2004, 37.

2. Marsham 2009, 26–27.

3. Lancaster and Lancaster 2004, 37.

4. 此段引言引述自 Herodotus, *The Histories*, Book 3, chapter 8。

5. Marsham 2009, 28.

6. Lecker 2004.

7. Marsham 2009, 32.

8. C. E. Bosworth, "Shura," in *Encyclopedia of Islam*, 2nd ed. , ed. P. Bearman, Th. Bianquis, C. E. Bosworth, E. van Donzel, and W. P. Heinrichs (Leiden:

Brill Reference, 2012).

9. Koran 3:159.

10. Koran 42:38.

11. Bernard Lewis, "Mashwara," in *Encyclopedia of Islam*.

12. Crone 2001.

13. Crone 2001。關於專制統治的批評，參見Crone and Hinds 2003。

14. 中東至今仍有試圖推行舒拉原則的倡議，參見Browers 2006。

15. Crone 1999.

16. Crone 2001，亦可參見Crone 2000。

17. Lewis, "Mashwara."

18. Schaeder 2017.

19. Wiesehofer 2010, 115, 121。他推測：「安息帝國和波斯的貴族的地位，有很長一段時間獨立於國王的恩惠之外。」

20. Wiesehofer 2010.

21. Morony 1984, 99–100.

22. Milwright 2010, 669–70.

23. 關於哈里發國繼承薩珊帝國的後續改變及稅務系統，在Lokkegaard 1950有完整的討論。亦可參閱Lukonin 1983中關於薩珊帝國的機構的研究。

24. 這是Campopiano 2012的主要結論。

25. Allen 2017, table 1.

26. London 2011 and Darling 2012, ch.1.

27. 此處為根據Sijpesteijn 2013, 35–38推論。

28. Sijpesteijn 2013, 38.

29. 參見Sijpesteijn 2013, 64–66, 86、Sijpesteijn 2007以及Brett 2010。

30. 雖然伊斯蘭早期在埃及的統治和在伊拉克很像，但還有一點很大的不同。在伊拉克，伊斯蘭征服者維持並擴增了原有的系統來增強直接徵收農業生產稅。在埃及，伊斯蘭征服者主要則是實行人頭稅來取得大筆資金。Sijpesteijn 2013, 72。亦可參見Brett 2010, 551。

31. 這部分我大致上是取自Kennedy 1996以及其他我引用的來源。

32. 西元六八一年的西哥德王國的《艾爾維格法典》（*The Ervigian code*）試圖建立出一套君權神授的繼位模式，將君王視為神在世上的代理人。King 1972, 23–24.

33. 參見Stocking 2000, 15–16。關於此主題，亦可參見Barbero and Loring

2005。亦可參見 Wickham 2009, 135。

34. 在這邊要特別留意西哥德議會協助收稅這一點，在該國早年就有提及稅吏及直接徵收土地稅。雖然證據有限，在 Stocking 2000, 98 有提及西哥德議會在收益上參與了一部分。亦可參見 Barbero and Loring 2005。

35. Kennedy 1996, 20.

36. Barcelo 1984.

37. Kennedy 1996, 107.

38. 關於體制瓦解分裂可參見 Moreno 2010 及 Kennedy 2004。

39. 關於這點可參見 Blaydes and Chaney 2013。

40. 這點由 Patricia Crone 2001 提出。

41. 參見 Chaney 2012; Rowley and Smith 2009。關於這點的討論，亦可參見 Diamond 2010 以及 Ahmed 2019。

42. 參見 Cammett 2018 與 Thompson 2013。

43. 參見 Yom 2015 與 Brownlee 2012。

44. Lisa Blaydes 2017 在近期提出關於中東地區的國家建立及維繫的觀點，正是採用此觀點。

45. Al Tamimi 2015, ch.6。參見 Revkin 2018, 128。留意此處長期目標並不是要建立一個國家，而是要將現有國家的元素同調以協助搭建一個新的哈里發國。

第八章

1. 建立出這個論點的眾多學者中包含了 North and Thomas 1973, North 1981, Jones 1981, North and Weingast 1989, North 1995, Bates and Lien 1985, Acemoglu, Johnson, and Robinson 2005, Dincecco 2011, Cox (2016, 2017), DeLong and Shleifer 1993。其中對於此論點有關鍵影響的作品可參閱 Clark 1996; Epstein 2000a, 2000b; Abramson and Boix（待發表），以及 Boix 2015。

2. 對此論點最近期且有決定性影響的論述可見 Scheidel 2019。

3. 在這一點上，大多數近期證據都指向若一個國家從專制轉為民主，在短期內會增加百分之零點五的年成長率。長期而言則會提升兩成的經濟規模。這個影響並不小，但也不足以大到可以解釋像是中國與美國之間現今的國內生產總額差距。關於此結果可參見 Acemoglu et al. 2019。在更早的研究當中，像是Barro 1996以及Przeworski et al. 2000都無法找出民主對成長的影響。

4. 參見Pomeranz 2000。他正是創出「大分流」這個詞的人，並有出版與此同名的書籍。

5. 我在此應該要補充一下，有些作者也會將在工業革命前將歐洲各區的發展水準區隔開來的時期稱為「小分流」（Little Divergence）。關於此現象的探討，參見de Pleijt and van Zanden 2016。

6. 此數據是由Broadberry, Guan, and Li 2018估算而來。另外Deng and O'Brien 2016和Deng 2003也各有一套不同的估計數據，可供進一步參考。

7. 這份數據由Pamuk and Shatzmiller 2014推算而來。

8. 這份圖表描述一九九〇年以國際貨幣估算的每人平均生產總值。為方便比對，數據資料以約略日期分組。實際日期及來源如下：英國採用一〇九〇年、一三〇〇年、一五〇〇年以及一八〇〇年資料，引述自Broadberry et al. 2011。英國一〇九〇年的原始資料出自Walker 2015。中國採用一〇九〇年、一五〇〇年、一八〇〇年資料。中國一三〇〇年的數據是以一一二〇年與一四〇〇年的數據進行推算。中國資料來源為Broadberry, Guan, and Li 2018。阿拔斯時期伊拉克採用七六〇年、一〇六〇年、一二二〇年資料，引述自Pamuk and Shatzmiller 2014。伊拉克一八〇〇年數據則引述自Bolt and van Zanden 2014，並以此推算一五〇〇年的數據。至於一八二〇年，依據Pamuk 2018, 27的報告中鄂圖曼帝國有較高的數字，達到七百二十元。

9. 很多學者對於前工業社會，會採用都市化程度作為發展代表來估算發展程度。以西歐而言，他們會採用由Paul Bairoch, Jean Batou, and Pierre Chèvre 1988編寫整理出來的歷史上各城市人口，資料涵蓋八五〇年到一八五〇年。這些作者也會以各城市總人口占該區域總人口的比例，來推算歷史上的都市化速率。Bosker, Buringh, and van Zanden 2013進一步延續這個研究，將中東以及北非同時期的各城市人口預估加入資料當中。透過這些資料來源提供的各城市人口數據以及McEvedy and Jones 1978提供的估計總人口數，我們就能以世紀為單位去估算西歐、中東和馬格里布（Maghreb）的都市化速率。最後，Xu, van Leeuwen, and van Zanden 2013在近期補上了中國歷史上的都市化程度估算數據。

10. 參見Allen et al. 2011, figure 5。

11. 關於蘇聯時期的成長及衰退狀況，相關記載參見 Easterly and Fischer 1995。

12. 這個結論由 Acemoglu and Robinson 2012 根據他們對不同社會進行的研究取得此結論，其中以社會包含有廣納型（inclusive）與榨取型（extractive）機制作為區分。

13. 參見 Watson 1983, 2–3。也可參見 Watson (1974, 1995)。

14. 關於這一個發展，於 Kuran (2005, 2011, 2013, 2018) 以及 Rubin 2017 中有深刻的見解。Cammett 2018 評論前述觀點及評論時，強調中東機構效率低下，原因可能比較不是基於缺乏正確的機構支援，而是出於沒有提出對支援的需求。

15. 根據曾在國際稻米研究組織（International Rice Research Institute）任職的 Randolph Barker 2012，占城稻引進中國「帶來了不輸當代綠色革命的農業革命。」亦可參見 Golas 1980 和 Deng and Zheng 2015。這些作者都強調，雖然過去傳統上認為兩期稻作是隨著占城稻引進開始的，但是實際上要普及花上了很多的時間。

16. Kuhn 2009, 40–43。關於唐宋時期的整體印刷出版環境，亦可參見 Hymes 2015; Twitchett 1983; Carter 1955 以及 Wei Ze 1995。

17. Hartwell (1966, 1962).

18. 關於中國水路運輸發展可參見 Yoshinobu 1970，集市發展則可參見 Elvin 1973。

19. Needham 1969, 16.

20. 此論點引述自 Lin 1995。

21. Needham and Ling 1965, 446–47.

22. 最近，由 Joel Mokyr 2017 與 Deirdre McCloskey 2016 分別提出來的論點也贊同相同的方向，特別是態度、文化和思想上的啟發。亦可參見 Mokyr (2014, 2009, 1990)。Jack Goldstone 2002 強調英國的獨特性以及一六八八年光榮革命後科學態度的文化。亦可參見 Goldstone (2009, 2006)。

23. Tackett 2014 有提出支持此論點的看法。

24. Kuhn 2009, 38.

25. Liu 2015, 109.

26. Liu 2015, 110.

27. Cao 1997, 472–73.

28. Liu 2015, ch.8.

29. Shatzmiller 2011.

30. 這一個特色由Chaney 2016提出討論，並深思後續伊斯蘭地區在科學生產上的衰退原因。Gutas 1998則有深入探究希臘語－阿拉伯語翻譯運動（Graeco-Arabic translation movement）的細節。

31. 此圖表為統計跨越各區的六個王朝中每一個朝代的在位平均時間。水平線代表六個王朝中的平均值。英國包含一〇六六至一三九九年間諾曼王朝及金雀花王朝所有君王。法國包含九八七至一三二八年間卡佩王朝所有君王。中國包含九六〇至一二七四年間宋朝所有皇帝。阿拔斯王朝前期包含七五〇至九四六年間所有哈里發。阿拔斯王朝後期包含九四六至一二五八年間所有哈里發。薩珊王朝包含所有二二四至六二八年間的薩珊統治者。中國繼位規則中，皇帝會冊封皇太子，這讓中國的皇帝執政任期高於其他地區，相關討論參見Wang 2017。

32. Allen 2017跟隨Blaydes and Chaney 2013的觀點，強調機制上的限制在其中扮演的角色。Blaydes and Chaney對長子繼承制造成這個差異的觀點提出質疑。亦可參見Acharya and Lee 2019; Wang 2017; and Kokkonen and Sundell 2014。

33. Kennedy 2004.

34. 此論點由Waines 1977提出。Allen 2017則投入較為近期的證據來記錄這個衰退的模式。

35. Kennedy 2004.

36. 關於公共借貸怎樣首見於歐洲，又為何是在歐洲而不是其他地方的相關討論，可參見Stasavage 2015。

37. 關於中世紀拒絕履約的案例，參見Veitch 1986。將這些特殊金融案例與更普遍上對於財產權感到不安全感連結在一起的論點，參見North, Wallis, and Weingast 2009。

38. 有部分線索指出，腓力四世此舉是要仿效同時期的愛德華一世，英國在一二九〇年由國王簽署驅逐令，將所有猶太人逐出英國。

39. Strayer 1980.

40. Epstein (2000a, 2000b)和Stasavage 2014以及Acemoglu 2008皆有與此想法有相關的理論模型。亦可參閱van Bavel 2016所提出的概論，其中認為隨著市場帶來發展，但是也會帶來不平等，不平等進一步使得擁有資源的既得利益者得以建立屏障，阻止後來者進入市場。亦可參見Bavel 2010。

41.　Acemoglu et al. 2011以現代計量經濟學分析來支持這個論點。亦可參見Grab 2003。

42.　這些數據由Stasavage (2011, 2010)收集並完整呈現。這份資料集中包含了二十四個歐洲政體的數據。

43.　這份圖表預估了二十四個歐洲政體的都市化速率，並分組為有代議集會並有權徵稅的政體、沒有集會或是集會不足以徵稅的政體。集會編組是根據Stasavage (2011, 2010)。都市化速率則以現在的城市邊界為基準推算，由Bairoch, Batou, and Chèvre 1988提出相關數據。在某些案例中，這會導致用來測量都市化的現代邊界和相對的歷史邊界有所偏差。

44.　在此我應特別提醒早期在集會與都市化之間的相關性，也可能是反映了相反的現象，亦即是在高度都市化的地區，有利於菁英階級要求代議集會。同時也可能是反映了樣本國的變遷，因為有些國家在這過程中消失了，有些則由擁有強大的代議體制轉為孱弱，反之亦然。

45.　Bosker, Buringh, and van Zanden 2013.

第九章

1.　Bede, Book 1, chapter 15。比德本身是依賴一個早期編年史學家吉爾達斯（Gildas）於六世紀時留下的資料。

2.　參見Leslie et al. 2015，較廣泛的討論可參閱Crabtree 2018。

3.　相關證據參見Heather 2009, ch.6。

4.　此處我是依照Lambert 2017; Loyn 1992; and Blair 1959的記述內容。

5.　Loyn 1992, 131–32.

6.　Lambert 2017, 247–50.

7.　依照Blair 1959, 233的說明，在斯堪的納維亞歷史及文學中，普遍會有十二位「民眾裁判官」（doomsmen）協助審判。

8.　此條法令在一場於艾希特（Exeter）舉辦之賢人會中頒布。引述自Loyn 1992, 116。

9.　參見Lambert 2017, 251及後續內容，亦可參見Blair 1959, 223及後續內容。

10.　參見Maddicott 2010第一章。

11.　參見Roach 2013, 32，亦可參見Maddicott 2010, 5。

12.　Blair 1959, 214–21.

13. Roach 2013.

14. Galbraith 1948, 36, 56–57，以下引述其內容：「早在諾曼征服前，當時，撒克森諸王會有自己的祕書處，此為朝向官僚政府邁進的第一大步。」他也註記了原本在諾曼第（Normandy）沒有官僚的「征服者」威廉，繼承了這個官僚體制。

15. 對於該如何解讀《末日審判書》的辯論內容，其中一個觀點可參考Roffe (2000, 2007)。

16. 對於原先存在的稅務清單和使用方言相關的討論我這邊都是以Campbell 1975的論述出發，他則是採用了Harvey 1971的論述。

17. Maddicott 2010, 4–5，「國會」（parliament）這個詞在十三世紀前都還不會用來形容這種議會。參見Brand 2009, 10。

18. Stubbs 1874–78, 1:572.

19. 近期在《大憲章》研究上最顯著的歷史學家的論點正是如此。參見Holt 2015, 51。Møller 2017a, 71強調偉大的法國史學家馬克・布洛克（Marc Bloch）也有一樣的看法。

20. Holt 2015, 51.

21. Holt 2015, 51.

22. 關於匈牙利封建制度下的國會演進，參見Bonis 1965。

23. 關於早期使用「課徵重稅」描述約翰王的範例，參見Andrews 1921, 116。

24. 此處數據是根據圖1-1同一份資料描述。證據顯示，在一〇八六年之前，宋朝皇帝徵得稅金高於國內生產總值的一成，但是這邊使用一成，以便與同時期的英國數據比對。

25. 約翰王任內收益完整評估出自Barratt 1996，其中結論在多數年份中，年收都在三萬英鎊的範疇，除了一次性的特殊措施實行時。詳細細節可見該書頁八三九。亦可參照Barratt 1999中將約翰王和法國腓力二世（Phillip Augustus）的收益進行兩相對照。我省略了一二〇七年的什三稅（富人稅），因為該稅徵收是跨越數年徵收的。

26. 我們有出自《末日審判書》（一〇八六年）的英國名目國內生產總額，和出自Broadberry et al. 2011中一二九〇年的資料，但是沒有中間其他年份的估計值。以線性插值法在兩個數值之間推算國內生產總額的數字作為基準，約翰王任期內大約在三百萬英鎊左右。

27. 準確來說，依據英格蘭銀行的《英國千年總體經濟資料》是在一五四二年達到這個水準。https://www.bankofengland.co.uk/statistics/research-datasets

28. Gilissen 1966, 419.

29. 對此觀點，Post 1964 有出色的論述。

30. Fletcher 2015, 223.

31. Stasavage 2011.

32. 此論點可參照 Koenigsberger 1992。

33. Edwards 1934, 137.

34. http://media.bloomsbury.com/rep/files/primary-source-45-model-parliament.pdf.

35. Edwards 1934, 136.

36. 英法兩國的比對可參照 Fletcher 2015, 222。兩國的王室都希望建立全權委任，但是其中只有英國成功。在 Harriss 1963 提供了關於一三三九年下議院成員要求回去諮詢選民的脈絡。Edwards 1934 的文章提供了很有幫助的歷史背景，可以從中了解到如何一路演進一二九五年獲得完整權力。Maddicott 2010, 417 的論點則是全權委任是因為英國有較為完整的國家體制設計出來的。亦可參見 Payling 2009。此外，在一三八一年農民起義（Peasants' Revolt）之後，也有一次特例是要回去諮詢選民意見。

37. Harriss 1963, 638.

38. Stubbs 1900, 283.

39. 對於這個論點最重要的著作是 Elton 1953。此處引述該作第二頁。亦可參照 Elton (1955, 1960)。

40. Hurstfield 1967.

41. Stone 1972, 65.

42. 在 Elton 1953 的最後一章，有對此概念的簡要總結。

43. Elton 1953, 416.

44. 此為 Elton 1953 的解讀。

45. 參見 Stone 1972, 65。他也強調，亨利八世需要國會支持來對抗天主教教會，還有賺回遠征法國花掉的一大筆軍事開銷。

46. 關於此提案的觀點參見 Hurstfield 1967, 93。Bush 1983 非常深入地討論了這個事件，也支持類似的解讀。Elton 1955, 174 的觀點則是這項法案並不完全是要建立專制。

47. 威廉三世行使否決權的次數很少，安妮女王只用了一次，喬治一世從來沒用過。更進一步的細節可參閱 Stasavage 2003, 73 以及 Williams 1939。

48. Williams 1939.

49. 關於一六八八年的事件在歷史上扮演的角色，最具權威性的歷史記載參見Pincus 2009。North and Weingast 1989率先將光榮革命解讀為有限政府的創立，並且帶來深遠而正面的經濟影響。Cox (2016, 2017)則在探討後續的機制創新提高的可靠性。

50. Goldstone 2006.

51. Hoppit 1996, 109.

52. 參見Bogart (2005a, 2005b, 2005c)。更多歷史背景參見Pawson 1977。

53. Blackstone 1768, book 1, pp. 160–61.

54. 關於這段事件Knights 2005有明確的記述。

55. 關於占位者總額隨時間漸增的演變，可參閱Stasavage 2003。

56. 此處出自 *London Journal*，並引述自Kramnick 1968, 121。在該書第五章中，Kramnick概觀了沃波爾的政治思想及做法。

57. 可於以下網址取得https://www.history.org/Foundation/journal/summer03/wilkes.cfm.

58. 更深入的評論可參見Price 1994。

59. 根據Maarten Prak 1997敘述，人民首要優先身分是自己家鄉的公民，這也就讓外來者普遍上要取得公民身分時會有很大的限制。一如van Zanden and van Riel 2004指出，這種政治代議的模式，並不是荷蘭獨有的，在歐洲採用舊制度的地區屬於普遍現象。Mark Dincecco 2011則演示了這種去中心化、破碎的機構配置，也阻礙了歲入的產生。

60. 關於這一點可參見van Bavel 2016。

61. 這個有趣而迷人的故事是我取自Grever 1982的記述。

62. 「最早進入現代經濟」的用法是引述自de Vries and van de Woude 1997。

63. Joel Mokyr 2000先前用了這兩組案例來比較兩個國家當中的科學文化差異。

64. 對於他以比較性觀點出發取得的論點，總結參見Allen 2009。對於這一點的批評則可參見Stephenson 2018。

65. 關於英國專利系統的演進、對創新帶來的影響、與工業革命的潛在連結，參閱Bottomley 2014中的討論。亦可參閱Sullivan 1989。

66. 此數列由Jan Luiten van Zanden and Arthur van Riel 2004編製，根據資料為Doorman 1940的數據。

67. 此數列是我根據Woodcroft 1854的資料所編製。

68. Woodcroft 1854, 1.

69. van Bavel 2016.

70. 同樣值得一提的是，在較為現代的國家當中，專制國家比起民主國家更傾向於著手於土地改革。

71. 這個流程在 Daniel Bogart (2005a, 2005b, 2005c) 以及 Julian Hoppit 1996 當中有更進一步的深入研究。

72. Rosenthal 1990.

73. Gentles 1992.

74. 薪資資料引述自 Robert Allen 2005。Allen 這份資料的測量方法近期有受到 Stephenson 2018 的批評。在一定程度上，她的低標預估是較為準確的，達到四十先令的門檻對於勞工來說應該會是更大的負擔。

75. "Electors of Knights of the Shire Must Be Forty Shilling Freeholders" in Adams 1914, 191.

76. 此主題可參見 Payling 1999。

77. 參見 Payling 1999, 245。一三七七年的諾丁漢郡人口預估數據引述自 Broadberry et al. 2018。總人口五萬二千二百五十人，其中三分之一人口為未成年非選舉人，一半為女性，調整過後預估可選舉的男性成年選民為一萬七千四百一十四人。實際投票人數計算後投票率為百分之三點六。特別留意此數據為投票數，並非可投票人數。

78. Hill 1972 考慮到這個時期英國薪資上升的證據，Hill 對於經濟蕭條的評估之準確度待確認。相關數據可見 Allen 2005。

79. 參見 Hill 1972, ch.7。如同他所描述的，平等派是一個多元異質的團體，所以甚至可以將他們分成四派。

80. *An Agreement of the Free People of England*, May 1, 1649, John Lilburne, William Walwyn, Thomas Prince, Richard Overton, published by Gyles Calvert, London。可於以下網址取得：http://oll.libertyfund.org/pages/leveller-anthology-agreements.

81. 這個解讀取自 Pole 1969。

82. Gentles 1992, ch.10.

83. 全文可於以下網址取得：http://oll.libertyfund.org/pages/1647-the-putney-debates.

第十章

1. 參見 Huntington 1966 中的討論。

2. Huntington 1966, 381.

3. Bailyn 1967, 162。亦可參見 Kammen 1969 and Bailyn 1965, 60–61。

4. Zuckerman 1968.

5. 參見 Pole 1969, 32–33。Jack Greene 與 Yunlong Man 也有相似的主張。參見 Greene 2011, 9 以及 Man 1994。也有人會質疑其他控股公司不是如此，像是荷蘭東印度公司就有自己的強制力。

6. De Tocqueville 1838, vol. 1, ch. 2.

7. Zuckerman 1968, 527.

8. Massachusetts Body of Liberties of 1641, paragraph 66, https://history. hanover.edu/texts/masslib.html.

9. Massachusetts Body of Liberties of 1641, paragraph 67.

10. 在這一場講道當中，科頓認為殖民地議會選舉不應該以一年一度頻繁選舉。他也呼籲要為溫斯羅普重辦選舉。結果議員最後選了別人。Silva 1999 認為科頓的講道開啟了選舉講道的傳統，清教徒牧師會藉此引導及抵制民主化的程序。因克瑞斯・馬瑟（Increase Mather）在一六九三年的講道就是此趨勢的另一個傑出範例。

11. Steinfeld 1989.

12. Squire 2012, 15–16.

13. 參見 Brown 1955, 50。針對十三英屬北美殖民地的普選，McKinley 1905 中有更廣泛但是較為早期的觀點。至於革命時期以及其後的觀點，可見 Dinkin 1982 以及 Keyssar 2000。

14. Rabushka 2008, 165–66.

15. 在 *The History of Parliament: The House of Commons, 1558–1603*，以及 *The History of Parliament: The House of Commons, 1604–1629* 有傳記體的記載。關於 History of Parliament Trust 可參見以下網址：https://www. historyofparliamentonline.org/.

16. *The Records of the Virginia Company of London*, the Court Book, from the manuscript in the Library of Congress, ed. Susan Myra Kingsbury (Washington, DC: GPO, 1906), 1:411–12.

17. Kupperman 1979, 34–35。

18. Morgan 1975, 94.

19. 參見 *Records of the Virginia Company*, 3:483。此處應留意根據公司公布的文件紀錄，這一場集會計畫訂為一六二一年七月二十四日，然而最早的集會在兩年前就舉行了。對這兩者之間的時間差，普遍假定的原因是由於倫敦的公司職員與維吉尼亞的總督之間早期有聯繫問題。普遍認為有一份一六一八年十一月二十八日的文件遺失，其中就有首次闡述集會的想法。參見 Perry and Cooper 1959, 52。

20. *Colonial Records of Virginia* (Richmond: R. F. Walker, 1874), 9–37.

21. 參見 Rabushka 2008, 236, 240。此處應留意這包含了地方政府內定的地方稅。英國王室也對菸草進口徵稅，這也成為王室的重要收益來源。

22. Flippin 1915.

23. Jordan 1987, 1.

24. Jordan 1987, 233.

25. Squire 2012, 13 認為第一場集會應該是在一六三七到一六三八年之間舉辦，視使用哪一種曆法而定。Kammen 1969 也同意這個評估。Jordan 1987, 19 則以一六三四到一六三五年間作為第一場集會的參考時間。

26. 取自 Jordan 1987, 236 引述內容。

27. 此為羅伯特‧艾倫對於生活水準的結論，但並非十七世紀的趨勢，近期 Stephenson 2018 對英國的薪資有提出質疑挑戰。

28. Gemery 1980, 216.

29. Congleton 2012; Nikolova 2017; and Nikolova and Nikolova 2017.

30. 計量經濟的證據可參見 Nikolova 2017。

31. 此處根據 Brown and Brown 1964, 146 的資料。此為一七四八至一七六九年間的平均投票率。

32. Morgan 1975.

33. Domar 1970.

34. Acemoglu and Wolitzky 2011.

35. Bailyn 2012, 167.

36. 此案例可參見 Coldham 1975, 283，至於「僕役」及「奴隸」在維吉尼亞脈絡下的用詞演變則可參見 McColley 1986。

37. Bailyn 2012, 174–75.

38. 參見 Bailyn 2012, 175 以及 Vaughan and Vaughan 1997。

39. Bailyn 2012, 176.

40. 基礎研究參考 Menard (1977, 1980)。亦可參見 Herndon 1957。

41. *A Counterblaste to Tobacco* (1604).

42. 關於喬治亞的敘述取自 Gray and Wood 1976 的著作。

43. 參見 Allen, Murphy, and Schneider 2012，特別是頁八七八。

44. Acemoglu, Johnson, and Robinson 2002強調這個差異點。

45. 此推估數據出自 Milner and Chaplin 2010。此預估範圍之下限參見 Snow 1995。完整的北美原住民的人口演變史參見 Thornton 2000。

46. D'Altroy 2015b.

47. Smith 2012, 61–64.

48. 參見 Rowe 1957。關於米塔勞役制度的持續效果，可參見 Dell 2010的計量經濟證據。

49. 此處我主要依照 Eccles 1971 以及 Pritchard 2004。

50. Pritchard 2004, 243 提到地方殖民地現狀時，描述為「協商建構出來的權限」。他同意 Eccles 1971 的看法，Pritchard 指出地方管理者發現他們有義務要讓聲名顯著的地方公民進入議會，Pritchard 2004, 247。

51. 關於《邦聯條例》的背景，可參見 Greene 1982 以及 Rakove 2000, 1982。

52. 參見 Manin 1997, 44–45 論波利比烏斯對羅馬憲政機制和後續為歐洲留下的共和傳統的解讀。

53. Beard 1913.

54. 參見 Klarman 2016, 85–87，光是其書標題命為「制憲者的政變」（The Framers' Coup）就足以表現他的論述方向。以較為行動派的觀點留下的歷史記述可參見 Miller 1991。

55. 參閱 Jason Maloy (2008, 2011) 之灼見。他也強調監察和彈劾的做法，可以作為選舉以外的其他進一步控制代議士的形式。

56. Varlet 1792, 6.

57. 此處資料取自 Squire 2012, 84。

58. 這些論點可於 Farrand 1976, vol. 1, Tuesday, June 12th, Committee of the Whole 中找到，內容根據麥迪遜自己與會時留下的筆記。

59. Farrand 1976, vol. 1, Tuesday, June 12th。麥迪遜在《聯邦黨人文集》第五十三號有對此想法的進一步論述。

60. 此段引言引述自 Taylor 1794, 14。雖然我們可能會贊同泰勒的先知先覺，我們也應該去留意他在這邊批判和保護的對象分別是誰。他所提到的五千人是很特定的一群人，主要住在像紐約一樣的大城市，依靠漢彌爾頓的貨幣及公債系統立足。泰勒發表這個聲明時，直接借用了英國托利黨批評英國的「金融利益者」（monied interest）帶來的腐敗和影響的內容。泰勒的對象並不是美國最有錢的五千名奴隸主，這些人在此時期也已經是非常富有而具影響力的團體。泰勒本人也支持奴隸制。

61. Sheehan (2009, 2004).

62. Sheehan 2009.

63. Madison (1791) 1962, December 19, 1791。重點標示為依照原版標示。

64. John 1995.

65. 此數據由William Dill於一九二八年於堪薩斯大學為一篇論文彙編而成。參見Dill 1928。

66. Bonnet 1802, 272.

67. Benjamin Franklin, "On the Abuse of the Press," 1788, http://franklinpapers.org/framedVolumes.jsp? vol=45&page=447.

68. Klarman 2016, 404.

69. 也有一派論點是具有強烈政黨立場的報紙可以讓選民團結一心組成共同的對策,參見Stewart 1969。

70. 「不穩的長跑」引述自Philip Klinkner and Rogers Smith 1999的同名書籍。對於廢除長久以來自非裔美國人身上剝奪的選舉權限制,Johnson 2010有深入且深具洞見的記述。

第十一章

1. 這是Przeworski et al. 2000採用的方法。

2. http://www.systemicpeace.org/polityproject.html.

3. Huntington 1991.

4. 最近Berman 2019以極具洞見的方式,大量整理了第一波民主浪潮的發展,並將整理範圍延伸到第二波浪潮中歐洲的民主復興。

5. Huntington 1991a, 1991b.

6. Congleton 2001.

7. 這個詞來自Jonathan Israel二○一七年作品的書名。之前也在Palmer 1959威名遠播的作品中出現過。

8. 本圖的人均GDP均以二○一一年的國際元(International dollar, Geary-Khamis dollar)計價。資料來自Bolt et al. 2018。

9. 分別為奧地利、比利時、丹麥、芬蘭、法國、希臘、愛爾蘭、義大利、荷蘭、挪威、葡萄牙、瑞典、英國。我以Boix, Miller, and Rosato 2013的標準,也就是每個國家最早是在哪一天建立了穩定的民主制度,檢驗西歐各國當時是否民主。

10. 參見Beckett 1986, 163，也可參見Beckett 1985.

11. Brewer 1990, 66.

12. Pulteney 1734 and Turner 1927.

13. 這句發人深省的話，是Nicholas Henshall一九九二年著作的書名。

14. Swann 2003.

15. Potter and Rosenthal 1997.

16. 朗格多克（Languedoc）的狀況，參見Beik 1985。相關資料亦可參見Collins 1988。

17. Schwartzberg 2014.

18. Christin 2014 and Rigaudière 2000.

19. Rosanvallon 1992.

20. 記載來自Souryi 2003。

21. 相關證據參見Stasavage 2010。

22. 相關計量經濟學證據，參見Stasavage 2010。

23. Onorato, Scheve, and Stasavage 2014表示，在鐵路出現之前，不可能大規模動員軍隊，因為數萬將士需要的後勤物資極為龐大，根本無法持續供應。

24. Stenlås 2001，亦可參閱Bendix and Rokkan 1962.

25. Margaret Levi 1997之前就討論過這兩個現象之間的關係。

26. 各國全國徵兵的資料，來自Onorato, Scheve, and Stasavage 2014。

27. 這是將樣本限縮在那些當時尚未採取男性平等普選權的國家，以各國的差別以及固定時期效應（time period fixed effects）進行最小平方方法的回歸估計結果。估計結果的p值為0.002，統計顯著性相當高。如果去除國家的差異和固定時期效應，點估計值（point estimate）為百分之三十四。

28. 估計方法與前者相同，唯一差異是將應變量改為全民徵兵。這時候的點估計值就降到百分之四，在統計上不顯著。

29. 鐵路與大規模軍隊之間的計量經濟學相關性分析，參見Onorato, Scheve, and Stasavage 2014。

30. Frevert 2004, 20–21有相關討論。

31. 該論戰的證據與描述，參見Klinck 1982。

32. Ray 1919.

33. Hicks 2013最近也有用計量經濟學方法研究這個問題，結論跟我不同。

　　我這裡的結論比較接近 Teele 2018 的證據跟論點。

34. 相關證據與論證，參見 Teele 2018。

35. Larson 1965.

36. Scheve and Stasavage (2016, 2012, 2010).

37. Scheve and Stasavage (2016, 2012).

38. Scheve and Stasavage 2016.

39. Dasgupta and Ziblatt 2015.

40. Piketty 2001.

41. Scheve and Stasavage 2017.

42. Scheve and Stasavage 2016.

43. 原始法文資料，參見 Piketty 2014 and 2001。

44. 參見 Fasel 1974, 659 and Gunn 2008。亦可參閱 Labrocherie 1948.

45. Vigier 1991, 11.

46. Fasel 1974, 655–56.

47. Fasel 1974 就說過這件事。

48. Gunn 2008 and Labrocherie 1948.

49. Gunn 2008, 49.

50. Brennan 2016.

51. 參見 Zheng 2018, 尤其頁二四四到二四五。Strauss 1997 也有類似的看法。Nathan 1983 也提到這段時間的議會治理。

52. 關於土地改革相關的運動，參見 Strauss 2006。

53. Albertus 2015.

54. 〈論人民民主專政，紀念中國共產黨二十八週年〉，收於《毛澤東著作選讀》（北京：外文出版社，一九七一年），頁三八〇。

55. 關於中華人民共和國的戶口制度與其前身，目前最詳盡的英語著作請見 Young 2013。亦可參閱 Cheng and Selden 1994; Chan and Zhang 1999。

56. Young 2013, 34.

57. Strauss 2006 指出，中共的相關作為其實都源自之前的國民黨。

58. Yang 2009, 1.

59. 特別推薦參閱 Roberts 2018。

60. 相關整理參見 Perry 2015。

61. 參見〈論人民民主專政〉。

62. Perry 2015 引用了 Calhoun 1997 的論點。

63. Crummey 1987 在討論早期俄羅斯發展時，特別強調此點。

64. 此觀點來自 Ostrowski (1990, 2002)。可參見 Halperin 2000 對此的評論。

65. Bogatyrev 2000, 11.

66. Poe 2006.

67. Crummey 1983 and Alef 1967.

68. 「縉紳會議」這個詞是 Konstantin Aksakov 在一八五〇年發明的。參見 Poe 2006, 460–61。

69. Poe 2006 and Keep 1970.

70. 簡述參見 Crummey 1987, 20。更詳盡的版本參見 Shaw 2006。

71. Møller 2015 提過這件事。

72. Crummey 1987.

73. Poe 2006, 455.

74. Davies 2006.

75. 人口估計來自 McEvedy and Jones 1978。

76. 根據 McEvedy and Jones 1978 的估計，一七〇〇年的人口為一七五萬。

77. Platonova 2009.

78. 關於印度在一九四七年後的正式制度，跟英國的做法相差多少或沿襲多少，參見 Brass 1994。附帶一提，Olsson 2009 發現一個當代國家目前是否民主，和之前是否被英國殖民過之間，具備著相關性。英國殖民的歷史很長。

79. Sen 2005, 12–16.

80. Richards 1993.

81. 我使用的數據，參考了 Shireen Moosvi 2015 對蒙兀兒王朝原始紀錄的詳盡整理。她整理王朝稅收淨值之後指出，在各地地主瓜分完畢後，淨值的百分之二十四至三十三落入皇帝口袋，只有這部分應該列為中央國家稅收，因為各地地主並不算是中央政府。Angus Maddison 1971 的看法也相同。照此說來，如果我們取百分之二十四至三十三的平均值，然後除以 Moosvi 的 GDP 數據，中央政府的稅率就會是百分之四點七。

82. Richards 1993, 90.

83. Roy 2013, ch.2.

84. 引述於 Dewey 1972。

85. 為了簡明起見，我在這一節接下來的部分都將撒哈拉以南的非洲國家，簡稱為「非洲」。

86. http://africanelections.tripod.com/gh.html.

87. Crawford Young 1994的說法相當有力。他認為非洲被殖民的時間比其他地方晚，當地人跟殖民者之間的力量差距特別大，所以殖民造成的傷害也特別大。

88. 使用的資料來自聯合國人口司。

89. Huntington (1991a, 1991b)，亦可參見Haggard and Kaufman 2016，該文在回顧第三波民主浪潮時，批評了許多既有理論。

90. Huntington 1991b, 31.

91. 參見Bleck and van de Walle 2018, 1–4，列出了三個例子並延伸討論。

92. 資料根據自由之家報告，https://freedomhouse.org/report/freedom-world/freedom-world-2018.

93. 根據政體開放指標二〇一五年的資料，得分大於六的為民主國家。

94. 根據Boix, Miller, and Rosato在二〇一五年的資料。

95. 來自非洲民主動態二〇一六年第六輪民調結果的第四十題（https://www.afrobarometer.org/）。該題有四個選項：受訪者認為自己所在的國家（1）不是民主國家；（2）一個有嚴重瑕疵的民主國家；（3）一個有輕微瑕疵的民主國家；（4）一個完全民主國家。此外，受訪者也可以回答不知道、不理解問題，或拒絕作答。

96. 將非洲民主動態中，二十二個國家的自評指數，跟其他外部指標兩兩相比的結果如下：跟政體開放指標的二項式民主指標相關性為0.40，跟自由之家的百分等級指標相關性為0.58，跟Miller, and Rosato 2013的二項式民主指標相關性為0.64。

97. 其中負相關性最高的，就是民主的自評指標。人均GDP的對數值跟民主自評指標之間高度負相關，相關性為-0.63，且統計上顯著。此外，人均GDP的對數值，也跟好幾種外部觀察者評估的民主指標負相關，但這些相關係數在統計上都不顯著。

98. Cheeseman 2015強調了此概念。

99. 如果將這些國家在二〇一六年的民主自評指數，跟一九九〇至一九九二年該國稅收占GDP比例的對數拿來做回歸，就會發現相關係數為-0.39，標準差為0.12。無論納入該國當下的識字率、都市化程度、收入是否仰賴販賣石油（oil rents）、是否獲得外援、該國人民是否認同殖民主，相關性都不會改變。但如果將該國目前人均GDP的對數納為控制變因，民主自評指數的相關性就為-0.25標準差為0.14，p值增為0.098，在傳統統計標準上不再顯著。若將民主自評指數的評量項目，更改為該國民主措施是否有效，並將該國目前人均GDP的對數納為控制變因，相關性依然是負的，且統計上顯著。

100. Gottlieb 2019討論過這些問題。

101. 參見Raffler 2018.

第十二章

1. 這個問題最徹底的討論，參見Steven Levitsky and Daniel Ziblatt 2018。

2. 民主倒退的相關研究，參見Lust and Waldner 2015; Norris 2017; Bermeo 2016; Levitsky and Way 2015。

3. Dunn 2005, 149.

4. Bartels 2008.

5. Levin 1992徹底討論了當時出現的各種論點與相關提案。

6. Ackerman 2010, 11.

7. Skocpol 1997將此稱為「托克維爾問題」（Tocqueville Problem）。托克維爾在觀察美國的時候沒有發現，美國的參與式民主某種意義上來自政府的刻意培育，例如政府補貼報紙流通。

8. 該文目前通稱為Brutus 1，可參見Ball 2012, 446。

9. 為了讓討論的對象國情相近，這裡採用的樣本都是歐盟在西歐的成員國。至於歐盟在東歐的成員國，人民對政府的平均信任程度，則比這組低出百分之十，這顯然是歷史遺緒的影響。這裡的樣本包括奧地利、比利時、丹麥、芬蘭、法國、德國、希臘、愛爾蘭、義大利、盧森堡、荷蘭、葡萄牙、西班牙、瑞典、英國。

10. 即使不用任何一個門檻將人口規模分為兩群，結果依然相同。將各國人口數的對數，和該國政府信任程度進行回歸，相關係數會是-6.1，標準差為2.1，p值為0.012。

11. 參見Hetherington (1998, 2005)，人民對中央政府信任程度的趨勢，https://www.people-press.org/2019/04/11/public-trust-in-government-1958-2019/。人民對州政府與地方政府的信任趨勢，參見https://news.gallup.com/poll/243563/americans-trusting-local-state-government.aspx。不過也有一些人認為，對政府抱持一定程度的不信任，不但毫無問題，甚至可能是美德。像《聯邦黨人文集》就強而有力地告訴我們，不受制衡的政府不是

什麼好事。這可以參見Cook、Hardin和Levi等人在二〇〇五年合寫的書，尤其是頁一六一至一六三。

12. Hetherington 2005, 10–11 提出的看法，如今依然成立。

13. 尤其可參見 Levin 2016, 101.

14. 參見Barry 1974的討論。Dahl and Tufte 1972認為，代議制政府在大型國家和小型國家中運作得一樣好。

15. Gentzkow, Shapiro, and Stone 2014。亦可參閱 Allcott and Gentzkow 2017; Allcott et al. 2019. Darr, Hitt, and Dunaway 2018討論了地方報紙的消失，如何加劇意見極化。

16. 詳見 Jason Maloy 2011 的討論。進一步的細節則可參考 Maloy 2008。

17. 對比證據參見 Maloy 2011。

18. Neblo, Esterling, and Lazer 2018.

19. Mansbridge 1980, 2–3.

20. Cowen 2018.

21. 這個觀點主要來自政治學家 William Howell 2003。Ackerman 2010與 Schlesinger 1973也討論總統制國家的「帝國」傾向。不過 Howell and Moe 2016的看法完全相反。

22. Hariri 2012寫了一篇同名的文章，不過強調的理論機制跟我這邊所說的有點不同。

參考書目

Abraham, Barbara A. 2013. "Danegeld—from Danish Tribute to English Land Tax: The Evolution of Danegeld from 991 to 1086." In *Studies in the History of Tax Law*. Vol. 6. Ed. John Tiley. London: Bloomsbury Press.

Abramson, Scott, and Cartes Boix. Forthcoming. "Endogenous Parliaments: The Domestic and International Roots of Long-Term Economic Growth and Executive Constraints in Europe." *International Organization.*

Acemoglu, Daron. 2005. "Politics and Economics in Weak and Strong States." *Journal of Monetary Economics* 52:1199–1226.

———. 2008. "Oligarchic versus Democratic Societies." *Journal of the European Economic Association* 6:1–44.

Acemoglu, Daron, Davide Cantoni, Simon Johnson, and James Robinson. 2011. "The Consequences of Radical Reform: The French Revolution." *American Economic Review* 101:3286–3307.

Acemoglu, Daron, Simon Johnson, and James A. Robinson. 2002. "Reversal of Fortune: Geography and Institutions in the Making of the Modern World Income Distribution." *Quarterly Journal of Economics* 117:1231–94.

———. 2005. "The Rise of Europe: Atlantic Trade, Institutional Change, and Economic Growth." *American Economic Review* 95:546–79.

Acemoglu, Daron, Simon Johnson, James Robinson, and Pierre Yared. 2008. "Income and Democracy." *American Economic Review* 98:808–42.

Acemoglu, Daron, Suresh Naidu, Pascual Restrepo, and James A. Robinson. 2019. "Democracy Does Cause Growth." *Journal of Political Economy* 127:47–100.

Acemoglu, Daron, and James Robinson. 2012. *Why Nations Fail*. New York: Crown Books.

———. 2019. *The Narrow Corridor: States, Societies, and the Fate of Liberty.* New York: Penguin Press.

Acemoglu, Daron, and Alexander Wolitzky. 2011. "The Economics of Labor Coercion." *Econometrica* 79:555–600.

Acharya, Avidit, and Alexander Lee. 2019. "Path Dependence in European

Development: Me-dieval Politics, Conflict, and State Building." *Comparative Political Studies* 52:2171–2206.

Achen, Christopher, and Larry Bartels. 2016. *Democracy for Realists: Why Elections Do Not Produce Responsive Government*. Princeton: Princeton University Press.

Ackerman, Bruce. 2010. *The Decline and Fall of the American Republic*. Cambridge, MA: Harvard University Press.

Adams, George Burton. 1914. *Select Documents of English Constitutional History*. New York: Macmillan.

Aghion, Philippe, and Jean Tirole. 1997. "Formal and Real Authority in Organizations." *Journal of Political Economy* 105:1–29.

Ahmed, Ali, and David Stasavage. Forthcoming. "Origins of Early Democracy." New York University. *American Political Science Review*.

Ahmed, Faisal. 2019. "The Political Legacy of Islamic Conquest." Working paper, Princeton University.

Airlie, Stuart. 2003. "Talking Heads: Assemblies in Early Medieval Germany." In *Political Assemblies in the Earlier Middle Ages*, ed. P. S. Barnwell and Marco Mostert, 29–46. Turnhout: Brepols.

Ake, Claude. 1996. *Democracy and Development in Africa*. Washington, DC: Brookings Institution.

Al Tamimi, Aymenn Jawad. 2015. "Princi ples in the Administration of the Islamic State." https://www.meforum.org/5700/islamic-state-master-plan.

Albertus, Michael. 2015. *Autocracy and Re distribution: The Politics of Land Reform*. Cambridge: Cambridge University Press.

Alef, Gustave. 1967. "Reflections on the Boyar Duma in the Reign of Ivan III." *Slavonic and East European Review* 45:76–123.

Allan, Sarah. 2015. *Buried Ideas: Legends of Abdication and Ideal Government in Early Chinese Bamboo-Slip Manuscripts*. Albany: State University of New York Press.

———. 2017. "The Jishi Outburst Flood of 1920 BCE and the Great Flood Legend in Ancient China: Preliminary Reflections." *Journal of Chinese Humanities* 3:23–34.

Allcott, Hunt, and Matthew Gentzkow. 2017. "Social Media and Fake News in the 2016 Election." *Journal of Economic Perspectives* 31:211–36.

Allcott, Hunt, Luca Braghieri, Sarah Eichmeyer, and Matthew Gentzkow. 2019.

"The Welfare Efects of Social Media." Working paper, New York University.

Allen, Robert. 1997. "Agriculture and the Origins of the State in Egypt." *Explorations in Economic History* 34:135–54.

———. 2005. "Real Wages in Europe and Asia: A First Look at the Long-Term Patterns." In *Living Standards in the Past*, ed. Robert Allen, Tommy Bengtsson, and Martin Dribe, 111–30. Oxford: Oxford University Press.

———. 2009. *The British Industrial Revolution in Global Perspective*. Cambridge: Cambridge University Press.

———. 2017. "Falling Behind: The Financial Crisis of the Abbasid Caliphate and the Collapse of Civilization in Southern Mesopotamia." New York University Abu Dhabi.

Allen, Robert, Jean-Pascal Bassino, Debin Ma, Christine Moll-Murata, and Jan Luiten van Zanden. 2011. "Wages, Prices, and Living Standards in China, 1738–1925: In Comparison with Europe, Japan and India." *Economic History Review* 64:8–38.

Allen, Robert, Tommy Murphy, and Eric Schneider. 2012. "The Colonial Origins of the Divergence in the Americas: A Labor Market Approach." *Journal of Economic History* 72:863–94.

Anderson, Perry. 1974. *Lineages of the Absolutist State*. London: Verso.

Andreski, Stanislav. 1968. *Military Organization and Society*. Berkeley: University of California Press.

Andrews, Charles McLean. 1921. *A History of England*. London: Allyn and Bacon.

Ang, James. 2015. "What Drives the Historical Formation and Persistent Development of Territorial States?" *Scandinavian Journal of Economics* 117:1134–75.

Angelucci, Charles, Simone Meraglia, and Nico Voigtlaender. 2019. "How Merchants Towns Shaped Parliaments: From the Norman Conquest of England to the Great Reform Act." Working paper, University of California–Los Angeles.

Aristotle. 1946. *The Politics of Aristotle—Translated by Ernest Barker*. Oxford: Clarendon Press.

Asiwaju, A. I. 1976. "Migrations as Revolt: The Example of the Ivory Coast and the Upper Volta before 1945." *Journal of African History* 17:577–94.

Ayittey, George. 1991. *Indigenous African Institutions*. Leiden: Brill.

Bachrach, Bernard S. 2016. "Charlemagne and Carolingian Military Administration." In *Empires and Bureaucracy in World History: From Late Antiquity to the*

Twentieth Century, ed. Peter Crooks and Timothy H. Parsons, 170–96. Cambridge: Cambridge University Press.

Bagnall, Roger. 1995. *Egypt in Late Antiquity*. Princeton: Princeton University Press.

Bailkey, Nels. 1967. "Early Mesopotamian Constitutional Development." *American Historical Review*: 72:1211–36.

Bailyn, Bernard. 1965. *The Origins of American Politics*. New York: Vintage Books.

———. 1967. *The Ideological Origins of the American Revolution*. Cambridge, MA: Harvard University Press.

———. 2012. *The Barbarous Years: The Peopling of British North America: The Conflict of Civilizations, 1600–1675*. New York: Vintage.

Bairoch, Paul, Jean Batou, and Pierre Chèvre. 1988. *The Population of European Cities from 800 to 1850*. Geneva: Librairie Droz.

Baker, G., R. Gibbons, and K. J. Murphy. 1999. "Informal Authority in Organizations." *Journal of Law, Economics, and Organization* 15:56–73.

Baldwin, Kate. 2015. *The Paradox of Traditional Chiefs in Democratic Africa*. New York: Cambridge University Press.

Baldwin, Kate, and Katharina Holzinger. Forthcoming. "Traditional Political Institutions and Democracy: Reassessing Their Compatibility and Accountability." *Comparative Political Studies*.

Ball, Terence, ed. 2012. *The Federalist with Letters of "Brutus."* Cambridge: Cambridge University Press.

Barbero, A., and M. I. Loring. 2005. "The Catholic Visigothic Kingdom." In *The New Cambridge Medieval History*. Vol. 1: *C. 500–C. 700*, ed. Paul Fouracre, 346–70. Cambridge: Cambridge University Press.

Barcelo, Miquel. 1984. "Un estudio sobre la estructura fiscal y procedimientos contables del emirato omeya de Cordoba y del Califato." *Acta Histórica et Archaeologica Medievalia* 5–6:45–72.

Bard, Edouard, Grant Raisbeck, Francoise Yiou, and Jean Jouzel. 2000. "Solar Irradiance during the Last 1200 Years Based on Cosmogenic Nuclides." *Tellus* 52B:985–92.

Barfield, Thomas. 1993. *The Nomadic Alternative*. Upper Saddle River, NJ: Prentice Hall.

Barjamovic, Gojko. 2004. "Civic Institutions and Self-Government in Southern Mesopotamia in the Mid-First Millennium BC." In *Assyria and Beyond: Studies Presented to Mogens Trolle Larsen*. Leiden: Nederlands Instituut voor het nabije oosten.

Barker, Randolph. 2012. "The Origin and Spread of Early-Ripening Champa Rice: Its Impact on Song Dynasty China." *Rice* 4:184–86.

Barnwell, P. S. 2003a. "Kings, Nobles, and Assemblies in the Barbarian Kingdoms." In *Political Assemblies in the Earlier Middle Ages*, ed. P. S. Barnwell and Marco Mostert, 11–28. Turnhout: Brepols.

———. 2003b. "Political Assemblies: Introduction." In *Political Assemblies in the Earlier Middle Ages*, ed. P. S. Barnwell and Marco Mostert, 1–10. Turnhout: Brepols.

Barnwell, P. S., and Marco Mostert, eds. 2003. *Political Assemblies in the Earlier Middle Ages*. Turnhout: Brepols.

Barratt, Nick. 1996. "The Revenue of King John." *English Historical Review* 111:835–55.

———. 1999. "The Revenues of King John and Philip Augustus Revisited." In *King John: New Interpretations*, ed. S. D. Church. Woodbridge: Boydell Press.

———. 2004. "Finance on a Shoestring: The Exchequer in the Thirteenth Century." In *English Government in the Thirteenth Century*, ed. Adrian Jobson. Woodbridge: Boydell Press.

Barro, Robert. 1996. "Democracy and Growth." *Journal of Economic Growth* 1:1–27.

Barry, Brian. 1974. "Size and Democracy—Review of Dahl and Tufte." *Government and Opposition* 9:492–93.

Bartels, Larry. 2008. *Unequal Democracy: The Political Economy of the New Gilded Age*. Princeton: Princeton University Press.

Barzel, Yoram. 1997. *Economic Analysis of Property Rights*. Cambridge: Cambridge University Press.

———. 2002. *A Theory of the State: Economic Rights, Legal Rights, and the Scope of the State*. Cambridge: Cambridge University Press.

Bass, Allen M. 1995. "Early Germanic Experience and the Origins of Representation." *Parliaments, Estates and Representation* 15:1–11.

Bates, Robert, and Donald Lien. 1985. "A Note on Taxation, Development, and Representative Government." *Politics and Society* 14:53–70.

Beard, Charles. 1913. *An Economic Interpretation of the Constitution of the United States*. New York: Macmillan.

Beckett, John. 1985. "Land Tax or Excise: The Levying of Taxation in Seventeenth and Eighteenth Century England." *English Historical Review* 100:285–308.

————. 1986. "Land Tax Administration at the Local Level, 1692–1798." In *Land and Property: The English Land Tax: 1692–1832*, ed. Michael Turner and Dennis Mills. New York: St. Martin's Press.

Bede. 1999. *The Ecclesiastical History of the English People*. Oxford: Oxford University Press.

Beik, William. 1985. *Absolutism and Society in Seventeenth Century France: State Power and Provincial Aristocracy in Languedoc*. Cambridge: Cambridge University Press.

Benario, Herbert. 1999. *Tacitus: Germania*. Warminster: Aris and Phillips.

Bendix, Reinhard. 1978. *Kings or People: Power and the Mandate to Rule*. Berkeley: University of California Press.

Bendix, Reinhard, and Stein Rokkan. 1962. "The Extension of National Citizenship to the Lower Classes." Paper presented to the Fifth World Congress of Sociology.

Bentzen, Jeanet, Jacob Gerner Hariri, and James Robinson. 2019. "Power and Persistence: The Indigenous Roots of Representative Democracy." *Economic Journal* 129:678–714.

Berdan, Frances. 2017. "Structure of the Triple Alliance Empire." In *The Oxford Handbook of the Aztecs*, ed. Deborah Nichols and Enrique Rodriguez-Alegria. Oxford: Oxford University Press.

Berdan, Frances, and Patricia Rief Anawalt. 1992. *The Codex Mendoza*. 4 vols. Berkeley: University of California Press.

Berman, Sheri. 2019. *Democracy and Dictatorship in Europe from the Ancien Régime to the Present Day*. Oxford: Oxford University Press.

Bermeo, Nancy. 2016. "On Democratic Backsliding." *Journal of Democracy* 27:5–19.

Besley, Timothy, and Torsten Persson. 2011. *Pillars of Prosperity: The Political Economics of Developmental Clusters*. Princeton: Princeton University Press.

Bielenstein, Hans. 1980. *The Bureaucracy of Han Times*. Cambridge: Cambridge University Press.

Binford, Lewis R. 2001. *Constructing Frames of Reference: An Analytical Method for Archaeological Theory Building Using Ethnographic and Environmental Data Sets*. Berkeley: University of California Press.

Bisson, Thomas. 1964. *Assemblies and Representation in Languedoc in the Thirteenth Century*. Princeton: Princeton University Press.

————. 1973. *Medieval Representative Institutions: Their Origins and Nature*.

Hinsdale, IL: Dryden Press.

———. 1977. "A General Court of Aragon (Daroca, February 1228)." *English Historical Review* 92:107–24.

———. 1996. "The Origins of the Corts of Catalonia." *Parliaments, Estates and Representation* 16:31–45.

———. 2009. *The Crisis of the Twelfth Century: Power, Lordship, and the Origins of European Government*. Princeton: Princeton University Press.

Blackstone, William. 1768. *Commentaries on the Laws of England*. Oxford: Clarendon Press.

Blair, Peter Hunter. 1959. *An Introduction to Anglo-Saxon England*. Cambridge: Cambridge University Press.

Blanton, Richard, and Lane Fargher. 2008. *Collective Action in the Formation of Pre-Modern States*. New York: Springer.

———. 2016. *How Humans Cooperate: Confronting the Challenges of Collective Action*. Boulder: University of Colorado Press.

Blaydes, Lisa. 2017. "State Building in the Middle East." *Annual Review of Political Science* 20:487–504.

Blaydes, Lisa, and Eric Chaney. 2013. "The Feudal Revolution and Europe's Rise: Political Divergence of the Christian and Muslim World before 1500 CE." *American Political Science Review* 107:16–34.

Bleck, Jaimie, and Nicolas van de Walle. 2018. *Electoral Politics in Africa since 1990*. Cambridge: Cambridge University Press.

Bloch, Marc. 1961. *Feudal Society*. 2 vols. Chicago: University of Chicago Press.

———. 1966. *French Rural History*. Berkeley: University of California Press.

Blockmans, Wim. 1978. "A Typology of Representative Institutions in Late Medieval Europe." *Journal of Medieval History* 4:189–215.

———. 1998. "Representation (since the Thirteenth Century)." In *The New Cambridge Medieval History*, ed. Christopher Allmand. Cambridge: Cambridge University Press.

Boas, Franz. 1913. *Ethnology of the Kwakiutl*. Washington, DC: GPO.

Bockheim, James G., and Alfred E. Hartemink. 2017. "Soils and Land Appraisal." In *The Soils of Wisconsin*, 213–22. World Soils Book Series. New York: Springer.

Bodin, Jean. 1576. *Les Six Livres de la République*. Paris: Jacques du Puys.

Bogaard, Amy, Rebecca Fraser, Tim H. E. Heaton, Michael Wallace, Petra Vaiglova, Michael Charles, Glynis Jones, Richard P. Evershed, Amy K. Styring,

Niels H. Andersen, Rose-Marie Arbogast, László Bartosiewicz, Armelle Gardeisen, Marie Kanstrup, Ursula Maier, Elena Marinova, Lazar Ninov, Marguerita Schäfer, and Elisabeth Stephan. 2013. "Crop Manuring and Intensive Land Management by Europe's First Farmers." *Proceedings of the National Acad emy of Sciences* 110:12589–594.

Bogart, Daniel. 2005a. "Turnpike Trusts and the Transportation Revolution in 18th Century England." *Explorations in Economic History* 42:479–508.

———. 2005b. "Turnpike Trusts, Infrastructure Investment, and the Road Transportation Revolution in Eighteenth-Century England." *Journal of Economic History* 65:540–43.

———. 2005c. "Did Turnpike Trusts Increase Transportation Investment in Eighteenth-Century England?" *Journal of Economic History* 65:439–68.

Bogatyrev, Sergei. 2000. *The Sovereign and His Counsellors: Ritualised Consultations in Muscovite Political Culture, 1350s–1570s*. Helsinki: Academia Scientiarum Fennica.

Boix, Carles. 2011. "Democracy, Development, and the International System." *American Political Science Review* 105:809–28.

———. 2015. *Political Order and In equality: Their Foundations and Their Consequences for Human Welfare*. New York: Cambridge University Press.

Boix, Carles, M. Miller, and S. Rosato. 2013. "A Complete Data Set of Political Regimes, 1800–2007." *Comparative Political Studies* 46:1523–54.

Bolt, Jutta, Robert Inklaar, Herman de Jong, and Jan Luiten van Zanden. 2018. "Rebasing 'Maddison': New Income Comparisons and the Shape of Long-Run Economic Development." Working paper, Utrecht University.

Bolt, Jutta, and Jan Luiten van Zanden. 2014. "The Maddison Project: Collaborative Research on Historical National Accounts." *Economic History Review* 67:627–51.

Bonis, Gyorgy. 1965. "The Hungarian Feudal Diet." In *Gouvernés et Gouvernants: Quatrième Partie, Bas Moyen Age et Temps Modernes*, ed. John Gilissen. Bruxelles: Editions de la Librairie Encyclopédique.

Bonnet, Jean-Esprit. 1802. *Etats-Unis de L'Amérique* à *la fin du xviiième siècle*. Paris: Maradan.

Borcan, Oana, Ola Olsson, and Louis Putterman. 2018. "State History and Economic Development: Evidence from Six Millennia." *Journal of Economic Growth* 23:1–40.

Boserup, Ester. 1965. *The Conditions of Agricultural Growth: The Economics of*

Agrarian Change under Population Pressure. Chicago: Aldine.

Bosker, Maarten, Eltjo Buringh, and Jan Luiten van Zanden. 2013. "From Baghdad to London: Unraveling Urban Development in Europe, the Middle East, and North Africa, 800–1800." *Review of Economics and Statistics* 95:1418–37.

Bottomley, Sean. 2014. *The British Patent System during the Industrial Revolution 1700–1852: From Privilege to Property*. Cambridge: Cambridge University Press.

Boucoyannis, Deborah. 2015a. "Strong Rulers, Land and Courts: The Origins of Representative Institutions." Unpublished book manuscript, University of Virginia.

———. 2015b. "No Taxation of Elites, No Representation: State Capacity and the Origins of Representation." *Politics & Society* 43:303–32.

Bourdieu, Pierre, and Jean-Claude Passeron. 1969. *Les héritiers, les* étudia*nts et la culture*. Paris: Edition du Minuit.

Boyd, Clifford, and Gerald Schroedl. 1987. "In Search of Coosa." *American Antiquity* 52:840–44.

Brand, Paul. 2009. "The Development of Parliament, 1215–1307." In *A Short History of Parliament*, ed. Clyve Jones. Woodbridge: Boydell Press.

Brass, Paul. 1994. "Introduction: Continuities and Discontinuities between Pre-and Post-Independence India." In *The Politics of India since In de pen dence*, ed. Paul R. Brass. New Cambridge History of India. Cambridge: Cambridge University Press.

Bratton, Michael, and Nicolas Van De Walle. 1997. *Democratic Experiments in Africa*. Cambridge: Cambridge University Press.

Bray, Francesca. 1979. "Agricultural Technology and Agrarian Change in Han China." *Early China* 5:3–13.

Brennan, Jason. 2016. *Against Democracy*. Princeton: Princeton University Press.

Brett, Michael. 2010. "Egypt." In *The New Cambridge History of Islam*. Vol. 1: *The Formation of the Islamic World, Sixth to Eleventh Centuries*, ed. Chase Robinson. Cambridge: Cambridge University Press.

Brevik, Eric C., and Alfred E. Hartemink. 2010. "Early Soil Knowledge and the Birth and Development of Soil Science." *Catena* 83:23–33.

Brewer, John. 1990. *The Sinews of Power: War, Money and the English State, 1688–1789*. Cambridge, MA: Harvard University Press.

Broadberry, Stephen, Bruce Campbell, Alexander Klein, Mark Overton, and Bas van Leeuwen. 2011. "British Economic Growth, 1270–1870: An Output-Based Approach." Working paper, Oxford University.

Broadberry, Stephen, Bruce Campbell, and Bas van Leeuwen. 2010. "English Medieval Population: Reconciling the Time Series and Cross-Sectional Evidence." Working paper, Oxford University.

Broadberry, Stephen, Hanhui Guan, and David Daokui Li. 2018. "China, Europe, and the Great Divergence: A Study in Historical National Accounting, 980–1850." *Journal of Economic History* 78:955–1000.

Broecker, Wallace S. 2001. "Was the Medieval Warm Period Global?" *Science* 291:1497.

Brook, Timothy. 1998. "Communications and Commerce." In *The Cambridge History of China*. Vol. 8: *The Ming Dynasty*, ed. Denis C. Twitchett and Frederick W. Mote, 579–707. Cambridge: Cambridge University Press.

———. 2010. *The Troubled Empire: China in the Yuan and Ming Dynasties*. Cambridge: Cambridge University Press.

Brookes, Stuart, and Andrew Reynolds. 2011. "The Origins of Political Order and the Anglo-Saxon State." *Archaeology International* 13/14:84–93.

Browers, Michaelle. 2006. *Democracy and Civil Society in Arab Political Thought.* Syracuse: Syracuse University Press.

Brown, Robert. 1955. *Middle-Class Democracy and the Revolution in Massachusetts, 1691–1780*. Ithaca: Cornell University Press.

Brown, Robert, and Katherine Brown. 1964. *Virginia, 1705–1786: Democracy or Aristocracy?* East Lansing: Michigan State University Press.

Brownlee, Jason. 2012. *Democracy Prevention: The Politics of the U.S.-Egyptian Alliance*. Cambridge: Cambridge University Press.

Bryan, Frank. 2004. *Real Democracy: The New England Town Meeting and How It Works*. Chicago: University of Chicago Press.

Buck, John Lossing. 1937. *Land Utilization in China, a Study of 16,786 Farms in 168 Localities, and 38,256 Farm Families in Twenty-Two Provinces in China, 1929–1933*. Shanghai: Commercial Press.

Bueno de Mesquita, Bruce, and Ethan Bueno de Mesquita. 2018. "From Investiture to Worms: A Political Economy of European Development and the Rise of Secular Authority." Working paper, New York University.

Burt, Caroline. 2013. *Edward I and the Governance of England, 1272–1307*. Cambridge: Cambridge University Press.

Bush, M. L. 1983. "The Act of Proclamations: A Reinterpretation." *American Journal of Legal History* 27:33–53.

Calhoun, Craig. 1997. *Neither Gods nor Emperors: Students and the Struggle for Democracy in China*. Berkeley: University of California Press.

Cammett, Melani. 2018. "Development and Underdevelopment in the Middle East and North Africa." In *Oxford Handbook of the Politics of Development*, ed. Carol Lancaster and Nicolas van de Walle. Oxford: Oxford University Press.

Campbell, Bruce. 2007. "Three Centuries of English Crop Yields, 1211–1491." http://www.cropyields.ac.uk/.

———. 2016. *The Great Transition: Climate, Disease and Society in the Late-Medieval World*. Cambridge: Cambridge University Press.

Campbell, James. 1975. "Observations on English Government from the Tenth to the Twelfth Century." *Transactions of the Royal Historical Society* 25:39–54.

———. 1991. "The Late Anglo-Saxon State: A Maximum View." *Proceedings of the British Academy* 87:39–65.

Campopiano, Michele. 2012. "State, Land Tax and Agriculture in Iraq from the Arab Conquest to the Crisis of the Abbasid Caliphate (Seventh–Tenth Centuries)." *Studia Islamica* 3:5–50.

Cao, Shuji. 1997. *The Migrant History of China*. Vol. 5: *The Ming Dynasty Period*. Fuzhou: Fujian People's Press.

Carniello, B. R. 2002. "The Rise of an Administrative Elite in Medieval Bologna: Notaries and Popular Government, 1282–1292." *Journal of Medieval History* 28:319–47.

Carniero, Robert. 1970. "A Theory of the Origin of the State." *Science* 169:733–38.

Carpenter, Rhys. 1957. "Linear B." *Phoenix* 11:47–62.

Carrasco, Pedro. 1971. "Social Organization of Ancient Mexico." In *Handbook of Middle American Indians: Volume 10*, ed. Gordon Ekholm and Ignacio Bernal, 349–75. Austin: University of Texas Press.

Carsten, F. L. 1954. *The Origins of Prussia*. Oxford: Clarendon Press.

———. 1959. *Princes and Parliaments in Germany: From the Fifteenth to the Eighteenth Century*. Oxford: Oxford University Press.

Carter, Thomas Francis. 1955. *The Invention of Printing in China and Its Spread Westward*. New York: Ronald Press Company.

Catt, J. A. 2001. "The Agricultural Importance of Loess." *Earth Science Reviews* 54:213–29.

Chan, Kam Wing, and Li Zhang. 1999. "The Hukou System and Rural-Urban Migration in China: Processes and Changes." *China Quarterly* 160:818–55.

Chaney, Eric. 2012. "Democratic Change in the Arab World, Past and Present." *Brookings Papers on Economic Activity* 43:363–414.

———. 2016. "Religion and the Rise and Fall of Islamic Science." Working paper, Harvard University.

Chang, Kwang-Chih. 1980. *Shang Civilization*. New Haven: Yale University Press.

———. 1999. "China on the Eve of the Historical Period." In *Cambridge History of Ancient China*, ed. Michael Loewe and Edward Shaughnessy. Cambridge: Cambridge University Press.

Cheeseman, Nic. 2015. *Democracy in Africa*. Cambridge: Cambridge University Press.

Chen, Joy, Jason Guo, and Avner Greif. 2018. "Elite Reproduction and State Capacity Deterioration in the Ming Dynasty (1368–1644) of China." Working paper, New York University.

Chen, Ting, James Kai-sing Kung, and Chicheng Ma. 2019. "Long Live Keju! The Persistent Efects of China's Civil Examination System." Working paper, University of Hong Kong.

Cheng, Tiejun, and Mark Selden. 1994. "The Origins and Social Consequences of China's Hukou System." *China Quarterly* 139:644–68.

Childe, Gordon. 1950. "The Urban Revolution." *Town Planning Review* 21:3–17.

Christin, Olivier. 2014. *Vox Populi*. Paris: Seuil.

Civil, Miguel. 1991. "Ur III Bureaucracy: Quantitative Aspects." In *The Organization of Power: Aspects of Bureaucracy in the Ancient Near East*, ed. McGuire Gibson and Robert Gibbs, 35–44. Chicago: University of Chicago Press.

Clamageran, J. J. 1867. *Histoire de l'impôt en France*. Paris: Librairie de Guillaumin.

Clark, Christopher. 2006. *Iron Kingdom: The Rise and Downfall of Prussia, 1600–1947*. Cambridge, MA: Harvard University Press.

Clark, Gregory. 1996. "The Political Foundations of Modern Economic Growth: England, 1540–1800." *Journal of Interdisciplinary History* 26:563–88.

Clastres, Pierre. 1974. *La société contre l'état*. Paris: Editions de Minuit.

Cline, Eric H. 2014. *1177 B.C.: The Year Civilization Collapsed*. Princeton: Princeton University Press.

Cobb, Charles R. 2003. "Mississippian Chiefdoms: How Complex?" *Annual Review of Anthropology* 32:63–84.

Cobo, Bernabé. 1979. *History of the Inca Empire*. Austin: University of Texas Press.

Colden, Cadwallader. (1727) 1958. *The History of the Five Indian Nations: Depending on the Province of New-York in America*. Ithaca: Cornell University Press.

Coldham, Peter Wilson. 1975. "The 'Spiriting' of London Children to Virginia: 1648–1685." *Virginia Magazine of History and Biography* 83:280–87.

Colless, Brian. 2014. "The Origin of the Alphabet: An Examination of the Goldwasser Hypothesis." *Antigua Orienta* 12:71–104.

Collins, James B. 1988. *Fiscal Limits of Absolutism: Direct Taxation in Early Seventeenth-Century France*. Berkeley: University of California Press.

Congar, Yves. 1958. "Quod omnes tangit, ab omnibus tractari et approbari debet." *Revue historique de droit francais et etranger* 36:210–59.

Congleton, Roger D. 2001. "On the Durability of King and Council: The Continuum between Dictatorship and Democracy." *Constitutional Political Economy* 12:193–215.

———. 2011. *Perfecting Parliament: Constitutional Reform, Liberalism, and the Rise of Western Democracy*. Cambridge: Cambridge University Press.

———. 2012. "Democracy in America: Labor Mobility, Early Liberalism, and Constitutional Reform." Working paper, West Virginia University.

Cook, Karen, Russell Hardin, and Margaret Levi. 2005. *Cooperation without Trust*. New York: Russell Sage Foundation.

Covey, R. Alan. 2008. "The Inka Empire." In *Handbook of South American Archaeology*, ed. Helaine Silverman and William Isbell. New York: Springer.

Cowen, Tyler. 2018. "Could Fascism Come to America?" In *Can It Happen Here?: Authoritarianism in America*, ed. Cass Sunstein. New York: Harper Collins.

Cowgill, George. 2015. *Ancient Teotihuacan: Early Urbanism in Central Mexico*. New York: Cambridge University Press.

Cox, Gary. 2016. *Marketing Sovereign Promises: Monopoly Brokerage and the Growth of the English State*. Cambridge: Cambridge University Press.

———. 2017. "Political Institutions, Economic Liberty, and the Great Divergence." *Journal of Economic History* 77:724–55.

Crabtree, Pam J. 2018. *Early Medieval Britain: The Rebirth of Towns in the Post-Roman West*. Cambridge: Cambridge University Press.

Crone, Patricia. 1999. "The Early Islamic World." In *War and Society in the Ancient and Medieval Worlds*, ed. Kurt Raaflaub and Nathan Rosenstein. Cambridge, MA: Harvard University Press.

———. 2000. "Ninth-Century Muslim Anarchists." *Past and Present* 167:3–28.

———. 2001. "Shura as an Elective Institution." *Quaderni di Studi Arabi* 19:3–39.

Crone, Patricia, and Martin Hinds. 2003. *God's Caliph: Religious Authority in the First Centuries of Islam.* New York: Cambridge University Press.

Crosby, Alfred. 1972. *The Columbian Exchange: Biological and Cultural Consequences of 1492.* Westport, CT: Greenwood Press.

Cross, Frank Moore. 1989. "The Invention and Development of the Alphabet." In *The Origins of Writing*, ed. Wayne Senner. Lincoln: University of Nebraska Press.

Crummey, Robert. 1983. *Aristocrats and Servitors: The Boyar Elite in Russia, 1613–1689.* Princeton: Princeton University Press.

———. 1987. *The Formation of Muscovy.* London: Longman.

Cunlife, Barry. 2011. *Europe between the Oceans, 9000 BC–1000 AD.* New Haven: Yale University Press.

Curta, Florin. 2006. "Merovingian and Carolingian Gift Giving." *Speculum* 81:671–99.

d'Altroy, Terence. 2015a. *The Incas.* Oxford: Wiley-Blackwell.

———. 2015b. "The Inka Empire." In *Fiscal Regimes and the Political Economy of Premodern States*, ed. Andrew Monson and Walter Scheidel. Cambridge: Cambridge University Press. Dahl, Robert. 1998. *On Democracy.* New Haven: Yale University Press.

Dahl, Robert, and Edward Tufte. 1972. *Size and Democracy.* Stanford: Stanford University Press.

Dalan, Rinita, George Holley, William Woods, Harold Watters, and John Koepke. 2003. *Envisioning Cahokia: A Landscape Perspective.* DeKalb: Northern Illinois University Press.

Damen, Mario, Jelle Haemers, and Alastair Mann. 2018. *Political Representation: Communities, Ideas, and Institutions in Europe (c. 1200–c. 1690).* Leiden: Brill.

Daniels, Peter, and William Bright. 1996. *The World's Writing Systems.* Oxford: Oxford University Press.

Darling, Linda. 2012. *A History of Social Justice and Political Power in the Middle East.* New York: Routledge.

Darr, Joshua, Matthew Hitt, and Johanna Dunaway. 2018. "Newspaper Closures Polarize Voting Be hav ior." *Journal of Communication* 68:1007–1028.

Dasgupta, Aditya, and Daniel Ziblatt. 2015. "How Did Britain Democratize? Views from the Sovereign Bond Market." *Journal of Economic History* 75:1–29.

Davies, Brian. 2006. "Local Government and Administration." In *The Cambridge*

History of Russia.

Vol. 1: *From Early Rus' to 1689*, ed. Maureen Perrie. Cambridge: Cambridge University Press.

Davis, Jennifer. 2015. *Charlemagne's Practice of Empire*. Cambridge: Cambridge University Press.

———. 2017. "Inventing the Missi: Delegating Power in the Late Eighth and Early Ninth Centuries." In *The 'Abbasid and Carolingian Empires*, ed. D. G. Tor, 11–51. Leiden: Brill.

de Lagarde, Georges. 1939. "La structure politique et sociale de l'Europe au XIVème siècle." In *L'organisation corporative du moyen age* à *la fin de l'ancien régime*, 91–118. Louvain: Bibliothèque de l'Université.

de Meis, S., and J. Meeus. 1994. "Quintuple Planetary Groupings: Rarity, Historical Events and Popular Beliefs." *Journal of the British Astronomical Association* 104:293–97.

de Pleijt, Alexandra, and Jan Luiten van Zanden. 2016. "Accounting for the ' Little Divergence': What Drove Economic Growth in Pre-Industrial Europe, 1300–1800?" *European Review of Economic History* 20:387–409.

de Swarte, Victor. 1885. "Essai sur l'histoire de la comptabilité publique en France." *Bulletin de la Société de statistique de Paris* 26:317–52.

de Tocqueville, Alexis. 1838. *Democracy in America*. New York: Adlard & Saunders.

de Vries, Jan, and A. B. van der Woude. 1997. *The First Modern Economy: Success, Failure, and Perseverance of the Dutch Economy, 1500–1815*. Cambridge: Cambridge University Press.

Decoster, Caroline. 2002. "La convocation à l'assemblée de 1302, instrument juridique au service de la propagande royale." *Parliaments, Estates, and Representation* 22:17–36.

———. 2008. "Les assemblées politiques sous le règne de Philippe IV le Bel." PhD diss., Université de Paris II.

Dell, Melissa. 2010. "The Persistent Effects of Peru's Mining *Mita*." *Econometrica* 78:1863–1903.

DeLong, J. Bradford, and Andrei Shleifer. 1993. "Princes and Merchants: European City Growth before the Industrial Revolution." *Journal of Law and Economics* 36:671–702.

Deng, Kent. 2003. "Development and Its Deadlock in Imperial China, 221 B.C.–

1840 A.D." *Economic Development and Cultural Change* 51:479–522.

———. 2015. "Imperial China under the Song and Late Qing." In *Fiscal Regimes and the Political Economy of Premodern States*, ed. Andrew Monson and Walter Scheidel, 308–42. Cambridge: Cambridge University Press.

Deng, Kent, and Patrick O'Brien. 2016. "China's GDP Per Capita from the Han Dynasty to Communist Times." London School of Economics.

Deng, Kent, and Lucy Zheng. 2015. "Economic Restructuring and Demographic Growth: Demystifying Growth and Development in Northern Song China, 960–1127." *Economic History Review* 68:1107–31.

Detienne, Marcel. 2003. *Qui veut prendre la parole?* Paris: Seuil.

Devroey, Jean-Pierre. 2012. "L'introduction de la dîme obligatoire en Occident: Entre espaces ecclésiaux et territoires seigneuriaux à l'époque Carolingienne." In *La dîme l'église et la société féodale*, ed. Michel Lauwers. Turnhout: Brepols.

Dewey, Clive. 1972. "Images of the Village Community: A Study in Anglo-Indian Ideology." *Modern Asian Studies* 6:291–328.

Diamond, Jared. 1997. *Guns, Germs, and Steel*. New York: W. W. Norton.

Diamond, Larry. 2010. "Why Are There No Arab Democracies?" *Journal of Democracy* 21:93–112.

Dill, William. 1928. "Growth of Newspapers in the United States." M.A. thesis, University of Kansas.

Dincecco, Mark. 2011. *Political Transformations and Public Finances: Europe, 1650–1913*. New York: Cambridge University Press.

Dincecco, Mark, and Yuhua Wang. 2018. "Violent Conflict and Political Development over the Long Run: China versus Europe." *Annual Review of Political Science* 21:341–58.

Dinkin, Robert. 1982. *Voting in Revolutionary America: A Study of Elections in the Original Thirteen States, 1776–1789*. Westport, CT: Greenwood Press.

Divale, W. 1974. "Migration, External Warfare, and Matrilocal Residence." *Cross Cultural Research* 9:75–133.

———. 1984. *Matrilocal Residence in Pre-Literate Society*. Ann Arbor: UMI Research Press.

Domar, Evsey D. 1970. "The Causes of Slavery or Serfdom: A Hypothesis." *Journal of Economic History* 30:18–32.

Doorman, G. 1940. *Octrooien voor uitvindingen in de Nederlanden uit de 16e–18e eeuw*. 's-Gravenhage: Nijhof.

Downing, Brian. 1992. *The Military Revolution and Political Change: Origins of Democracy and Autocracy in Early Modern Europe.* Cambridge: Cambridge University Press.

Duby, Georges. 1972. "Medieval Agriculture, 900–1500." In *The Fontana Economic History of Europe*, ed. Carlo Cipolla. Glasgow: Collins.

Dunn, John. 2005. *Setting the People Free: The Story of Democracy.* Princeton: Princeton University Press.

Dupâquier, Jacques. 1988. *Histoire de la Population Française.* Paris: PUF.

Durand, Jean-Marie. 2003. " 'Se réunir' en Syrie: Au temps du Royaume de Mari." In *Qui veut prendre la parole?* ed. Marcel Detienne. Paris: Seuil.

Durand, John. 1977. "Historical Estimates of World Population: An Evaluation." *Population and Development Review* 3:253–296.

Easterly, William, and Stanley Fischer. 1995. "The Soviet Economic Decline." *World Bank Economic Review* 9:341–71.

Eccles, W. J. 1971. *The Government of New France.* Ottawa: Canadian Historical Association.

Edwards, J. G. 1934. "The Plena Potestas of English Parliamentary Representatives." *Oxford Essays in Medieval History Presented to H. E. Salter*, ed. F. M. Powicke. Oxford: Oxford University Press.

Elton, G. R. 1953. *The Tudor Revolution in Government.* Cambridge: Cambridge University Press.

———. 1955. *England under the Tudors.* London: Methuen.

———. 1960. *The Tudor Constitution: Documents and Commentary.* Cambridge: Cambridge University Press.

Elvin, Mark. 1973. *The Pattern of the Chinese Past.* Stanford: Stanford University Press.

———. 2004. *The Retreat of the Elephants: An Environmental History of China.* New Haven: Yale University Press.

Ember, Carolyn. 1975. "Residential Variation among Hunter-Gatherers." *Behavioral Science Research* 10:199–227.

Ember, Carolyn, Bruce Russett, and Milton Ember. 1993. "Political Participation and Peace: Cross-Cultural Codes." *Ethnology* 27:97–145.

Engels, Friedrich. (1884) 2010. *The Origin of the Family, Private Property, and the State.* New York: Penguin Classics.

Epstein, Stephan R. 2000a. "The Rise and Fall of Italian City-States." In *A*

Comparative Study of Thirty City-State Cultures: An Investigation Conducted by the Copenhagen Polis Centre, ed. M. H. Hansen. Copenhagen: Det Kongelige Danske Videnskabernes Selskab.

———. 2000b. *Freedom and Growth: The Rise of States and Markets in Europe, 1300–1750*. Abingdon: Routledge.

Erickson, Clark. 2006. "Intensification, Political Economy, and the Farming Community; in Defense of a Bottom-up Perspective of the Past." Working paper, University of Pennsylvania.

Ertman, Thomas. 1997. *Birth of the Leviathan: Building States and Regimes in Medieval and Early Modern Europe*. Cambridge: Cambridge University Press.

Evans, Geofrey. 1958. "Ancient Mesopotamian Assemblies." *Journal of the American Oriental Society* 78:1–11.

Evans-Pritchard, E. E. 1971. *The Azande: History and Political Institutions*. Oxford: Oxford University Press.

Fargher, Lane F., Richard E. Blanton, and Verenice Y. Heredia Espinoza. 2010. "Egalitarian Ideology and Political Power in Prehispanic Central Mexico: The Case of Tlaxcallan." *Latin American Antiquity* 21:227–51.

———. 2017a. "The In de pen dent Republic of Tlaxcallan." In *The Oxford Handbook of the Aztecs*, ed. Deborah Nichols and Enrique Rodríguez-Alegría. Oxford: Oxford University Press.

———. 2017b. "Aztec State-Making, Politics, and Empires." In *The Oxford Handbook of the Aztecs*, ed. Deborah Nichols and Enrique Rodríguez-Alegría. Oxford: Oxford University Press.

Fargher, Lane F., Verenice Y. Heredia Espinoza, and Richard E. Blanton. 2011. "Alternative Pathways to Power in Late Postclassic Highland Mesoamerica." *Journal of Anthropological Archaeology* 30:306–26.

Farmer, Edward L. 1995. *Zhu Yuanzhang and Early Ming Legislation*. Leiden: Brill.

Farrand, Max. 1976. *Rec ords of the Federal Convention*. New Haven: Yale University Press.

Fasel, George. 1974. "The Wrong Revolution: French Republicanism in 1848." *French Historical Studies* 8:654–77.

Feinman, Gary M., and David M. Carballo. 2018. "Collaborative and Competitive Strategies in the Variability and Resiliency of Large-Scale Societies in Mesoamerica." *Economic Anthropology* 5:7–19.

Feng, Li. 2003. " 'Feudalism' and Western Zhou China: A Criticism." *Harvard Journal of Asiatic Studies* 63:115–44.

———. 2008. *Bureaucracy and the State in Early China*. Cambridge: Cambridge University Press.

———. 2013. *Early China: A Social and Cultural History*. Cambridge: Cambridge University Press.

Ferejohn, John, and Frances Rosenbluth. 2017. *Forged through Fire: War, Peace, and the Democratic Bargain*. New York: W. W. Norton.

Finer, Samuel. 1995. *The History of Government*. Oxford: Oxford University Press.

Flannery, Kent, and Joyce Marcus. 2012. *The Creation of In equality: How Our Prehistoric Ancestors Set the Stage for Monarchy, Slavery, and Empire*. Cambridge, MA: Harvard University Press.

Fleming, Daniel. 2004. *Democracy's Ancient Ancestors: Mari and Early Collective Governance*. Cambridge: Cambridge University Press.

Fletcher, Christopher. 2015. "Political Representation." In *Government and Political Life in England and France, c. 1300–c. 1500*, ed. Christopher Fletcher, Jean-Phillippe Genet, and John Watts. Cambridge: Cambridge University Press.

Fletcher, Joseph. 1986. "The Mongols: Ecological and Social Perspectives." *Harvard Journal of Asiatic Studies* 46:11–50.

Flippin, Percy Scott. 1915. *The Financial Administration of the Colony of Virginia*. Baltimore: Johns Hopkins University Press.

Fochesato, Mattia, and Sam Bowles. 2017. "Technology, Institutions, and Wealth In equality over Eleven Millennia." Working paper, Santa Fe Institute.

Fortes, M., and E. E. Evans-Pritchard. (1940) 2016. *African Political Systems*. Victoria, Australia: Leopold Classic Library.

Freeman, Joanne. 2001. *Affairs of Honor: National Politics in the New Republic*. New Haven: Yale University Press.

Frevert, Uwe. 2004. *A Nation in Barracks: Conscription, Military Service and Civil Society in Modern Germany*. New York: Berg.

Friberg, Joran. 2009. "A Geometric Algorithm with Solutions to Quadratic Equations in a Sumerian Juridical Document from Ur III Umma." *Cuneiform Digital Library Journal* 3:1–27.

Fukuyama, Francis. 2011. *The Origins of Political Order: From Prehuman Times to the French Revolution*. New York: Farrar, Straus, and Giroux.

Gabrielsen, Vincent. 1997. *The Naval Aristocracy of Hellenistic Rhodes*. Aarhus:

Aarhus University Press.

Galbraith, V. H. 1948. *Studies in the Public Records*. London: Thomas Nelson and Sons.

Galor, Oded, and Ömer Özak. 2015. "Land Productivity and Economic Development: Caloric Suitability vs. Agricultural Suitability." Working paper, Brown University.

———. 2016. "The Agricultural Origins of Time Preference." *American Economic Review* 106:3064–3103.

Ganshof, Francois-Louis. 1968. *Frankish Institutions under Charlemagne*. Providence: Brown University Press.

Garland, R. 1987. *The Piraeus from the Fifth to the First Century B.C.* London: Duckworth.

Gemery, Henry. 1980. "Emigration from the British Isles to the New World, 1630–1700: Inferences from Colonial Populations." *Research in Economic History* 5:179–231.

Gendron. 1660. *Quelque particularitez du pays des Hurons en la Nouvelle France*. Paris: Louis Billaine.

Gentleman of Elvas. 1993. "The Account by a Gentleman from Elvas." In *The De Soto Chronicles: The Expedition of Hernando de Soto to North America in 1539–1543*, ed. L. A. Clayton, V. J. Knight, and E. C. Moore. Tuscaloosa: University of Alabama Press.

Gentles, Ian. 1992. *The New Model Army in England, Ireland and Scotland, 1645–1653*. Oxford: Blackwell.

Gentzkow, Matthew, Jesse Shapiro, and Daniel Stone. 2014. "Media Bias in the Marketplace: Theory." National Bureau of Economic Research Working Paper No. 19880.

Gibson, Charles. 1952. *Tlaxcala in the Sixteenth Century*. Stanford: Stanford University Press.

———. 1971. "Structure of the Aztec Empire." In *Handbook of Middle American Indians: Volume 10*, ed. Gordon Ekholm and Ignacio Bernal, 376–94. Austin: University of Texas Press.

Gilissen, John. 1966. "Les etats généraux en Belgique et aux Pays-Bas sous l'ancien régime." In *Gouvernés et Gouvernants: Troisième partie, bas moyen age et temps modernes*, ed. John Gilissen. Bruxelles: Editions de la Librairie Encyclopédique.

Giuliano, Paola, and Nathan Nunn. 2013. "The Transmission of Democracy: From the Village to the Nation-State." *American Economic Review* 103:86–92.

Given-Wilson, C. 2016. "Bureaucracy without Alphabetic Writing: Governing the Inca Empire, c. 1438–1532." In *Empires and Bureaucracy in World History: From Late Antiquity to the Twentieth Century*, ed. P. Crooks and T. Parsons, 81–101. Cambridge: Cambridge University Press.

Glick, Thomas. 1982. In *Dictionary of the Middle Ages*. Ed. Joseph Strayer. New York: Charles Scribner's Sons.

Gofart, Walter. 1972. "From Roman Taxation to Medieval Seigneurie." *Speculum* 47:373–34.

———. 1982. "Old and New in Merovingian Taxation." *Past and Present* 96:3–21.

———. 2006. *Barbarian Tides: The Migration Age and the Later Roman Empire*. Philadelphia: University of Pennsylvania Press.

———. 2008. "Frankish Military Duty and the Fate of Roman Taxation." *Early Medieval Europe* 16:166–90.

Golas, Peter. 1980. "Rural China in the Song." *Journal of Asian Studies* 39:291–325.

———. 2015. "The Sung Fiscal Administration." In *The Cambridge History of China*. Vol. 5, part 2: *Sung China, 960–1279*, ed. John Chafee and Denis Twitchett. Cambridge: Cambridge University Press.

Goldberg, Eric. 1995. "Popular Revolt, Dynastic Politics, and Aristocratic Factionalism in the Early Middle Ages: The Saxon Stellinga Reconsidered." *Speculum* 70:467–501.

Goldstone, Jack A. 2002. "Efflorescences and Economic Growth in World History: Rethinking the 'Rise of the West' and the Industrial Revolution." *Journal of World History* 13:323–89.

———. 2006. "Europe's Peculiar Path." In *Unmaking the West: "What-If" Scenarios That Rewrite World History*, ed. Philip E. Tetlock, Richard Ned Lebow, and Geofrey Parker, 168–96. Ann Arbor: University of Michigan Press.

———. 2009. *Why Europe? The Rise of the West in World History, 1500–1850*. New York: McGraw Hill.

Gong, Zitong, Putian Lin, Jie Chen, and Xuefeng Hu. 2001. "Classical Farming Systems of China." *Journal of Crop Production* 3:11–21.

Gong, Zitong, Xuelei Zhang, Jie Chen, and Ganlin Zhang. 2003. "Origin and Development of Soil Science in Ancient China." *Geoderma* 115:3–13.

Goody, Jack. 1986. *The Logic of Writing and the Organization of Society*. New

York: Cambridge University Press.

———. 2006. *The Theft of History*. Cambridge: Cambridge University Press.

Gottlieb, Jessica. 2019. "Keeping the State Weak to Prevent Collective Claim-Making in Young Democracies." Working paper, Texas A&M University.

Grab, Alexander. 2003. *Napoleon and the Transformation of Europe*. London: Palgrave Macmillan.

Gramly, Richard Michael. 1977. "Deerskins and Hunting Territories: Competition for a Scarce Resource of the Northeastern Woodlands." *American Antiquity* 42:601–5.

Gray, Ralph, and Betty Wood. 1976. "The Transition from Indentured to Involuntary Servitude in Colonial Virginia." *Explorations in Economic History* 13:353–70.

Green, J. A. 1981. "The Last Century of Danegeld." *English Historical Review* 96:241–58.

Greene, Jack. 1982. "The Background of the Articles of Confederation." *Publius* 12:15–44.

———. 2011. *The Constitutional Origins of the American Revolution*. Cambridge: Cambridge University Press.

Greer Smith, Maurice. 1925. *Political Organization of the Plains Indians*. Lincoln: University of Nebraska Press.

Greif, Avner, and Jared Rubin. 2018. "Political Legitimacy and the Institutional Foundations of Limited Government." Working paper, Stanford University.

Grever, John 1982. "Louis XIV and the Dutch Assemblies: The Conflict about the Hague." *Legislative Studies Quarterly* 7:235–49.

Grummitt, David, and Jean-Francois Lassalmonie. 2015. "Royal Public Finance (c. 1290–1523)." In *Government and Political Life in England and France, c. 1300–c. 1500*, ed. Christopher Fletcher, Jean-Phillippe Genet, and John Watts. Cambridge: Cambridge University Press.

Guenée, Bernard. 1971. *L'occident au XIVe et XVe siècles: Les* états. Paris: PUF.

Guéry, Alain. 1984. "Le roi dépensier: Le don, la contrainte, et l'origine du système financier de la monarchie française d'ancien régime." *Annales. Histoire, Sciences Sociales* 39:1241–69.

———. 2008. "Du don à l'impôt: Libéralité et finances de la monarchie française d'ancien régime." In *La Société vue du Don*, ed. Philippe Chanial, 255–71. Paris: La Découverte.

Guizot, François. 1838. *Histoire de la civilisation en Europe depuis la chute de l'Empire Romain*. Paris: Emile Perrin.

―――. 1861. *History of the Origins of Representative Government in Europe.* London: Henry G. Bohn.

Gunn, J. A. W. 2008. "French Republicans and the Sufrage: The Birth of the Doctrine of False Consciousness." *French History* 22:28–50.

Guo, Jason Qiang. 2019. "The History of Taxation in China." Working paper, New York University.

Gutas, D. 1998. *Greek Thought, Arabic Culture: The Graeco-Arabic Translation Movement in Baghdad and Early Abbasid Society.* New York: Routledge.

Haber, Stephen. 2012a. "Rainfall and Democracy: Climate, Technology, and the Evolution of Economic and Political Institutions." Working paper, Stanford University.

―――. 2012b. "Where Does Democracy Thrive: Climate, Technology, and the Evolution of Economic and Political Institutions." Working paper, Stanford University.

Haggard, Stephan, and Robert R. Kaufman. 2016. "Democ ratization during the Third Wave." *Annual Review of Political Science* 19:125–44.

Hally, David. 1994. "The Chiefdom of Coosa." In *The Forgotten Centuries: Indians and Europeans in the American South, 1521–1704*, ed. Charles Hudson and Carmen Chaves Tesser. Athens: University of Georgia Press.

Halperin, Charles. 2000. "Muscovite Political Institutions in the 14th Century." *Kritika: Explorations in Russian and Eurasian History* 1:237–57.

Hansen, Mogens Herman. 1986. "The Origin of the Term *Demokratia*." *Liverpool Classical Monthly* 11:35–36.

―――. 1987. *The Athenian Assembly in the Age of Demosthenes.* Oxford: Basil Blackwell.

―――. 1991. *The Athenian Democracy in the Age of Demosthenes.* Norman: University of Oklahoma Press.

―――. 2000. *A Comparative Study of Thirty City-State Cultures: An Investigation Conducted by the Copenhagen Polis Centre.* Copenhagen: Det Kongelige Danske Videnskabernes Selskab.

―――. 2006. *Polis: An Introduction to the Ancient Greek City-State.* Oxford: Oxford University Press.

Hansen, Mogens, and Thomas Heine Nielsen. 2004. *An Inventory of Archaic and Classical Poleis.* Oxford: Oxford University Press.

Hao, Yu, and Tianyang Xi. 2019. "Imperial Examination as a Representative Institution." Working paper, Peking University.

Hariri, Jacob Gerner. 2012. "The Autocratic Legacy of Early Statehood." *American Political Science Review* 106:471–94.

Harper, Kyle. 2018. *The Fate of Rome: Climate, Disease, and the End of an Empire*. Princeton: Princeton University Press.

Harriss, G. L. 1963. "The Commons' Petitions of 1340." *English Historical Review* 78:625–54.

Hart, John P. 2001. "Maize, Matrilocality, Migration, and Northern Iroquoian Evolution." *Journal of Archaeological Method and Theory* 8:151–82.

Hartemink, Alfred E., Pavel Krasilnikov, and J. G. Bockheim. 2013. "Soil Maps of the World." *Geoderma* 207–8:256–67.

Hartman, Charles. 2015. "Sung Government and Politics." In *The Cambridge History of China*. Vol. 5: *Sung China, 960–1279 AD*, ed. Denis Twitchett and John W. Chafee, 19–138. Cambridge: Cambridge University Press.

Hartwell, Robert. 1962. "A Revolution in the Chinese Iron and Coal Industries." *Journal of Asian Studies* 21:153–62.

———. 1966. "Markets, Technology, and the Structure of Enterprise in the Development of the Eleventh-Century Chinese Iron and Steel Industry." *Journal of Economic History* 26:29–58.

Harvey, Sally. 1971. "Domesday Book and Its Predecessors." *English Historical Review* 86:753–73.

Heather, Peter. 2009. *Empires and Barbarians: The Fall of Rome and the Birth of Europe*. Oxford: Oxford University Press.

Heidenreich, Conrad. 1978. "Huron." In *Handbook of North American Indians*. Vol. 15: *Northeast*, ed. Bruce Trigger, 418–41. Washington, DC: Smithsonian Institution.

Henshall, Nicholas. 1992. *The Myth of Absolutism*. London: Routledge.

Herndon, Melvin. 1957. "Tobacco in Colonial Virginia: 'The Sovereign Remedy.' " Williamsburg: The Virginia 350th Anniversary Cele bration Corporation.

Herodotus. 2007. *The Histories*. Ed. Robert Strassler. New York: Anchor Books.

Hetherington, Marc. 1998. "The Political Relevance of Political Trust." *American Political Science Review* 92:791–808.

———. 2005. *Why Trust Matters: Declining Political Trust and the Demise of American Liberalism*. Princeton: Princeton University Press.

Hicks, Daniel L. 2013. "War and the Political Zeitgeist: Evidence from the History of Female Sufrage." *European Journal of Political Economy* 31:60–81.

Higham, Charles. 2012. "The Long and Winding Road That Leads to Angkor." *Cambridge Archaeological Journal* 22:265–89.

Hill, Christopher. 1972. *The World Turned Upside Down*. New York: Penguin.

Ho, Ping-ti. 1959. *Studies in the Population of China, 1368–1953*. Cambridge, MA: Harvard University Press.

Hofman, Philip T. 2000. *Growth in a Traditional Society: The French Countryside, 1450–1815*. Princeton: Princeton University Press.

———. 2015. *Why Did Europe Conquer the World?* Princeton: Princeton University Press.

Holden, Alice. 1930. "The Imperative Mandate in the Spanish Cortes of the Middle Ages." *American Political Science Review* 24:886–912.

Holt, J. C. 2015. *Magna Carta*. New York: Cambridge University Press.

Hoppit, Julian. 1996. "Patterns of Parliamentary Legislation, 1660–1800." *Historical Journal* 39:109–31.

House of Commons Library. 2013. "The History of the Parliamentary Franchise." Research Paper 13–14.

Howell, William. 2003. *Power without Persuasion: The Politics of Direct Presidential Action*. Princeton: Princeton University Press.

Howell, William, and Terry Moe. 2016. *Relic: How Our Constitution Undermines Effective Government*. New York: Basic Books.

Hsia, R. Po-chia. 2010. *A Jesuit in the Forbidden City: Matteo Ricci, 1552–1610*. Oxford: Oxford University Press.

Huang, Ray. 1974. *Taxation and Governmental Finance in Sixteenth-Century Ming China*. Cambridge: Cambridge University Press.

———. 1998. "The Ming Fiscal Administration." In *The Cambridge History of China*. Vol. 8: *The Ming Dynasty*, ed. Denis C. Twitchett and Frederick W. Mote, 106–71. Cambridge: Cambridge University Press.

Hui, Victoria Tin-bor. 2005. *War and State Formation in Ancient China and Early Modern Europe*. Cambridge: Cambridge University Press.

Huning, Thilo, and Fabian Wahl. 2016. "You Reap What You Know: Observability of Soil Quality, and Political Fragmentation." Working Paper No. 101, European Historical Economics Society.

Huntington, Samuel. 1966. "Political Modernization: America vs. Europe." *World*

Politics 18:378–414.

———. 1968. *Political Order in Changing Societies*. New Haven: Yale University Press.

———. 1991a. *The Third Wave: Democratization in the Late Twentieth Century*. Norman: University of Oklahoma Press.

———. 1991b. "Democracy's Third Wave." *Journal of Democracy* 2:12–34.

Hurstfield, Joel. 1967. "Was There a Tudor Despotism After All?" *Transactions of the Royal Historical Society* 17:83–108.

Hymes, Robert. 2015. "Sung Society and Social Change." In *The Cambridge History of China*. Vol. 5, part 2: *Sung China, 960–1279*, ed. John Chafee and Denis Twitchett, 526–664. Cambridge: Cambridge University Press.

Isakhan, Benjamin, and David Stockwell. 2011. *The Secret History of Democracy*. London: Palgrave Macmillan.

Isbell, William. 2010. *Mummies and Mortuary Monuments: A Postpro cessual Prehistory of Central Andean Social Organization*. Austin: University of Texas Press.

Ismard, Paulin. 2017. *Democracy's Slaves: A Political History of Ancient Greece*. Cambridge, MA: Harvard University Press.

Israel, Jonathan. 2017. *The Expanding Blaze: How the American Revolution Ignited the World, 1775–1848*. Princeton: Princeton University Press.

Jacobsen, Thorkild. 1943. "Primitive Democracy in Ancient Mesopotamia." *Journal of Near Eastern Studies* 2:159–72.

Jaimoukha, Amjad. 2001. *The Circassians: A Handbook*. New York: Palgrave.

James I, King of England. 1604. *A Counterblaste to Tobacco*. London: R. Barker.

Jia, Xin, Guanghui Dong, Hu Li, Katherine Brunson, FaHu Chen, Minmin Ma, Hui Wang, Chengbang An, and Keren Zhang. 2012. "The Development of Agriculture and Its Impact on Cultural Expansion during the Late Neolithic in the Western Loess Plateau, China." *The Holocene* 23:85–92.

John, Richard. 1995. *Spreading the News: The American Postal System from Franklin to Morse*. Cambridge, MA: Harvard University Press.

Johnson, David. 1977. *The Medieval Chinese Oligarchy*. Boulder, CO: Westview Press.

Johnson, Kimberley. 2010. *Reforming Jim Crow: Southern Politics and the State in the Age before Brown*. Oxford: Oxford University Press.

Johnson, Noel D., and Mark Koyama. 2014. "Tax Farming and the Origins of State

Capacity in England and France." *Explorations in Economic History* 51:1–20.

Jones, A. H. M. 1964. *The Later Roman Empire*. Oxford: Basil Blackwell.

Jones, Eric. 1981. *The European Miracle*. Cambridge: Cambridge University Press.

Jones, Susan Mann, and Philip A. Kuhn. 1978. "Dynastic Decline and the Roots of Rebellion." In *The Cambridge History of China*. Vol. 10: *Late Ch'ing, 1800–1911*, ed. John K. Fairbank, 107–62. Cambridge: Cambridge University Press.

Jordan, David W. 1987. *Foundations of Representative Government in Mary land, 1632–1715*. Cambridge: Cambridge University Press.

Jorgensen, Joseph. 1980. *Western Indians: Comparative Environments, Languages, and Cultures of 172 Western American Indian Tribes*. San Francisco: W. H. Freeman and Company.

Kaldellis, Anthony. 2015. *The Byzantine Republic: People and Power in the New Rome*. Cambridge, MA: Harvard University Press.

Kammen, Michael. 1969. *Deputyes & Libertyes*. New York: Alfred A. Knopf.

Kantorowicz, Ernst H. 1957. *The King's Two Bodies: A Study in Mediaeval Political Theology*. Princeton: Princeton University Press.

Karaman, K. Kivanç, and Şevket Pamuk. 2013. "Diferent Paths to the Modern State in Europe: The Interaction between Warfare, Economic Structure, and Political Regime." *American Political Science Review* 107:603–26.

Kay, Richard. 2002. *The Council of Bourges, 1225: A Documentary History*. Aldershot: Ashgate.

Keep, J. L. H. 1970. "Russia, 1613–45." In *The New Cambridge Modern History*. Vol. 4: *The Decline of Spain and the Thirty Years War, 1609–48/49*, ed. J. P. Cooper, 602–19. Cambridge: Cambridge University Press.

Keightley, David. 1983. *The Origins of Chinese Civilization*. Berkeley: University of California Press.

———. 1999. "The Shang: China's First Historical Dynasty." In *Cambridge History of Ancient China*, ed. Michael Lowe. Cambridge: Cambridge University Press.

———. 2000. *The Ancestral Landscape: Time, Space, and Community in Later Shang China (Ca. 1200–1045 B.C.)*. Berkeley: Institute of East Asian Studies, University of California–Berkeley.

Kennedy, Hugh. 1986. *The Prophet and the Age of the Caliphates*. Edinburgh: Pearson.

———. 1996. *Muslim Spain and Portugal: A Political History of al-Andalus*. London: Longman.

———. 2001. *The Armies of the Caliphs: Military and Society in the Early Islamic State*. London: Routledge.

———. 2004. *When Baghdad Ruled the Muslim World: The Rise and Fall of Islam's Greatest Dynasty*. Cambridge: Da Capo Press.

———. 2004. "The Decline and Fall of the First Muslim Empire." *Der Islam* 81:3–30.

———. 2015. "The Middle East in Islamic Late Antiquity." In *Fiscal Regimes and the Political Economy of Premodern States*, ed. Andrew Monson and Walter Scheidel. Cambridge: Cambridge University Press.

———. 2016. *Caliphate: The History of an Idea*. New York: Basic Books.

Keyssar, Alexander. 2000. *The Right to Vote: The Contested History of Democracy in the United States*. New York: Basic Books.

Kielbowicz, Richard. 1989. *News in the Mail: The Press, Post Office, and Public Information, 1700–1860s*. New York: Greenwood Press.

King, P. D. 1972. *Law and Society in the Visigothic Kingdom*. Cambridge: Cambridge University Press.

Kiser, Edgar, and Steven Karceski. 2017. "Political Economy of Taxation." *Annual Review of Political Science* 20:75–92.

Klarman, Michael J. 2016. *The Framers' Coup: The Making of the United States Constitution*. Oxford: Oxford University Press.

Kleber, Kristin. 2017. "Administration in Babylonia." In *Administration in the Achaemenid Empire: Tracing the Imperial Signature*, ed. Bruno Jacob, Wouter Henkelman, and Matthew Stolper. Wiesbaden: Harrassowitz Verlag.

Klinck, Anne L. 1982. "Anglo-Saxon Women and the Law." *Journal of Medieval History* 8:107–21.

Klinkner, Philip, with Rogers Smith. 1999. *The Unsteady March: The Rise and Decline of Racial Equality in America*. Chicago: University of Chicago Press.

Knight, Vernon, and Vincas Steponaitis. 2007. "A New History of Moundville." In *Archaeology of the Moundville Chiefdom*, ed. Vernon Knight, Vincas Steponaitis, Lauren Michals, Paul Welch, Margaret Schoeninger, and Mary Lucas Powell. Tuscaloosa: University of Alabama Press.

Knights, Mark. 2005. *Representation and Misrepresentation in Later Stuart Britain*. Oxford: Oxford University Press.

Ko, Chiu Yu, Mark Koyama, and Tuan-Hwee Sng. 2018. "Unified China and Divided Europe." *International Economic Review* 59:285–327.

Koenigsberger, H. G. 1992. "Review of José Ignacio Fortea Pérez, Monarquía y cortes en la Corona de Castilla: Las ciudades ante la politica fiscal de Felipe II." *European History Quarterly* 22:639–41.

Kohler, Timothy, and Michael Smith, eds. 2018. *Ten Thousand Years of Inequality: The Archaeology of Wealth Differences*. Tucson: University of Arizona Press.

Kohler, T. A., M. E. Smith, A. Bogaard, G. M. Feinman, C. E. Peterson, A. Betzenhauser, M. Pailes, E. C. Stone, A. Marie Prentiss, T. J. Dennehy, L. J. Ellyson, L. M. Nicholas, R. K. Faulseit, A. Styring, J. Whitlam, M. Fochesato, T. A. Foor, and S. Bowles. 2017. "Greater Post-Neolithic Wealth Disparities in Eurasia than in North America and Mesoamerica." *Nature* 551:619–22.

Kokkonen, Andrej, and Anders Sundell. 2014. "Delivering Stability— Primogeniture and Autocratic Survival in European Monarchies, 1000–1800." *American Political Science Review* 108:438–53.

Kosto, Adam. 2003. "Reasons for Assembly in Catalonia and Aragon, 900–1200." In *Political Assemblies in the Earlier Middle Ages*, ed. P. S. Barnwell and Marco Mostert. Turnhout: Brepols.

Kramnick, Isaac. 1968. *Bolingbroke and His Circle*. Cambridge, MA: Harvard University Press.

Krause, Victor. 1890. "Geschichte Des Institutes Der Missi Dominici." *Mitteilungen des Instituts für* Österreichische Geschichtsforschung 11, issue JG:193–300.

Krebs, Christopher. 2011. *A Most Dangerous Book: Tacitus's Germania from the Roman Empire to the Third Reich*. New York: W. W. Norton.

Krupenikov, I. A. 1992. *History of Soil Science from Its Inception to the Present*. New Delhi: Amerind Publishing.

Kuhn, Dieter. 2009. *The Age of Confucian Rule: The Song Transformation of China*. Cambridge, MA: Harvard University Press.

Kuhn, Philip A. 1978. "The Taiping Rebellion." In *The Cambridge History of China*. Vol. 10: *Late Ch'ing 1800–1911*, ed. John K. Fairbank, 264–317. Cambridge: Cambridge University Press.

Kulikowski, Michael. 2012. "The Western Kingdoms." In *The Oxford Handbook of Late Antiquity*, ed. Scott Fitzgerald Johnson. Oxford: Oxford University Press.

Kupperman, Karen. 1979. "Apathy and Death in Early Jamestown." *Journal of American History* 66:24–40.

Kuran, Timur. 2005. "The Absence of the Corporation in Islamic Law: Origins and

Persistence." *American Journal of Comparative Law* 53:785–834.

———. 2011. *The Long Divergence: How Islamic Law Held Back the Middle East.* Princeton: Princeton University Press.

———. 2013. "Religious Obstacles to Democ ratization in the Middle East: Past and Present." In *Annual Proceedings of the Wealth and Well-Being of Nations*, ed. Joshua Hall. Beloit, WI: Beloit College Press.

———. 2016. " Legal Roots of Authoritarian Rule in the Middle East: Civic Legacies of the Is-lamic Waqf." *American Journal of Comparative Law* 64:419–54.

———. 2018. "Islam and Economic Per for mance: Historical and Con temporary Links." *Journal of Economic Lit er a ture* 56:1292–1359.

Labrocherie, P. 1948. "Le paysan de 1848." In *L'esprit de 1848*, ed. Emmanuel Beau de Loménie. Mul house: Bader-Dufour.

Lambert, Tom. 2017. *Law and Order in Anglo-Saxon England.* Oxford: Oxford University Press.

Lancaster, William, and Fidelity Lancaster. 2004. "Concepts of Leadership in Bedouin Society." In *The Byzantine and Early Islamic Near East: Elites Old and New in the Byzantine and Early Islamic Near East*, ed. John Haldon and Lawrence Conrad. Princeton: Darwin Press.

Lane, Melissa. 2014. *The Birth of Politics: Eight Greek and Roman Political Ideas and Why They Matter.* Princeton: Princeton University Press.

Larson, T. A. 1965. " Woman Suffrage in Wyoming." *Pacific Northwest Quarterly* 56:57–66.

Lauwers, Michel. 2012. "Pour une histoire de la dîme et du dominium écclésial." In *La dîme L'Eglise et la société féodale*, ed. Michel Lauwers. Turnhout: Brepols.

Lawson, M. K. 1984. "The Collection of Danegeld and Heregeld in the Reigns of Aethelred II and Cnut." *English Historical Review* 99:721–38.

Le Page du Pratz, Antoine Simon. 1774. *The History of Louisiana or of the Western Parts of Virginia and Carolina: Containing a Description of the Countries That Lie on Both Sides of the River Mississippi.* London: T. Becket.

Lecker, Michael. 2004. *The "Constitution" of Medina: Muhammad's First Legal Document.* Princeton: Darwin Press.

Lee, Gyoung-Ah, Gary W. Crawford, Li Liu, and Xingcan Chen. 2007. "Plants and People from the Early Neolithic to Shang Periods in North China." *Proceedings of the National Acad emy of Sciences* 104:1087–92.

Legesse, Asmarom. 2000. *Oromo Democracy.* Trenton, NJ: Red Sea Press.

Legge, James, trans. 2016. *Book of Documents*. Create Space In de pen dent Publishing Platform.

Leslie, Stephen, Bruce Winney, Garrett Hellenthal, Dan Davison, Abdelhamid Boumertit, Tammy Day, Katarzyna Hutnik, Ellen C. Royrvik, Barry Cunlife, Consortium Wellcome Trust Case Control, Consortium International Multiple Sclerosis Ge ne tics, Daniel J. Lawson, Daniel Falush, Colin Freeman, Matti Pirinen, Simon Myers, Mark Robinson, Peter Donnelly, and Walter Bodmer. 2015. "The Fine-Scale Ge ne tic Structure of the British Population." *Nature* 519:309–14.

Levasseur, Emile. 1893. "Les prix: Aperçu de l'histoire économique de la valeur et du revenue de la terre en France du commencement du XIIIe siècle à la fin du XVIIIe." *Journal de la société statistique de Paris* 34:383–403.

Levi, Margaret. 1988. *Of Rule and Revenue*. Cambridge: Cambridge University Press.

———. 1997. *Consent, Dissent, and Patriotism*. Cambridge: Cambridge University Press.

Levin, Michael. 1992. *The Spectre of Democracy: The Rise of Modern Democracy as Seen by Its Critics*. New York: New York University Press.

Levin, Yuval. 2016. *The Fractured Republic: Renewing America's Social Contract in the Age of Individualism*. New York: Basic Books.

Levitsky, Steven, and Lucan Way. 2002. "The Rise of Competitive Authoritarianism." *Journal of Democracy* 13:51–66.

———. 2015. "The Myth of Democratic Recession." *Journal of Democracy* 26:45–58.

Levitsky, Steven, and Daniel Ziblatt. 2018. *How Democracies Die*. New York: Crown Books.

Lewis, Mark Edward. 1990. *Sanctioned Violence in Early China*. Albany: State University of New York Press.

———. 1999a. *Writing and Authority in Early China*. Albany: State University of New York Press.

———. 1999b. "Warring States Political History." In *Cambridge History of Ancient China*, ed. Michael Loewe, 587–650. Cambridge: Cambridge University Press.

———. 2000. "The City-State in Spring-and-Autumn China." In *A Comparative Study of the Thirty City-State Cultures: An Investigation*, ed. Mogens Herman Hansen, 259–373. Copenhagen: Royal Danish Acad emy of Sciences and

Letters.

———. 2000. "The Han Abolition of Universal Military Ser vice." In *Warfare in Chinese History*, ed. Hans Van de Ven. Leiden: Brill.

———. 2006. *The Construction of Space in Early China*. Albany: State University of New York Press.

———. 2007. *The Early Chinese Empires: Qin and Han*. Cambridge, MA: Harvard University Press.

———. 2009a. *China's Cosmopolitan Empire: The Tang Dynasty*. Cambridge, MA: Harvard University Press.

———. 2009b. *China between Empires: The Northern and Southern Dynasties*. Cambridge, MA: Harvard University Press.

Liebeschuetz, Wolf. 2015. *East and West in Late Antiquity*. Leiden: Brill.

Lilburne, John, William Walwyn, Thomas Prince, and Richard Overton. 1649. "An Agreement of the Free People of England." London: Gyles Calvert.

Lin, Chao. 1982. *The Socio-Political Systems of the Shang Dynasty*. Taipei: Institute of the Three Princi ples of the People, Academia Sinica.

Lin, Justin. 1995. "The Needham Puzzle: Why the Industrial Revolution Did Not Originate in China." *Economic Development and Cultural Change* 43:269–92.

Lindsey, Brink, and Steven Teles. 2017. *The Captured Economy: How the Power ful Enrich Themselves, Slow Down Growth, and Increase In equality*. New York: Oxford University Press.

Lippert, Julius. 1931. *The Evolution of Culture*. New York: George Allen & Unwin.

Lipset, Seymour Martin. 1959. "Some Social Requisites of Democracy: Economic Development and Political Legitimacy." *American Political Science Review* 53:69–105.

Liu, B., N. Wang, M. Chen, X. Wu, D. Mo, J. Liu, S. Xu, and Y. Zhuang. 2017. "Earliest Hydraulic Enterprise in China, 5,100 Years Ago." *Proceedings of the National Academy of the Sciences* 114:13637–642.

Liu, William Guianglin. 2015. *The Chinese Market Economy, 1000–1500*. Albany: State University of New York Press.

Lokkegaard, Frede. 1950. *Islamic Taxation in the Classical Period: With Special Reference to Circumstances in Iraq*. Copenhagen: Branner & Korch.

London, Jennifer. 2011. "The 'Circle of Justice.' " *History of Political Thought* 32:425–47.

Lopez, Robert S. 1976. *The Commercial Revolution of the Middle Ages, 950–1350*.

New York: Cambridge University Press.

Lousse, Emile. 1937. "La formation des ordres dans la société médiévale." In *L'organisation corporative du moyen age a la fin de l'ancien regime*, 61–90. Louvain: Bibliothèque de l'Université.

Lowie, Robert. 1927. *The Origin of the State*. New York: Harcourt, Brace and Company.

———. 1954. *Indians of the Plains*. New York: McGraw-Hill.

Loyn, Henry. 1984. *The Governance of Anglo-Saxon England, 500–1087*. Stanford: Stanford University Press.

———. 1992. "The Hundred in England in the Tenth and Eleventh Centuries." In *British Government and Administration: Studies Presented to S. B. Chrimes*, ed. H. Hearder and H. R. Loyn. Cardif: University of Wales Press.

Lugard, Frederick. 1922. *The Dual Mandate in British Tropical Africa*. London: W. Blackwood and Sons.

Lukonin, V. G. 1983. "Political, Social and Administrative Institutions, Taxes and Trade." In *The Cambridge History of Iran: Seleucid Parthian: Volume 3: The Seleucid, Parthian and Sasanid Periods*, ed. E. Yarshater, 681–746. Cambridge: Cambridge University Press.

Lust, Ellen, and David Waldner. 2015. "Unwelcome Change: Understanding, Evaluating, and Extending Theories of Democratic Backsliding." Working paper, Yale University.

Ma, Debin. 2012. "Political Institutions and Long-Run Economic Trajectory: Some Lessons from Two Millennia of Chinese Civilization." In *Institutions and Comparative Economic Development*, ed. M. Aoki, T. Kuran, and G. Roland, 78–98. London: Macmillan.

Ma, Debin, and Jared Rubin. 2017. "The Paradox of Power: Understanding Fiscal Capacity in Imperial China and Absolutist Regimes." London School of Economics.

Ma, Laurence J. C. 1971. "Commercial Development and Urban Change in Sung China (960–1279)." In *Secondary Commercial Development and Urban Change in Sung China (960–1279)*, ed. Laurence Ma. Ann Arbor: Department of Geography.

MacNutt, Francis. 1908. *Fernando Cortes: His Five Letters of Relation to the Emperor Charles V*. Cleveland: Arthur Clark Company.

Maddicott, J. R. 2009. "Origins and Beginnings to 1215." In *A Short History of*

Parliament, ed. Clyve Jones. Woodbridge: Boydell Press.

———. 2010. *The Origins of the English Parliament, 924–1327*. New York: Oxford University Press.

Maddison, Angus. 1971. *Class Structure and Economic Growth: India & Pakistan since the Moghuls*. London: Taylor and Francis.

Madison, James. (1791) 1962. "Public Opinion." In *The Papers of James Madison*, ed. William Hutchinson. Charlottesville: University of Virginia Press.

Maekawa, Kazuya. 1974. "Agricultural Production in Ancient Sumer: Chiefly from Lagash Materials." Research Institute for Humanistic Studies, Kyoto University.

Magaloni, Beatriz, Alberto Díaz-Cayeros, and Alexander Ruiz Euler. Forthcoming. "Public Good Provision and Traditional Governance in Indigenous Communities in Oaxaca, Mexico." *Comparative Political Studies*.

Maitland, Frederic. 1907. *Domesday Book and Beyond*. Cambridge: Cambridge University Press.

Maloy, Jason. 2008. *The Colonial Origins of Modern Democratic Thought*. New York: Cambridge University Press.

———. 2011. "The First Machiavellian Moment in America." *American Journal of Political Science* 55:450–62.

Mamdani, Mahmood. 1996. *Citizen and Subject: Contemporary African and the Legacy of Late Colonialism*. Princeton: Princeton University Press.

Man, Yunlong. 1994. "English Colonization and the Formation of Anglo-American Polities, 1606–1664." PhD diss., Johns Hopkins University.

Manin, Bernard. 1997. *The Principles of Representative Government*. Cambridge: Cambridge University Press.

Mann, Charles. 2011. *1491: New Revelations of the Americas before Columbus*. New York: Vintage.

Mann, Michael. 1986. *The Sources of Social Power: A History from the Beginning to A.D. 1760*. Cambridge: Cambridge University Press.

Mansbridge, Jayne. 1980. *Beyond Adversary Democracy*. Chicago: University of Chicago Press.

Marongiu, Antonio. 1968. *Medieval Parliaments: A Comparative Study*. London: Eyre and Spottiswoode.

———. 1975. "The Theory of Democracy and Consent in the Fourteenth Century." In *Lordship and Community in Medieval Europe*, ed. Frederic L. Cheyette. Malabar, FL: Krieger Publishing Company.

Marsham, Andrew. 2009. *Rituals of Islamic Monarchy: Accession and Succession in the First Muslim Empire*. Edinburgh: Edinburgh University Press.

Marx, Karl. 1974. *The Ethnological Notebooks of Karl Marx*. Amsterdam: Internationaal, Instituut Voor Sociale Geschiedenis.

Mattingly, Daniel. 2018. "A Culture against Capitalism? How a Meritocratic Bureaucracy Stifled Long-Run Growth in China." Working paper, Yale University.

Mayor, Adrienne. 2014. *The Amazons: Lives and Legends of Warrior Women across the Ancient World*. Princeton: Princeton University Press.

Mayshar, Joram, Omer Moav, and Zvika Neeman. 2017. "Geography, Transparency, and Institutions." *American Political Science Review* 111:622–36.

Mayshar, Joram, Omer Moav, Zvika Neeman, and Luigi Pascali. 2017. "Cereals, Appropriability, and Hierarchy." Working paper, Warwick University.

Mazoyer, Marcel, and Laurence Roudart. 2006. *A History of World Agriculture from the Neolithic to the Current Crisis*. New York: Monthly Review Press.

McCaskie, T. C. 1995. *State and Society in Pre-Colonial Asante*. Cambridge: Cambridge University Press.

McCloskey, Deirdre. 2016. *Bourgeois Equality: How Ideas, Not Capital or Institutions, Enriched the World*. Chicago: University of Chicago Press.

McColley, Robert. 1986. "Slavery in Virginia, 1619–1660." In *Essays in Honor of Kenneth M. Stamp*, ed. Robert Abzug and Steven Maizlish. Lexington: University Press of Kentucky.

McCormick, John. 2011. *Machiavellian Democracy*. Cambridge: Cambridge University Press.

McEvedy, Colin, and Richard Jones. 1978. *Atlas of World Population History*. New York: Penguin.

McKinley, Albert Edward. 1905. *The Suffrage Franchise in the Thirteen English Colonies in America*. Philadelphia: Ginn and Co.

McKitterick, Rosamond. 1983. *The Frankish Kingdoms under the Carolingians, 751–987*. Harlow, UK: Longman.

Menaldo, Victor. 2016. *The Institutions Curse: Natural Resources, Politics, and Development*. Cambridge: Cambridge University Press.

Menard, Russell R. 1977. "From Servants to Slaves: The Transformation of the Chesapeake Labor System." *Southern Studies* 16:355–90.

———. 1980. "The Tobacco Industry in the Chesapeake Colonies, 1617–1730: An

Interpretation." *Research in Economic History* 5:110–16.

Mickisack, M. 1932. *The Parliamentary Representation of the English Boroughs during the Middle Ages*. Oxford: Oxford University Press.

Milanovic, Branko, Peter Lindert, and Jefrey Williamson. 2011. "Pre-Industrial Inequality." *Economic Journal* 121:255–72.

Miller, R. L. 1991. "Counting Calories in Egyptian Ration Texts." *Journal of the Economic and Social History of the Orient* 34:257–69.

Milner, George R., and George Chaplin. 2010. "Eastern North American Population at Ca. A.D. 1500." *American Antiquity* 75:707–26.

Milwright, Marcus. 2010. "Archaeology and Material Culture." In *The New Cambridge History of Islam*. Vol. 1: *The Formation of the Islamic World, Sixth to Eleventh Centuries*, ed. Chase Robinson. Cambridge: Cambridge University Press.

Mokyr, Joel. 1990. *The Lever of Riches: Technological Creativity and Economic Progress*. New York: Oxford University Press.

———. 2000. "The Industrial Revolution and the Netherlands: Why Did It Not Happen?" *De Economist* 148:503–20.

———. 2009. "Intellectual Property Rights, the Industrial Revolution, and the Beginnings of Modern Economic Growth." *American Economic Review: Papers & Proceedings* 99:349–55.

———. 2014. "Culture, Institutions, and Modern Growth." In *Institutions, Property Rights, and Economic Growth: The Legacy of Douglass North*, ed. Sebastian Galiani and Itai Sened Galiani, 151–91. Cambridge: Cambridge University Press.

———. 2017. *A Culture of Growth: The Origins of the Modern Economy*. Princeton: Princeton University Press.

Møller, Jørgen. 2014. "Why Europe Avoided Hegemony: A Historical Perspective on the Balance of Power." *International Studies Quarterly* 48:660–70.

———. 2015. "The Medieval Roots of Democracy." *Journal of Democracy* 26:110–26.

———. 2017a. *State Formation, Regime Change, and Economic Development*. New York: Routledge.

———. 2017b. "The Birth of Representative Institutions: The Case of the Crown of Aragon." *Social Science History* 41:175–200.

———. 2018. "The Ecclesiastical Roots of Representation and Consent." *Perspectives on Politics* 16:1075–84.

Molyneaux, George. 2015. *The Formation of the English Kingdom in the Tenth Century*. Oxford: Oxford University Press.

Monahan, Arthur P. 1987. *Consent, Coercion, and Limit: The Medieval Origins of Parliamentary Democracy*. Kingston: McGill-Queen's University Press.

Monson, Andrew, and Walter Scheidel. 2015. *Fiscal Regimes and the Political Economy of Premodern States*. Cambridge: Cambridge University Press.

Moore, Barrington. 1966. *Social Origins of Dictatorship and Democracy: Lord and Peasant in the Making of the Modern World*. Boston: Beacon Press.

Moosvi, Shireen. 2015. *The Economy of the Mughal Empire c. 1595: A Statistical Study*. New Delhi: Oxford University Press.

Moreno, Eduardo Manzano. 2010. "The Iberian Peninsula and North Africa." In *The New Cambridge History of Islam*. Vol. 1: *The Formation of the Islamic World, Sixth to Eleventh Centuries*, ed. Chase Robinson. Cambridge: Cambridge University Press.

Morgan, Edmund. 1975. *American Slavery, American Freedom*. New York: Norton.

Morgan, Lewis Henry. 1851. *League of the Iroquois*. Rochester: Sage and Brother.

———. (1877) 1985. *Ancient Society*. Tucson: University of Arizona Press.

Morony, Michael. 1984. *Iraq after the Muslim Conquest*. Princeton: Princeton University Press.

Muhlberger, Steven. 2008. "Democracy in Ancient India." Working paper, Nipissing University.

Muhlberger, Steven, and Phil Paine. 1993. "Democracy's Place in World History." *Journal of World History* 14:23–45.

Muller, Jon. 1997. *Mississippian Political Economy*. New York: Plenum Publishing.

Murdock, George Peter. 1949. *Social Structure*. New York: Macmillan.

———. 1967. *Ethnographic Atlas*. Pittsburgh: University of Pittsburgh Press.

Murdock, George Peter, and Caterina Provost. 1971. "Measurement of Cultural Complexity." *Ethnology* 12:379–92.

Murdock, George Peter, and Douglas R. White. 1969. "Standard Cross-Cultural Sample." *Ethnology* 8:329–69.

Murdock, George Peter, and Suzanne F. Wilson. 1972. "Settlement Patterns and Community Organization: Cross-Cultural Codes 3." *Ethnology* 11:254–95.

Murray, Alexander Callander. 1988. "From Roman to Frankish Gaul: 'Centenarii' and 'Centenae' in the Administration of the Merovingian Kingdom." *Traditio* 44:59–100.

Myerson, Roger B. 2008. "The Autocrat's Credibility Prob lem and Foundations of the Constitutional State." *American Political Science Review* 102:125–39.

Naismith, Rory, and David Woodman. 2018. Introduction to *Writing, Kingship, and Power in Anglo-Saxon England*, ed. Rory Naismith and David Woodman. Cambridge: Cambridge University Press.

Nancy, Bermeo. 2016. "On Democratic Backsliding." Working paper, Oxford University.

Nathan, Andrew J. 1983. "A Constitutional Republic: The Peking Government, 1916–28." In *The Cambridge History of China*. Vol. 12: *Republican China, 1912–1949*, ed. John K. Fairbank, 256–83. Cambridge: Cambridge University Press.

Neblo, Michael, Kevin Esterling, and David Lazer. 2018. *Politics with the People: Building a Directly Representative Democracy*. Cambridge: Cambridge University Press.

Needham, Joseph. 1946. "On Science and Social Change." *Science and Society* 10:225–51.

———. 1969. *The Grand Titration: Science and Society in East and West*. London: Routledge.

Needham, Joseph, and Francesca Bray. 1984. *Science and Civilisation in China: Biology and Biological Technology*. Cambridge: Cambridge University Press.

Needham, Joseph, and Gwe-Djen Lu. 1981. "Chinese Geo-Botany in Statu Nascendi." *Journal d'agriculture traditionnelle et botanique appliquée* 28:199–230.

Needham, Joseph, and Wang Ling. 1965. *Science and Civilisation in China*. Vol. 4: *Physics and Physical Technology: Part II: Mechanical Engineering*. Cambridge: Cambridge University Press.

Neugebauer, Otto. 1945. *Mathematical Cuneiform Texts*. New Haven: American Oriental Society.

Neustadt, Richard. 1960. *Presidential Power and the Modern Presidents*. New York: Free Press.

Nichols, Deborah L. 2015. "Intensive Agriculture and Early Complex Societies of the Basin of Mexico: The Formative Period." *Ancient Mesoamerica* 26:407–21.

Nicolet, Claude. 2003. *La fabrique d'une nation: La France entre Rome et les Germains*. Paris: Perrin.

Nikolova, Elena. 2017. "Destined for Democracy? Labour Markets and Political Change in Colonial British America." *British Journal of Political Science*

47:19–45.

Nikolova, Elena, and Milena Nikolova. 2017. "Sufrage, Labour Markets and Coalitions in Colonial Virginia." *European Journal of Political Economy* 49:108–22.

Nissen, Hans. 1986. "The Archaic Texts from Uruk." *World Archaeology* 17:317–34.

Norris, Pippa. 2017. "Is Western Democracy Backsliding? Diagnosing the Risks." Working paper, Harvard University.

North, Douglass C. 1981. *Structure and Change in Economic History*. New York: Norton.

———. 1995. "The Paradox of the West." In *The Origins of Modern Freedom*, ed. Ralph Davis. Stanford: Stanford University Press.

North, Douglass C., and Robert Paul Thomas. 1973. *The Rise of the Western World: A New Economic History*. Cambridge: Cambridge University Press.

North, Douglass, John Wallis, and Barry Weingast. 2009. *Vio lence and Social Orders*. Cambridge: Cambridge University Press.

North, Douglass, and Barry Weingast. 1989. "Constitutions and Commitment: The Evolution of Institutions Governing Public Choice in Seventeenth-Century England." *Journal of Economic History* 49:803–32.

Ober, Josiah. 1989. *Mass and Elite in Democratic Athens*. Princeton: Princeton University Press.

———. 2003. "Conditions for Athenian Democracy." In *The Making and Unmaking of Democracy: Lessons from History and World Politics*, ed. Theodore Rabb and Ezra Suleiman. New York: Routledge.

———. 2008. "The Original Meaning of 'Democracy': Capacity to Do Things, Not Majority Rule." *Constellations* 15:3–9.

———. 2015. *The Rise and Fall of Classical Greece*. Princeton: Princeton University Press.

O'Brien, Patrick, and Philip Hunt. 1993. "The Rise of a Fiscal State in England, 1485–1815." *Historical Research* 66:129–76.

O'Donnell, James J. 2019. *The War for Gaul: A New Translation*. Princeton: Princeton University Press.

Olivier, N. J. J. 1969. "Governmental Institutions of the Bantu Peoples." In *Gouvernés et gouvernants: Première partie: Synthèse générale, civilisations archaiques, Islamiques et Orientales*, ed. John Gilissen. Bruxelles: Editions de la Librairie Encyclopédique.

Olsson, Ola. 2009. "On the Democratic Legacy of Colonialism." *Journal of Comparative Economics* 37:534–51.

Olsson, Ola, and Christopher Paik. 2016. "A Western Reversal since the Neolithic? The Long-Run Impact of Early Agriculture." Working paper, New York University Abu Dhabi.

Onorato, Massimilliano, Kenneth Scheve, and David Stasavage. 2014. "Technology and the Era of the Mass Army." *Journal of Economic History* 74:449–81.

Ormrod, W. M. 1997. "Urban Communities and Royal Finance in England during the Later Middle Ages." In *Actes: Colloqui corona, municipi i fiscalitat a la baixa edat mitjana*, ed. M. Sanchez and A Furió, 45–60. Lleida: Institut d'Estudios Ilerdencs.

Ostrogorski, M. 1891. " Woman Sufrage in Local Self-Government." *Political Science Quarterly* 6:677–710.

Ostrogorsky, George. 1969. *History of the Byzantine State*. New Brunswick, NJ: Rutgers University Press.

Ostrom, Elinor. 1990. *Governing the Commons*. Cambridge: Cambridge University Press.

Ostrom, Elinor, and Roy Gardner. 1993. "Coping with Asymmetries in the Commons: Self-Governing Irrigation Systems Can Work." *Journal of Economic Perspectives* 7:93–112.

Ostrowski, Donald. 1990. "The Mongol Origins of Muscovite Political Institutions." *Slavic Review* 49:525–42.

———. 2002. *Muscovy and the Mongols: Cross-Cultural Influences on the Steppe Frontier, 1304–1589*. Cambridge: Cambridge University Press.

Painter, Nell Irwin. 2010. *The History of White People*. New York: W. W. Norton.

Palmer, R. R. 1959. *The Age of the Democratic Revolution*. Princeton: Princeton University Press.

Pamuk, Sevket. 2018. *Uneven Centuries: Economic Development of Turkey since 1820*. Princeton: Princeton University Press.

Pamuk, Sevket, and Maya Shatzmiller. 2014. "Plagues, Wages, and Economic Change in the Islamic Middle East, 700–1500." *Journal of Economic History* 74:196–229.

Pankenier, David. 1995. "The Cosmopolitical Background of Heaven's Mandate." *Early China* 20:121–76.

Pauketat, Timothy. 2004. *Ancient Cahokia and the Mississippians*. Cambridge:

Cambridge University Press.

Pauketat, Timothy, and Thomas Emerson. 1997. *Cahokia: Domination and Ideology in the Mississippian World.* Lincoln: University of Nebraska Press.

Pawson, Eric. 1977. *Transport and Economy: The Turnpike Roads of Eigh teenth Century Britain.* New York: Academic Press.

Payling, S. J. 1999. "County Parliamentary Elections in Fifteenth-Century England." *Parliamentary History* 18:237–59.

———. 2009. "The House of Commons, 1307–1529." In *A Short History of Parliament,* ed. Clyve Jones. Woodbridge: Boydell Press.

Perry, Elizabeth. 2015. "The Populist Dream of Chinese Democracy." *Journal of Asian Studies* 74:903–15.

Perry, Elizabeth, and Ellen V. Fuller. 1991. "China's Long March to Democracy." *World Policy Journal* 8:663–85.

Perry, Richard, and John C. Cooper. 1959. *Sources of Our Liberties: Documentary Origins of Individual Liberties in the United States Constitution and Bill of Rights.* Chicago: American Bar Foundation.

Petit-Dutaillis, Charles. 1978. *The French Commune in the Middle Ages.* Amsterdam: North-Holland.

Philippon, Thomas. 2019. *The Great Reversal: How America Gave Up on Free Markets.* Cambridge, MA: Harvard University Press.

Piketty, Thomas. 2001. *Les hauts revenus en France au XXe siècle.* Paris: Grasset.

———. 2014. *Capital in the Twenty-First Century.* Cambridge, MA: Harvard University Press.

Pincus, Steve. 2009. *1688: The First Modern Revolution.* New Haven: Yale University Press.

Pines, Yuri. 2009. *Envisioning Eternal Empire: Chinese Political Thought of the Warring States Era.* Honolulu: University of Hawaii Press.

Pirenne, Henri. 1910. *Les anciennes démocraties des Pays-Bas.* Paris: Flammarion.

Pitkin, Hanna. 1967. *The Concept of Representation.* Berkeley: University of California Press.

Platonova, Natalia. 2009. "Peter the Great's Government Reforms and Accounting Practice in Russia." *Accounting History* 14:437–64.

Pocock, J. G. A. 1975. *The Machiavellian Moment.* Princeton: Princeton University Press.

Poe, Marshall. 2006. "The Central Government and Its Institutions." In *The

Cambridge History of Russia. Vol. 1: *From Early Rus' to 1689*, ed. Maureen Perrie, 433–63. Cambridge: Cambridge University Press.

Pole, J. R. 1969. *Political Representationin England and the Origins of the American Republic*. New York: Palgrave Macmillan.

Pollock, Susan. 1999. *Ancient Mesopotamia*. Cambridge: Cambridge University Press.

Pomeranz, Kenneth. 2000. *The Great Divergence: China, Europe, and the Making of the Modern World Economy*. Princeton: Princeton University Press.

Post, Gaines. 1943. "Plena Potestas and Consent in Medieval Assemblies: A Study in Romano-Canonical Procedure and the Rise of Representation, 1150–1325." *Traditio* 1:355–408.

———. 1946. "A Romano-Canonical Maxim, 'quod omnes tangit,' in Bracton." *Traditio* 4:197–251.

———. 1964. *Studies in Medieval Legal Thought*. Princeton: Princeton University Press.

Postan, Michael. 1973. "Why Was Science Backward in the Middle Ages?" In *Essays on Medieval Agriculture and General Problems of the Medieval Economy*, ed. Michael Postan. Cambridge: Cambridge University Press.

Potter, Mark, and Jean-Laurent Rosenthal. 1997. "Politics and Public Finance in France: The Estates of Burgundy." *Journal of Interdisciplinary History* 27:577–612.

Prak, Maarten. 1997. "Burghers into Citizens: Urban and National Citizenship in the Netherlands during the Revolutionary Era (c. 1800)." *Theory and Society* 26:403–20.

———. 2018. *Citizens without Nations: Urban Citizenship in Europe and the World, c. 1000–1789*. Cambridge: Cambridge University Press.

Prak, Maarten, Marcel Hoogenboom, and Patrick Wallis. 2018. "Troublesome Transitions and Historical Continuities: Citizenship in Europe, 1600–2000." In *Moving beyond Barriers*, ed. Sandra Seubert, Marcel Hoogenboom, Trudie Knijn, Sybe de Vries, and Frans van Waarden. Cheltenham: Edward Elgar.

Price, J. L. 1994. *Holland and the Dutch Republic in the Seventeenth Century: The Politics of Particu-larism*. Oxford: Clarendon Press.

Pritchard, James. 2004. *In Search of Empire: The French in the Americas, 1670–1730*. Cambridge: Cambridge University Press.

Przeworski, Adam, Michael E. Alvarez, Jose Antonio Cheibub, and Fernando

Limongi. 2000. *Democracy and Development: Political Institutions and Well-Being in the World, 1950–1990*. Cambridge: Cambridge University Press.

Pulteney, William. 1734. *The Late Excise Scheme Dissected*. London: J. Dickinson.

Quillet, Jeannine. 1988. "Community, Counsel, and Representation." In *The Cambridge History of Medieval Political Thought c. 350–c. 1450*, ed. J. H. Burns, 520–72. Cambridge: Cambridge University Press.

Raaflaub, Kurt. 2004. "Homer and the Beginning of Political Thought in Greece." In *Ancient Greek Democracy: Readings and Sources*, ed. Eric Robinson. Oxford: Blackwell.

———. 2007. "The Breakthrough of Dēmokratia in Mid-Fifth-Century Athens." In *The Origins of Democracy in Ancient Greece*, ed. Kurt Raaflaub, Josiah Ober, and Robert Wallace. Berkeley: University of California Press.

———. 2013. "Archaic and Classical Greek Reflections on Politics and Government: From Description to Conceptualization, Analysis, and Theory." In *A Companion to Ancient Greek Government*, ed. Hans Beck. Oxford: Wiley Blackwell.

Raaflaub, Kurt, and Nathan Rosenstein, eds. 1999. *War and Society in the Ancient and Medieval Worlds: Asia, the Mediterranean, Europe, and Mesoamerica*. Cambridge, MA: Harvard University Press.

Rabushka, Alvin. 2008. *Taxation in Colonial America*. Princeton: Princeton University Press.

Raffler, Pia. 2018. "Does Political Oversight of the Bureaucracy Increase Accountability? Field Experimental Evidence from an Electoral Autocracy." Working paper, Harvard University.

Rakove, Jack. 1982. "The Legacy of the Articles of Confederation." *Publius* 12:45–66.

———. 2000. "The Articles of Confederation, 1775–1783." In *A Companion to the American Revolution*, ed. Jack Greene and J. R. Pole. Oxford: Blackwell.

Ray, P. Orman. 1919. "The World-Wide Woman Sufrage Movement." *Journal of Comparative Legislation and International Law* 3:220–38.

Rembold, Ingrid. 2017. *Conquest and Christianization: Saxony and the Carolingian World, 772–888*. Cambridge: Cambridge University Press.

Revkin, Mara. 2018. "When Terrorists Govern: Protecting Civilians in Conflicts with State-Building Armed Groups." *Harvard National Security Journal* 9:100–145.

Reynolds, Susan. 1984. *Kingdoms and Communities in Western Europe, 900–1300.*

Oxford: Oxford University Press.

Rhys Davids, Thomas. 1902. *Buddhist India*. London: Fisher and Unwin.

———. 1922. "The Early History of the Buddhists." In *Cambridge History of India*. Vol. 1: *Ancient India*, ed. E. J. Rapson. Cambridge: Cambridge University Press.

Richards, John F. 1993. *The Mughal Empire*. Cambridge: Cambridge University Press.

Ridolfi, Leonardo. 2016. "The French Economy in the Longue Durée: A Study on Real Wages, Working Days, and Economic Per for mance from Louis IX to the Revolution (1250–1789)." PhD diss., IMT Lucca.

Rigaudière, Albert. 2000. "Voter sans les villes de France au Moyen Âge (Xiiie–Xve S.)." *Comptes-rendus des séances de l'année: Académie des inscriptions et belles-lettres* 144:1439–71.

Roach, Levi. 2013. *Kingship and Consent in Anglo-Saxon England, 871–978*. New York: Cambridge University Press.

———. 2016. Æthelred the Unready. New Haven: Yale University Press.

Roberts, Margaret. 2018. *Censored: Distraction and Diversion inside China's Great Firewall*. Princeton: Princeton University Press.

Robinson, Chase. 2000. *Empire and Elites after the Muslim Conquest*. Cambridge: Cambridge University Press.

———. 2010. *The New Cambridge History of Islam*. Vol. 1: *The Formation of the Islamic World, Sixth to Eleventh Centuries*. Cambridge: Cambridge University Press.

Robinson, Eric. 1997. *The First Democracies: Early Popular Government outside Athens*. Berlin: Franz Steiner Verlag.

———. 2011. *Democracy beyond Athens: Popular Government in the Greek Classical Age*. Cambridge: Cambridge University Press.

Rofe, David. 2000. *Domesday: The Inquest and the Book*. Oxford: Oxford University Press.

———. 2007. *Decoding Domesday*. Woodbridge: Boydell Press.

Rokkan, Stein. 1973. "Cities, States, and Nations: A Dimensional Model for the Study of Contrasts in Development." In *Building States and Nations: Models and Data Resources*, ed. Stein Rokkan and S. Eisenstadt, 73–97. Beverly Hills, CA: Sage.

———. 1975. "Dimensions of State Formation and Nation Building: A Pos si ble Paradigm for Research on Variations within Europe." In *The Formation of*

National States in Western Europe, ed. Charles Tilly, 562–600. Princeton: Princeton University Press.

Rosanvallon, Pierre. 1992. *Le Sacre du citoyen*. Paris: Gallimard.

Rosenthal, Jean-Laurent. 1990. *The Fruits of Revolution: Property Rights, Litigation and French Agriculture, 1700–1860*. Cambridge: Cambridge University Press.

Rosenthal, Jean-Laurent, and R. Bin Wong. 2011. *Before and Beyond Divergence: The Politics of Economic Change in China and Europe*. Cambridge, MA: Harvard University Press.

Rosenthal, Joel. 1964. "The Public Assembly in the Time of Louis the Pious." *Traditio* 20:25–40.

Ross, Marc Howard. 1983. "Political Decision Making and Conflict: Additional Cross-Cultural Codes and Scales." *Ethnology* 22:169–92.

Rossabi, Morris. 2005. *Khubilai Khan: His Life and Times*. London: Folio Society.

Rossiter, Clinton. 1961. *The Federalist Papers*. New York: New American Library.

Rowe, William T. 2009. *China's Last Empire: The Great Qing*. Cambridge, MA: Harvard University Press.

Rowe, John Howland. 1957. "The Incas under Spanish Colonial Institutions." *Hispanic American Historical Review* 376:155–99.

Rowley, Charles K., and Nathanael Smith. 2009. "Islam's Democracy Paradox: Muslims Claim to Like Democracy, So Why Do They Have So Little?" *Public Choice* 139:273–99.

Roy, Tirthankar. 2013. *An Economic History of Early Modern India*. London: Routledge.

Rubin, Jared. 2017. *Rulers, Religion and Riches: Why the West Got Rich and the Middle East Did Not*. Cambridge: Cambridge University Press.

Runciman, David. 2018. *How Democracy Ends*. New York: Basic Books.

Sahlins, Marshall D. 1963. "Poor Man, Rich Man, Big Man, Chief: Political Types in Melanesia and Polynesia." *Comparative Studies in Society and History* 5:285–303.

Sanday, Peggy. 1981. *Female Power and Male Dominance: On the Origins of Sexual In equality*. Cambridge: Cambridge University Press.

Sanders, Seth. 2004. "What Was the Alphabet For? The Rise of Written Vernaculars and the Making of Israelite National Lit er a ture." *Maarav* 11:25–56.

Schaeder, H. H. 2017. "Sawad." In *Encyclopaedia of Islam*. 2nd ed. Leiden: Brill.

Schama, Simon. 1989. *Citizens: A Chronicle of the French Revolution*. New York: Random House.

Scheidel, Walter. 2006. "Population and Demography." Princeton/Stanford Working Papers in Classics.

———. 2015a. *State Power in Ancient China and Rome*. Oxford: Oxford University Press.

———. 2015b. "State Revenue and Expenditure in the Han and Roman Empires." Princeton/ Stanford Working Papers in Classics.

———. 2017. *The Great Leveler: Violence and the History of In equality from the Stone Age to the Twenty-First Century*. Princeton: Princeton University Press.

———. 2019. *Escape from Rome: The Failure of Empire and the Making of the Modern World*. Princeton: Princeton University Press.

Scheve, Kenneth, and David Stasavage. 2010. "The Conscription of Wealth: Mass Warfare and the Demand for Progressive Taxation." *International Organization* 64:529–61.

———. 2012. "Democracy, War, and Wealth: Lessons from Two Centuries of Inheritance Taxation." *American Political Science Review* 106:81–102.

———. 2016. *Taxing the Rich: A History of Fiscal Fairness in the United States and Europe*. Princeton: Princeton University Press.

———. 2017. "Wealth In equality and Democracy." *Annual Review of Political Science* 20:451–68.

Schlesinger, Arthur. 1973. *The Imperial Presidency*. New York: Houghton Mifflin.

Schwartzberg, Melissa. 2014. *Counting the Many: The Origins and Limits of Supermajority Rule*. Cambridge: Cambridge University Press.

Scordia, Lydwine. 2005. *"Le Roi doit vivre du sien": La Théorie de l'impôt en France (Xiiie–Xve Siècles)*. Paris: Institut d'Etudes Augustiniennes.

Scott, James C. 1999. *Seeing Like a State*. New Haven: Yale University Press.

———. 2009. *The Art of Not Being Governed: An Anarchist History of Upland Southeast Asia*. New Haven: Yale University Press.

———. 2017. *Against the Grain*. New Haven: Yale University Press.

Sen, Amartya. 2005. *The Argumentative Indian: Writings on Indian History, Culture and Identity*. London: Picador.

Senner, Wayne. 1989. *The Origins of Writing*. Lincoln: University of Nebraska Press.

Seri, Andrea. 2006. *Local Power in Old Babylonian Mesopotamia*. Sheffield:

Equinox.

Ser vice, Elman. 1966. *The Hunters*. Englewood Clifs, NJ: Prentice-Hall.

Sharlach, Tonia. 2004. *Provincial Taxation and the Ur III State*. Leiden: Brill.

Sharma, Jagdish Prasad. 1965. "The Question of the Vidátha in Vedic India." *Journal of the Royal Asiatic Society of Great Britain & Ireland* 97:43–56.

———. 1968. *Republics in Ancient India, c. 1500 B.C.–500 B.C.* Leiden: Brill.

Sharma, Ram Sharan. 1952. "Vidatha: The Earliest Folk-Assembly of the Indo-Aryans." *Journal of the Bihar Research Society* 38:429–48.

Sharp, James Roger. 1993. *American Politics in the Early Republic: The New Nation in Crisis*. New Haven: Yale University Press.

Shatzmiller, Maya. 2011. "Economic Per for mance and Economic Growth in the Early Islamic World." *Journal of the Economic and Social History of the Orient* 54:132–84.

Shaw, Denis. 2006. "Towns and Commerce." In *The Cambridge History of Russia*. Vol. 1: *From Early Rus' to 1689*, ed. Maureen Perrie, 298–316. Cambridge: Cambridge University Press.

Sheehan, Colleen. 2004. "Madison v. Hamilton: The Battle over Republicanism and the Role of Public Opinion." *American Political Science Review* 98:405–24.

———. 2009. *James Madison and the Spirit of Republican Self-Government*. Cambridge: Cambridge University Press.

Shennan, Stephen. 2018. *The First Farmers of Europe: An Evolutionary Perspective*. Cambridge: Cambridge University Press.

Shimony, Annemarie Anrod. 1961. "Conservatism among the Iroquois at the Six Nations Reserve." New Haven: Publications in Anthropology, Yale University.

Sijpesteijn, Petra. 2007. "The Arab Conquest of Egypt and the Beginning of Muslim Rule." In *Egypt in the Byzantine World, 300–700*, ed. Roger Bagnall. Cambridge: Cambridge University Press.

———. 2013. *Shaping a Muslim State: The World of a Mid-Eighth-Century Egyptian Official*. Oxford: Oxford University Press.

Silva, Alan. 1999. "Increase Mather's 1693 Election Sermon: Rhetorical Innovation and the Reimagination of Puritan Authority." *Early American Literature* 34:48–77.

Simonton, Matthew. 2017. *Classical Greek Oligarchy: A Political History*. Princeton: Princeton University Press.

Skinner, Quentin. 2002. *Visions of Politics*. Vol. 2: *Renaissance Virtues*. Cambridge:

Cambridge University Press.

Skocpol, Theda. 1997. "The Tocqueville Prob lem." *Social Science History* 21:455–79.

Skocpol, Theda, and Vanessa Williamson. 2013. *The Tea Party and the Remaking of Republican Conservatism*. New York: Oxford University Press.

Slantchev, Branislav, and Tony Kravitz. 2019. "No Taxation without Administration: Wealth Assessment in the Formation of a Fiscal State." Working paper, University of California–San Diego.

Slivinski, Al, and Nathan Sussman. 2009. "Taxation Mechanisms and Growth in Medieval Paris." Working paper, Hebrew University of Jerusalem.

Smith, Bruce. 1996. "Agricultural Chiefdoms of the Eastern Woodlands." In *The Cambridge History of the Native Peoples of the Americas*. Vol. 1: *North America*, ed. Bruce G. Trigger and Wilcomb E. Washburn, 267–324. Cambridge: Cambridge University Press.

Smith, Michael. 2012. *The Aztecs*. Oxford: Wiley Blackwell.

———. 2014. "The Aztecs Paid Taxes, Not Tribute." *Mexicon* 36:19–22.

———. 2015. "The Aztec Empire." In *Fiscal Regimes and the Political Economy of Premodern States*, ed. Andrew Monson and Walter Scheidel. Cambridge: Cambridge University Press.

———. 2017. "The Teotihuacan Anomaly: The Historical Trajectory of Urban Design in Ancient Central Mexico." *Open Archaeology* 3:175–93.

Smith, Michael, Timothy Dennehy, April Kamp-Whittaker, Emily Colon, and Rebecca Harkness. 2014. "Quantitative Measures of Wealth In equality in Ancient Central Mexican Com-munities." *Advances in Archaeological Practice* 2:311–23.

Smith, Paul. 2009. "Shen-Tsung's Reign and the New Policies of Wang an-Shih, 1067–1085." In *The Cambridge History of China*. Vol. 5: *The Sung Dynasty and Its Precursors, 907–1279*, ed. Denis Twitchett and Paul Jakov Smith, 347–483. Cambridge: Cambridge University Press.

Smith, Vernon T. 2000. *Coosa: The Rise and Fall of a Southeastern Mississippian Chiefdom*. Gainesville: University Press of Florida.

Sng, Tuan-Hwee. 2014. "Size and Dynastic Decline: The Principal-Agent Prob lem in Late Imperial China, 1700–1850." *Explorations in Economic History* 54:107–27.

Snow, Dean. 1994. *The Iroquois*. Cambridge: Blackwell.

———. 1995. "Microchronology and Demographic Evidence Relating to the Size of Pre-Columbian North American Indian Populations." *Science* 268:1601–4.

Song, Jaeyoon. 2016. "Debates on Just Taxation in Ma Duanlin's Comprehensive Survey." In *State Power in China, 900–1325*, ed. Patricia Buckley Ebrey and Paul Jakov Smith, 244–74. Seattle: University of Washington Press.

Souryi, Pierre-François. 2003. "Des communautés monastiques dans le Japon médiéval." In *Qui Veut Prendre La Parole?* ed. Marcel Detienne. Paris: Seuil.

Spence, Jonathan D. 2002. "The K'ang-Hsi Reign." In *The Cambridge History of China*, vol. 9, ed. Willard J. Peterson, 120–82. Cambridge: Cambridge University Press.

Squatriti, Paolo. 2014. "Of Seeds, Seasons, and Seas: Andrew Watson's Medieval Agrarian Revolution Forty Years Later." *Journal of Economic History* 74:1205–20.

Squire, Peverill. 2012. *The Evolution of American Legislatures*. Ann Arbor: University of Michigan Press.

Stasavage, David. 2003. *Public Debt and the Birth of the Democratic State: France and Great Britain, 1688–1789*. Cambridge: Cambridge University Press.

———. 2010. "When Distance Mattered: Geographic Scale and the Development of European Representative Assemblies." *American Political Science Review* 104:625–43.

———. 2011. *States of Credit: Size, Power, and the Development of European Polities*. Princeton: Princeton University Press.

———. 2014. "Was Weber Right? The Role of Urban Autonomy in Europe's Rise." *American Political Science Review* 108:337–54.

———. 2015. "Why Did Public Debt Originate in Europe?" In *Fiscal Regimes and the Political Economy of Pre-Modern States*, ed. Andrew Monson and Walter Scheidel. Cambridge: Cambridge University Press.

———. 2016. "Representation and Consent: Why They Arose in Europe and Not Elsewhere." *Annual Review of Political Science* 19:145–62.

———. 2018. "When Inclusive Institutions Failed: Lessons from the Democratic Revolutions of the Middle Ages." Working paper, New York University.

Steinfeld, Robert. 1989. "Property and Sufrage in the Early American Republic." *Stanford Law Review* 41:335–76.

Steinhilber, Friedhelm, Jose A. Abreu, Jürg Beer, Irene Brunner, Marcus Christl, Hubertus Fischer, Ulla Heikkilä, Peter W. Kubik, Mathias Mann, Ken G.

McCracken, Heinrich Miller, Hiroko Miyahara, Hans Oerter, and Frank Wilhelms. 2012. "9,400 Years of Cosmic Radiation and Solar Activity from Ice Cores and Tree Rings." *Proceedings of the National Academy of Sciences* 109:5967.

Steinkeller, Piotr. 1991. "The Administrative and Economic Organization of the Ur Iii State: The Core and the Periphery." In *The Organization of Power: Aspects of Bureaucracy in the Ancient Near East*, ed. McGuire Gibson and Robert Gibbs, 15–34. Chicago: University of Chicago Press.

Stenlås, Niklas. 2001. "Demokratins Vedersakare? Högerns Kamp För Och Emot Demokratin." In *Rösträtten 80 År: En Forskarantologi*, ed. Christer Jönsson, 55–70. Stockholm: Justitiedepartementet.

Stenton, Frank. 1971. *Anglo-Saxon England*. Oxford: Oxford University Press.

Stephenson, Judy. 2018. " 'Real' Wages? Contractors, Workers, and Pay in London Building Trades, 1650–1800." *Economic History Review* 71:106–32.

Stewart, Donald H. 1969. *The Opposition Press of the Federalist Period*. Albany: State University of New York Press.

Stocking, Rachel L. 2000. *Bishops, Councils, and Consensus in the Visigothic Kingdom, 589–633*. Ann Arbor: University of Michigan Press.

Stone, Lawrence. 1972. *The Causes of the English Revolution, 1529–1642*. New York: Harper and Row.

Stone, Merlin. 1976. *When God Was a Woman*. New York: Harcourt.

Strauss, Julia C. 1997. "The Evolution of Republican Government." *China Quarterly* 150:329–51.

———. 2006. "Morality, Coercion and State Building by Campaign in the Early PRC: Regime Consolidation and After, 1949–1956." *China Quarterly* 188:891–912.

Strayer, Joseph. 1970. *On the Medieval Origins of the Modern State*. Princeton: Princeton University Press.

———. 1980. *The Reign of Philip the Fair*. Princeton: Princeton University Press.

Strayer, Joseph, and Charles Taylor. 1939. *Studies in Early French Taxation*. Cambridge, MA: Harvard University Press.

Stubbs, William. 1874–78. *Constitutional History of England in Its Origin and Development*. 3 vols. Oxford: Clarendon Press.

———. 1897. *Seventeen Lectures on the Study of Medieval and Modern History and Kindred Subjects*. Oxford: Clarendon Press.

———. 1900. *Lectures on Medieval and Modern History*. Oxford: Clarendon Press.

Sullivan, Richard. 1989. " England's 'Age of Invention': The Acceleration of Patents and Patentable Invention during the Industrial Revolution." *Explorations in Economic History* 26:424–52.

Swann, Julian. 2003. *Provincial Power and Absolute Monarchy: The Estates General of Burgundy, 1661–1790*. Cambridge: Cambridge University Press.

Swanton, Michael J., ed. 1998. *The Anglo-Saxon Chronicle*. New York: Routledge.

Szlechter, Emile. 1968. "Les assemblées en Mésopotamie ancienne." In *Liber Memorialis Georges De Lagarde*, ed. Antonio Marongiu. Louvain: Editions Nauwelaerts.

Tackett, Nicolas. 2014. *The Destruction of the Medieval Chinese Aristocracy*. Cambridge, MA: Harvard University Asia Center.

Taylor, John. 1794. *A Definition of Parties; or, The Political Effects of the Paper System Considered*. Philadelphia: Francis Bailey.

Teele, Dawn. 2018. *Forging the Franchise: The Political Origins of the Women's Vote*. Princeton: Princeton University Press.

Teng, Ssu-yü. 1943. "Chinese Influence on the Western Examination System." *Harvard Journal of Asiatic Studies* 7:267–312.

Thapar, Romila. 1984. *From Lineage to State: Social Formations in the Mid-First Millennium B.C. in the Ganga Valley*. New Delhi: Oxford University Press.

Thompson, Elizabeth. 2013. *Justice Interrupted: The Struggle for Constitutional Government in the Middle East*. Cambridge, MA: Harvard University Press.

Thornton, Russell. 2000. "Population History of Native North Americans." In *A Population History of North America*, ed. Michael Haines and Richard Steckel. New York: Cambridge University Press.

Tierney, Brian. 1982. *Religion, Law, and the Growth of Constitutional Thought, 1150–1650*. Cambridge: Cambridge University Press.

———. 1983. "The Idea of Representation in the Medieval Councils of the West." In *The Ecumenical Council*, ed. Peter Huizing and Knut Wulf. Edinburgh: T&T Clark.

Tilly, Charles. 1992. *Coercion, Capital and European States*. Oxford: Blackwell.

Titow, J. Z. 1972. *Winchester Yields: A Study in Medieval Agricultural Productivity*. Cambridge: Cambridge University Press.

Tooker, Elisabeth. 1978. "The League of the Iroquois: Its History, Politics, and Ritual." In *Handbook of North American Indians*. Vol. 15: *Northeast*, ed. Bruce

Trigger, 418–41. Washington, DC: Smithsonian Institution.

———. 1984. " Women in Iroquois Society." In *Extending the Rafters: Interdisciplinary Approaches to Iroquoian Studies*, ed. Michael Foster, Jack Campisi, and Marianne Mithun. Albany: State University of New York Press.

———. 1991. *An Ethnography of Huron Indians, 1615–1649*. Syracuse: Syracuse University Press.

Tracy, James. 1994. "Taxation and State Debt." In *Handbook of European History, 1400–1600: Late Middle Ages, Renaissance, and Reformation*, ed. Thomas Brady, Heiko Oberman, and James Tracy. Leiden: Brill.

Trigger, Bruce. 1963. "Order and Freedom in Huron Society." *Anthropologica* 5:151–69.

———. 1976. *The Children of Aataentsic: A History of the Huron People to 1660*. Montreal: McGill-Queen's University Press.

———, ed. 1978a. *Handbook of North American Indians*. Vol. 15: *Northeast*. Washington, DC: Smithsonian Institution.

———. 1978b. "Iroquoian Matriliny." *Pennsylvania Archaeologist* 48:55–65.

———. 1993. *Early Civilizations: Ancient Egypt in Context*. Cairo: American University of Cairo Press.

———. 2002. *The Huron: Farmers of the North*. 2nd ed. Mason, OH: Cengage Learning.

———. 2003. *Understanding Early Civilizations*. New York: Cambridge University Press.

Tucker, Joshua A., Yannis Theocharis, Margaret E. Roberts, and Pablo Barberá. 2017. "From Liberation to Turmoil: Social Media and Democracy." *Journal of Democracy* 28:46–59.

Tuden, Arthur, and Catherine Marshall. 1972. "Political Organization: Cross-Cultural Codes 4." *Ethnology* 11:436–64.

Turner, Michael, and Dennis Mills, eds. 1986. *Land and Property: The English Land Tax, 1692–1832*. New York: St. Martin's Press.

Turner, Raymond. 1927. "The Excise Scheme of 1733." *English Historical Review* 42:34–57.

Twitchett, Denis. 1983. *Printing and Publishing in Medieval China*. New York: Frederic C. Bell.

Ulph, Owen. 1951. "The Mandate System and Representation to the Estates General under the Old Regime." *Journal of Modern History* 23:225–31.

Upham, Frank. 2018. *The Great Property Fallacy: Theory, Reality, and Growth in Developing Countries*. Cambridge: Cambridge University Press.

Urton, Gary. 2017. *Inka History in Knots: Reading Khipus as Primary Sources*. Austin: University of Texas Press.

van Bavel, Bas. 2010. *Manors and Markets: Economy and Society in the Low Countries, 500–1600*. Oxford: Oxford University Press.

———. 2016. *The Invisible Hand: How Market Economies Have Emerged and Declined since 500*. Oxford: Oxford University Press.

van Zanden, Jan Luiten. 2016. "Accounting for the Little Divergence." Working paper, Utrecht University.

van Zanden, Jan Luiten, Eltjo Buringh, and Maarten Bosker. 2012. "The Rise and Decline of European Parliaments, 1188–1789." *Economic History Review* 65:835–61.

van Zanden, Jan Luiten, and Arthur van Riel. 2004. *The Strictures of Inheritance: The Dutch Economy in the Nineteenth Century*. Princeton: Princeton University Press.

Vansina, Jan. 1978. *The Children of Woot: A History of the Kuba Peoples*. Madison: University of Wisconsin Press.

———. 1989. "Deep-Down Time: Political Tradition in Central Africa." *History in Africa* 16:341–62.

———. 1990. *Paths in the Rainforests: Toward a History of Political Tradition in Equatorial Africa*. Madison: University of Wisconsin Press.

———. 1998. "Government in Kasai before the Lunda." *International Journal of African Historical Studies* 31:1–22.

———. 1999. "Pathways of Political Development in Equatorial Africa and Neoevolutionary Theory." In *Beyond Chiefdoms: Pathways to Political Complexity in Africa*, ed. Susan Keech McIntosh. Cambridge: Cambridge University Press.

———. 2004. *How Societies Are Born: Governance in West Central Africa before 1600*. Charlottesville: University of Virginia Press.

Varlet, Jean-François. 1792. "Projet d'un mandat spécial et impératif." Paris: Imprimé aux frais des sans-culottes.

Vasey, Daniel. 1992. *An Ecological History of Agriculture, 10,000 B.C.–A.D. 10,000*. Ames: Iowa State University Press.

Vaughan, Alden, and Virginia Mason Vaughan. 1997. "Elizabethan Representation of Sub-Saharan Africans." *William and Mary Quarterly* 54:19–44.

Vaughan, Virginia Mason. 2005. *Performing Blackness on English States, 1500–1800*. Cambridge: Cambridge University Press.

Vehrencamp, Sandra L. 1983. "A Model for the Evolution of Despotic versus Egalitarian Societies." *Animal Behaviour* 31:667–82.

Veitch, John. 1986. "Repudiations and Confiscations by the Medieval State." *Journal of Economic History* 46:31–36.

Verbeken, Auguste. 1933. "Accession au pouvoir chez certains tribus du Congo par systeme électif." *Congo: Revue générale de la colonie belge* 2:653–57.

Vigier, Philippe. 1991. "La République à la conquête des paysans, les paysans à la conquête du sufrage universel." *Politix* 15:7–12.

Villers, Robert. 1984. "Réflexions sur les premiers états généraux de France au début du XIVème siècle." *Parliaments, Estates and Representation* 4:93–97.

Vincent, Nicholas. 2015. *Magna Carta: Origins and Legacy*. Oxford: Bodleian Library.

Von Falkenhausen, Lothar. 2006. *Chinese Society in the Age of Confucius (1000–250 BC)*. Los Angeles: Cotsen Institute of Archaeology Press.

von Glahn, Richard. 2016. *The Economic History of China from Antiquity to the Nineteenth Century*. Cambridge: Cambridge University Press.

Waines, David. 1977. "The Third Century Internal Crisis of the Abbasids." *Journal of the Economic and Social History of the Orient* 20:282–306.

Walker J. T. 2015. "National Income in Domesday England." In *Money, Prices and Wages: Essays in Honour of Professor Nicholas Mayhew*, ed. M. Allen and D. Cofman. Palgrave Studies in the History of Finance. London: Palgrave Macmillan.

Wang, Fei-Ling. 2005. "Brewing Tensions while Maintaining Stabilities: The Dual Role of the Hukou System in Con temporary China." *Asian Perspective* 29:85–124.

Wang, Haicheng. 2014. *Writing and the Ancient State*. Cambridge: Cambridge University Press.

Wang, Wensheng. 2014. *White Lotus Rebels and South China Pirates: Crisis and Reform in the Qing Empire*. Cambridge, MA: Harvard University Press.

Wang, Xin, Benjamin T. Fuller, Pengcheng Zhang, Songmei Hu, Yaowu Hu, and Xue Shang. 2018. "Millet Manuring as a Driving Force for the Late Neolithic Agricultural Expansion of North China." *Scientific Reports* 8:5552.

Wang, Yuhua. 2017. "Sons and Lovers: Political Stability in China and Europe before the Great Divergence." Working paper, Harvard University,

Wareham, Andrew. 2012. "Fiscal Policies and the Institution of a Tax State in Anglo-Saxon England within a Comparative Context." *Economic History Review* 65:910–31.

Warkentin, Benno. 2006. *Footprints in the Soil: People and Ideas in Soil History.* New York: Elsevier.

Watson, Andrew M. 1974. "The Arab Agricultural Revolution and Its Difusion, 700–1100." *Journal of Economic History* 34:8–35.

———. 1983. *Agricultural Innovation in the Early Islamic World.* Cambridge: Cambridge University Press.

———. 1995. "Arab and European Agriculture in the Middle Ages: A Case of Restricted Diffusion." In *Agriculture in the Middle Ages: Technology, Practice, and Representation*, ed. D. E. L. Sweeney, 62–75. Philadelphia: University of Pennsylvania Press.

Watts, J., O. Sheehan, Q. D. Atkinson, J. Bulbulia, and R. D. Gray. 2016. "Ritual Human Sacrifice Promoted and Sustained the Evolution of Stratified Societies." *Nature* 532:228–31.

Weber, Max. 1978. *Economy and Society.* Berkeley: University of California Press.

Wei Ze, David. 1995. "Printing as an Agent of Social Stability: The Social Organization of Book Production in China during the Sung Dynasty." PhD diss., Simon Fraser University.

White, Lynn. 1972. "The Expansion of Technology, 500–1500." In *The Fontana Economic History of Europe*, ed. Carlo Cipolla. Glasgow: Collins.

Whitehead, David. 1986. *The Demes of Attica, 508/7–ca. 250 B.C.* Princeton: Princeton University Press.

Whyte, Martin King. 1978. *The Status of Women in Preindustrial Societies.* Princeton: Princeton University Press.

Wickham, Chris. 1984. "The Other Transition: From the Ancient World to Feudalism." *Past & Present* 103:3–36.

———. 1997. "Lineages of Western European Taxation, 1000–1200." In *Actes: Colloqui corona, municipi i fiscalitat a la baixa edat mitjana*, ed. M. Sanchez and A. Furió. Lleida: Institut d'Estudios Ilerdencs.

———. 2005. *Framing the Middle Ages: Europe and the Mediterranean, 400–800.* Oxford: Oxford University Press.

———. 2009. *The Inheritance of Rome: A History of Europe from 400 to 1000*. London: Allen Lane.

———. 2015. *Sleepwalking into a New World: The Emergence of Italian City Communes in the Twelfth Century*. Princeton: Princeton University Press.

———. 2016. *Medieval Europe*. New Haven: Yale University Press.

———. 2017. "Consensus and Assemblies in the Romano-Germanic Kingdoms: A Comparative Approach." In *Recht und Konsens im Frühen Mittelalter*, ed. Verena Epp and Christoph Meyer, 389–426. Ostfildern: Jan Thorbecke Verlag.

Wiesehofer, Josef. 2010. "The Late Sasanian Near East." In *The New Cambridge History of Islam*. Vol. 1: *The Formation of the Islamic World, Sixth to Eleventh Centuries*, ed. Chase Robinson. Cambridge: Cambridge University Press.

Wilks, Ivor. 1975. *Asante in the Nineteenth Century*. New York: Cambridge University Press.

Williams, Basil. 1939. *The Whig Supremacy*. Oxford: Clarendon Press.

Winiwarter, Verena. 2006a. "Soil Scientists in Ancient Rome." In *Footprints in the Soil: People and Ideas in Soil History*, ed. Benno Warkentin. New York: Elsevier Science.

———. 2006b. "Prolegomena to a History of Soil Knowledge in Europe." In *Soils and Societies: Perspectives from Environmental History*, ed. J. R. Mcneill and Verena Winiwarter, 177–215. Cambridge: White Horse Press.

Wittfogel, Karl A. 1957. *Oriental Despotism: A Comparative Study of Total Power*. New Haven: Yale University Press.

Wong, Roy Bin. 1997. *China Transformed: Historical Change and the Limits of European Experience*. Ithaca: Cornell University Press.

———. 2012. "Taxation and Good Governance in China, 1500–1914." In *The Rise of Fiscal States: A Global History, 1500–1914*, ed. Bartolomé Yun-Casalilla and Patrick K. O'Brien, 353–77. Cambridge: Cambridge University Press.

Wood-Legh, K. L. 1932. "The Knights' Attendance in the Parliaments of Edward III." *English Historical Review* 47:398–413.

Woodcroft, Bennet. 1854. *Titles of Patents of Invention, Chronologically Arranged*. London: Queen's Printing Office.

Wu, Qinglong, Zhijun Zhao, Li Liu, Darryl E. Granger, Hui Wang, David J. Cohen, Xiaohong Wu, Maolin Ye, Ofer Bar-Yosef, Bin Lu, Jin Zhang, Peizhen Zhang, Daoyang Yuan, Wuyun Qi, Linhai Cai, and Shibiao Bai. 2016. "Outburst Flood at 1920 BCE Supports Historicity of China's Great Flood and the Xia Dynasty."

Science 353:579–82.

Xinhui, Luo. 2015. "Omens and Politics: The Zhou Concept of the Mandate of Heaven as Seen in the Chengwu Manuscript." In *Ideology of Power and Power of Ideology in Early China*, ed. Yuri Pines, Paul Goldin, and Martin Kern. Leiden: Brill.

Xu, Yi, Bas van Leeuwen, and Jan Luiten van Zanden. 2013. "Urbanization in China, ca. 1100–1900." Working paper, Utrecht University.

Yang, Guobin. 2009. *The Power of the Internet in China: Citizen Activism Online*. New York: Cambridge University Press.

Yates, Robin D. S. 1997. "The City-State in Ancient China." In *The Archaeology of City-States: Cross-Cultural Approaches*, ed. Deborah Nichols and Thomas Charlton. Washington, DC: Smithsonian Institution Press.

Yee, Cordell. 1994. "Chinese Maps in Political Culture." In *The History of Cartography*. Vol. 2, ed. J. B. Harley and David Woodward. Chicago: University of Chicago Press.

Yofee, Norman. 1995. "Political Economy in Early Mesopotamian States." *Annual Review of Anthropology* 24:281–311.

Yom, Sean. 2015. *From Resilience to Revolution: How Foreign Interventions Destabilize the Middle East*. New York: Columbia University Press.

Yoshinobu, Shiba. 1970. *Commerce and Society in Sung China*. Ann Arbor: University of Michigan Press.

Young, Andrew T. 2017. "Hospitalitas: Barbarian Settlements and Constitutional Foundations of Medieval Europe." *Journal of Institutional Economics* 14:1–23.

Young, Crawford. 1994. *The African Colonial State in Comparative Perspective*. New Haven: Yale University Press.

Young, Jason. 2013. *China's Hukou System: Markets, Mi grants and Institutional Change*. New York: Palgrave.

Zarra-Nezhad, Mansour. 2004. "A Brief History of Money in Islam and Estimating the Value of the Dirham and Dinar." *Review of Islamic Economics* 8:51–65.

Zheng, Xiaowei. 2018. *The Politics of Rights and the 1911 Revolution in China*. Stanford: Stanford University Press.

Zhihong, Shi. 2018. *Agricultural Development in Qing China: A Quantitative Study, 1661–1911*. Leiden: Brill.

Zuckerman, Michael. 1968. "The Social Context of Democracy in Massachusetts." *William and Mary Quarterly* 25:523–44.

八旗人文 30

民主的擂台
人類政體的千年發展，如何決定我們的當下與未來
The Decline and Rise of Democracy: A Global History from Antiquity to Today

作　　者　　大衛・史塔薩瓦吉（David Stasavage）
翻　　譯　　聞翊均、劉家安、劉維人
編　　輯　　邱建智
校　　對　　魏秋綢
排　　版　　張彩梅

企劃總監　　蔡慧華
行銷專員　　張意婷
出　　版　　八旗文化／遠足文化事業股份有限公司
發　　行　　遠足文化事業股份有限公司（讀書共和國出版集團）
地　　址　　新北市新店區民權路108-2號9樓
電　　話　　02-22181417
傳　　真　　02-22188057
客服專線　　0800-221029
信　　箱　　gusa0601@gmail.com
Facebook　　facebook.com/gusapublishing
Blog　　gusapublishing.blogspot.com
法律顧問　　華洋法律事務所／蘇文生律師

封面設計　　兒日
印　　刷　　前進彩藝有限公司
定　　價　　560元
初版一刷　　2023年9月
ISBN　　978-626-7234-36-5（紙本）、978-626-7234-37-2（PDF）、978-626-7234-38-9（EPUB）

THE DECLINE AND RISE OF DEMOCRACY
Copyright © 2020 by Princeton University Press
Complex Chinese edition published by Gusa Press through Bardon-Chinese Media Agency
ALL RIGHTS RESERVED

國家圖書館出版品預行編目（CIP）資料

民主的擂台：人類政體的千年發展，如何決定我們的當下與未來／大衛・
史塔薩瓦吉（David Stasavage）著；聞翊均、劉家安、劉維人譯. -- 初版.
-- 新北市：八旗文化出版：遠足文化事業股份有限公司發行, 2023.09
　　面；　公分. --（八旗人文；30）
譯自：The decline and rise of democracy: a global history from antiquity to today
ISBN　978-626-7234-36-5（平裝）

1. CST：民主政治　2. CST：歷史

571.6　　　　　　　　　　　　　　　　　112004635